Biologie

ab dem 7. Schuljahr

Herausgeber:
Ernst W. Bauer

Autoren:
Ernst W. Bauer
Ottmar Engelhardt
Werner Gotthard
Hans Herzinger
Gerhard Kemmner
Walter Kleesattel
Dieter Rodi
Wolfgang Schwoerbel
Ulrich Weber
Karl-Heinz Werner

Biologie 2
ab dem 7. Schuljahr

Im Auftrag des Cornelsen Verlages, Berlin
entwickelt von der Cornelsen Redaktionsgesellschaft,
Heidelberg

Redaktion:
Dr. Wolfgang Goll (Wissenschaftsredaktion)
Dr. Silvia Jander (Wissenschaftsredaktion)
Jutta Waldow (Wissenschaftsredaktion)
Peter Petry (Verlagsredaktion und Herstellung)
Antje Buhtz (Bildredaktion)

Beratende Mitwirkung: Ingolf Miller und Ingrid Doose

Layout: Karlheinz Groß BDG, Bietigheim-Bissingen
Grafik des Einbandes: Angelika Konopatzki,
Heidelberg

1. Auflage – 2. Druck 1991
Alle Drucke dieser Auflage können, weil untereinander
unverändert, im Unterricht nebeneinander verwendet werden.

Satz: Mitterweger Werksatz GmbH, Plankstadt
Lithografie: SR, Schwetzingen
Druck: Cornelsen Druck, Berlin
Bindung: Fritzsche-Ludwig, Berlin

ISBN 3-464-05460-8

Vertrieb: Cornelsen Verlagsgesellschaft, Bielefeld

Bestellnummer 54608

Inhaltsverzeichnis

Lebewesen bestehen aus Zellen		**5**
1	Woran erkennt man Lebewesen?	6
2	Die Zelle – Baustein der Lebewesen	7
3	Das Mikroskop	8
▨	Praktikum Mikroskopieren	9
4	Der Aufbau der Zelle	10
☐	Die halbdurchlässige Zellhaut	11
▨	Praktikum Pflanzenzelle und Tierzelle	12
▨	Praktikum Lebewesen im Heuaufguß	14
5	Einzeller	15
6	Zellteilung	18
7	Einzeller – Zellkolonie – Vielzeller	19
8	Der Süßwasserpolyp – ein einfach gebauter Vielzeller	20
9	Zelle – Gewebe – Organ – Organismus	21
Der menschliche Körper		**22**
1	Atmung	22
▨	Praktikum Atmung	24
2	Blut und Blutkreislauf	27
☐	Die Lymphe	33
3	Ernährung und Verdauung	34
☐	Regeln für eine gesunde Ernährung	35
▨	Praktikum Nährstoffe und Verdauung	38
4	Sinnesorgane	40
▨	Praktikum Sinne der Haut	48
5	Das Nervensystem	49
6	Hormone	53
Fortpflanzung und Entwicklung		**54**
1	Mann und Frau	54
2	Geschlechtschromosomen	55
3	Die Rolle der Geschlechter	56
4	Vom Kind zum Erwachsenen	57
5	Der Menstruationszyklus der Frau	60
6	Die ersten neun Monate des Lebens	62
7	Schwangerschaft und Geburt	64
8	Der Säugling	65
9	Vom Säugling zum Schulkind	66
10	Zwillinge	67
11	Freundschaft – Liebe – Sexualität	68
☐	Retortenbabys	69
Der gesunde und der kranke Mensch		**70**
1	Wann sind wir gesund, wann krank?	70
2	Infektionskrankheiten	71
3	Bakterien als Krankheitserreger	72
4	Viren als Krankheitserreger	73
5	Schutzimpfungen verhindern Krankheiten	76
☐	Das öffentliche Gesundheitswesen	77
6	Suchtmittel bedrohen die Gesundheit	78
7	Rauchen – ein gesellschaftliches Problem	80
▨	Praktikum Untersuchung von Zigarettenrauch	81
8	Die lebensgefährliche Sucht	82
☐	Regeln für den Umgang mit Medikamenten	82
9	Zivilisationskrankheiten	83
10	Wie können wir Zivilisationskrankheiten vermeiden?	84
☐	Erste Hilfe	85
Regeln der Vererbung		**86**
1	Vom Vater hab ich die Statur …	86
2	Johann Gregor Mendel	87
3	Die Mendelschen Regeln	88
☐	Rückkreuzung	90
4	Vererbung beim Menschen	92
▨	Praktikum Vererbung	94
5	Erbgut und Umwelt	95
6	Wo liegen die Gene?	96
7	Geschlechtsbestimmung	97
8	Gene auf den Geschlechtschromosomen	98
9	Erbkrankheiten	99
10	Veränderungen im Erbgut	100
11	Züchtung	101
▨	Praktikum Züchtung	105
Abstammung der Lebewesen		**106**
1	Spuren der Vorzeit	106
2	Wie entstehen Fossilien?	108
3	Ammoniten und Nautilus	110
☐	Ein lebendes Fossil	110
4	Pferde und Urpferde	112
5	Der Urvogel Archaeopteryx	114
6	Erworben oder vererbt?	116
7	Ähnlichkeit als Hinweis auf eine gemeinsame Stammesgeschichte	118
☐	Analoge Organe	118
8	Die Entstehung der Arten	120
▨	Praktikum Mutations- und Selektionsspiel	121
9	Die Menschenaffen und der Mensch	124
10	Die ersten Menschen	125
11	Getrennte Wege zum Menschen und zu den Menschenaffen	128
12	Die Menschenrassen	129
Verhalten von Tier und Mensch		**130**
☐	Beobachtungen an der Zebraspringspinne	130
1	Angeborenes Verhalten	131
2	Lernen	132
▨	Praktikum Lernversuche	133
☐	Das Gänsekind Martina	134
☐	Die Schimpansin Julia	135
3	Tiere untereinander	136
▨	Praktikum Verhalten des Schwertträgers	138
▨	Praktikum Verhalten der Mittelmeergrille	139
4	Tiergesellschaften	140
5	Verhalten in der Gruppe	141
☐	Kämpfe zwischen Tieren	143
6	Die Vielfalt menschlichen Verhaltens	144
7	Verhalten von Mensch und Tier im Vergleich	146
8	Verhalten des Säuglings	147
9	Gemeinsamkeiten im Verhalten aller Menschen	148

Photosynthese		**150**
1	Aufbau einer Blütenpflanze	150
2	Pflanzen brauchen Wasser	152
☐	Anpassungen an das Wasserangebot	152
▣	Praktikum Bau des Laubblattes	153
3	Pflanzen brauchen Licht	154
▣	Praktikum Photosynthese	155
4	Die Bedeutung der Photosynthese	158
5	Nutzpflanzen	160

Gewässer		**162**
1	Pflanzengürtel am Seeufer	164
2	Das Schilfrohr	166
3	Die Seerose	167
▣	Praktikum Pflanzen von See und Teich	168
4	Tiere des Seeufers	169
5	Tiere im See	170
▣	Praktikum Ein See im Glas	174
▣	Praktikum Leben im Wassertropfen	175
6	Der Bach	176
▣	Praktikum Gewässeruntersuchung	178
7	Zusammenleben im Gewässer	179
☐	Das versiegelte Aquarium	181
8	Mensch und Gewässer	182

Acker und Wiese		**184**
1	Das Wiesenjahr	184
☐	Pflanzen der Wiese	186
▣	Praktikum Anlegen eines Herbars	187
2	Lebensgemeinschaft Wiese	189
3	Wiese ist nicht gleich Wiese	192
4	Ein Acker im Jahreslauf	193
5	Geschichte des Ackerbaus	194
☐	Vinzenz Schraider, Landwirt	195
6	Roggen, Weizen, Gerste und Hafer	196
☐	Kulturpflanzen und Wildkräuter	198
7	Wildkräuter	199
☐	Tiere in Wiese und Feld	200
8	Tiere des Feldes	201
9	Nahrungsbeziehungen und Kreislauf der Stoffe	202
☐	Schädlingsbekämpfung und Pflanzenschutz	203
▣	Praktikum Acker	204
10	Herkömmliche und biologische Anbaumethoden	205

Der Wald		**206**
1	Der Wald – eine Lebensgemeinschaft	206
2	Wald ist nicht gleich Wald	207
☐	Kräuter und Sträucher des Waldes	208
3	Die Rotbuche	210
4	Die Fichte	212
☐	Waldbäume	214
5	Pilze im Wald	216
☐	Champignon und Grüner Knollenblätterpilz im Vergleich	218
6	Farne	220
7	Moose	221

☐	Tiere des Waldes	222
8	Der Buntspecht und seine Verwandten	224
9	Die Rote Waldameise	226
10	Der Fichtenborkenkäfer	228
11	Nahrungsbeziehungen im Wald	229
12	Stoffkreislauf und biologisches Gleichgewicht	230
▣	Praktikum Bodenlebewesen	231
13	Vom Urwald zum Forst	232
14	Wald in Gefahr	234
15	Wir brauchen den Wald	235

Wirbellose Tiere in ihrem Lebensraum		**236**
1	Die Honigbiene	236
▣	Praktikum Besuch beim Imker	241
▣	Praktikum Raupenzucht	242
2	Libellen, Heuschrecken und Grillen	243
☐	Einheimische Insekten	244
3	Die Kreuzspinne	246
4	Der Regenwurm	248
5	Die Weinbergschnecke	250
☐	Die Rote Wegschnecke	251

Biologie und Technik		**252**
1	Pilze im Dienst des Menschen	252
▣	Praktikum Hefepilze und Gärung	253
☐	Schimmelpilze	255
2	Bakterien im Dienst des Menschen	256
☐	Margarine und Butter	256
▣	Praktikum Milchsäurebakterien und Gärung	258
3	Kläranlage	259
4	Von der Landwirtschaft zur Mikrobenwirtschaft?	260

Das Meer		**262**
1	Eigenschaften des Wassers	263
2	Ebbe und Flut	265
3	Das Watt	266
4	Der Spülsaum	268
5	Der Pierwurm	269
▣	Praktikum Beobachtung von Pierwürmern	269
6	Die Miesmuschel	270
7	Überleben im Watt	271
8	Die Scholle	272
9	Die Strandkrabbe	272
10	Die Nordseegarnele	273
11	Die Ohrenqualle	274
☐	Verletzung durch Quallen	274
12	Der Rote Seestern	275
13	Tange	277
14	Pflanzen im Watt	278
15	Nahrungsketten und Kreislauf der Stoffe	280
16	Nahrungsquelle Meer	282
☐	Übersicht Tierreich	284
☐	Übersicht Pflanzenreich	286
Register		288
Bildnachweis		296

Lebewesen bestehen aus Zellen

1 Woran erkennt man Lebewesen?

Welches Usambaraveilchen ist lebendig?

Was haben Akazie und Giraffe gemeinsam?

Normalerweise fällt uns die Entscheidung nicht schwer, ob wir etwas für lebendig halten oder nicht. Es gibt eine Reihe von Merkmalen, die allen Lebewesen gemeinsam sind. Mit den Bildern unten lassen sich solche *Kennzeichen des Lebendigen* herausfinden.

Wachstum. Die jungen Habichte sind erst vor wenigen Tagen aus dem Ei geschlüpft. Inzwischen sind sie *gewachsen*. Ein Teil der Nahrung, die die Eltern herangeschafft haben, wurde zum Wachstum benötigt.

Stoffwechsel. Die Nahrungsstoffe werden dabei in Körperbausteine der Jungvögel umgewandelt. Die Vorgänge der Stoffaufnahme, Stoffumwandlung und Ausscheidung der Abfallstoffe heißen *Stoffwechsel*.

Bewegung. Um Beute für die Jungen zu bekom-

men, mußten die Habichte sich *bewegen*. Die notwendige *Energie* für die Arbeit ihrer Muskeln stammt ebenfalls aus der Nahrung.

Fortpflanzung. Bald sehen die Junghabichte wie ihre Eltern aus. Wenn sie erwachsen sind, können sie sich *fortpflanzen*. Ihre Jungen sind wieder Habichte.

Reizbarkeit. Die Venusfliegenfalle ist eine fleischfressende Pflanze. Werden ihre Blätter durch Berühren gereizt, klappen sie rasch zu. Selbst Pflanzen *reagieren* also *auf Reize*.

> Kennzeichen von Lebewesen sind: Reizbarkeit, Fortpflanzung, Bewegung, Stoffwechsel und Wachstum.

1 Kennst du Bewegungsvorgänge bei Pflanzen?

Der Habicht füttert die Jungen.

Fliegender Habicht

Venusfliegenfalle mit Beute

2 Die Zelle - Baustein der Lebewesen

Moospolster am Waldrand

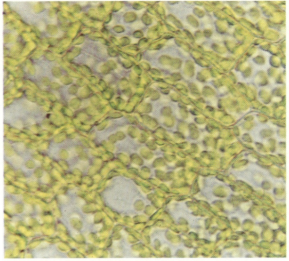

Moosblättchen. Vergrößerung 250fach.

Moose am Waldrand. Viele Einzelpflanzen stehen dicht beisammen und bilden ein Moospolster. Mit bloßem Auge kann man nur schmale, spitze Blättchen und die Stengel unterscheiden. Betrachtet man ein Moosblättchen mit einem *Mikroskop* stark vergrößert, erkennt man ein Muster von sechseckigen Gebilden. Es sind *Zellen*. Jede dieser Zellen ist von einer *Zellwand* umgeben. Im Innern der Zelle sieht man eine fast durchsichtige Flüssigkeit, das *Zellplasma*. Es enthält viele linsenförmige grüne Körperchen, die *Blattgrünkörner*.

Pflanzenzellen beschrieb der englische Naturforscher *Robert Hooke* 1665 als erster. Als er eine sehr dünne Korkscheibe unter dem Mikroskop betrachtete, erkannte er lauter winzige Kämmerchen. Er nannte sie Zellen.

Später wurden leistungsfähigere Mikroskope entwickelt. Mit ihnen entdeckte man, daß auch Tiere aus Zellen aufgebaut sind. Welchen Teil einer Pflanze, eines Tieres oder des Menschen man auch mikroskopisch untersuchte, immer bestand er aus Zellen.

> Ein weiteres Kennzeichen von Lebewesen zeigt das Mikroskop: Alle Lebewesen bestehen aus Zellen.

1 Wähle eine Pflanze, ein Tier und den Menschen aus. Überprüfe, soweit möglich, ob bei deinen Beispielen jeweils alle Merkmale von Lebewesen zutreffen.

2 Was ist Kork? Welche Zellbestandteile erkennst du bei den Korkzellen im Bild unten? Weshalb kann man wohl die übrigen Bestandteile nicht mehr sehen?

Mit diesem Mikroskop entdeckte Robert Hooke die Pflanzenzelle.

Hookes Zeichnung der Korkzellen

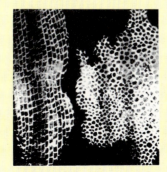

Korkzellen, fotografiert durch ein modernes Mikroskop.

3 Das Mikroskop

Aufbau. Für die Vergrößerung beim Mikroskop sind Glaslinsen verantwortlich. Die Linsen, durch die man ins Mikroskop schaut, bilden das *Okular.* Die *Objektivlinsen* liegen unmittelbar über dem Gegenstand, den man untersucht. Okular und Objektiv sind durch ein Rohr, den *Tubus,* miteinander verbunden. Ein Mikroskop besitzt meist 3 bis 4 Objektive. Da sie verschieden stark vergrößern, kann man durch Drehen am *Objektivrevolver* die Vergrößerung ändern. Der Untersuchungsgegenstand liegt auf dem *Objekttisch.* Er wird von unten von einer *Lampe* durchleuchtet. Die richtige Helligkeit wird mit der *Blende* eingestellt. Je kleiner die Blende, desto dunkler, aber auch schärfer wird das Bild. Die *Kondensorlinse* unter dem Objekttisch verbessert die gleichmäßige Ausleuchtung. Zur Einstellung der Bildschärfe dient ein *Drehknopf.*

Das mikroskopische Präparat. Der Gegenstand, den man mikroskopieren will, heißt *Objekt.* Das Objekt kommt auf eine Glasplatte, den *Objektträger.* Legt man eine Fliege auf den Objektträger, erkennt man im Mikroskop wenig. Zum Mikroskopieren eignen sich nämlich nur dünne, durchscheinende Objekte. Dickere Objekte müssen besonders hergerichtet werden, sie werden *präpariert,* beispielsweise in Scheiben geschnitten. Man nennt sie *mikroskopische Präparate.*

Berechnung der Vergrößerung. Auf dem Okular und den Objektiven steht, wievielmal sie vergrößern. Die Gesamtvergrößerung ergibt sich, wenn man die Objektivvergrößerung mit der Okularvergrößerung multipliziert.

Elektronenmikroskop. Mit ihm lassen sich viel mehr Einzelheiten erkennen als mit dem normalen Lichtmikroskop. Es vergrößert bis etwa 300 000fach, das Lichtmikroskop nur etwa 2000fach.

1   In welchen Berufen wird das Mikroskop zu Untersuchungen eingesetzt?

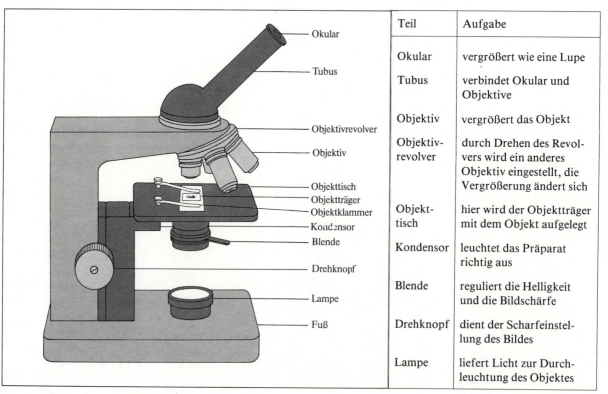

Teil	Aufgabe
Okular	vergrößert wie eine Lupe
Tubus	verbindet Okular und Objektive
Objektiv	vergrößert das Objekt
Objektiv-revolver	durch Drehen des Revolvers wird ein anderes Objektiv eingestellt, die Vergrößerung ändert sich
Objekt-tisch	hier wird der Objektträger mit dem Objekt aufgelegt
Kondensor	leuchtet das Präparat richtig aus
Blende	reguliert die Helligkeit und die Bildschärfe
Drehknopf	dient der Scharfeinstellung des Bildes
Lampe	liefert Licht zur Durchleuchtung des Objektes

1 Einfache Untersuchungen

Schneide aus einer Zeitung einen Buchstaben aus. Lege ihn auf einen Objektträger. Bringe einen Tropfen Wasser auf und decke mit dem Deckglas ab. Lege dann das Präparat auf den Objekttisch. Betrachte den Buchstaben mit der kleinsten Objektivvergrößerung. Drehe am Drehknopf.

– Wie ändert sich die Bildschärfe?

Öffne und schließe die Blende.

– Wie ändert sich das Bild?

Wähle die nächste Objektivvergrößerung.

– Beachte die Größe des Buchstabens und den Bildausschnitt.

2 Untersuchung weiterer Objekte

Untersuche ein menschliches Haar, ein Sandkorn, eine Vogelfeder.

– Vergleiche die Dicke des Haares unvergrößert mit der Mikroskopvergrößerung.

– Beschreibe die Oberfläche des Sandkorns.

– Skizziere den Feinbau eines Federausschnitts.

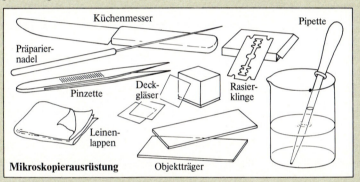

Mikroskopierausrüstung Küchenmesser, Präpariernadel, Pinzette, Deckgläser, Rasierklinge, Pipette, Leinenlappen, Objektträger

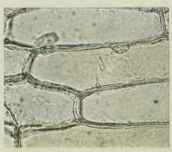

3 Herstellen eines mikroskopischen Präparates

Schneide eine Zwiebel mit dem Messer durch. Löse eine Schale heraus. Ritze mit der Rasierklinge ein Schachbrettmuster in die Innenseite der Schale. Dann gibst du einen Tropfen Wasser auf einen Objektträger und bringst mit der Pinzette ein Stück Zwiebelhaut in das Wasser. Setze nun ein Deckglas schräg auf und senke es langsam ab. Lege das fertige Präparat in die Mitte des Objekttisches. Mikroskopiere zunächst bei schwächster Vergrößerung.

– Zeichne einen Ausschnitt dessen, was du im Mikroskop erkennst.

– Vergleiche mit dem Foto links. Wähle stärkere Vergrößerungen.

Worauf du achten mußt

– Beginne die Untersuchung immer mit der kleinsten Objektivvergrößerung.

– Das Objektiv darf nie das Deckglas oder eine Flüssigkeit berühren.

– Berühre nie die Linsen mit den Fingern.

– Benütze zum Linsenreinigen nur weiche Leinenlappen.

– Fasse das Mikroskop nur am Griff an. Trage es aufrecht.

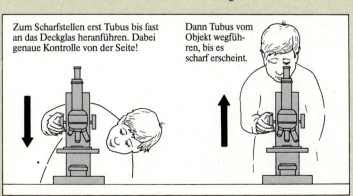

Zum Scharfstellen erst Tubus bis fast an das Deckglas heranführen. Dabei genaue Kontrolle von der Seite!

Dann Tubus vom Objekt wegführen, bis es scharf erscheint.

4   Der Aufbau der Zelle

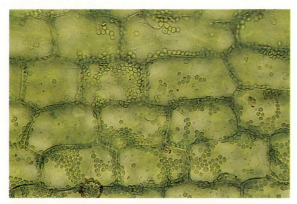

Zellen der Wasserpest. Vergrößerung 100fach.

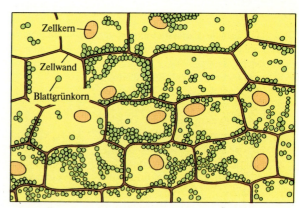

Grafische Deutung des Fotos

Pflanzenzellen

Die *Wasserpest* ist eine Wasserpflanze. Ihre zarten Blätter eignen sich gut, um den Aufbau einer *Pflanzenzelle* mit dem Mikroskop zu untersuchen. Diese Zellbestandteile lassen sich unterscheiden:

Zellwand. Die *Zellwand* gibt der Pflanzenzelle die feste Gestalt und schützt das Zellinnere. Sie besteht vor allem aus dem Stoff *Zellulose*. Die Zellwände haben winzige Poren, die *Tüpfel*. Durch sie stehen die Zellen untereinander in Verbindung.

Zellhaut. Die *Zellhaut* umschließt das *Zellplasma*. Sie ist für Wasser und manche darin gelösten Stoffe durchlässig. So kann durch die Zellhaut und die Poren hindurch ein Stoffaustausch zwischen den Zellen stattfinden.

Zellplasma. Das Zellplasma ist eine zähflüssige, von Körnchen durchsetzte Masse. Bei starker Vergrößerung sieht man, daß es sich bewegt. Diese *Zellplasmaströmung* zeigt deutlich, daß die Zelle lebt.

Zellkern. Der *Zellkern* steuert die Lebensvorgänge in der Zelle.

Blattgrünkörner. Die *Blattgrünkörner* enthalten den Farbstoff *Blattgrün*. In ihnen stellt die Pflanze Zucker und Sauerstoff aus Kohlenstoffdioxid und Wasser her. Dazu benötigt sie Sonnenlicht. Man nennt den Vorgang *Photosynthese*.

Zellsaftraum. Ältere Pflanzenzellen sind von einem Hohlraum durchsetzt, dem *Zellsaftraum*. Darin sammeln sich Wasser, überschüssiger Zucker, Mineralstoffe und Farbstoffe.

> Bestandteile der Pflanzenzelle sind: Zellwand, Zellhaut, Zellplasma, Zellkern, Blattgrünkörner und Zellsaftraum.

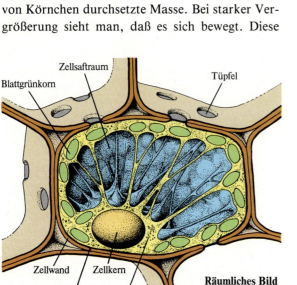

Räumliches Bild einer Pflanzenzelle

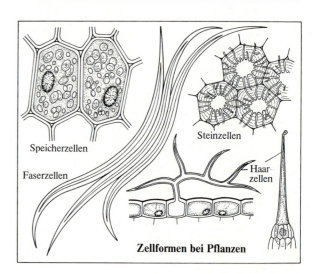

Zellformen bei Pflanzen

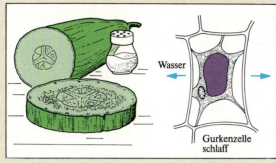

Wasser

Gurkenzelle
schlaff

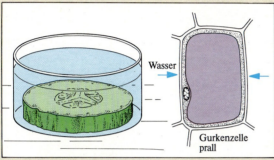

Wasser

Gurkenzelle
prall

Die halbdurchlässige Zellhaut

Eine frisch geschnittene Gurkenscheibe wird mit Salz bestreut. Bald bedeckt eine dünne Wasserschicht die Oberfläche. Das Wasser stammt aus den Gurkenzellen. Sie werden dabei weich und schlaff, sie welken. Spült man die Scheiben ab und legt sie in reines Wasser, nehmen die Zellen wieder Wasser auf und werden prall. Wie kommt das?

Die Zellhaut ist *halbdurchlässig*. Sie läßt Wasser leicht durch, aber nur ganz wenig Salz. *Das Wasser strömt immer in die Richtung der größeren Anhäufung an gelösten Stoffen:* Bei der mit Salz bestreuten Gurkenscheibe ist auf der Außenseite der Zellhaut viel Salz in sehr wenig Wasser (aus den angeschnittenen Gurkenzellen) gelöst. Im Vergleich dazu enthält das Wasser im Zellinneren nur wenig gelöste Stoffe. Das Wasser strömt also nach außen.

Bei der mit reinem Wasser abgespülten Gurkenscheibe ist außen fast gar kein Salz mehr im Wasser gelöst. Im Zellinneren dagegen ist immer noch die gleiche Menge an Stoffen in jetzt weniger Wasser gelöst. Das Wasser strömt also nach innen.

Zellen von Tier und Mensch

Mit pflanzlichen Zellen haben die *Zellen von Tier und Mensch* einiges gemeinsam: Auch hier umschließt eine feine *Zellhaut* das körnige *Zellplasma*. Im Innern erkennt man den *Zellkern*. Im Gegensatz zu Pflanzenzellen besitzen aber die Zellen von Tier und Mensch *keine Zellwände*. Blattgrünkörner, wie sie in grünen Teilen der Pflanzen vorkommen, fehlen bei ihnen. Ebenso fehlt der Zellsaftraum.

> Bestandteile der Zelle von Tier und Mensch sind: Zellhaut, Zellplasma und Zellkern.

Zellformen

Zellen können verschiedene Aufgaben haben. Je nach ihrer Aufgabe unterscheiden sie sich in der Gestalt. Muskelzellen, Nervenzellen, Knochenzellen und Blutzellen sind Beispiele für Zellformen bei Mensch und Tier. Speicherzellen, Steinzellen, Faserzellen und Haarzellen sind Beispiele für pflanzliche Zellformen.

1 Warum kann man im Mikroskop die Umrisse von Pflanzenzellen leichter erkennen als die Umrisse der Zellen von Tier und Mensch?

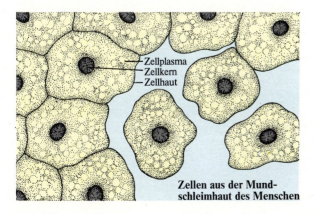

Zellplasma
Zellkern
Zellhaut

Zellen aus der Mundschleimhaut des Menschen

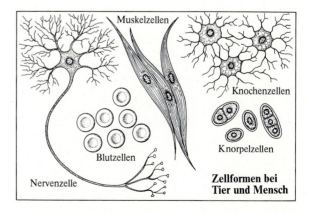

Muskelzellen

Knochenzellen

Knorpelzellen

Blutzellen

Nervenzelle

Zellformen bei Tier und Mensch

1 Untersuchung eines Wasserpestblattes

Benötigt werden: Mikroskopierausrüstung wie auf Seite 9 angegeben, Schälchen mit Wasser, Mikroskop, Wasserpest aus der Zoohandlung.

Zupfe mit der Pinzette ein Blättchen der Wasserpest ab. Gib das Blättchen in einen Wassertropfen auf dem Objektträger und decke mit einem Deckgläschen ab, wie du es auf Seite 9 für die Zwiebelhaut beschrieben findest. Stelle bei schwächster Vergrößerung das Mikroskop scharf ein. Zur genaueren Untersuchung wählst du stärkere Vergrößerungen. Zeichne einige Zellen bei ungefähr 400facher Vergrößerung. Beschrifte deine Zeichnung. Zur Beschriftung gehören die Überschrift mit dem Namen des Präparates und die Benennung der einzelnen Zellbestandteile.

2 Zellplasmaströmung in Wasserpestzellen

Die Blattzellen der Wasserpest enthalten viele Blattgrünkörner, die sich durch die Plasmaströmung bewegen. In den Zellen nahe der Mittelrippe, der stärksten Blattader, kannst du die Plasmaströmung gut beobachten.

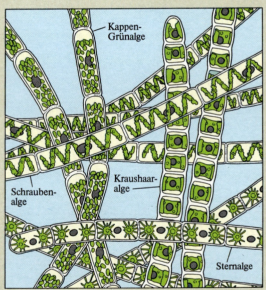

3 Fadenalgen unter dem Mikroskop

Benötigt werden: Objektträger, Deckgläschen, Schere, Mikroskop und ein Schälchen mit Fadenalgen.

Fadenalgen findet man in Tümpeln, Teichen und Bächen als grüne, schleimige Algenwatte. Auch im Aquarium kommen sie manchmal vor.

Schneide einige der Algenfäden mit der Schere durch. Bringe wenige, etwa 1 cm lange Stücke auf den Objektträger. Gib Wasser zu. Drücke das Deckglas leicht an. Schon bei schwacher Vergrößerung erkennt man, daß ein solcher Algenfaden aus vielen gleichgebauten Zellen besteht, die hintereinander angeordnet sind.

Es gibt verschiedene Fadenalgen. Sie unterscheiden sich in der Form ihrer Blattgrünkörner.

Die Schraubenalge hat in jeder Zelle ein einziges, großes, schraubenförmig gewundenes Blattgrünkorn. Durch vorsichtiges Hin- und Herdrehen am Drehknopf erkennt man die räumliche Anordnung des Blattgrünkorns. Der Zellkern liegt etwa in der Zellmitte. Er ist von einem Mantel aus Zellplasma umgeben, von dem viele Plasmafäden ausgehen.

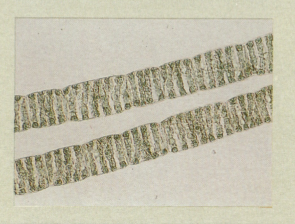

4 Zellwand und Poren

Benötigt werden: Mikroskopierausrüstung, Mikroskop, Birne.

Halbiere die Birne. Schabe mit der Rasierklinge von der frischen Schnittfläche nahe dem Kerngehäuse etwas Fruchtfleisch ab. Stelle ein mikroskopisches Präparat her.

Unter dem Mikroskop erkennt man Zellen mit dicken Zellwänden. Die Poren sind als Kanäle deutlich sichtbar. Sie durchbrechen die stark verdickten Zellwände.

– Welche Unterschiede bestehen zwischen diesen Steinzellen der Birne und den Zellen der Wasserpest?

5 Stärkekörner aus Speicherzellen

Benötigt werden: Mikroskopierausrüstung, Mikroskop, Fließpapier, Banane, Kartoffelknolle, Weizenkorn, Iod-Kaliumiodid-Lösung.

Stich mit einer Präpariernadel in das Fruchtfleisch einer Banane und entnimm ein wenig davon. Bringe das Material in einen Wassertropfen auf dem Objektträger. Mikroskopiere.

Schon bei schwacher Vergrößerung sind die Stärkekörner zu sehen. Bei stärkerer Vergrößerung erkennst du ihren geschichteten Bau.

Stärke läßt sich mit Iod-Kaliumiodid-Lösung nachweisen. Bringe einen Tropfen Iod-Kaliumiodid-Lösung seitlich neben dem Deckglas auf den Objektträger. Sauge die Lösung mit einem Fließpapier durch das Präparat, indem du das Fließpapier hinter dem Deckgläschen auflegst. Die blauviolette Färbung zeigt Stärke an. Zellwände und Zellplasma werden gelb.

Untersuche ebenso eine Kartoffelknolle und ein Weizenkorn auf Stärkekörner.

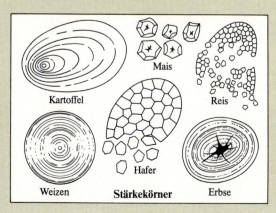

Stärkekörner
(Kartoffel, Mais, Reis, Weizen, Hafer, Erbse)

6 Zellen aus der Mundschleimhaut

Benötigt werden: Mikroskopierausrüstung, Mikroskop, Teelöffel, Iod-Kaliumiodid-Lösung.

Gib einen Tropfen Iod-Kaliumiodid-Lösung auf einen Objektträger. Schabe mit der Kante eines Teelöffelstiels von der Innenseite deiner Wange etwas Mundschleimhaut ab. Bringe das Material auf den Objektträger und verrühre vorsichtig mit dem Iod-Kaliumiodid-Tropfen. Lege das Deckglas auf und mikroskopiere. Fertige eine Skizze an und vergleiche mit dem Foto unten.

Warum wurde anstelle eines Wassertropfens die Iod-Kaliumiodid-Lösung verwendet? Fertige ein Schleimhautpräparat in Leitungswasser an.

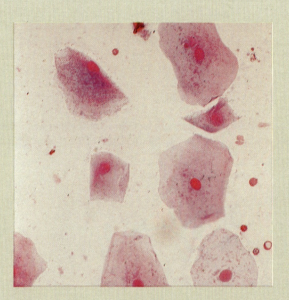

7 Vergleich von Tier- und Pflanzenzelle

Vergleiche deine Zeichnungen von der Wasserpestzelle und von den Mundschleimhautzellen.

Lege eine Tabelle wie die unten in deinem Heft an und fülle sie aus.

Zellbestandteile	Tierzelle	Pflanzenzelle
Zellhaut Zellwand	vorhanden	vorhanden ......
......	......	......

Lebewesen im Heuaufguß

Benötigt werden: 1-l-Einmachglas, Heu, Tümpelwasser, Mikroskop, Objektträger, Deckgläser, Pipette, Watte, Glasplatte.

Setze einen Heuaufguß an, wie in der Grafik gezeigt.

Achtung: Auf keinen Fall mehr als 2 g Heu nehmen! Sonst treten Sauerstoffmangel und Fäulnis auf.

Lege die Glasplatte auf und laß den Heuaufguß einige Wochen bei Zimmertemperatur stehen.

Untersuche den Heuaufguß alle 2 bis 3 Tage. Entnimm dazu mit der Pipette jeweils 1 Tropfen von der Oberfläche. Mikroskopiere.

Nach etwa 2 Tagen bildet sich auf der Oberfläche des Aufgusses eine schleimige Schicht aus Bakterien und Pilzen, die Kahmhaut.

Bakterien bestehen nur aus einer einzigen Zelle ohne Zellkern. Das Heu dient ihnen als Nahrung. Bald sind weitere Lebewesen zu beobachten. Sie wurden mit dem Tümpelwasser zugegeben und haben sich inzwischen vermehrt.

Geißelträger sind tierische Einzeller. Sie bewegen sich durch den Schlag ihrer Geißeln vorwärts.

Wimpertiere gehören ebenfalls zu den tierischen Einzellern. Ein besonders großes Wimpertier ist das Pantoffeltier. Wenn du Pantoffeltiere beobachten willst, mußt du ihre Schwimmbewegungen verlangsamen. Bringe dazu etwas Watte auf den Objektträger. Die Wattefasern hindern die Tiere an schneller Bewegung.

Rädertiere sind mehrzellige Tiere.

Die Grafik unten zeigt Lebewesen, die im Heuaufguß häufig vorkommen, wenn auch nicht alle zu gleicher Zeit.

– Bestimme danach die Arten, die du im Heuaufguß findest.
– Schreibe deine Ergebnisse über 6 bis 8 Wochen hinweg auf.
– Welche Arten sind wann häufig?

1 l Leitungswasser, wenig Tümpelwasser und 2 g Heu

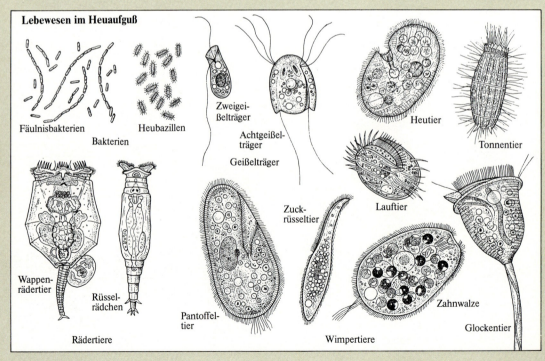

Lebewesen im Heuaufguß

Fäulnisbakterien

Heubazillen

Bakterien

Zweigeißelträger

Achtgeißelträger

Geißelträger

Heutier

Tonnentier

Wappenrädertier

Rüsselrädchen

Rädertiere

Pantoffeltier

Zuckrüsseltier

Lauftier

Zahnwalze

Glockentier

Wimpertiere

5 Einzeller

Das Pantoffeltier

In Teichen lebt das *Pantoffeltier*. Es besteht nur aus einer einzigen Zelle. Es ist ein *Einzeller*. Mit bloßem Auge läßt es sich gerade noch erkennen.

Bau, Ernährung und Fortbewegung. Unter dem Mikroskop sieht man, daß vom schmalen Vorderende des Pantoffeltiers eine Rinne, die *Mundbucht,* zur Zellmitte zieht. Dort liegt der *Zellmund*. An ihm stehen viele lange Wimpern. Sie strudeln Bakterien herbei, von denen sich das Pantoffeltier ... elangt die Nahrung ... *...bläschen* wird si ... en am *Zellafter* ...

Neben ... zwei *pulsie...* ... ehrere Kanäl... e Körperob... ...*...rn* bedeckt ... ekunde und t... ...lhaut sitzen *...* ... ihr „abgeschos... *...*

Reiz... ... Pantoffeltiere immer nach ... weichen sie aus. Pantoffeltiere reagieren also auf Reize.

Fortpflanzung. Pantoffeltiere können sich schnell vermehren. Meist verdoppeln sie dazu zuerst die *beiden Zellkerne* und die übrigen Zellbestandteile. Dann teilt sich die Zelle quer durch.

> Das Pantoffeltier ist ein Einzeller. Es zeigt alle Merkmale eines Lebewesens. Seine Zellhaut ist mit Wimpern bedeckt. Es gehört zu den Wimpertieren unter den Einzellern.

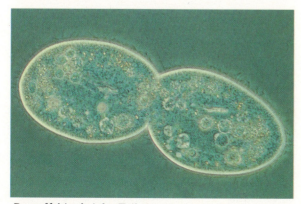

Pantoffeltier bei der Teilung

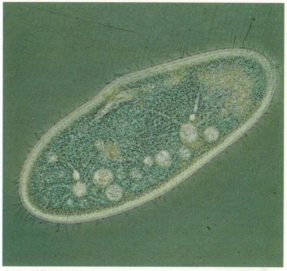

Pantoffeltier bei der Teilung. Vergrößerung 750fach.

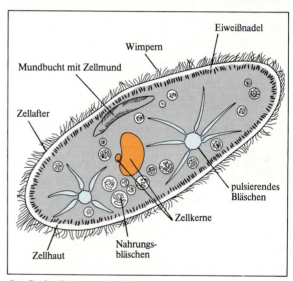

Mundbucht mit Zellmund — Wimpern — Eiweißnadel — Zellafter — Zellhaut — Nahrungsbläschen — Zellkerne — pulsierendes Bläschen

Grafische Deutung des Fotos

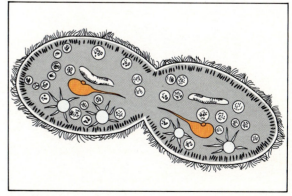

Grafische Deutung des Fotos

Amöbe. Vergrößerung 600fach.

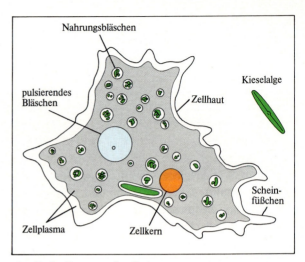

Grafische Deutung des Fotos

Das Wechseltier Amöbe

Amöben leben in schlammigen Tümpeln und Teichen.

Bau und Fortbewegung. Im Mikroskop sieht man die Amöbe zunächst nur als kugeliges Schleimklümpchen. Erst nach einigen Minuten schieben sich wurzelförmige *Scheinfüßchen* vor. Bei der kleinsten Erschütterung werden sie wieder eingezogen. An anderer Stelle erscheinen danach neue Scheinfüßchen. Die Zellhaut wölbt sich hier vor, Zellplasma strömt nach, der *Zellkern* und das *pulsierende Bläschen* folgen. Auf diese Weise bewegt sich die Amöbe vorwärts. Ständig wechselt sie dabei ihre Gestalt. Deshalb nennt man sie auch *Wechseltier*.

Ernährung. Die Amöbe überfließt Sandkörner, Pflanzenreste, andere Einzeller und Bakterien.

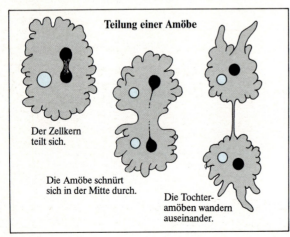

Teilung einer Amöbe

Der Zellkern teilt sich.

Die Amöbe schnürt sich in der Mitte durch.

Die Tochteramöben wandern auseinander.

Nahrung wird völlig umschlossen, ein *Nahrungsbläschen* entsteht. Die verdauten Stoffe gelangen aus den Nahrungsbläschen ins Zellplasma. Der unverdauliche Rest bleibt beim Weiterfließen liegen.

Fortpflanzung. Amöben vermehren sich durch Teilung der Zelle.

> Amöben sind Einzeller ohne feste Gestalt. Mit Scheinfüßchen bewegen sie sich vorwärts und nehmen Nahrung auf.

Vergleich von Pantoffeltier und Amöbe

Verglichen mit dem Pantoffeltier ist die Amöbe einfach gebaut. Sie besitzt keine feste Gestalt, keine besonderen Einrichtungen zur Fortbewegung und Nahrungsaufnahme. Sie hat keine Schutzeinrichtungen gegen Feinde. Dennoch ist das Wechseltier genauso lebenstüchtig wie das Pantoffeltier.

Pantoffeltier	Amöbe
Gestalt nicht veränderbar	Gestalt veränderbar
Zellhaut	Zellhaut
Wimpern	–
Zellmund	–
Nahrungsbläschen	Nahrungsbläschen
Zellafter	–
2 pulsierende Bläschen mit Kanälen	1 pulsierendes Bläschen
2 unterschiedlich große Zellkerne	1 Zellkern
Eiweißnadeln	–

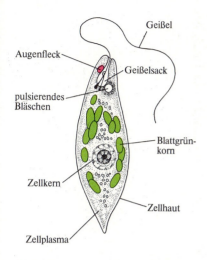

Augentier

Augentiere. Vergrößerung 700fach.

Das Gefäß mit den Augentieren wurde durch die Hülle mit der ausgeschnittenen Schrift abgedunkelt und mit der Lampe bestrahlt. Was zeigt der Versuch?

1 Warum zählt man das Pantoffeltier und die Amöbe zu den Tieren, das Augentier hingegen zu den Pflanzen?

2 Übertrage die Tabelle auf der Seite 16 in dein Heft. Lege eine weitere Spalte an und nimm das Augentier in den Vergleich auf.

Das Augentier

Pfützen, Gräben und Teiche sind im Frühjahr manchmal von einer grünen Schicht überzogen. Sie besteht aus *Augentieren*.

Bau und Fortbewegung. Augentiere sind etwa 1/20 mm lang. Unter dem Mikroskop lassen sie sich nicht so leicht beobachten. Sie bewegen sich nämlich rasch. Eine lange *Geißel* zieht sie durchs Wasser. Die Geißel entspringt einer Einbuchtung am Vorderende, dem *Geißelsack*. In der Nähe liegt ein *pulsierendes Bläschen*. Es entfernt überschüssiges Wasser aus der Zelle. Der *Zellkern* liegt nahe dem zugespitzten Hinterende. Das Augentier besitzt eine elastische Zellhaut und kann daher seine Körperform verändern.

Reizbarkeit. Das Augentier verdankt seinen Namen einem roten Punkt am Vorderende, dem *Augenfleck*. Er dient dazu, die Richtung des Lichts festzustellen. Das Augentier schwimmt zum Licht hin.

Ernährung. Das Augentier besitzt *Blattgrünkörner*. In ihnen bildet es im Licht Zucker und Sauerstoff. Im Dunkeln nimmt das Augentier *organische Nährstoffe* von außen durch die Zellhaut auf.

Fortpflanzung. Augentiere vermehren sich durch Zellteilung.

Pflanze oder Tier?

Das Augentier kann mit Hilfe seiner Blattgrünkörner Photosynthese betreiben. Es ist also – trotz seines Namens – eine Pflanze. Steht es längere Zeit im Dunkeln, verliert es die Blattgrünkörner und ernährt sich von verwesenden Stoffen aus der Umgebung. Es lebt dann wie ein Tier.

Augentiere sind Einzeller, die sich mit einer Geißel fortbewegen. Sie besitzen Blattgrünkörner.

Einzeller zeigen alle Kennzeichen des Lebendigen. Sie vermehren sich durch Zellteilung. Amöbe und Pantoffeltier sind tierische Einzeller. Das Augentier zählt zu den pflanzlichen Einzellern.

6 Zellteilung

Ein neugeborenes Kind besitzt etwa 2 Billionen Zellen. Alle diese Zellen sind durch *Zellteilung* aus einer einzigen befruchteten Eizelle hervorgegangen. Nicht nur Einzeller, sondern auch alle anderen Zellen vermehren sich also durch Zellteilung. Sie verläuft bei Pflanze, Tier und Mensch in ganz ähnlicher Weise.

Zellkern und Chromosomen. In besonders angefärbten Zellpräparaten erkennt man in den Zellkernen dünne Fäden. Wenn sich die Zellen teilen, werden aus diesen *Kernfäden* dickere *Kernschleifen.* Man nennt sie *Chromosomen*. Der Mensch hat in jeder Körperzelle 46 Chromosomen, die Erbse 14, der Spulwurm 2. Nach einer Zellteilung haben die Tochterzellen wieder dieselbe Anzahl Chromosomen wie die Ausgangszelle: Die Chromosomen verdoppeln sich nämlich vor der Teilung. Was wir im Mikroskop als Chromosomen sehen, sind eigentlich zwei Tochterchromosomen, die nur noch an einer Stelle zusammenhängen.

Ablauf der Zellteilung. Zu Beginn einer Zellteilung löst sich die Hülle um den Zellkern auf. Die Chromosomen ordnen sich in der Zellmitte an. Eine *Polspindel* bildet sich aus. Entlang den Spindelfasern werden die Tochterchromosomen in entgegengesetzte Richtung auseinandergezogen. Sie bilden zwei neue Kernbereiche.

Die Chromosomen werden wieder zu dünnen Kernfäden. Um jeden Kernbereich entsteht eine *Kernhülle*. Gleichzeitig schnürt sich das Zellplasma in der Zellmitte durch. Eine trennende Zellhaut bildet sich. Aus einer Zelle sind zwei geworden.

Zellen vermehren sich durch Zellteilung. Vor der Zellteilung verdoppeln sich die Chromosomen im Zellkern. Während der Zellteilung werden die Tochterchromosomen voneinander getrennt. Zwei neue Zellkerne entstehen. Dann erst teilt sich das Zellplasma.

Vergrößerung 1000fach. ▷

1   Wodurch wird erreicht, daß die Zahl der Chromosomen in den entstandenen Tochterzellen genauso groß ist wie in der ursprünglichen Mutterzelle?

2   Im Mikroskop sieht man Chromosomen als dicke Kernschleifen nur während der Zellteilung. Kannst du das erklären?

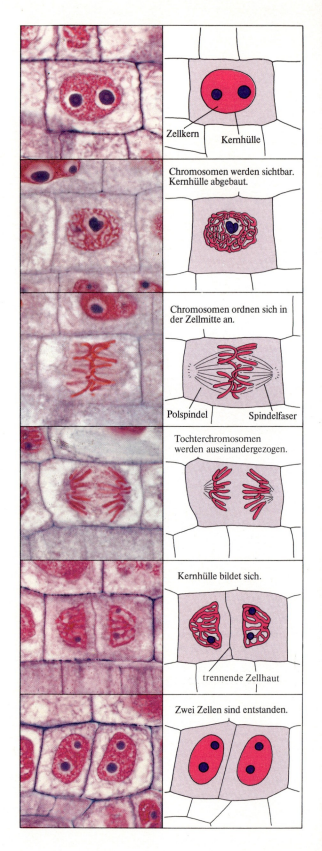

Zellkern   Kernhülle

Chromosomen werden sichtbar. Kernhülle abgebaut.

Chromosomen ordnen sich in der Zellmitte an.

Polspindel   Spindelfaser

Tochterchromosomen werden auseinandergezogen.

Kernhülle bildet sich.

trennende Zellhaut

Zwei Zellen sind entstanden.

7 Einzeller - Zellkolonie - Vielzeller

Untersucht man Teichwasser unter dem Mikroskop, kann man darin verschiedenartige *Grünalgen* finden.

Einzeller. Der *Hüllengeißelträger* ist eine *einzellige Alge.* Er ähnelt in seinem Aussehen dem Augentier.

Zellkolonie. Die *Maulbeergrünalge* besteht aus 16 gleichen Zellen. Jede Einzelzelle ist wie ein Hüllengeißelträger gebaut. Die Maulbeergrünalge ist eine *Zellkolonie.* Ihre Zellen sind von einer gemeinsamen, durchsichtigen Gallertschicht umhüllt. Alle Einzelzellen können sich teilen und wieder neue Maulbeergrünalgen bilden.

> Ein Zellverband aus gleichartigen Zellen heißt Zellkolonie. Alle Einzelzellen können sich fortpflanzen.

Vielzeller. Die *Wimperkugel* ist ein *Vielzeller.* Bei ihr bilden etwa 10 000 Zellen einen Zellverband. Die Zellen sind durch dünne *Zellplasmastränge* miteinander verbunden. So kann der Geißelschlag der vielen Einzelzellen bei der Fortbewegung aufeinander abgestimmt werden. Zwei Zellformen mit unterschiedlichen Aufgaben lassen sich bei der Wimperkugel unterscheiden:

- *Körperzellen* mit beschränkter Lebensdauer. Sie sind zahlreich und dienen dem Stoffwechsel und der Fortbewegung.
- *Keimzellen* zur Fortpflanzung. Sie teilen sich und bilden im Innern der Mutterkugel neue Wimperkugeln. Sind die Tochterkugeln groß genug, reißt die Mutterkugel auf und gibt die Tochterkugeln frei. Sie selbst geht zugrunde.

> Vielzeller haben verschiedenartige Zellen, zwischen denen eine Arbeitsteilung besteht. Die Keimzellen dienen der Fortpflanzung. Die Körperzellen gehen nach einiger Zeit zugrunde.

1 Warum kann man Einzeller als theoretisch unsterblich bezeichnen? Warum müssen Vielzeller sterben?

2 Was unterscheidet eine Zellkolonie von einem echten Vielzeller?

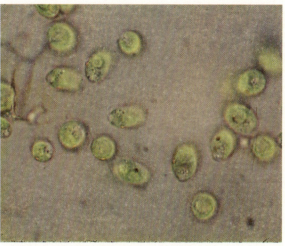

Hüllengeißelträger. Vergrößerung 500fach.

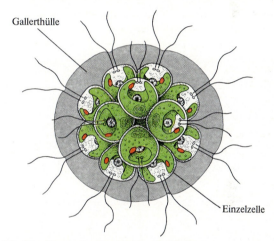

Die Maulbeergrünalge ist eine Zellkolonie.

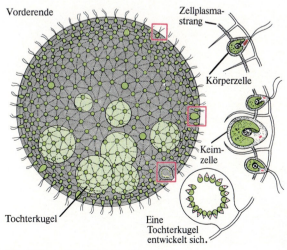

Die Wimperkugel ist ein Vielzeller.

8 Der Süßwasserpolyp - ein einfach gebauter Vielzeller

Pflanzenreiche Teiche mit klarem Wasser sind der Lebensraum des *Süßwasserpolypen.* Ausgestreckt ist er etwa 1 bis 2 cm lang.

Körperbau. Der Süßwasserpolyp hat einen schlauchförmigen Körper. Mit einer *Fußscheibe* sitzt er auf einer Wasserpflanze fest. Am anderen Ende des Körpers liegt die *Mundöffnung.* Sie ist von 6 bis 8 *Fangarmen* umgeben. Die Körperwand des Süßwasserpolypen besteht nur aus *2 Zellschichten.* Beide Schichten enthalten verschiedenartige Zellen: In der *Außenschicht* sitzen *Nesselzellen, Sinneszellen, Nervenzellen, Deckzellen* und *Ersatzzellen,* die abgestorbene Zellen ersetzen. In der *Innenschicht* liegen *Drüsenzellen* und *Freßzellen.* Außerdem kommen in beiden Schichten *Hautmuskelzellen* vor. Mit ihrer Hilfe kann sich der Süßwasserpolyp fortbewegen. Er hat keine inneren Organe.

Beutefang. Unter dem Mikroskop zeigen sich auf der Körperoberfläche zahlreiche helle Punkte. Das sind die Nesselzellen. Stößt ein Beutetier, beispielsweise ein Wasserfloh, gegen den Fortsatz einer Nesselzelle, explodiert sie sofort: Ein Faden wird herausgeschleudert, dolchartige Borsten an seinem Ende durchbohren das Opfer. Mit Gift wird es gelähmt. Dann führen es die Fangarme zum Mund. Langsam wird das Beutetier vom *Magendarmraum* aufgenommen.

> Der Süßwasserpolyp ist ein einfach gebauter Vielzeller. Seine verschiedenartigen Zellen bilden 2 Schichten. Er hat keine inneren Organe.

1 Was unterscheidet Einzeller von Vielzellern?

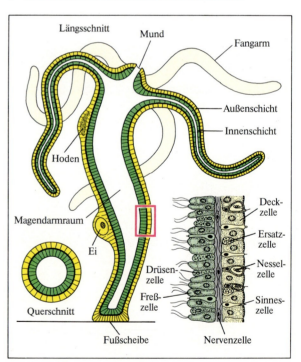

Bau des Süßwasserpolypen

Süßwasserpolyp mit Wasserfloh. Vergrößerung 10fach.

9 Zelle - Gewebe - Organ - Organismus

Am Aufbau des Körpers sind beim Menschen und bei den meisten anderen tierischen und pflanzlichen Vielzellern sehr viele verschiedenartige Zellen beteiligt. Die Zellen liegen nicht regellos durcheinander, sondern bilden Zellverbände. Einen Verband gleichartiger Zellen nennt man *Gewebe*. Beispiele für menschliches Gewebe sind die Mundschleimhaut, Muskel- oder Nervengewebe.

> Zellen mit gleichem Bau und gleicher Aufgabe bilden ein Gewebe.

Mehrere Gewebe zusammen bilden ein *Organ*. Jedes Organ hat bestimmte Aufgaben zu erfüllen. Wurzel, Stengel, Blätter und Blüten sind die Organe einer Blütenpflanze. Die Wurzel hat die Aufgabe, die Pflanze im Boden zu verankern und Wasser und Mineralstoffe aufzunehmen. Der Stengel oder Stamm leitet das Wasser und trägt die Blätter. Blüten bilden Früchte mit Samen.
Einige Organe des Menschen mit ihren Aufgaben sind in die Grafik unten eingetragen.

> Verschiedene Gewebe arbeiten in einem Organ zusammen.

Die Zellen, Gewebe und Organe des Körpers sind sehr stark spezialisiert. Sie können nur bestimmte Teilaufgaben wahrnehmen. Für sich allein sind sie nicht lebensfähig. Leben kann nur der gesamte *Organismus,* in dem alle Organe geregelt zusammenarbeiten.

> Im Organismus wirken alle Organe geregelt zusammen.

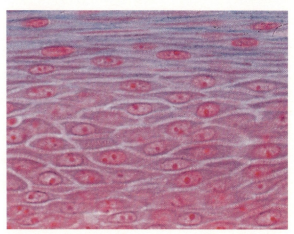

Mundschleimhautgewebe

1   Nenne weitere Organe des Menschen mit ihren Aufgaben!

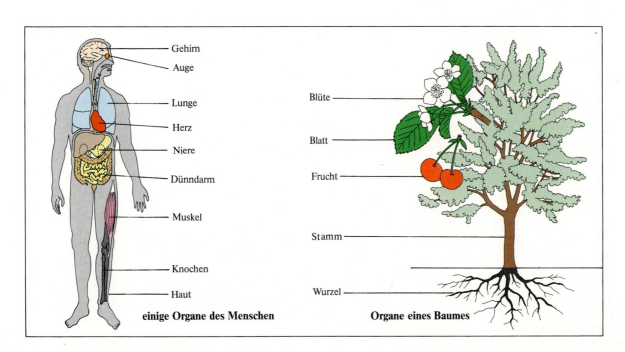

einige Organe des Menschen   **Organe eines Baumes**

Gehirn, Auge, Lunge, Herz, Niere, Dünndarm, Muskel, Knochen, Haut

Blüte, Blatt, Frucht, Stamm, Wurzel

Der menschliche Körper

1 Atmung

Läufer am Ziel

Luft zum Atmen

Nach einem 100-m-Lauf atmen wir viel tiefer und rascher als sonst. Auch beim Bergwandern, Treppensteigen, Schnellschwimmen oder bei schwerer körperlicher Arbeit geht unser Atem rasch, manchmal sogar keuchend. Offenbar benötigen wir mehr Atemluft, wenn wir uns körperlich anstrengen.

Sauerstoff und Kohlenstoffdioxid. Vergleicht man die Luft, die wir einatmen, mit der, die wir ausatmen, so zeigt sich: Die eingeatmete Luft enthält mehr *Sauerstoff* und weniger *Kohlenstoffdioxid* als die ausgeatmete Luft. Außerdem ist die ausgeatmete Luft auch feuchter. In unserem Körper wird also *Sauerstoff verbraucht* und *Kohlenstoffdioxid gebildet.*

Wozu dient der Sauerstoff? Wenn Kohle verbrennt, verbindet sich der Kohlenstoff mit Luftsauerstoff zu Kohlenstoffdioxid. Dabei wird *Energie* frei: die Lichtenergie und die Wärmeenergie der Flamme. Die Zellen unseres Körpers brauchen Sauerstoff, um Nährstoffe abzubauen, die Kohlenstoff enthalten. Dabei entsteht neben Kohlenstoffdioxid auch Wasser. Es wird ebenfalls Energie frei.

Die Energie dient unter anderem dazu, Muskeln zu bewegen. Damit ist klar: Je angestrengter Muskeln arbeiten, desto mehr Energie ist nötig und desto mehr Sauerstoff müssen wir einatmen.

> Beim Einatmen wird Sauerstoff aufgenommen, beim Ausatmen Kohlenstoffdioxid abgegeben. Der Sauerstoff dient dazu, Nährstoffe in den Zellen abzubauen.

Benötigte Luftmenge in der Stunde bei verschiedenen Tätigkeiten

Schlafen	280 l
Liegen	400 l
Stehen	450 l
Gehen	1000 l
Radfahren	1400 l
Schwimmen	2600 l
Bergsteigen	3100 l
Rudern	3600 l

1 Stelle fest, wie rasch dein Mitschüler atmet. Zähle nur beim Einatmen. Vergleiche die Zahl der Atemzüge pro Minute bei ruhigem Sitzen, nach 15 Kniebeugen, nach einem 50-m-Sprint über den Schulhof. Notiere das Ergebnis und erkläre es.

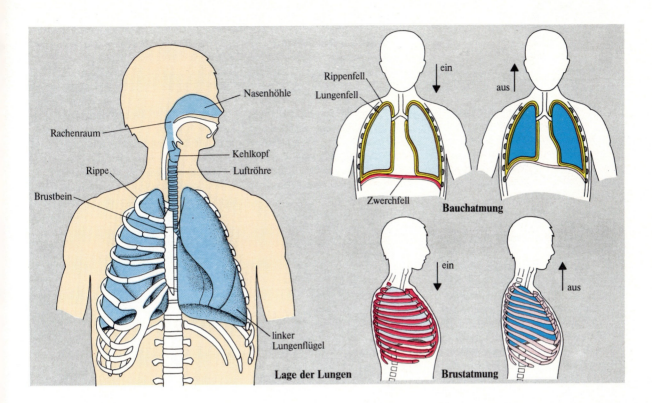

Nasenhöhle

Rachenraum

Rippe

Brustbein

Kehlkopf

Luftröhre

linker
Lungenflügel

Lage der Lungen

Rippenfell

Lungenfell

Zwerchfell

ein

aus

Bauchatmung

ein

aus

Brustatmung

Atembewegungen

Unsere Atmungsorgane sind die *Lungen*. Sie liegen im Brustraum und füllen den oberen Teil des Brustkorbs fast ganz aus. Sie bestehen aus einem schwammigen Gewebe ohne Muskeln. Außen sind sie von einer Haut umgeben, dem *Lungenfell*. Das Lungenfell haftet fest an einer zweiten Haut, dem *Rippenfell,* das den Brustkorb innen auskleidet. Ähnlich wie zwei feuchte Glasscheiben können Lungenfell und Rippenfell ohne Reibung aneinander gleiten. Nach unten, zum Bauchraum hin, schließt das *Zwerchfell* den Brustraum ab.

Damit Atemluft eingesaugt wird, müssen sich die Lungen dehnen. Das kann auf zweierlei Weise geschehen:

Bauchatmung. Strafft sich das Zwerchfell, so wird es nach unten gezogen. Der Brustraum wird dadurch größer, die Lungen dehnen sich mit. Luft strömt ein. Erschlafft das Zwerchfell, wölbt es sich wieder nach oben und verkleinert den Brustraum. Die Dehnung der Lungen geht zurück. Luft wird aus den Lungen gedrückt.

Brustatmung. Muskeln zwischen den Rippen sorgen dafür, daß sich der ganze Brustkorb hebt. Da-

bei nimmt gleichzeitig sein Rauminhalt zu. Die Lungen weiten sich. Luft strömt ein. Senkt sich der Brustkorb, verringert sich sein Rauminhalt. Die Lungen nehmen ihre ursprüngliche Größe wieder ein. Luft strömt aus.

Meist kombinieren wir beim Atmen beide Arten von Atembewegungen miteinander.

> Zum Einatmen vergrößert sich der Brustraum, die Lungen dehnen sich aus. Zum Ausatmen verkleinert sich der Brustraum, die Lungen werden zusammengedrückt.

1 Beschreibe anhand der Grafiken oben, wie bei der Brustatmung und der Bauchatmung ein- und ausgeatmet wird.

2 Warum ist es für den Atemvorgang wichtig, daß Lungenfell und Rippenfell fest aneinander haften? Mache dir dazu nochmals klar, auf welche Weise die Lungen beim Einatmen gedehnt werden.

1 Atmen verändert die Luft

Benötigt werden: Standzylinder, Kerze, Draht, Glasplatte, Glastrog, Stoppuhr, Schlauch.

Senke eine brennende Kerze in den Standzylinder. Lege sofort eine Glasplatte auf.

– Nach wieviel Sekunden erlischt die Flamme?
– Überlege, warum die Flamme erlischt.

Fülle dann den Standzylinder mit Wasser und stelle ihn umgekehrt in den Glastrog. Blase durch den Gummischlauch solange Atemluft in den Standzylinder, bis das Wasser verdrängt ist. Verschließe die Öffnung mit dem Glasdeckel und hebe das Gefäß heraus.

– Wie lange brennt die Kerzenflamme in der ausgeatmeten Luft?
– Erkläre den Unterschied zum ersten Versuch.

2 Modell zur Brustatmung

Benötigt werden: Pappe, Schere, Verschlußklammern, kariertes Papier.

Bastle ein Modell zur Brustatmung, wie in der Grafik unten gezeigt. Welchen Körperteilen entsprechen die Pappstreifen? Lege das Modell auf kariertes Papier. Bestimme den Flächeninhalt des „Brustraumes" durch die Anzahl der Karos

– bei angehobenen „Rippen",
– bei abgesenkten „Rippen".

Kannst du so das Ein- und Ausatmen erklären?

3 Modell zur Bauchatmung

Benötigt werden: dickes und dünnes Glasrohr, Gummistopfen mit Bohrung, alter Luftballon, Glasgefäß mit Wasser, Stativ.

Baue das Modell nach dem Bild unten zusammen. Hebe und senke das Glasgefäß. Beobachte dabei den Luftballon.

Das untere Ende des Glasrohres muß immer im Wasser bleiben.

– Was geschieht beim Senken des Wasserspiegels im Glasrohr?
– Welches Teil des Modells entspricht dem Zwerchfell?

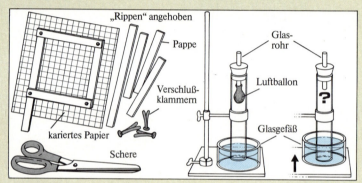

4 Bestimmung des Atemvolumens

Benötigt werden: 5-l-Glasglocke, Glastrog, Gummischlauch, Stativ, Stopfen, Glasrohr.

Als Atemvolumen bezeichnet man die Menge Luft, die man bei einem Atemzug ein- oder ausatmet. Baue das Gerät wie im Bild rechts zusammen. Die Glasglocke ist halb mit Wasser gefüllt. Atme durch den Schlauch ein und aus. Halte dir die Nase zu.

– Um wieviel schwankt der Wasserspiegel? An der Literskala kannst du ablesen, wie groß die Luftmenge ist.

Willst du wissen, wieviel Luft deine Lungen überhaupt aufnehmen können? Fülle dazu die Glasglocke ganz mit Wasser. Atme möglichst tief ein. Atme dann durch den Schlauch soviel Luft in die Glasglocke aus, wie du kannst.

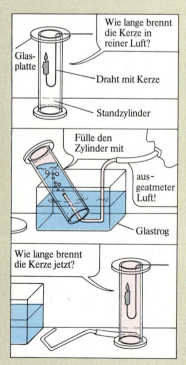

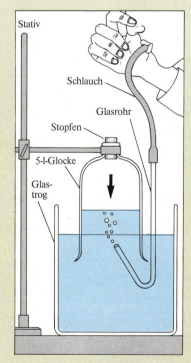

Der Weg der Luft zu den Lungen

Nase. Meist wird die Atemluft bei geschlossenem Mund durch die *Nase* eingesaugt. Staub und andere Fremdkörper bleiben im *Nasen-schleim* hängen. So wird die Luft gereinigt. Außerdem wird sie in den *Nasenhöhlen* befeuchtet, erwärmt und durch den Geruchssinn geprüft. Die Nasenhöhlen öffnen sich hinten zum *Rachenraum*.

Rachen. Durch den Rachenraum strömt die Luft an den *Mandeln* vorbei zur *Luftröhre*. Die Mandeln fangen Krankheitserreger ab, die in der Atemluft enthalten sind.

Kehlkopf. Am Eingang zur Luftröhre liegt der *Kehlkopf*. Mit dem *Kehldeckel* vermag er die Luftröhre zu verschließen. So wird verhindert, daß Nahrungsbrocken statt in die Speiseröhre in die Luftröhre gelangen. Der Kehlkopf ist außerdem für das Sprechen wichtig. Er besteht aus mehreren Knorpeln, zwischen denen die *Stimmbänder* ausgespannt sind. Diese können im Luftstrom schwingen und erzeugen dabei Töne.

Luftröhre, Bronchien und Lungen. Die Luftröhre ist etwa 10 cm lang und hat einen Durchmesser von 2 cm. Innen ist sie mit einer *Schleimhaut* ausgekleidet. Auf ihr sitzen viele feine *Flimmerhärchen*. Die Härchen bewegen sich ständig so, daß eingedrungene Staubteilchen wieder nach oben transportiert werden. Im Brustkorb teilt sich die Luftröhre in zwei Äste, die *Bronchien*. Jede Bronchie führt zu einem *Lungenflügel*. Dort verzweigt sie sich vielfach und endet schließlich in den kugeligen *Lungenbläschen*. Die einzelnen Lungenbläschen haben kaum die Größe eines Stecknadelkopfs. Außen sind sie von feinsten Blutgefäßen umsponnen. Durch die dünne Wand der Lungenbläschen wandert der Sauerstoff in die Blutgefäße. Mit dem Blut gelangt er zu den Körperzellen. Das Kohlenstoffdioxid, das aus dem Körper stammt, wandert aus dem Blut in die Lungenbläschen. Es wird in der Atemluft ausgeatmet.

> Über Nase oder Mund, Rachen, Kehlkopf, Luftröhre und Bronchien gelangt die Atemluft in die Lungen. In den Lungenbläschen findet der Gasaustausch statt.

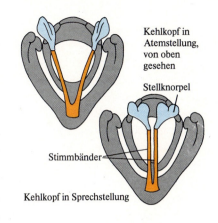

Kehlkopf in Atemstellung, von oben gesehen

Stellknorpel

Stimmbänder

Kehlkopf in Sprechstellung

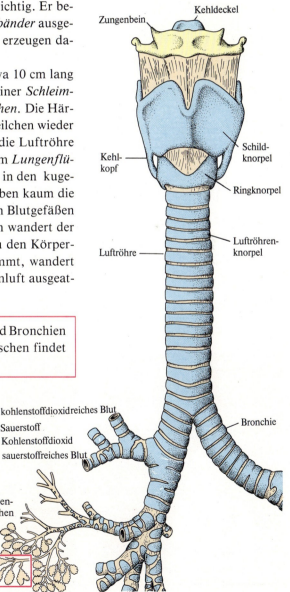

Zungenbein
Kehldeckel
Schildknorpel
Kehlkopf
Ringknorpel
Luftröhre
Luftröhrenknorpel
Bronchie

kohlenstoffdioxidreiches Blut
Sauerstoff
Kohlenstoffdioxid
sauerstoffreiches Blut

Lungenbläschen

25

Gesunderhaltung der Lungen

Nur für Minuten können wir den Atem anhalten. Atmen ist lebensnotwendig. Durch *Sport* und *Bewegung im Freien* sollten wir deshalb versuchen, *die Lungen zu kräftigen*. Das ist heute besonders wichtig, wo viele *schädliche Einflüsse* auf die Lungen einwirken, Staub, Ruß und Abgase vor allem. Reine Luft atmen Stadtbewohner bestenfalls im Urlaub ein. Selbst in den Lungen von *Nichtrauchern* sammeln sich im Laufe des Lebens beträchtliche Schmutzmengen an.

Bei *Rauchern* kommen aber noch selbst erzeugter *Teer* und *Ruß* hinzu. Als schwarze Masse lagern sich diese Stoffe in den Lungen ab und *zerstören die Lungenbläschen*. Die Leistungsfähigkeit der Lungen nimmt dadurch mehr und mehr ab. Das zeigt sich schon bei geringer körperlicher Anstrengung. Raucher leiden zudem oft an *chronischer Bronchitis,* das ist eine dauernde Entzündung der Bronchienschleimhäute, verbunden mit *Raucherhusten*. Durch die Entzündung werden die Flimmerhärchen der Schleimhäute zerstört. Schadstoffe und Schleim gelangen nun ungehindert zur Lunge und verstopfen die Verzweigungen der Bronchien. Daß Rauchen darüber hinaus *Lungenkrebs* auslösen kann, ist allgemein bekannt.

WIE EIN SÄUGLING! IMMER 'NEN SCHNULLER IM MUND!

> Der Verzicht auf das Rauchen ist Voraussetzung für eine gesunde Lunge.

1 Weshalb soll man nach Möglichkeit immer durch die Nase atmen und nicht durch den Mund?

2 Durch welche Einrichtungen in den Luftwegen wird ein gewisser Schutz der Lungen vor Staub und Schmutzteilchen erreicht?

3 Überlege dir, was du selbst zur Gesunderhaltung deiner Lungen tun kannst.

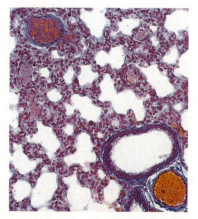

Lungengewebe eines Neugeborenen. Vergrößerung 50fach.

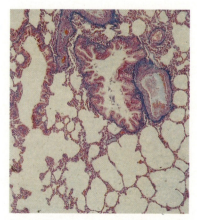

Lungengewebe eines erwachsenen Nichtrauchers

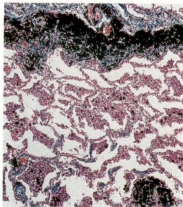

Lungengewebe eines Rauchers. Viele Lungenbläschen sind zerstört.

2 Blut und Blutkreislauf

Aufgaben des Blutes

Wenn vom *Blut* die Rede ist, denkt man oft nur an den Blutstropfen, der aus der Schnittwunde quillt. Bald gerinnt er und verschließt die Wunde. Unser Blut erfüllt aber sehr viele verschiedene Aufgaben. Es ist das *wichtigste Transportsystem des Körpers* und befördert

- Sauerstoff von den Lungen zu allen Geweben des Körpers,
- Kohlenstoffdioxid von den Geweben zu den Lungen,
- Nährstoffe vom Darm zu den Körperzellen,
- Giftstoffe, die in den Körper gelangen, und Abfallstoffe, die im Körper entstehen, zur Leber und zu den Nieren,
- Botenstoffe, auch Hormone genannt, von den Hormondrüsen zu den Orten im Körper, an denen sie ihre Wirkung entfalten.

Außerdem ist das Blut an der *Regulierung der Körperwärme* beteiligt. Im Blut werden auch *Abwehrstoffe* gegen Krankheitserreger und körperfremde Stoffe gebildet.

> Das Blut ist das wichtigste Transportsystem unseres Körpers.

Blutmenge und Zusammensetzung des Blutes

Ein Erwachsener hat durchschnittlich 5 bis 6 l Blut. Das Blut ist keine einheitliche Flüssigkeit wie Wasser: Läßt man es in einem Glasgefäß erschütterungsfrei stehen und gibt ein Mittel dazu, das die Gerinnung verhindert, so setzt sich nach einiger Zeit eine rote, undurchsichtige Masse unten ab. Unter dem Mikroskop erkennt man, daß dieser Teil des Blutes vor allem *Blutzellen,* auch *Blutkörperchen* genannt, enthält. Die Flüssigkeit, die über den Blutkörperchen im Glas steht, ist bernsteinfarben und durchsichtig. Sie heißt *Blutplasma.*

Blutplasma. Das Blutplasma besteht zum größten Teil aus *Wasser.* Außerdem enthält es 10 % gelöste Stoffe. Unter ihnen sind *Eiweißstoffe* am häufigsten. Einige der Eiweißstoffe wirken als *Abwehrstoffe gegen Krankheitserreger,* andere sind an der *Blutgerinnung* beteiligt. Blutplasma, aus dem die Gerinnungsstoffe entfernt wurden, nennt man *Blutserum.* Im Blutplasma werden auch *Traubenzucker* und *Fette* sowie *Abfallstoffe* transportiert.

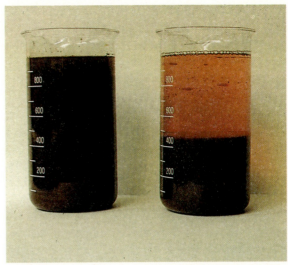

Frisches und abgestandenes Blut, bei dem die Gerinnung verhindert wurde.

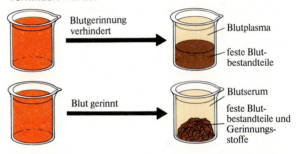

Der Traubenzucker ist mit etwa 0,1 % im Blutplasma enthalten. Insgesamt sind das nur 4 bis 6 g, also ein Kaffeelöffel voll. Als Energiespender für die Muskelarbeit ist dieser Traubenzucker aber lebensnotwendig.

Fett kommt nach einer fettreichen Mahlzeit im Blut in kleinen Tröpfchen vor. Es wird rasch in Fettspeicherzellen abgelagert.

Salze sind im Blutplasma zu etwa 1 % enthalten.

> Der flüssige Bestandteil des Blutes heißt Blutplasma. Blutplasma ohne Gerinnungsstoffe nennt man Blutserum.

Rote Blutkörperchen. Unter den Blutzellen überwiegen die *roten Blutkörperchen* bei weitem. In einem stecknadelkopfgroßen Blutstropfen sind etwa 5 Millionen enthalten! Ihre Farbe rührt von einem eisenhaltigen Eiweißstoff her, dem *Hämoglobin*. Dieser rote Blutfarbstoff vermag *Sauerstoff an sich zu binden* und so zu transportieren. Rote Blutkörperchen haben einen Durchmesser von weniger als 1/100 mm. Die Oberfläche aller roten Blutkörperchen eines Menschen zusammen ergibt jedoch eine riesige Fläche: 2500 m², das sind 50 x 50 m. Diese große Fläche steht für den Transport von Sauerstoff zur Verfügung.

Die roten Blutkörperchen entstehen ständig neu im *Knochenmark*. Als fertige Blutkörperchen haben sie *keinen Zellkern mehr*. Nach etwa 120 Tagen werden sie in Milz und Leber abgebaut.

Weiße Blutkörperchen. Neben den zahlreichen roten Blutkörperchen finden sich wenige farblose Blutzellen mit Zellkern, die *weißen Blutkörperchen*. Sie sind fast doppelt so groß wie die roten Blutkörperchen und können sich wie Amöben fortbewegen. Man findet sie auch außerhalb des Blutes. Sie fressen Zellreste und eingedrungene Bakterien. Ihre Hauptaufgabe ist die *Abwehr von Krankheitserregern und Fremdkörpern*.

Blutplättchen. Als dritter fester Bestandteil kommen im Blut die *Blutplättchen* vor. Sie sind nur etwa ein viertel so groß wie die roten Blutkörperchen. Ihre Form ist ganz unregelmäßig. Sie spielen bei der *Blutgerinnung* eine wichtige Rolle.

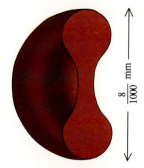

$\frac{8}{1000}$ mm

halbiertes rotes Blutkörperchen

Blut enthält als feste Bestandteile rote Blutkörperchen, weiße Blutkörperchen und Blutplättchen. Aufgabe der roten Blutkörperchen ist der Transport von Sauerstoff, Aufgabe der weißen Blutkörperchen die Abwehr von Krankheitserregern und von Fremdkörpern. Die Blutplättchen sind für die Blutgerinnung wichtig.

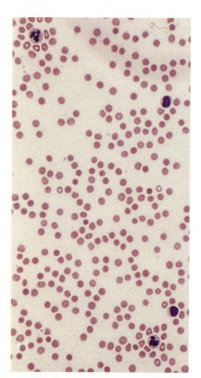

Angefärbte rote und weiße Blutkörperchen unter dem Mikroskop

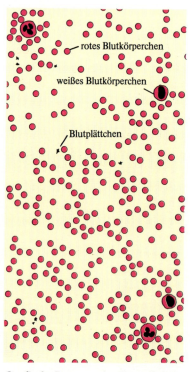

rotes Blutkörperchen

weißes Blutkörperchen

Blutplättchen

Grafische Deutung des Fotos links

Rote und weiße Blutkörperchen im Raster-Elektronenmikroskop

Blutgerinnung

Schon nach wenigen Minuten hören kleine Verletzungen auf zu bluten. Das Blut ist *geronnen*. Ein *Blutpfropf* verschließt die Wunde. Die *Blutplättchen* haben daran großen Anteil: Sie ballen sich an der Wundstelle zusammen. Gleichzeitig setzen sie einen Stoff frei, der über Zwischenschritte bewirkt, daß sich der im Blutplasma gelöste Gerinnungsstoff *Fibrinogen* in das aus langen Fasern bestehende Eiweiß *Fibrin* umwandelt. In dem Netz aus Fibrinfäden bleiben Blutplättchen, rote und weiße Blutkörperchen hängen und bilden den Blutpfropf.

Blutgruppen

Bei schweren Verletzungen mit starkem Blutverlust hilft oft nur noch eine *Blutübertragung*. Blut kann aber nicht beliebig von einem Menschen auf den anderen übertragen werden. Dies hängt damit zusammen, daß im Blutserum häufig *Verklumpungsstoffe* vorkommen, die sich an die roten Blutkörperchen des fremden Blutes anlagern, sie miteinander verbinden und so verklumpen.

Je nachdem, welche Verklumpungsstoffe vorhanden sind, unterscheidet man vier verschiedene *Blutgruppen:*

– Die *Blutgruppe A* enthält den Verklumpungsstoff *Anti-B*. Dieser Stoff verklumpt rote Blutkörperchen der Blutgruppe B.
– Die *Blutgruppe B* enthält den Verklumpungsstoff *Anti-A*. Dieser Stoff verklumpt rote Blutkörperchen der Blutgruppe A.
– Die *Blutgruppe 0* enthält *sowohl Anti-A als auch Anti-B.*
– Die *Blutgruppe AB* enthält *keinen Verklumpungsstoff.*

Menschen mit der Blutgruppe AB können im Notfall Blut aller anderen Blutgruppen erhalten. Die Blutübertragung wird aber um so besser vertragen, je ähnlicher sich das Blut des Spenders und das des Empfängers sind. Deshalb wird gewöhnlich nur Blut derselben Blutgruppe verwendet.

Die Blutübertragung kann vielen Menschen das Leben retten: Unfallopfern, Frischoperierten, Menschen, die zu wenig Blut besitzen oder in deren Blut Gerinnungsstoffe fehlen. Sie sind auf unsere Bereitschaft, Blut zu spenden, angewiesen. Deshalb: Werde *Blutspender!*

> Nach den Verklumpungsstoffen im Blutserum unterscheidet man vier Blutgruppen: A, B, AB und 0. Zur Blutübertragung ist nur Blut derselben Blutgruppe gut geeignet.

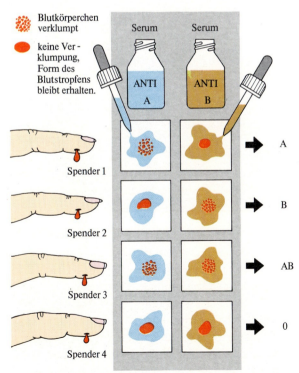

Mit zwei Testseren kann man die Blutgruppe bestimmen.

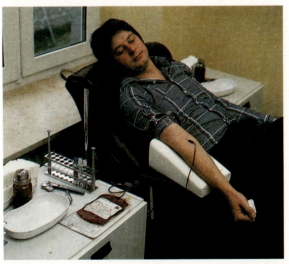

Blutspende. Vor der Verwendung wird das Blut auf Krankheitserreger untersucht.

Das Herz

Unser Blut fließt in *Blutgefäßen*. Vom Schlag des *Herzens* wird es vorwärtsgetrieben. Durchschnittlich 70- bis 80mal in der Minute schlägt das Herz. Das sind rund 100 000 Schläge am Tag!

Lage. Im Röntgenbild sieht man das Herz als helle Fläche im Bereich des Brustkorbs. Es liegt etwas links von der Körpermitte und zeigt mit der Spitze nach links unten.

Bau. Das Herz ist ein *Hohlmuskel*. Eine kräftige *Scheidewand* teilt das Herz in zwei Hälften. Jede Hälfte besteht aus zwei Teilen: einem dünnwandigen *Vorhof*, in dem die zuführenden Blutgefäße münden, und einer *Herzkammer* mit muskulöser Wand. Zwischen Vorhof und Herzkammer liegen die häutigen *Segelklappen*. Sie wirken als Ventile und lassen das Blut nur in einer Richtung hindurchfließen. Weitere Ventile, die *Taschenklappen,* liegen am Eingang der Blutgefäße, die die Herzkammern verlassen.

Die beiden Herzhälften sind nicht nur vollständig voneinander getrennt, sie haben auch *unterschiedliche Aufgaben:* Die rechte Herzhälfte bekommt Blut aus dem Körper zugeführt und pumpt es zur Lunge. Die linke Herzhälfte bekommt Blut aus der Lunge zugeführt und pumpt es in den Körper.

Alle zum Herzen führenden Blutgefäße nennt man *Blutadern* oder *Venen*. Alle vom Herzen wegführenden Blutgefäße heißen *Schlagadern* oder *Arterien*.

Arbeit des Herzens. Das Zusammenziehen des Herzmuskels nehmen wir als Schlagen des Herzens wahr. Dabei ziehen sich zuerst die Vorhöfe zusammen. Blut gelangt aus den Vorhöfen durch die geöffneten Segelklappen in die Herzkammern. Unmittelbar darauf ziehen sich die Herzkammern kräftig zusammen. Durch den Druck des Blutes schließen sich die Segelklappen, und die Taschenklappen werden aufgestoßen. Aus beiden Herzkammern strömt das Blut in die sich jeweils anschließenden Schlagadern. Dann erschlaffen die Herzkammern wieder. Die Taschenklappen verhindern jedoch das Zurückfließen des Blutes. Noch während sich die Herzkammern zusammenziehen, entspannen sich die Vorhöfe. Ihr Rauminhalt nimmt zu, Blut wird aus den Venen nachgesaugt. Wenig später erfolgt der nächste Herzschlag.

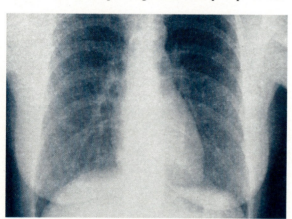

Röntgenaufnahme des Brustkorbs. Man sieht das Herz als helle Fläche etwas links von der Körpermitte.

Das Herz ist ein Hohlmuskel. Es besteht aus zwei getrennten Hälften. Jede gliedert sich in Vorhof und Herzkammer. Durch das Zusammenziehen der Herzkammern wird das Blut in die Blutgefäße gepumpt.

Schlagadern oder Arterien sind die vom Herzen wegführenden Blutgefäße, Blutadern oder Venen die zum Herzen hinführenden Blutgefäße.

Herzschläge in der Minute	
Höchstwert beim Sport	250
neugeborenes Kind	130
6jähriges Kind	90
30jähriger	70
70jähriger	60 – 70

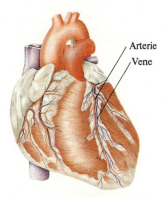

Herz, von außen und im Schnitt

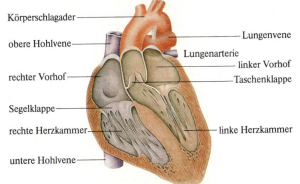

Körperschlagader

obere Hohlvene

rechter Vorhof

Segelklappe

rechte Herzkammer

untere Hohlvene

Lungenvene

Lungenarterie

linker Vorhof

Taschenklappe

linke Herzkammer

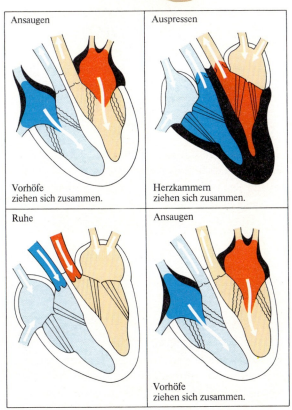

Ansaugen	Auspressen
Vorhöfe ziehen sich zusammen.	Herzkammern ziehen sich zusammen.
Ruhe	Ansaugen
	Vorhöfe ziehen sich zusammen.

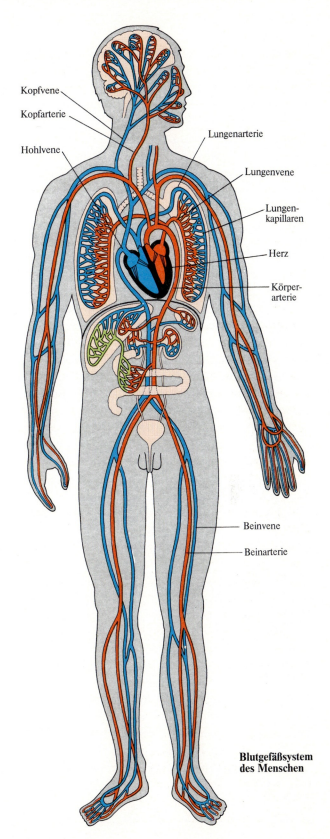

Kopfvene

Kopfarterie

Hohlvene

Lungenarterie

Lungenvene

Lungen-kapillaren

Herz

Körper-arterie

Beinvene

Beinarterie

Blutgefäßsystem des Menschen

Der Blutkreislauf

Das Blut wird vom Herzen fortgepumpt und fließt schließlich dorthin zurück. Diesen ständigen Blutstrom nennt man *Blutkreislauf.* Genau genommen sind es zwei Kreisläufe: ein *Lungenkreislauf* und ein *Körperkreislauf.*

Lungenkreislauf. Der Lungenkreislauf wird von der *rechten Herzhälfte* angetrieben. Sie pumpt das sauerstoffarme Blut aus dem gesamten Körper über die *Lungenarterien* zu den *Lungen.* Dort gibt das Blut Kohlenstoffdioxid ab und nimmt Sauerstoff auf. Über die *Lungenvenen* fließt das sauerstoffreiche Blut zum linken Vorhof.

Körperkreislauf. Der Körperkreislauf wird von der *linken Herzhälfte* angetrieben. Das sauerstoffreiche Blut verläßt die linke Herzkammer über die *Körperschlagader.* Sie verzweigt sich in ungefähr 40 große *Arterien.* Diese führen zu allen Organen in Kopf, Rumpf und Gliedmaßen, natürlich auch zum Herzmuskel, der für seine Arbeit ebenfalls Sauerstoff und Nährstoffe benötigt. Auf dem Weg zu den Organen zweigen sich die Arterien immer weiter auf. Ihr Durchmesser nimmt ab. Noch die kleinsten Arterien sind aber deutlich von Venen zu unterscheiden: Sie haben eine dicke, muskulöse Wand und können sich zusammenziehen. Die Wände der größeren Arterien enthalten zusätzlich viele elastische Fasern. Dadurch sind sie dem Druck gewachsen, der beim Zusammenziehen der Herzkammern und dem Ausstoßen des Blutes entsteht. Als *Puls* kann man den *Blutdruck* am Handgelenk spüren.

Die kleinsten Arterien münden in Netze von äußerst feinen Blutgefäßen, den *Haargefäßen* oder *Kapillaren.* Durch die dünnen Wände der Kapillaren wird Blutplasma hindurchgepreßt. Auf diese Weise werden alle Zellen in der Umgebung der Kapillaren mit Sauerstoff und Nährstoffen versorgt. Der größte Teil des Blutplasmas gelangt anschließend wieder zurück in die Kapillaren. Er führt Kohlenstoffdioxid und Abfallstoffe aus den Zellen mit. Das Blut wird also in den Kapillaren *sauerstoffarm und kohlenstoffdioxidreich.*

Ein Rest Blutplasma verbleibt in den Zwischenräumen zwischen den Zellen. Er wird im zweiten Transportsystem des Körpers, dem *Lymphsystem,* gesammelt und dem Blut wieder zugeführt.

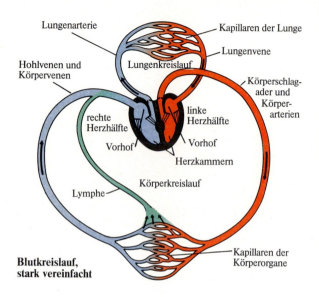

Blutkreislauf, stark vereinfacht

Die Kapillaren vereinigen sich zu kleinen *Venen* und diese zu größeren. Die Venen haben dünne Wände mit wenig Muskelfasern. Der Blutdruck ist in ihnen sehr gering. *Venenklappen,* die ähnlich gebaut sind wie die Taschenklappen des Herzens, verhindern das Zurückfließen des Blutes. Über die großen *Hohlvenen* fließt das Blut zum rechten Vorhof. Damit ist der Körperkreislauf geschlossen.

Im Lungenkreislauf fließt sauerstoffarmes Blut von der rechten Herzhälfte zur Lunge, nimmt dort Sauerstoff auf und fließt zurück zur linken Herzhälfte.
Im Körperkreislauf fließt das sauerstoffreiche Blut von der linken Herzhälfte durch Arterien in alle Teile des Körpers. In den Kapillaren gibt es Sauerstoff ab und nimmt Kohlenstoffdioxid auf. Über Venen kehrt es zur rechten Herzhälfte zurück.

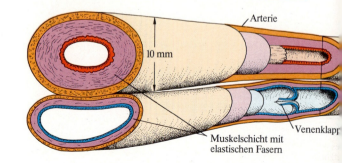

Erkrankungen von Herz und Kreislauf

Falls bei jungen Menschen *Kreislaufstörungen* auftreten, beruhen sie oft auf einem *zu niedrigen Blutdruck*. Er macht sich durch Schwindelgefühl beim
Aufstehen sowie Müdigkeit bemerkbar. Zu niedri-
ger Blutdruck ist nicht gefährlich. Durch Sport
und Bewegung läßt sich eine Besserung erreichen.
Ältere Menschen leiden häufiger unter *zu hohem
Blutdruck*. Er muß gesenkt werden, weil die Blutgefäße dem Druck auf Dauer nicht gewachsen
sind. Sie werden brüchig und dadurch anfällig für
Folgeerkrankungen. Oft weisen weder Schmerzen
noch andere Störungen auf zu hohen Blutdruck
hin. Eine regelmäßige Kontrolle beim Arzt ist deshalb wichtig. Wodurch zu hoher Blutdruck entsteht, weiß man nicht genau. Sicher ist, daß Rauchen, Übergewicht, eine salzreiche Kost, Bewe-
gungsmangel und Dauerstreß dazu beitragen.
Zu den *Folgeerkrankungen des Bluthochdrucks* gehören die *Arterienverkalkung,* der *Herzinfarkt*
und der *Schlaganfall*. Bei der Arterienverkalkung
verhärten sich die Gefäßwände an den vorgeschä-
digten Stellen. Ablagerungen bilden sich, die den
Durchfluß des Blutes immer mehr behindern.
Schließlich kann die Arterie ganz verstopft werden. Handelt es sich um eine Arterie, die zum Gehirn führt, kommt es zum Schlaganfall. Das nicht
mehr durchblutete Gewebe stirbt ab. Vor allem
Lähmungen sind die Folge. Ist dagegen eine der
Arterien betroffen, die das Herz versorgen, erlei-
det man einen Herzinfarkt. Er ist mit starken
Schmerzen verbunden, die vom Herzen ausstrah-
len. Werden große Teile des Herzmuskels nicht
mehr durchblutet, tritt der Tod ein.

1 Vielleicht wurde bei dir schon einmal der Blutdruck
gemessen. Berichte, wie die Messung vor sich geht. Der
Arzt gibt immer zwei Blutdruckwerte an, beispielsweise
120/90. Was bedeuten die Werte?

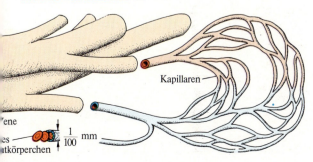

Kapillaren

Vene

es

ltkörperchen

$\frac{1}{100}$ mm

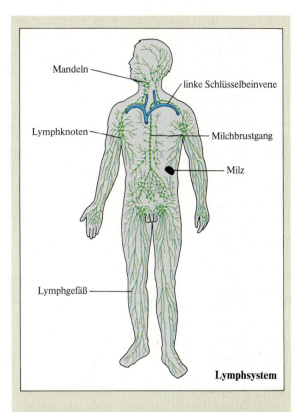

Mandeln

linke Schlüsselbeinvene

Lymphknoten

Milchbrustgang

Milz

Lymphgefäß

Lymphsystem

Die Lymphe

Das *Lymphsystem,* das zweite Transportsystem des
Körpers, ist nicht selbständig, sondern steht mit dem
Blut in Verbindung.
Die Lymphe entsteht im Bereich der Blutkapillaren.
Es ist Blutplasma, das die Kapillaren verlassen hat
und nun die Zellen umspült. In zunächst sehr feinen,
dann bis stricknadeldicken *Lymphgefäßen* wird die
Lymphe gesammelt. Über einen Anschluß an die
Schlüsselbeinvene gelangt sie wieder zurück in den
Blutkreislauf. Die Lymphe fließt sehr langsam. Sie
wird in ihren Gefäßen ja nicht vom Herzen vorwärtsgetrieben. Ähnlich wie in den Venen gibt es jedoch in
den Lymphgefäßen Klappen, die das Zurückfließen
verhindern.
In der Lymphe werden *Eiweißstoffe* und *Fette* transportiert. Daneben hat das Lymphsystem eine weitere
wichtige Aufgabe: Es ist an der *Abwehr von Krankheitserregern* beteiligt. In die Lymphgefäße sind kno-
tenartige Verdickungen eingeschaltet, die *Lymphknoten*. Sie wirken als Bakterienfilter. In ihrem Innern enthalten sie zahlreiche weiße Blutkörperchen,
die die Bakterien fressen. Besonders viele Lymphknoten sitzen in den Achselhöhlen und in der Leistenbeu-
ge. Große Lymphknoten sind die *Milz* und die *Mandeln*.

3 Ernährung und Verdauung

Wenn man durch die Lebensmittelabteilung eines großen Kaufhauses geht, ist man von der Fülle des Angebots überrascht: Brot, Teigwaren, Käse, Fleisch, Wurst und Fisch in Dutzenden von Sorten, Obst und Gemüse der unterschiedlichsten Herkunft. Doch welche Nahrungsmittel wir auch auswählen, ihre Zusammensetzung ähnelt sich stets. Sie bestehen im wesentlichen aus den drei Nährstoffen *Kohlenhydrate, Eiweißstoffe* und *Fette.* Deren Anteil allerdings schwankt, so daß manchmal ein Nährstoff vorherrscht, ein anderer fehlt.

Nahrung – Nährstoff – Nährstoffbaustein

Kohlenhydrate. Zu den Kohlenhydraten gehören *Zucker* und *Stärke.* Sie werden vor allem von *pflanzlichen Nahrungsmitteln* geliefert.

Chemisch gesehen sind Stärke und Zucker nah verwandt. Die Stärke ist ein *Vielfachzucker.* Sie besteht aus vielen Zuckerteilchen, die miteinander verknüpft sind. Die einzelnen Bausteine nennt man *Einfachzucker.* Ein Einfachzucker ist auch der für den Körper wichtige *Traubenzucker.* Sind nur zwei Einfachzucker miteinander verknüpft, spricht man von einem *Doppelzucker.* Der Zucker, mit dem wir den Kaffee süßen, ist ein solcher Doppelzucker.

Fette. *Pflanzliche Fette* stammen aus *fetthaltigen Samen und Früchten.* Wir nehmen sie meist in Form von Margarine oder Pflanzenölen zu uns. Zu den *tierischen Fetten* gehört das *Milchfett.* Aus ihm wird die Butter hergestellt. Auch Speck, fettes Fleisch und Wurst sind Fettlieferanten.

Chemisch besteht Fett aus dem Alkohol *Glycerin* und *3 Fettsäuren.* Bei der Verdauung wird es in diese Nährstoffbausteine zerlegt.

Eiweißstoffe. Die Eiweißstoffe, auch *Proteine* genannt, stammen vor allem aus *tierischen Lebensmitteln* sowie aus *Hülsenfrüchten.*

Bei der Verdauung wird das Eiweiß in seine verschiedenen Nährstoffbausteine, die *Aminosäuren,* gespalten. Anders als Fette und Kohlenhydrate dienen die Eiweißstoffe nicht in erster Linie dazu, Energie zu gewinnen, sondern körpereigenes Eiweiß herzustellen: Sie sind *Baustoffe,* Fette und Kohlenhydrate dagegen *Betriebsstoffe.* Einige Aminosäuren kann unser Körper nicht selbst bilden. Fehlen sie in der Nahrung, kommt es zu *Eiweißmangelkrankheiten.*

Milch enthält alle Nährstoffe in ausgewogenem Verhältnis.

Lebensmittel, die viel Kohlenhydrate enthalten

Lebensmittel, die viel Fett enthalten

Lebensmittel, die viel Eiweißstoffe enthalten

Vitamine, Mineralstoffe, Wasser

Vitamine. Keine Nährstoffe, doch für uns lebensnotwendig sind die *Vitamine.* Wir benötigen sie nur in sehr geringen Mengen. Beim Fehlen eines Vitamins in der Nahrung kann es zu einer *Mangelkrankheit* kommen. Eine normale, gemischte Kost versorgt uns ausreichend mit allen Vitaminen.

Mineralstoffe. Sie sind in kleinsten Mengen lebensnotwendig für den Körper. Zum Aufbau der Knochen benötigen wir *Kalk. Eisen* ist im roten Blutfarbstoff enthalten. Es muß aufgenommen werden, damit rote Blutkörperchen gebildet werden können. *Fluor* brauchen wir für einen festen Zahnschmelz. *Iod* ist zum Aufbau eines Botenstoffs der Schilddrüse erforderlich. *Mineralstoffe* kommen in der Mischkost in ausreichender Menge vor.

Wasser. Unser Körper besteht zu fast Dreiviertel aus *Wasser.* Das Wasser steckt in den Zellen und Körpersäften. Es ist für den geregelten Ablauf der Lebensvorgänge unerläßlich. In unserem Klima müssen wir täglich ungefähr 2 l Wasser als Getränk und mit der Nahrung aufnehmen.

> Unsere Nahrung soll die Nährstoffe Kohlenhydrate, Fette und Eiweißstoffe enthalten, außerdem Vitamine, Mineralstoffe und Wasser.

Vitamin	Vorkommen	Wirkung
A	Lebertran, Leber, Butter, Milch, Karotten	wichtig für normale Hautbildung sowie für die Augen, verhindert Nachtblindheit
B	Vollkornbrot, Naturreis, Schweinefleisch, Hefe	wichtig für Kohlenhydratabbau, außerdem für die Funktion der Nerven
C	Schwarze Johannisbeere, Hagebutte, Zitrone, Orange, Kartoffel, Paprika	wichtig für Wundheilung, verhindert Blutungen, schützt vor Infektionskrankheiten
D	Milch, Butter, Eigelb, Leber, Lebertran	wichtig für Knochen- und Zahnbildung
E	Getreidekeime, Erdnußöl	fördert die Sauerstoffausnutzung im Körper, wahrscheinlich auch wichtig für die Keimdrüsen

1 Entwirf mit den Angaben auf diesen beiden Seiten Speisepläne, die einer gesunden Ernährung entsprechen. Vielleicht darfst du sie zuhause ausprobieren?

Regeln für eine gesunde Ernährung

Oberste Regel ist: Abwechslungsreich essen! Nur so bekommt der Körper alle notwendigen Vitamine und Mineralstoffe sowie die Nährstoffe in ausgewogenem Verhältnis. Viel frisches Obst und Gemüse essen! Gemüse nicht totkochen, sondern in wenig Wasser garen, damit die Vitamine erhalten bleiben. Nach Möglichkeit das Kochwasser mit verwenden.

Vollkornbrot gegenüber Weißbrot bevorzugen! Es enthält nicht nur Vitamin B, sondern auch Ballaststoffe; das sind Stoffe, die der Körper zwar nicht verwertet, zur Anregung der Darmtätigkeit aber braucht.

Wer weder viel Sport treibt noch körperlich schwer arbeitet, sollte auf sein Gewicht achten. Für ihn sind mehrere kleine Mahlzeiten besser als eine üppige. Wenn man die Nahrung sehr klein schneidet und gründlich kaut, fühlt man sich schneller gesättigt, als wenn man alles hinunterschlingt. Nicht beim Fernsehen und nicht aus Langeweile oder Kummer essen!

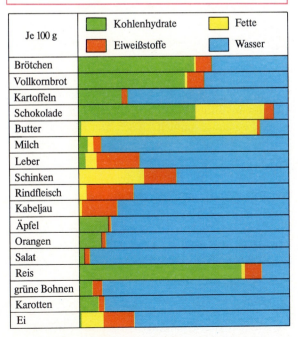

Tabelle je 100 g: Kohlenhydrate, Fette, Eiweißstoffe, Wasser für Brötchen, Vollkornbrot, Kartoffeln, Schokolade, Butter, Milch, Leber, Schinken, Rindfleisch, Kabeljau, Äpfel, Orangen, Salat, Reis, grüne Bohnen, Karotten, Ei.

Jugendliche sollten pro kg Körpergewicht täglich etwa 1 g Eiweißstoffe, 1,5 g Fett und 5 g Kohlenhydrate zu sich nehmen.

Der Weg der Nahrung

Auf dem Weg durch den Körper werden die Nährstoffe in ihre Bausteine zerlegt und dadurch in eine Form gebracht, in der sie von Blut und Lymphe aufgenommen werden können. Dieser Vorgang heißt *Verdauung*.

Die Verdauung von Kohlenhydraten, Eiweißstoffen und Fetten setzt an verschiedener Stelle ein. Unterschiedliche *Verdauungsstoffe* oder *Enzyme* sind dazu notwendig.

Im Mund wird die Nahrung von den *Zähnen* zerkleinert. Die *Speicheldrüsen* geben *Speichel* ab. Er läßt die Nahrung besser gleiten. Außerdem enthält er ein *Enzym, das Stärke in Doppelzucker zerlegen kann.* Über die *Speiseröhre* gelangt die Nahrung in den *Magen*.

Im Magen spaltet das Enzym *Pepsin* die Eiweißstoffe in kürzere Eiweißketten. Das Pepsin stammt aus Drüsen der Magenwand. Der Magensaft enthält außer Pepsin auch *Salzsäure*. Sie tötet viele Krankheitserreger ab, die wir mit der Nahrung aufnehmen. Kräftige Muskeln in der Magenwand sorgen für eine Magenbewegung. Durch sie wird der Nahrungsbrei durchmischt und zum Dünndarm hin befördert.

Im Dünndarm folgt nun die *eigentliche Verdauung:* Die vorverdauten Eiweißstoffe werden in die Aminosäuren zerlegt, die Kohlenhydrate in Einfachzucker und das Fett in die Fettsäuren und Glycerin. An diesen Vorgängen sind *zahlreiche Enzyme* aus der *Bauchspeicheldrüse* und aus *Drüsen der Darmwand* beteiligt. Für die Verdauung der Fette ist außerdem die *Galle* wichtig. Sie wird in der *Leber* gebildet, in der *Gallenblase* gespeichert und nach Bedarf in den Dünndarm abgegeben.

Die Dünndarmwand ist dicht mit kleinen Ausstülpungen besetzt, den *Darmzotten*. In jede Darmzotte führen *Blutgefäße*. Außerdem beginnt hier ein *Lymphgefäß*. Die Bausteine der Kohlenhydrate und Eiweißstoffe treten nun in das Blut über. Die Fettbausteine werden in der Darmwand wieder zu Fetten zusammengesetzt und als winzige Kügelchen in der Lymphe abtransportiert. Nur schwerverdauliche Nahrungsbestandteile gelangen weiter in den *Dickdarm*.

Im Dickdarm übernehmen *Darmbakterien* den weiteren Abbau. Nährstoffbausteine und vor allem Wasser treten durch die Darmwand hindurch. Der Nahrungsbrei wird eingedickt und alles Unverwertbare als Kot ausgeschieden.

> Bei der Verdauung zerlegen Enzyme die Nährstoffe in ihre Bausteine. Nur die Nährstoffbausteine können durch die Wand des Dünndarms hindurchgelangen. Mit dem Blut werden die Bausteine von Kohlenhydraten und Eiweißstoffen abtransportiert, mit der Lymphe die Fette.

Die Leber und ihre Aufgaben

Die *Leber* ist die *größte Drüse* unseres Körpers. Beim Erwachsenen wiegt sie etwa 1,5 kg. Sie liegt zum Teil noch innerhalb des Brustkorbs und ist dadurch geschützt.

Die Leber hat zwei wichtige Aufgaben:

Als *Verdauungsdrüse* bildet sie die Galle und gibt sie teils direkt an den Dünndarm ab, teils an die Gallenblase zur Speicherung.

Als *Stoffwechselorgan* ist die Leber das „chemische Labor" des Körpers. Sie bekommt über die Pfortader die Bausteine von Kohlenhydraten und Eiweißstoffen aus dem Dünndarm zugeführt, über die Leberarterie die Fette. Aus den Bausteinen der Kohlenhydrate, den Einfachzuckern, baut die Leber den Vielfachzucker *Leberstärke* auf und speichert ihn. Bei Bedarf zerlegt sie die Leberstärke wieder in den Einfachzucker *Traubenzucker* und gibt ihn ans Blut ab. Die Fette werden in körpereigenes Fett umgewandelt. Auch aus Kohlenhydraten kann die Leber Fett herstellen. Überschüssige Eiweißstoffe werden in der Leber abgebaut. Dabei entsteht *Harnstoff,* der über die *Nieren* ausgeschieden wird. Außerdem vermag die Leber Gift- und Abfallstoffe so zu zerlegen, daß sie über die Nieren oder mit der Galle im Kot ausgeschieden werden können. Auch Alkohol wird abgebaut. Bei Alkoholmißbrauch ist die Leber überfordert. Leberschäden sind die Folge.

> Die Leber ist Verdauungsdrüse und Stoffwechselorgan zugleich.

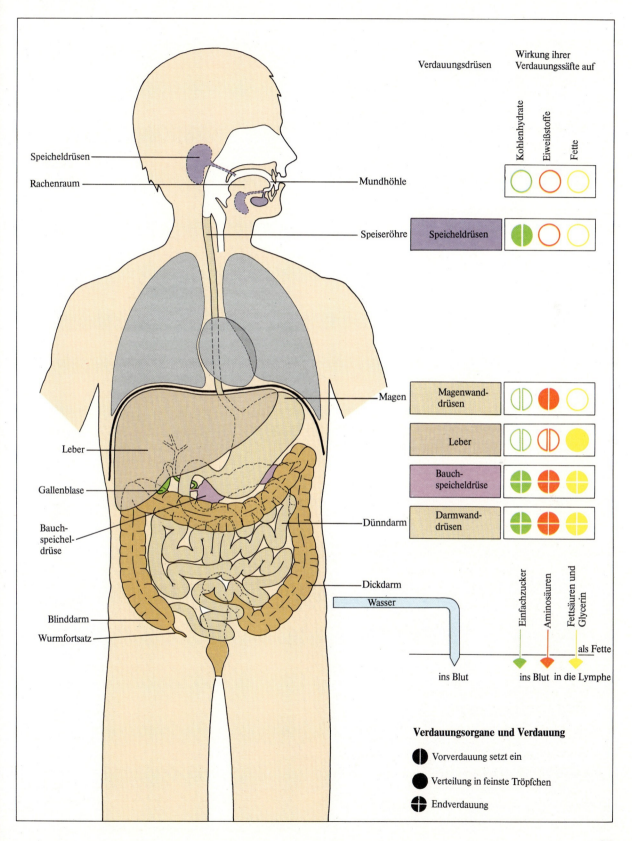

Speicheldrüsen

Rachenraum

Mundhöhle

Speiseröhre

Magen

Leber

Gallenblase

Bauch-
speichel-
drüse

Dünndarm

Dickdarm

Blinddarm

Wurmfortsatz

Verdauungsdrüsen

Wirkung ihrer
Verdauungssäfte auf

Kohlenhydrate

Eiweißstoffe

Fette

Speicheldrüsen

Magenwand-
drüsen

Leber

Bauch-
speicheldrüse

Darmwand-
drüsen

Einfachzucker

Aminosäuren

Fettsäuren und
Glycerin

als Fette

Wasser

ins Blut

ins Blut in die Lymphe

Verdauungsorgane und Verdauung

Vorverdauung setzt ein

Verteilung in feinste Tröpfchen

Endverdauung

1 Nährstoffe im Schinkenbrötchen

Zerschneide ein mit Butter bestrichenes Schinkenbrötchen in drei Teile.

Nachweis von Stärke: Vermische eine Spatelspitze Stärke mit etwas Wasser. Tropfe drei Tropfen Iod-Kaliumiodid-Lösung dazu. Beobachte.

Tropfe auf ein Brötchenteil etwas Iod-Kaliumiodid-Lösung. Ebenso auf die Butter und auf den Schinken. Was stellst du fest?

Nachweis von Fett: Streiche etwas Pflanzenfett und etwas Butter auf ein Blatt Papier. Gib zum Vergleich einen Tropfen Wasser daneben. Halte das Blatt nach 10 Minuten gegen das Licht. Vergleiche. Drücke den Schinken und das Brot auf Papier. Hinterlassen sie auch einen Fettfleck?

Nachweis von Eiweiß: Zerreibe etwas Schinken und ein Stück Brötchen getrennt in zwei Schalen. Gib jeweils einen Tropfen Salzwasser dazu. Fülle die Flüssigkeit in Reagenzgläser. Die Butter erwärmst du vorsichtig in einem dritten Reagenzglas. Mit Eiweiß-Teststreifen wie im Foto unten läßt sich Eiweiß in den Flüssigkeiten nachweisen.

2 Mundspeichel baut Stärke ab

Vorversuch: Zucker läßt sich mit Zucker-Teststäbchen nachweisen. Tauche ein Teststäbchen in Zuckerlösung. Beobachte. Überprüfe ebenso Stärkekleister auf Zucker.

Stärkeabbau: Bedecke den Boden einer Glasschale mit etwas Stärkekleister. Sauge mit einer sauberen Tropfpipette Mundspeichel unter deiner Zunge ab. Gib ein paar Tropfen in die Mitte der Schale. Nach einiger Zeit löst sich die Stärke auf. Tropfe etwas Wasser in die Schalenmitte und untersuche die Lösung mit einem Teststreifen auf Zucker.

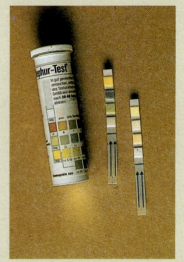

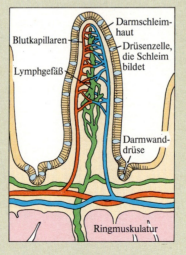

3 Darmzotten vergrößern die Oberfläche

Das Mikrofoto und die Grafik links zeigen einen Ausschnitt aus der Darmwand mit den Darmzotten. Es ist gut zu erkennen, daß die Darmzotten die Oberfläche stark vergrößern. Welche Bedeutung hat das wohl für die Verdauung?

Fertige von dem Mikrofoto eine 1/2 Seite große Skizze in deinem Heft an. Zeichne alle wichtigen Bestandteile ein und beschrifte sie. Lege eine Tabelle an, in der du die Bestandteile mit ihren Aufgaben aufführst.

Ausscheidung durch die Nieren

Lage und Aufgabe der Nieren. Unverdauliche Nahrungsbestandteile werden mit dem Kot ausgeschieden. Im Körper fallen aber darüber hinaus *Abfall- und Giftstoffe* an. Es ist Aufgabe der *Nieren,* solche Stoffe aus dem Blut herauszufiltern und auszuscheiden.

Die beiden Nieren liegen an der Rückwand des Bauchraums links und rechts der Wirbelsäule. Auffällig groß ist die Blutmenge, die durch sie hindurchfließt: Innerhalb von 5 Minuten hat das gesamte Blut des Körpers die Nieren einmal passiert; täglich sind das rund 1500 l! Im Verlauf eines Tages bilden die Nieren aus dieser Blutmenge etwa 1,5 l *Harn.* Er enthält überflüssige und für den Körper schädliche Stoffe in konzentrierter Form.

Den größten Anteil unter den Abfallstoffen stellt der *Harnstoff.* Er entsteht beim Abbau von Eiweißstoffen. Auch überschüssige Mineralstoffe werden im Harn abgegeben. Dazu gehört vor allem *Kochsalz,* das wir meist in viel zu großer Menge aufnehmen.

Harnbildung. Wie entsteht der Harn? In der äußeren Schicht der Niere, man nennt sie auch *Nierenrinde,* gibt es viele *Nierenkörperchen.* Das sind winzige Kapseln, in die hinein Blutkapillaren ziehen. Aus dem Blut werden Wasser und gelöste Stoffe durch die Wand der Blutkapillaren hin-

durch in den Hohlraum des Nierenkörperchens gepreßt. Sie fließen in ein *Nierenkanälchen* ab. Das Nierenkanälchen führt in einer Schleife ins Innere der Nieren. Der größte Teil des *Wassers* sowie wertvolle Stoffe wie *Traubenzucker* und *Vitamine* werden in den Nierenkanälchen für den Körper *zurückgewonnen.* Sie wandern durch die Kanälchenwand in die Blutgefäße, die das Kanälchen umspinnen. Übrig bleibt ein Rest Wasser mit den Abfallstoffen: der Harn.

Der Harn aus vielen Nierenkanälchen wird in *Sammelröhrchen* im Niereninnern gesammelt. Alle Sammelröhrchen münden in einen Hohlraum der Niere, das *Nierenbecken.* Über den *Harnleiter* gelangt der Harn von der Niere zur *Blase.* Dort wird er gespeichert und von Zeit zu Zeit durch die Harnröhre nach außen abgegeben.

> Die Nieren filtern Gift- und Abfallstoffe aus dem Blut heraus. Im Harn werden diese Stoffe ausgeschieden.

---

1   Werden in den Nierenkanälchen Salze ausgefällt, bilden sich Nierensteine. Sie können in den Harnwegen weiterwandern, wachsen und unter Umständen heftige Schmerzen verursachen. Um Nierensteine erst gar nicht entstehen zu lassen, soll man stets reichlich Flüssigkeit zu sich nehmen. Weshalb?

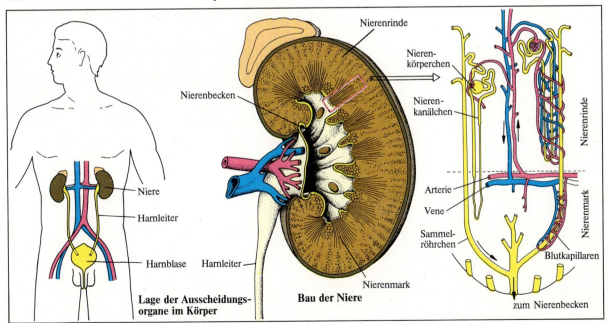

Lage der Ausscheidungsorgane im Körper

Niere
Harnleiter
Harnblase
Harnleiter

Bau der Niere

Nierenbecken
Nierenmark

Nierenrinde
Nierenkörperchen
Nierenkanälchen
Arterie
Vene
Sammelröhrchen
Nierenrinde
Nierenmark
Blutkapillaren
zum Nierenbecken

4 Sinnesorgane

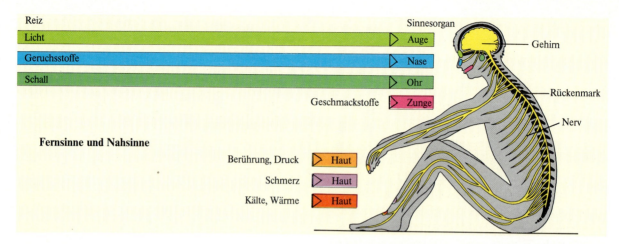

Reiz		Sinnesorgan
Licht	▷	Auge
Geruchsstoffe	▷	Nase
Schall	▷	Ohr
Geschmackstoffe	▷	Zunge

Fernsinne und Nahsinne

Berührung, Druck	▷	Haut
Schmerz	▷	Haut
Kälte, Wärme	▷	Haut

Gehirn

Rückenmark

Nerv

Wahrnehmen mit den Sinnen

Mit unseren *Sinnen* erfassen wir, was in der Welt um uns herum vor sich geht. Während wir ruhig am Schreibtisch sitzen, hören wir die Uhr ticken, den Regen rauschen, einen Hund in der Ferne bellen. Wir sehen das Blatt Papier vor uns und nehmen zugleich aus den Augenwinkeln die Amsel auf dem Dach wahr. Wir riechen Essensgeruch und wissen im voraus, was es geben wird.

Mit Augen, Ohren und Nase erfassen wir selbst weit Entferntes. *Sehsinn, Hörsinn* und *Geruchssinn* sind *Fernsinne*. Tasten können wir dagegen nur Gegenstände, die die Haut berühren. Auch ob etwas süß oder salzig, sauer oder bitter schmeckt, wissen wir erst, wenn die Speise auf der Zunge liegt. Ebenso läßt sich die Temperatur nur durch Berühren oder aus ganz geringer Entfernung feststellen. *Tastsinn, Geschmackssinn* und *Temperatursinn,* aber auch der *Schmerzsinn* sind *Nahsinne*.

Alle Meldungen aus den *Sinnesorganen* erreichen über *Nerven* das *Gehirn* und werden dort ausgewertet. Jedes Sinnesorgan ist dabei für einen *Reiz* aus der Umgebung ganz besonders empfindlich: das *Auge* für *Licht,* das *Ohr* für *Schall,* die *Nase* für *Geruchsstoffe* und die *Zunge* für *Geschmackstoffe.*

> Reize aus der Umwelt nehmen wir mit den Sinnesorganen auf. Sehsinn, Hörsinn und Geruchssinn sind Fernsinne. Geschmackssinn, Tastsinn, Temperatursinn und Schmerzsinn sind Nahsinne.

Wenn viele verschiedene Reize gleichzeitig auf uns einwirken, stellt uns das manchmal vor Probleme.

1 Welche Reize wirken auf die Frau im Foto ein? Was wird sie wahrscheinlich im nächsten Augenblick tun? Welchen Schluß ziehst du daraus für die Aufgabe des Gehirns?

2 Welcher Sinn ist für den Menschen am wichtigsten? Bei welchen Tieren ist das ebenso? Kennst du Tiere, bei denen andere Sinne eine viel größere Rolle spielen?

Welche Teile des Auges lassen sich erkennen?

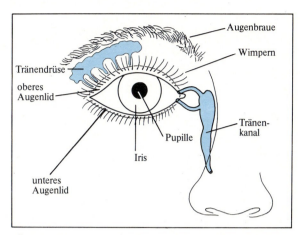

Äußerer Bau des Auges, Tränendrüse und Tränenkanal

Das Auge

Das wichtigste Sinnesorgan des Menschen ist das *Auge.* Es liefert uns mehr Informationen als alle anderen Sinnesorgane zusammen.

Schutzeinrichtungen. Die Augen liegen geschützt in den *Augenhöhlen.* Die *Augenbrauen* halten Regen und Schweiß ab, die *Wimpern* schützen vor Staub. Bei der geringsten Berührung schließen sich die *Lider.* Auch ohne Berührung geschieht das von Zeit zu Zeit. Dabei wird *Tränenflüssigkeit* aus der *Tränendrüse* über dem Auge auf der Augenoberfläche verteilt. Sie sorgt für die nötige Feuchtigkeit und spült Staubkörnchen fort. Über den *Tränenkanal* kann die Tränenflüssigkeit zu den Nasenhöhlen abfließen.

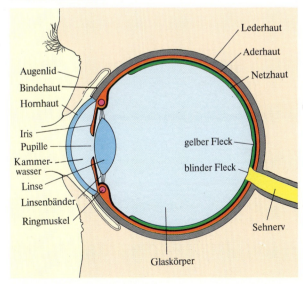

Schnitt durch das Auge

Der Bau des Augapfels. Sieht man von vorn auf das Auge, erkennt man die weiße *Bindehaut,* die farbige *Regenbogenhaut* oder *Iris* und in ihrer Mitte das schwarze Loch der *Pupille.* Die durchsichtige, kuppelförmig vorgewölbte *Hornhaut* wird erst erkennbar, wenn man von der Seite her auf das Auge schaut.

Der hintere Teil des Augapfels, der in der Augenhöhle ruht, ist von der harten *Lederhaut* umschlossen. Der Lederhaut liegt innen eine weitere Schicht auf, die *Aderhaut.* Sie hat ihren Namen von den vielen Blutgefäßen, die darin verlaufen und das Auge mit Nährstoffen und Sauerstoff versorgen. Die *Netzhaut* kleidet als innerste Schicht die Rückwand des Auges aus. Sie enthält die *lichtempfindlichen Sinneszellen,* die den Lichtreiz über den *Sehnerv* ans Gehirn melden. Dort, wo der Sehnerv das Auge verläßt, sitzen keine Sinneszellen. Dieser Netzhautbereich heißt *blinder Fleck.*

Fast das gesamte Innere des Augapfels ist von einer gelatineartigen, durchsichtigen Masse erfüllt, dem *Glaskörper.* Vorn im Auge, direkt unter der Iris, sitzt die *Linse.* Sie hängt an *Linsenbändern,* die an einem *Ringmuskel* befestigt sind. Der vordere Teil des Augapfels bis zur Linse ist mit Flüssigkeit gefüllt, dem *Kammerwasser.*

> Die wichtigsten Bestandteile des Augapfels sind: Bindehaut, Hornhaut, Iris mit Pupille, Linse, Glaskörper, Netzhaut, Aderhaut und Lederhaut.

Der Sehvorgang. Das Licht fällt durch die Hornhaut und die Pupille ins Auge. Die *Iris* wirkt dabei als *Blende,* die je nach Helligkeit mehr oder weniger stark geöffnet ist: *Bei schwachem Licht* ziehen sich Muskeln zusammen, die speichenförmig in der Iris verlaufen. *Die Pupille weitet sich. Bei starkem Licht* ziehen sich ringförmige Muskeln in der Iris zusammen. *Die Pupille verengt sich.* So wird die Netzhaut vor zu großer Helligkeit geschützt.

Schon in der *Hornhaut,* aber auch in der *Linse* wird das *Licht gebrochen.* Auf dem Augenhintergrund, also auf der *Netzhaut,* entsteht ein *umgekehrtes, verkleinertes Bild* des Gegenstandes, auf den der Blick gerichtet ist. Hornhaut und Linse zusammen wirken wie die Sammellinse einer Lupe. Mit ihr läßt sich ebenfalls ein umgekehrtes, verkleinertes Bild eines Gegenstandes erzeugen. Damit an einer bestimmten Stelle hinter einer solchen Linse ein scharfes Bild entsteht, muß sich der Gegenstand in einer bestimmten Entfernung vor der Linse befinden. Mit unseren Augen sehen wir jedoch normalerweise sowohl weit entfernte wie nahe Gegenstände scharf. Die Augenlinse ist nämlich elastisch und kann sich an unterschiedliche Entfernungen anpassen:

Wollen wir in die *Ferne* sehen, ist der Ringmuskel entspannt; *die Linse wird* von den straffgezogenen Linsenbändern *abgeflacht.* Ihre Brechkraft ist dann gering.

Wollen wir in die *Nähe* sehen, zieht sich der Ringmuskel zusammen, so daß die Linsenbänder nicht mehr straff sind. *Die Linse kugelt sich ab.* Ihre Brechkraft nimmt zu, das Bild entsteht wie zuvor auf der Netzhaut.

> Hornhaut und Linse brechen das Licht so, daß ein umgekehrtes, verkleinertes Bild des Gegenstands auf der Netzhaut entsteht. Durch die elastische Linse paßt sich das Auge an unterschiedliche Entfernungen an, durch die Iris, die die Pupille verengt oder erweitert, an unterschiedliche Helligkeit.

1   Was strengt die Augen mehr an: lesen oder aus dem Fenster schauen? Begründe deine Antwort!

2   Worin unterscheidet sich die Augenlinse von einer Sammellinse aus Glas?

Bei schwachem Licht weitet sich die Pupille.

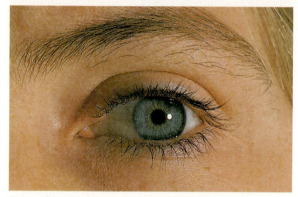

Bei starkem Licht verengt sich die Pupille.

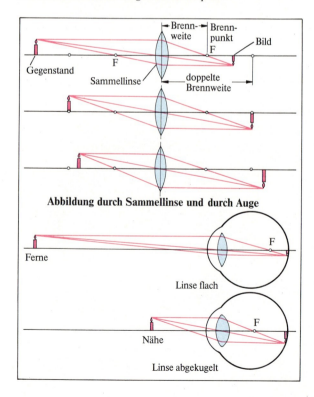

Abbildung durch Sammellinse und durch Auge

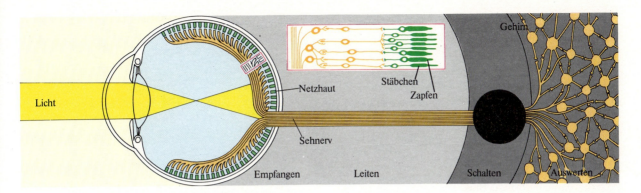

In der Netzhaut liegen rund 130 Millionen licht-empfindliche Sinneszellen, die das Bild des Gegen-stands Punkt für Punkt aufnehmen und über den Sehnerv an das Gehirn weitermelden. Die meisten von ihnen sind längliche *Stäbchen*. Sie können nur *Hell und Dunkel unterscheiden*. Die etwas dicke-ren *Zapfen* stehen vor allem im *gelben Fleck* in der Mitte der Netzhaut. Sie dienen *zum Farbensehen*. Die Zapfen arbeiten nur in hellem Licht. In der Dämmerung sehen wir allein mit den Stäbchen. Wir können dann nur noch Abstufungen von Hell und Dunkel, also verschiedene Grautöne, feststel-len.

> In der Netzhaut gibt es zwei Arten von Sinnes-zellen, Stäbchen und Zapfen. Die Stäbchen die-nen zum Hell-Dunkel-Sehen, die Zapfen zum Farbensehen.

Augenfehler. Viele Menschen sind heute Brillen-träger. Manche benötigen die Brille schon als Kin-der, andere erst im Alter zum Lesen. Die häufig-sten Augenfehler sind:

Kurzsichtigkeit. Der *Augapfel* ist *zu lang*. Ein scharfes Bild entsteht vor der Netzhaut, die Abbil-dung auf der Netzhaut ist unscharf. Durch eine Brille mit *Zerstreuungslinsen* kann der Augenfeh-ler behoben werden.

Weitsichtigkeit. Der *Augapfel* ist *zu kurz*. Das Bild würde erst hinter der Netzhaut entstehen. Um scharf zu sehen, ist beim Weitsichtigen der Ring-muskel des Auges ständig mehr oder weniger ange-spannt. Das überanstrengt das Auge, denn norma-lerweise zieht sich der Ringmuskel nur zum Nahse-hen zusammen. Durch eine *Sammellinse* läßt sich der Augenfehler beheben.

Alterssichtigkeit. Nahe Gegenstände können nicht mehr scharf gesehen werden. Ähnlich wie bei Weitsichtigkeit würde ihr Bild erst hinter der Netz-haut entstehen. Die Ursache ist jedoch eine andere. Die Elastizität der Linse nimmt im Alter ab. Die *Linse* kann sich dann *nicht mehr stark genug abku-geln*. Deshalb brauchen ältere Menschen zum Le-sen eine Brille mit *Sammellinsen*.

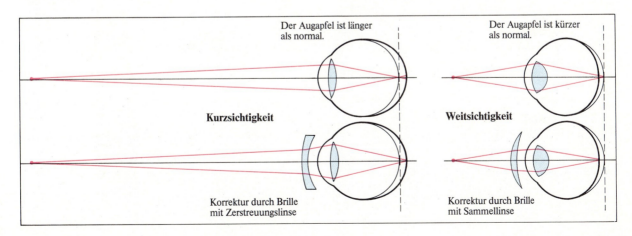

Auswertung im Gehirn. Die Meldungen aus beiden Augen werden *im Gehirn ausgewertet.* Das geschieht in einem kleinen Bereich des Großhirns, der *Sehrinde.* Erst dann nehmen wir die Gegenstände wahr. Welche wichtige Rolle das Gehirn für das Sehen spielt, zeigt eine Reihe von Beobachtungen:

– Das Netzhautbild steht auf dem Kopf. Trotzdem sehen wir alle Gegenstände in ihrer richtigen Lage. Das Gehirn dreht also das Bild um.

– Jedes Auge liefert ein Bild. Wir sehen aber nicht zwei getrennte Bilder, sondern ein einziges, räumliches Bild. Das ist ebenfalls eine Leistung des Gehirns.

– Werden verschiedene Menschen Zeugen desselben Ereignisses, unterscheiden sich die Aussagen oft sehr voneinander. Tatsächlich sieht jeder etwas anderes, weil die persönliche Erfahrung die Auswertung im Gehirn beeinflußt.

– Auch manche *optischen Täuschungen* beruhen darauf, daß das Gehirn das Gesehene zugleich nach der Erfahrung deutet. Zeichnungen wie die unten links widersprechen unserer Erfahrung und werden deshalb leicht fehlgedeutet.

– Menschen, deren Sehrinde verletzt wurde, können völlig erblinden, auch wenn Auge und Sehnerv unversehrt blieben.

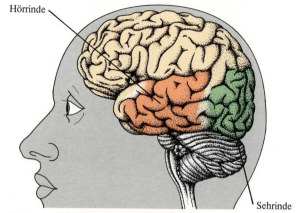

Gehirn mit Sehrinde und Hörrinde

Weshalb ist die Deutung solcher Bilder schwierig?

> Wir sehen mit Auge und Gehirn. Was wir sehen, hängt von der Erfahrung ab.

1 Parallele Linien scheinen in der Ferne zusammenzulaufen. Gegenstände wirken um so kleiner, je weiter sie entfernt sind. Bei welcher optischen Täuschung im Bild unten spielen diese Erfahrungen eine Rolle?

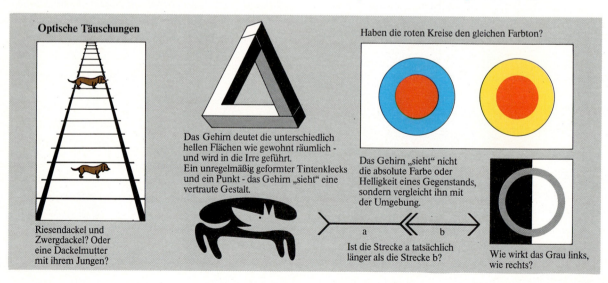

Optische Täuschungen

Riesendackel und Zwergdackel? Oder eine Dackelmutter mit ihrem Jungen?

Das Gehirn deutet die unterschiedlich hellen Flächen wie gewohnt räumlich - und wird in die Irre geführt.
Ein unregelmäßig geformter Tintenklecks und ein Punkt - das Gehirn „sieht" eine vertraute Gestalt.

Ist die Strecke a tatsächlich länger als die Strecke b?

Haben die roten Kreise den gleichen Farbton?

Das Gehirn „sieht" nicht die absolute Farbe oder Helligkeit eines Gegenstands, sondern vergleicht ihn mit der Umgebung.

Wie wirkt das Grau links, wie rechts?

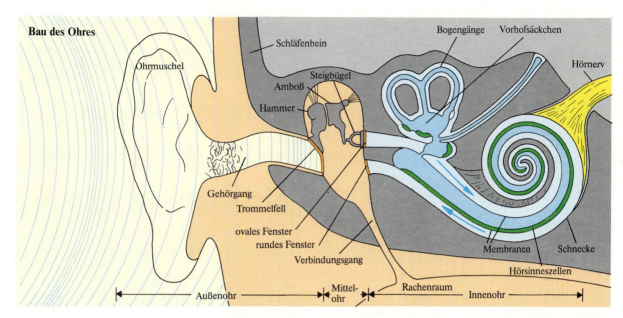

Bau des Ohres

Ohrmuschel · Schläfenbein · Amboß · Steigbügel · Hammer · Bogengänge · Vorhofsäckchen · Hörnerv · Gehörgang · Trommelfell · ovales Fenster · rundes Fenster · Verbindungsgang · Membranen · Schnecke · Hörsinneszellen · Außenohr · Mittelohr · Rachenraum · Innenohr

Das Ohr

Das *Ohr* ist ein leistungsfähiges Sinnesorgan, das uns vielerlei Informationen liefert: Wir können nicht nur Töne unterschiedlicher Höhe wahrnehmen, sondern auch die Richtung feststellen, aus der sie kommen. Sogar ob sich die Schallquelle nähert oder entfernt, vermögen wir zu unterscheiden.

Schallwellen. Was wir mit den Ohren aufnehmen, sind *Schallwellen: Druckschwankungen der Luft,* wie sie von einer Schallquelle ausgehen. Die Zahl der Druckschwankungen in der Sekunde bestimmt die Tonhöhe. Sie wird in *Hertz* angegeben (1 Hertz = 1 Druckschwankung in der Sekunde). Ein elektrischer Rasierapparat erzeugt beispielsweise 50 Hertz. Du kennst das tiefe Brummen. Der „Normalton" im Fernsehen beträgt 1000 Hertz. Die tiefsten Töne, die wir hören können, haben 16 Hertz, die höchsten 20 000 Hertz. Die obere Hörgrenze sinkt aber mit dem Alter: Bei 35jährigen liegt sie noch bei etwa 15 000 Hertz, bei 70jährigen nur noch bei 5000 Hertz.

Bau des Ohres und Hörvorgang. Am Ohr lassen sich drei Bereiche unterscheiden: das *Außenohr* mit *Ohrmuschel* und *Gehörgang,* das *Mittelohr* und das *Innenohr.* Die Ohrmuschel wirkt als Schalltrichter. Die Druckschwankungen der Luft werden aufgefangen und über den Gehörgang zum *Trommelfell* geleitet. Am Trommelfell endet das Außenohr. Entsprechend den Druckschwankun-

gen der Luft beginnt das Trommelfell zu schwingen. Die Schwingungen übertragen sich auf drei *Gehörknöchelchen* im Mittelohr. Nach ihrer Form heißen sie *Hammer, Amboß* und *Steigbügel.* Die Gehörknöchelchen verstärken den Druck. Über das *ovale Fenster,* ein dünnes Häutchen, gibt der Steigbügel die Schwingungen an das Innenohr weiter.

Das Mittelohr steht durch einen schmalen Gang mit dem Rachenraum in Verbindung. Beim Schlucken ist er geöffnet. Dann wird der Druckunterschied zwischen Mittelohr und Umgebung ausgeglichen.

Das Innenohr enthält die *Schnecke,* unser eigentliches Hörorgan. Es ist von Flüssigkeit erfüllt. Die Flüssigkeit schwingt weniger leicht als Luft. Deshalb ist die Druckverstärkung im Mittelohr wichtig. Durch die Windungen der Schnecke ziehen zwei *Membranen.* Übertragen sich die Schwingungen am ovalen Fenster auf die Flüssigkeit, schwingen die Membranen mit. *Hörsinneszellen* auf der unteren Membran stellen die Schwingungen fest und melden sie über den *Hörnerv* ins Gehirn. Dabei werden je nach der Tonhöhe andere Sinneszellen gereizt: Hohe Töne reizen Hörsinneszellen nahe dem ovalen Fester, tiefe Töne die weiter hinten gelegenen Sinneszellen. In der *Hörrinde* des Großhirns werden die Meldungen aus dem Innenohr ausgewertet.

1   Verbinde einem Mitschüler die Augen. Stelle dann einen laut tickenden Wecker in etwa 3 m Entfernung von ihm auf und laß ihn auf den Wecker zeigen. Führe 10 Versuche durch, bei denen der Wecker immer an einer anderen Stelle steht. Ändert sich das Versuchsergebnis, wenn sich der Mitschüler ein Ohr zuhält?

2   Das Hörvermögen ist bei Fledermäusen besonders gut entwickelt. Wozu benötigen sie den Hörsinn? Weshalb eignen sich ihre Ohren zum Richtungshören besser als unsere?

Kopf einer Fledermaus

Richtungshören. Mit *beiden Ohren* läßt sich die *Richtung der Schallquelle* feststellen. Kommt der Schall genau von vorn oder genau von hinten, trifft er an beiden Ohren gleichzeitig ein. In allen anderen Fällen ist der Weg, den der Schall von der Schallquelle zum einen und zum anderen Ohr zurücklegen muß, nicht genau gleich. Der Schall trifft daher an einem Ohr etwas später ein. Dieser winzige *Zeitunterschied* wird im Gehirn berechnet und reicht aus, um die Richtung zu bestimmen.

Gleichgewichtssinn. Zum Innenohr gehören auch die *Bogengänge* und die *Vorhofsäckchen*. Sie sind der Sitz unseres *Gleichgewichtssinns*. Sinneszellen in den Bogengängen stellen Drehbewegungen fest, Sinneszellen in den Vorhofsäckchen die Lage des Kopfes im Raum.

Hörschäden. Anders als das Auge besitzt das Ohr keine Einrichtungen, die es vor zu starken Reizen schützen. *Lärm* wirkt ungehindert auf die empfindlichen Hörsinneszellen ein und schädigt sie unter Umständen so, daß sie zugrundegehen. Schädlich ist nicht nur sehr starker Lärm, beispielsweise der Knall bei einer Explosion. Genauso schädlich ist mittelstarker Dauerlärm, beispielsweise Verkehrslärm oder stundenlange laute Musik. Beides kann zu *Schwerhörigkeit* oder *Taubheit* führen.

Beginnende Schwerhörigkeit bemerkt man zunächst gar nicht. Nur die hohen Töne sind anfangs betroffen. Später versteht man auch normales Sprechen nicht mehr und benötigt ein *Hörgerät*.

Schwerhörigkeit und Taubheit können auch andere Ursachen haben. Bereits ein Schlag auf das Ohr kann einen dauernden Hörschaden hervorrufen, ebenso eine Mittelohrentzündung, die zu spät behandelt wird.

Das Ohr gliedert sich in Außenohr, Mittelohr und Innenohr. Außenohr und Mittelohr dienen der Schallaufnahme und Schallübertragung. Die Hörsinneszellen sitzen in der Schnecke des Innenohres.

Geräusch	Lautstärke in Dezibel
Düsenflugzeug, 30 m entfernt	140
Preßlufthammer, 1 m entfernt	120
Diskomusik	120
Düsenflugzeug, 200 m entfernt	115
Kreissäge, 1 m entfernt	110
Preßlufthammer, 7 m entfernt	90
Motorrad, 7 m entfernt	85
Auto, 7 m entfernt	80
Straßenverkehr	70
Unterhaltungssprache, 1 m entfernt	65
Radio bei Zimmerlautstärke	60
Blätterrauschen	30
Gehen auf weichem Teppich	20

Die Lautstärke von Geräuschen wird meist in Dezibel, abgekürzt dB, angegeben. Dabei bedeutet eine Zunahme von 10 dB eine Verdoppelung der Lautstärke! Ab 130 dB empfindet man ein Geräusch als schmerzhaft.

Die Haut

Aufgaben und Bau. Die *Haut* erfüllt verschiedene Aufgaben: Sie *schützt* unseren Körper gegen Verletzung, gegen Krankheitserreger, gegen Verdunstung und gegen allzu starke Sonneneinwirkung. Durch Schweißabgabe *kühlt* sie den Körper bei Hitze. Fetteinlagerungen sorgen dafür, daß der Körper gegen zu starken Wärmeverlust *isoliert* wird. Außerdem wirkt das Fett wie ein Polster. Darüber hinaus ist die Haut ein wichtiges *Sinnesorgan*. In ihr lassen sich drei Schichten unterscheiden:

– Die *Oberhaut* bildet die äußerste Schicht. Sie ist außer an Fußsohlen und Handflächen nur etwa 0,1 mm dünn. Ihre Oberfläche ist verhornt.

– Die zähe *Lederhaut* ist etwa 1 mm stark und mit der Oberhaut eng verzahnt. In ihr liegen Blutkapillaren und viele *Sinneskörperchen*.

– Die *Unterhaut* befestigt die Haut am darunterliegenden Gewebe. Sie ist von Fettpolstern durchsetzt.

Sinnesorgan Haut. Über die Haut nehmen wir Berührung und Druck, Kälte und Wärme sowie Schmerz wahr.

Berührung stellen die *Tastkörperchen* fest. Sie liegen in der Lederhaut dicht unter der Oberhaut. Ihre Empfindlichkeit ist so groß, daß sie selbst die Landung einer Fliege melden. An den Fingerspitzen und an den Lippen ist der Tastsinn besonders leistungsfähig. Dort liegen die Tastkörperchen dicht beieinander. Auf stärkeren *Druck* sprechen die *Lamellenkörperchen* an. Sie sitzen etwas tiefer in der Lederhaut.

Die *Temperatur und Temperaturänderungen* melden die *Wärme*- und die *Kältekörperchen*. Weil die Wärmekörperchen besonders auf Erwärmung reagieren, die Kältekörperchen auf Abkühlung, kommt es vor, daß uns dieselbe Temperatur bald warm, bald kalt erscheint. Die Kältekörperchen liegen in der Lederhaut nahe der Hautoberfläche, die Wärmekörperchen mehr in der Tiefe.

Für *Schmerz* gibt es keine Sinneskörperchen. Er wird von *Nervenendigungen* gemeldet. Die Zahl solcher freier Nervenendigungen in der Haut ist sehr groß, etwa 9mal so hoch wie die der Tastkörperchen. Schmerzempfindlich ist nicht nur die Haut, sondern auch der gesamte übrige Körper mit Ausnahme von Gehirn und Lungengewebe.

> Die Haut gliedert sich in Oberhaut, Lederhaut und Unterhaut. Die Lederhaut enthält Sinneskörperchen und freie Nervenendigungen. Mit ihnen nehmen wir Berührung, Druck, Wärme, Kälte und Schmerz wahr.

Aufbau der Haut

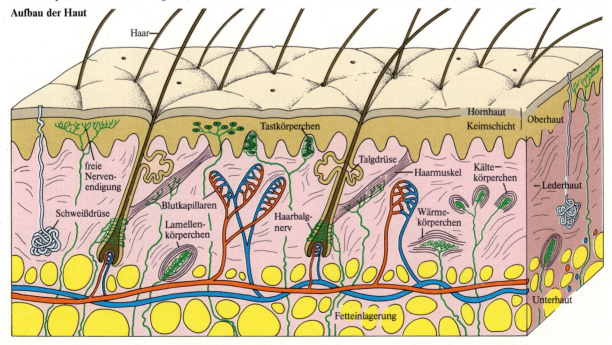

Hautpflege. Die Haut ist keine tote Hülle, sondern ein lebendes Organ. Sie muß *gepflegt* und *geschützt* werden. Wichtig ist eine *gesunde Ernährung* mit Milchprodukten, Obst und Gemüse. Sie kommt der *Keimschicht* zugute, das ist der nicht verhornte Teil der Oberhaut. Die Zellen der Keimschicht teilen sich ständig und ersetzen die darüberliegenden verhornten Zellen, die sich ablösen.

Die Lederhaut enthält *Talgdrüsen,* der Grenzbereich zwischen Lederhaut und Unterhaut *Schweißdrüsen.* Die Drüsen geben Schweiß und Talg nach außen ab. Der Talg fettet die Haut ein, macht sie wasserabstoßend und verhindert das Austrocknen. Der schwach saure Schweiß bildet einen *Säuremantel,* der vor Infektionen durch Bakterien schützt.

Alter Schweiß und Talg werden zusammen mit abgelösten Zellen von Bakterien zersetzt. Dabei entsteht der unangenehme Schweißgeruch. Er ist allerdings nicht der einzige Grund, weshalb wir uns regelmäßig und gründlich waschen oder duschen sollten: Schmutz und Make up-Reste müssen unbedingt entfernt werden, sonst entzündet sich die Haut. Für die Reinigung sind solche Mittel am geeignetsten, die den natürlichen Säuremantel der Haut nicht zerstören.

Sonnenlicht schadet normalerweise der Haut nicht. Es vermag sogar manche Hauterkrankungen, beispielsweise Akne, günstig zu beeinflussen. Das gilt aber nicht für stundenlanges Sonnenbaden. Selbst wenn kein *Sonnenbrand* entsteht, werden elastische Fasern in der Lederhaut geschädigt, so daß sich vorzeitig Runzeln bilden.

Zu den häufigsten Hauterkrankungen gehört die *Akne,* von der besonders junge Menschen während und nach der Pubertät betroffen sind. Akne tritt vor allem bei fetter, also talgreicher Haut auf. Dabei versperren Hornpfropfen, die *Mitesser,* den Ausgang der Talgdrüsen. Durch eingedrungene Bakterien kommt es zu Entzündungen. Eitrige Pickel entstehen. Mit desinfizierenden Mitteln läßt sich das Ausbreiten der Infektion verhindern. Der Hautarzt kann Medikamente verschreiben, die die Pickel zum Eintrocknen bringen. Man sollte ihn in jedem Fall aufsuchen, weil eine unbehandelte Akne Narben hinterläßt. Bis zum 25. Lebensjahr verschwindet die Akne meist von selbst wieder.

1 Versuch zum Tastsinn
Stelle eine Tastborste her wie im Bild unten. Untersuche mit ihr verschiedene Stellen des Armes. Zeichne dazu mit Filzstift auf Fingerbeere, Handrücken und Unterarm eines Mitschülers Quadrate von 1 cm Seitenlänge. Verbinde die Augen deiner Versuchsperson. Reize Punkt für Punkt die Haut innerhalb der Quadrate vorsichtig mit der Tastborste. Markiere jede tastempfindliche Stelle mit einem Filzstift. Vergleiche anschließend die Ergebnisse der drei Untersuchungsstellen.

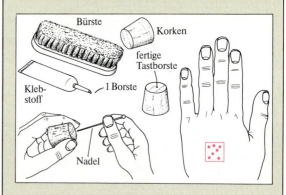

Bürste · Korken · fertige Tastborste · Klebstoff · 1 Borste · Nadel

2 Drei-Schalen-Versuch
Du benötigst drei Schalen mit unterschiedlich warmem Wasser. Tauche die eine Hand in 15 °C warmes Wasser, die andere in 35 °C warmes Wasser. Nach einer halben Minute bringst du beide Hände in Wasser von 25 °C.
– Was empfindest du an der linken, was an der rechten Hand?
Dein Gehirn meldet dir offensichtlich etwas Falsches.
– Wie lange hält die Falschmeldung an?
– Lies den Text über Wärme- und Kältekörperchen auf Seite 47. Erkläre, wie es zu der Falschmeldung kommt.

35°C · 25°C · 15°C

5 Das Nervensystem

Ein Ball fliegt auf dich zu. Du fängst ihn mit beiden Händen. Ein einfacher Vorgang?

Zuerst entstand auf der *Netzhaut* das Bild des herannahenden Balls. Über den *Sehnerv* wurde dies an das *Gehirn* gemeldet. Die Auswertung im Gehirn endete mit dem Beschluß, den Ball zu fangen. Dazu müssen sich ganz bestimmte Muskeln in Armen und Händen zum richtigen Zeitpunkt zusammenziehen. Die entsprechenden *Befehle* wurden im Gehirn gebildet und über *Bewegungsnerven* zu den *Muskeln* geleitet.

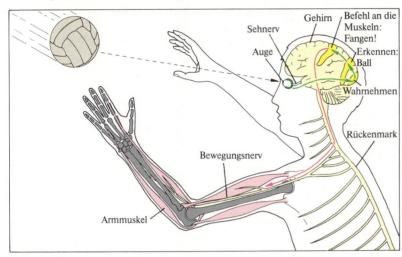

Beim Ballfangen wirken Sinnesorgan, Nervensystem und Muskeln zusammen.

Bau und Aufgabe von Nervenzellen

Meldung, Verarbeitung im Gehirn und Leitung der gebildeten Befehle erfolgen durch *Nervenzellen*. Nervenzellen zeigen einen charakteristischen Bau, der eng mit ihrer Aufgabe zusammenhängt:

– An einem *Zellkörper*, der den Zellkern und den größten Teil des Zellplasmas enthält, sitzen viele kurze Fortsätze. Das sind die *Dendriten*.
– Vom Zellkörper geht außerdem ein langer Fortsatz aus, die *Nervenfaser*. An ihrem Ende verzweigt sie sich und bildet *Endknöpfchen*. Manche Nervenzellen besitzen Nervenfasern von über 1 m Länge! In einem Nerv liegen viele Nervenfasern dicht nebeneinander.

Wenn Sinneszellen gereizt werden, bilden sie *elektrische Signale*. Die Signale werden auf die Dendriten einer Nervenzelle übertragen. Dort wandern sie über die Nervenfaser bis zu den Endknöpfchen. Die Endknöpfchen stehen mit den Dendriten der nächsten Nervenzelle in Verbindung. Die Signale werden übertragen und wandern über die Nervenfaser auch dieser Nervenzelle. Über mehrere Nervenzellen hinweg erreicht so die Meldung in Form elektrischer Signale das Gehirn. Auf die gleiche Weise gelangen die Befehle zu den Muskeln.

> Nervenzellen leiten Meldungen und Befehle in Form elektrischer Signale.

Bau einer Nervenzelle

Dendrit
Zellkern
Zellkörper
Nervenfaser
Richtung der elektrischen Signale
Endknöpfchen

Das Gehirn

15 Milliarden Nervenzellen bilden unser *Nervensystem*. Davon sind allein 10 Milliarden im *Gehirn* zu finden. Könnte man die Nervenfasern dieser Zellen hintereinander legen, käme man auf eine Länge von 500 000 km!

1 Beschreibe an einem selbstgewählten Beispiel, wie eine willkürliche Handlung abläuft.

2 Lies den Abschnitt über Reflexe auf der nächsten Seite. Vergleiche den Ablauf eines Reflexes mit dem Ablauf einer willkürlichen Handlung!

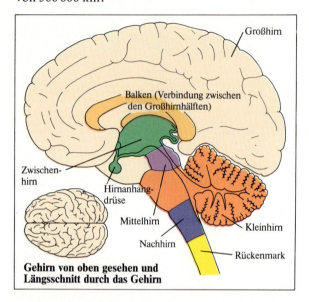

Gehirn von oben gesehen und Längsschnitt durch das Gehirn

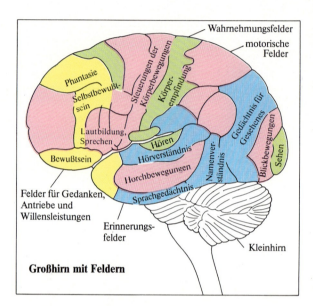

Großhirn mit Feldern

Bau und Aufgaben. Fünf Gehirnteile mit unterschiedlichen Aufgaben lassen sich unterscheiden: *Großhirn, Zwischenhirn, Mittelhirn, Kleinhirn* und *Nachhirn.* Das Großhirn nimmt unter ihnen den größten Raum ein. Es besteht aus zwei Hälften, die durch Millionen von Nervenfasern miteinander verbunden sind. Die Oberfläche der beiden Großhirnhälften ist durch Falten gewaltig vergrößert. Dadurch haben hier besonders viele Nervenzellen Platz. Die äußere Schicht des Großhirns nennt man *Großhirnrinde.* In ihr lassen sich verschiedene Bereiche unterscheiden:

- In *Wahrnehmungsfeldern* werden die Meldungen von Sinnesorganen wahrgenommen und ausgewertet.
- In *Erinnerungsfeldern* werden ihre wichtigen Inhalte gespeichert.
- In sogenannten *motorischen Feldern* werden die Befehle an die Muskeln zusammengestellt.
- *Gedanken, Willensleistungen* und *Antriebe* haben ihren Ursprung im *Stirnlappen,* das ist der vordere, der Stirn zugewandte Bereich des Großhirns.

Willkürliche Handlungen. Wie arbeiten die Felder im Großhirn zusammen? Am Beispiel des Ballfangens läßt sich das gut zeigen:

Wahrnehmungsfelder werten die elektrischen Signale vom Auge aus. Sie stellen Größe, Farbe, Form und Richtung des Objektes fest, das heranfliegt. Durch Abfragen der Erinnerungsfelder wird festgestellt, daß es sich um einen Ball handeln muß.

Die Felder für Willensleistungen beschließen: Fangen! In motorischen Feldern werden daraufhin die entsprechenden Befehle an die Muskeln zusammengestellt.

Alle Handlungen, an denen unser Wille beteiligt ist, nennt man *willkürliche Handlungen.*

> Im Großhirn lassen sich Wahrnehmungsfelder, Erinnerungsfelder, motorische Felder und Bereiche für Gedanken, Antriebe und Willensleistungen unterscheiden.
> Willkürliche Handlungen laufen immer unter Beteiligung des Großhirns ab.

Gedächtnis. Alles, was wir erleben, wird zunächst einmal etwa 10 Sekunden lang im Gedächtnis gespeichert. Was uns nicht weiter beschäftigt, wird dann von neuen Ereignissen verdrängt. Was uns dagegen wichtig ist, wird aus diesem *Sekundengedächtnis* ins *Minutengedächtnis* übernommen.

Was uns besonderen Eindruck macht, woran wir immer wieder denken oder was wir wie bei Vokabeln öfter wiederholen, das behalten wir häufig lebenslang. Es geht aus dem Minutengedächtnis in das *Langzeitgedächtnis* über. Wahrscheinlich wird es in Form bestimmter Eiweißstoffe aufbewahrt.

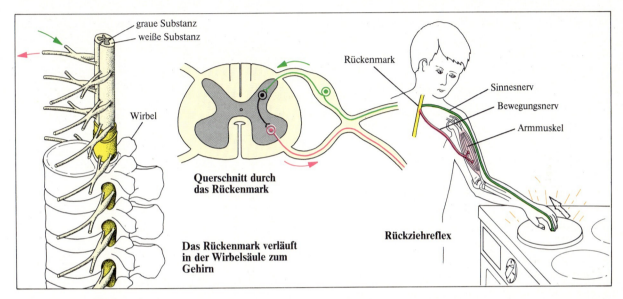

graue Substanz
weiße Substanz

Wirbel

Querschnitt durch das Rückenmark

Das Rückenmark verläuft in der Wirbelsäule zum Gehirn

Rückenmark

Sinnesnerv
Bewegungsnerv
Armmuskel

Rückziehreflex

Das Rückenmark

Nicht immer müssen die Meldungen aus den Sinnesorganen bis ins Großhirn gelangen, bevor eine Antwort darauf erfolgen kann. In manchen Fällen ist bereits das *Rückenmark* die Zentrale, die Auswertung und Beantwortung übernimmt. Gehirn und Rückenmark werden deshalb zusammen als *Zentralnervensystem* bezeichnet.

Das Rückenmark reicht vom Gehirn aus weit in den Körper hinab. Es verläuft in der *Wirbelsäule* und ist dadurch gut geschützt. Von ihm zweigen 31 Paar Nerven ab, die die Verbindung zu allen Teilen des Körpers herstellen.

Im Querschnitt kann man eine *graue Substanz* im Innern des Rückenmarks von einer *weißen Substanz* außen unterscheiden. In der weißen Substanz verlaufen die Nervenfasern, die weiter zum Gehirn ziehen oder von dort kommen. In der grauen Substanz liegen Nervenzellen, die dem Gehirn untergeordnete Aufgaben abnehmen, dabei aber meist von ihm kontrolliert werden. *Reflexe* allerdings können ohne Beteiligung des Gehirns ablaufen, doch erhält das Gehirn davon Meldung.

Reflexe. Berührt unsere Hand eine heiße Herdplatte, zuckt sie zurück. Dies geschieht ohne unseren Willen, also *unwillkürlich*. Daß wir die Herdplatte berühren, melden Wärmekörperchen über Nervenfasern *zum Rückenmark*. Dort werden die elektrischen Signale *direkt auf die Nervenfasern von Bewegungsnerven umgeschaltet*, die zu den Muskeln des Arms und der Hand führen. Kommen die Signale dort an, ziehen sich die Muskeln zusammen, die Hand zuckt zurück. Außer diesem *Rückziehreflex* gibt es noch eine Reihe weiterer Reflexe: *Niesreflex, Hustenreflex, Lidschlußreflex* und *Pupillenreflex* zum Beispiel. Wegen des kurzen Weges, den die Signale zurücklegen müssen, ermöglichen Reflexe eine besonders rasche Reaktion. Häufig dienen sie zum Schutz des Körpers.

> Das Rückenmark ist Durchgangsstation zum Gehirn, erledigt unter Kontrolle des Gehirns aber auch untergeordnete Aufgaben.
> Reflexe können ohne Zutun des Gehirns ablaufen.

Das vegetative Nervensystem

Freude läßt das Herz „höherschlagen", bei plötzlichem Schreck scheint es dagegen „stehenzubleiben". Verantwortlich dafür ist das *vegetative Nervensystem*. Es steuert die Tätigkeit der inneren Organe und läßt sich von unserem Willen nicht beeinflussen. Manchmal wird es auch *autonomes Nervensystem* genannt. Das ist aber nicht ganz richtig. Autonom heißt selbständig, das vegetative Nervensystem wird jedoch vom Zentralnervensystem beeinflußt.

Das vegetative Nervensystem besteht aus zwei Anteilen, dem *Sympathicus* und dem *Parasympathicus*. Beide haben entgegengesetzte Wirkung, sind also *Gegenspieler*.

Sympathicus. Rechts und links der Wirbelsäule verläuft eine Doppelreihe von Nervenknoten, die mit dem Rückenmark in Verbindung steht. Von den Knoten führen zahlreiche Nerven zu den inneren Organen. Auf diese wirkt der Sympathicus meist *anregend, leistungssteigernd*. Er ist es auch, der das Herz „höherschlagen" läßt.

Parasympathicus. Er steht mit Gehirn und Rückenmark in Verbindung. Seine Nervenknoten liegen in der Nähe der Organe, die er versorgt. Der Parasympathicus wirkt meist *beruhigend, auf die Verdauungsorgane aber anregend*.

Erkrankungen und Ausfallerscheinungen des Nervensystems

Starke Beanspruchung. Das Nervensystem reagiert auf *starke Beanspruchung*, beispielsweise durch *Lärm* oder *zu wenig Schlaf*, sehr empfindlich. Die Konzentration läßt nach, man wird reizbar. Erwachsene brauchen täglich 7 bis 8 Stunden Schlaf, Kinder je nach Alter 10 bis 14 Stunden. Untersuchungen zeigen, daß unsere Aktivität am Tag schwankt. Gegen 9 Uhr und um 13 bis 14 Uhr ist sie meist gering. Eine Ruhepause tut dann gut.

Gehirnerschütterung. Schlägt man bei einem Sturz mit dem Kopf auf den Boden auf, kann eine *Gehirnerschütterung* die Folge sein. Der Verletzte verliert für kurze Zeit das Bewußtsein und erbricht sich. Nach etlichen Tagen strenger Bettruhe gehen die Beschwerden wie Schwindelgefühl und Erbrechen wieder zurück. Kopfschmerzen treten jedoch oft noch nach Jahren auf.

> Das vegetative Nervensystem steuert die Tätigkeit der inneren Organe und ist von unserem Willen unabhängig. Es besteht aus den Gegenspielern Sympathicus und Parasympathicus.

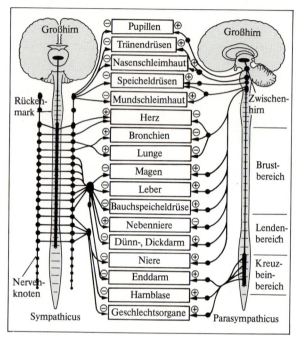

Sympathicus und Parasympathicus sind Gegenspieler.
⊖ = hemmt, verengt ⊕ = regt an, erweitert

Querschnittslähmung. Von einer *Querschnittslähmung* spricht man, wenn das Rückenmark durch Verletzung unterbrochen wird. Der Teil des Körpers, der vom abgetrennten Rückenmarkstück versorgt wurde, kann also weder Befehle vom Gehirn empfangen, noch können Signale von hier das Gehirn erreichen. Der Körperteil wird empfindungslos und gelähmt.

Kinderlähmung. *Kinderlähmung* wird durch *Viren* hervorgerufen. Die Krankheit beginnt ähnlich wie eine Grippe. Zu Lähmungen der Gliedmaßen kommt es nur, wenn die Viren ins Rückenmark einwandern und dort Nervenzellen zerstören.

Multiple Sklerose. Diese heimtückische Krankheit kann in wenigen Jahren zum Tod führen, weil die Nervenzellen teilweise abgebaut werden. Anfangs macht sich *multiple Sklerose* nur durch den unsicheren Gang des Betroffenen bemerkbar. Später treten Lähmungen auf.

6 Hormone

Aufgaben der Hormone. Die Tätigkeit der Organe wird nicht allein durch Nervensignale gesteuert. *Botenstoffe, die Hormone,* wirken dabei mit. Hormone werden meist in *Hormondrüsen* gebildet. Anders als Verdauungsdrüsen oder Schweißdrüsen geben Hormondrüsen die in ihnen gebildeten Stoffe *ins Blut* ab. Mit dem Blutstrom gelangen die verschiedenen Hormone zu allen Körperzellen. Ihre Wirkung entfalten sie jedoch jeweils nur in den Zellen, für die sie bestimmt sind.

Verglichen mit dem Nervensystem, sind die Hormone ein *träges Nachrichtensystem.* Die Übermittlung durch das Blut dauert viel länger als die Leitung im Nerv. Trotzdem spielen Hormone im Körper eine wichtige Rolle. Sie wirken zwar nicht schnell, aber langanhaltend und schon in geringsten Mengen. Sie werden daher immer dann eingesetzt, wenn ein bestimmter Zustand im Körper über längere Zeit aufrechterhalten werden soll. Arbeitet eine unserer Hormondrüsen zu stark oder zu schwach, hat das schwerwiegende Folgen.

> Nervensystem und Hormone sind die Nachrichtensysteme des Körpers. Hormone werden in Hormondrüsen gebildet und gelangen mit dem Blut an ihren Wirkungsort. Sie wirken langsam, aber anhaltend.

Die Regelung des Blutzuckerspiegels. Der Anteil an Traubenzucker im Blut, der *Blutzuckerspiegel,* schwankt normalerweise nur ganz geringfügig. Dafür sorgen vor allem die Hormone *Insulin* und *Glucagon.* Beide werden in kleinen Zellbereichen innerhalb der *Bauchspeicheldrüse* gebildet.

– Das Insulin bewirkt, daß die Zellen der Leber dem Blut Traubenzucker entnehmen und daraus den Vielfachzucker Leberstärke aufbauen. Gelangt aus der Bauchspeicheldrüse *viel Insulin* ins Blut, *sinkt der Blutzuckerspiegel.*

– Das Glucagon bewirkt, daß in den Leberzellen die gespeicherte Leberstärke wieder in Traubenzucker zerlegt und ans Blut abgegeben wird. Gelangt *viel Glucagon* ins Blut, *steigt der Blutzuckerspiegel an.*

Zuckerkrankheit. Die *Zuckerkrankheit* beruht auf einem *Mangel an Insulin.* Es kann kaum Leberstärke aufgebaut werden. Der nicht sofort verwertete Traubenzuckerüberschuß wird mit dem Harn ausgeschieden. Durch eine kohlenhydratarme Diät und durch künstliche Insulingaben läßt sich die Zuckerkrankheit heute behandeln.

> Die Hormone Insulin und Glucagon regeln den Blutzuckerspiegel. Sie wirken als Gegenspieler. Insulinmangel führt zur Zuckerkrankheit.

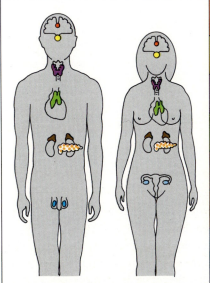

Lage der Hormondrüsen im Körper

Zirbeldrüse. Ihre Hormone beeinflussen wahrscheinlich die Tätigkeit der Keimdrüsen.

Hirnanhangdrüse. Sie bildet Hormone, die die Tätigkeit der anderen Hormondrüsen steuern, außerdem das Wachstumshormon.

Schilddrüse. Ihre Hormone regeln den Stoffwechsel. Am wichtigsten ist das Thyroxin. Überfunktion wie Unterfunktion der Schilddrüse führen zu schweren Erkrankungen.

Thymusdrüse. Sie ist bei Kindern stärker entwickelt als bei Erwachsenen. Ihre Hormone sind zum Aufbau der körpereigenen Abwehr nötig.

Nebennieren. Sie bilden verschiedene lebenswichtige Hormone. Eines davon ist das Adrenalin. Es sorgt in Notfallsituationen für erhöhte Leistungsbereitschaft.

Bauchspeicheldrüse. In Zellbereichen der Bauchspeicheldrüse werden Insulin und Glucagon gebildet. Sie regeln als Gegenspieler den Blutzuckerspiegel.

Männliche Keimdrüsen (Hoden). Sie bilden außer Spermazellen auch männliche Geschlechtshormone. Diese sind nötig, damit die männlichen Geschlechtsmerkmale ausgebildet und erhalten werden.

Weibliche Keimdrüsen (Eierstöcke). Sie bilden weibliche Geschlechtshormone. Diese bewirken die Ausbildung der weiblichen Geschlechtsmerkmale und sind an der Regelung des Menstruationszyklus beteiligt.

Fortpflanzung und Entwicklung

1 Mann und Frau

„Ist es ein Junge oder ein Mädchen?" Das ist oft unsere erste Frage nach einem neuen Erdenbürger. Offenbar ist sein Geschlecht ein besonders wichtiges Kennzeichen.

Alle Menschen unterscheiden sich, so beispielsweise in Haut- und Haarfarbe, Körpergröße und Gewicht, in Gesichtszügen, in Körperhaltung, Bewegungsweise sowie Stimme. Die Unterschiede jedoch, die den stärksten Einfluß auf unser Leben ausüben, sind die *Unterschiede* zwischen *Mann* und *Frau*. Die Zugehörigkeit zum einen oder anderen Geschlecht bestimmt nicht nur Entwicklung, Bau und Funktion unseres Körpers, sondern beeinflußt auch unser Verhalten, unsere Berufswahl und unsere Stellung in der Gesellschaft.

> Männlich oder weiblich zu sein hat große Bedeutung für unser Selbstverständnis.

Redensarten zum Unterschied zwischen Mann und Frau

1 Die Haut der Männer fühlt sich kälter an als die Haut der Frauen.

2 Frauen haben längere Beine als Männer.

3 Frauen tauchen weniger tief ein als Männer, wenn sie ruhig im Wasser liegen.

4 Männer leben länger als Frauen.

5 Frauen brauchen weniger Nahrung als Männer.

6 Männer haben mehr Blut als Frauen.

7 Männer haben breitere Schultern als Frauen.

8 Frauen sind häufiger blauäugig als Männer.

9 Die Lungen von Männern sind größer als bei Frauen.

10 Frauen atmen tiefer als Männer.

1 Mann oder Frau?
Welche der linksstehenden Aussagen sind richtig und welche falsch? Vergleiche deine Antworten mit den Daten auf der gegenüberliegenden Seite.

2 „Typisch Mann!", „typisch Frau!" – Suche Beispiele für solche Urteile!

3 Worin unterscheidet sich die Erziehung von Jungen und Mädchen?

2 Geschlechtschromosomen

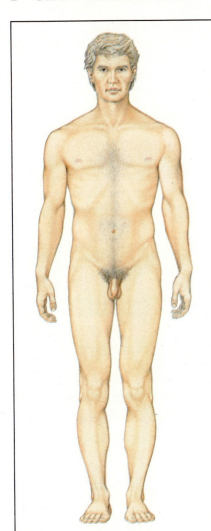

Männer		Frauen
174 cm	Körperhöhe	162 cm
72 kg	Körpergewicht	60 kg
1400 g	Gehirngewicht	1300 g
100 %	Armlänge	92 %
100 %	Beinlänge	91 %
100 %	Schulterbreite	92 %
100 %	Beckenbreite	99 %
9 cm	Beckenausgang	11 cm
42 %	Muskulatur	36 %
18 %	Fett	28 %
16 %	Knochen	15 %
24 %	Drüsen	21 %
240 g	Herzgewicht	190 g
5,5 l	Blutmenge	4,5 l
32 kg	Hebekraft des Unterarms	19 kg
5,4 l	Fassungsvermögen der Lunge	3,6 l
0,63 l	Atemzugvolumen in Ruhe	0,39 l
160 kJ	Energieumsatz je m² Oberfläche in 1 Stunde in Ruhe	145 kJ
70 Jahre	Lebenserwartung	77 Jahre

Alle Angaben beziehen sich auf die Mittelwerte sehr vieler Männer, verglichen mit den Mittelwerten sehr vieler Frauen.

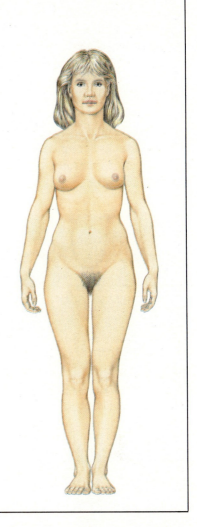

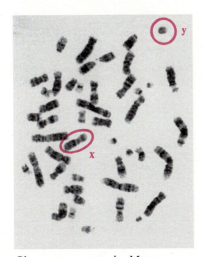

Chromosomensatz des Mannes

Das unterschiedliche Geschlecht von Mann und Frau beruht auf unterschiedlichen *Chromosomensätzen:*

– Die Körperzellen eines Mannes besitzen 22 Chromosomenpaare und zwei ungleiche *Geschlechtschromosomen.* Man bezeichnet diese als X- und Y-Chromosom.

– Die Körperzellen einer Frau besitzen ebenfalls 22 Chromosomenpaare und zwei X-Chromosomen als Geschlechtschromosomen.

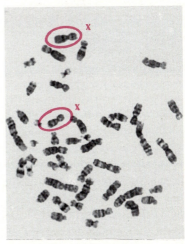

Chromosomensatz der Frau

3 Die Rolle der Geschlechter

Männersache – Frauensache

Männer sind in der Regel Frauen körperlich überlegen. Frauen können aber Kinder bekommen und einen Säugling stillen. Diese *biologischen Unterschiede* von Mann und Frau haben die Rollen der Geschlechter in der Gesellschaft entscheidend bestimmt:

Die Männer konnten dank ihrer Körperkräfte als Jäger, Bauern oder später als Handwerker und Arbeiter für den Lebensunterhalt der Sippe oder Familie sorgen. Ernährung und Schutz der Familie war „Männersache".

„Typischer" Männerberuf

„Typische" Frauenbeschäftigung

„Frauensache" war es, Kinder zu bekommen, für sie zu sorgen und den Haushalt zu führen.

Diese, seit alters überlieferte *Rollenverteilung* hatte vor allem in den letzten Jahrhunderten Folgen für die Stellung von Männern und Frauen in der Gesellschaft. Während die Männer neben zahlreichen Pflichten Macht und Vorrechte im öffentlichen Leben und in der Familie besaßen, hatten die Frauen sehr oft kaum Rechte, aber viele Pflichten.

Verschieden, aber gleichberechtigt?

Als vor etwa 150 Jahren Maschinen zunehmend die menschliche Arbeitskraft ergänzen oder ersetzen konnten, wurde zunehmend die Arbeitskraft der Frau der des Mannes gleichgestellt. Aber erst in unserer Zeit begann man, den Frauen die gleichen Rechte einzuräumen, wie den Männern. Trotz dieser Gleichberechtigung sind Frauen auch heute noch in vielen Bereichen der Arbeitswelt Männern gegenüber benachteiligt. Immer mehr Männer und Frauen streben heute jedoch eine *Partnerschaft* an, in der beide Partner *gleiche Ansprüche, Rechte* und *Pflichten* haben.

Hausmann

Kraftfahrzeugmechanikerin

> Aus der biologischen Verschiedenheit von Mann und Frau lassen sich keine unterschiedlichen Rechte für Mann oder Frau begründen.

1   Wie äußern sich die Menschen deiner nächsten Umgebung zu den Bildern Hausmann und Kraftfahrzeugmechanikerin? Was meinst du selbst dazu?

4 Vom Kind zum Erwachsenen

Kinder beim Spiel

Junge Erwachsene

Kind zu sein bedeutet in erster Linie, versorgt zu werden. Erwachsen zu sein bedeutet dagegen, für sich und andere zu sorgen, Verantwortung zu tragen und sich fortpflanzen zu dürfen. Man muß aber zwischen körperlicher und geistig-gesellschaftlicher Reife unterscheiden. In der Regel erreichen Jugendliche die körperliche Reife viel früher als eine vergleichbare geistige Reife. Daraus erwachsen Schwierigkeiten.

Pubertät. Das *Reifen* der *Geschlechtsorgane* zu ihrer vollen Funktionsfähigkeit ist ein deutliches Zeichen des Erwachsenwerdens. Die Reifezeit heißt *Pubertät*. Sie beginnt bei Mädchen mit 12, bei Jungen meist mit 14 Jahren und dauert 3 bis 4 Jahre. Während der Pubertät verändern sich viele Merkmale des Körpers: Größe, Gewicht, Muskelkraft, Pulshäufigkeit, Blutdruck, Lungenleistung und Nahrungsbedarf. Besonders auffällig sind das schnelle Wachstum und der Wandel im Aussehen. Aber auch das seelische Befinden und das Verhalten erfahren während der Pubertät einen Umbruch. Häufig und sehr plötzlich ändert sich die Einstellung zu Eltern, Lehrern, Freunden, zum anderen Geschlecht, aber auch zu sich selbst.

Alle diese Veränderungen werden letztlich durch *Hormone* hervorgerufen und gesteuert. Die wichtigsten Hormone, die die Entwicklung beeinflussen, stammen aus den Hormondrüsen Hypophyse, Thymus und Schilddrüse.

> Die Ausbildung der Geschlechtsmerkmale wird von Hormonen gesteuert.

1 An welchen Ereignissen merkt man, daß man erwachsen wird?

2 Mädchen sind eine Zeitlang im Durchschnitt größer als Jungen. Stelle mit Hilfe des untenstehenden Bildes fest, für welche Zeit dies gilt. Was ist die Ursache dafür?

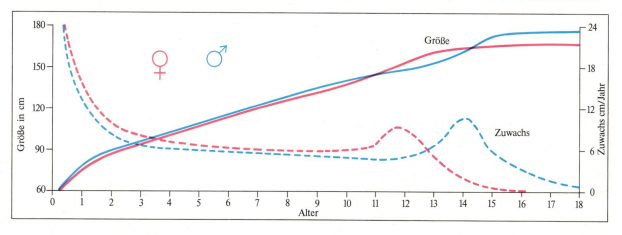

Vom Jungen zum Mann

Primäre Geschlechtsmerkmale. Bei einem Jungen sind das *Glied* (Penis) und der *Hodensack,* in dem die beiden *Hoden* liegen, äußerlich erkennbar. Zwischen dem 11. und 15. Lebensjahr beginnt die Hypophyse eines Jungen, vermehrt Hormone zu bilden, die man als *Gonadotropine* bezeichnet. Sie bewirken das Wachstum der Geschlechtsorgane. Unter dem Einfluß der Gonadotropine bilden sich von nun an in den Hoden männliche Fortpflanzungszellen. Diese *Spermazellen* oder *Spermien* werden in den Nebenhoden gespeichert.

Oft versteift sich jetzt das Glied des Jungen bei geschlechtlicher Erregung durch Blutstau in den Schwellkörpern. Etwa vom 15. Lebensjahr an kommt es dabei auch im Schlaf zu Samenergüssen durch Ausschleudern von Spermazellen.

> Wenn die Hoden eines Jungen regelmäßig Spermazellen bilden, ist er geschlechtsreif.

Sekundäre Geschlechtsmerkmale. Mit Beginn der Pubertät regen die Gonadotropine die Hoden dazu an, vermehrt männliche Geschlechtshormone zu bilden. Man nennt sie *Androgene.* Unter ihrem Einfluß entwickeln sich die *sekundären Geschlechtsmerkale:* Schambehaarung, Bartwuchs und männliche Körperbehaarung. Der Kehlkopf vergrößert sich und verursacht den Stimmwechsel von der hellen Jungenstimme zur tiefen Männerstimme. Breite Schultern bilden sich aus.

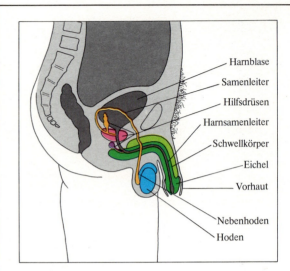

Harnblase
Samenleiter
Hilfsdrüsen
Harnsamenleiter
Schwellkörper
Eichel
Vorhaut
Nebenhoden
Hoden

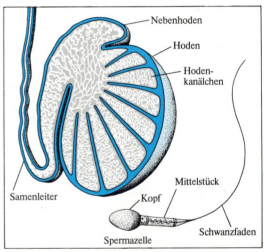

Nebenhoden
Hoden
Hoden-kanälchen
Samenleiter
Mittelstück
Kopf
Schwanzfaden
Spermazelle

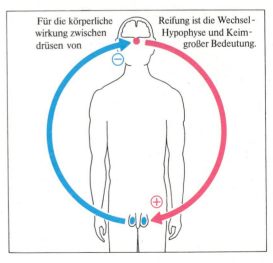

Für die körperliche wirkung zwischen drüsen von Reifung ist die Wechsel-Hypophyse und Keim-großer Bedeutung.

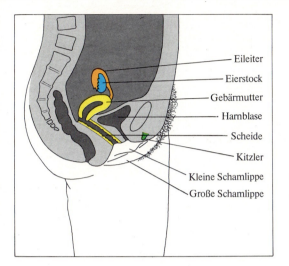

Eileiter
Eierstock
Gebärmutter
Harnblase
Scheide
Kitzler
Kleine Schamlippe
Große Schamlippe

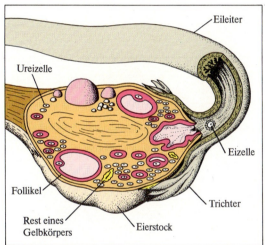

Eileiter
Ureizelle
Eizelle
Follikel
Trichter
Rest eines Gelbkörpers
Eierstock

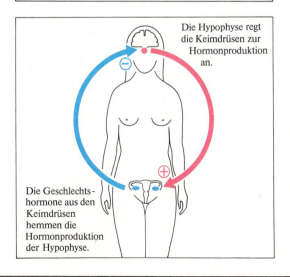

Die Hypophyse regt die Keimdrüsen zur Hormonproduktion an.

Die Geschlechts-hormone aus den Keimdrüsen hemmen die Hormonproduktion der Hypophyse.

Vom Mädchen zur Frau

Primäre Geschlechtsmerkmale. Im Inneren des weiblichen Körpers liegen *Eierstöcke, Eileiter* und *Gebärmutter*. Äußerlich erkennbar sind *Schamlippen, Kitzler* und die *Schamspalte*. Etwa zwei Jahre früher als beim Jungen beginnt die Hypophyse eines Mädchens vermehrt *Gonadotropine* zu bilden. Sie regen die Geschlechtsorgane zu verstärktem Wachstum an und lösen die Reifung von Eizellen in den Eierstöcken aus. Meist findet die erste Eireifung zwischen dem 11. und 15. Lebensjahr statt. Am Einsetzen der ersten *Menstruationsblutung*, der Menarche, erkennt ein Mädchen diesen Zeitpunkt.

> Wenn die Eierstöcke eines Mädchens regelmäßig reife Eizellen bilden, ist es geschlechtsreif.

Die heranreifende Eizelle im Eierstock liegt in einem Eibläschen, dem *Follikel*. Die Zellen dieses Follikels bilden weibliche Geschlechtshormone, die *Östrogene*. Sie bewirken zusammen mit anderen Hormonen das starke Wachstum der Gebärmutter in der Pubertät und die Ausbildung der sekundären Geschlechtsmerkmale.

Sekundäre Geschlechtsmerkmale. Unter dem Einfluß der Östrogene wachsen Schamhaare und Brüste. Die anderen sekundären *Geschlechtsmerkmale* einer Frau wie breite Hüften, rundliche Formen und hohe Stimme entstehen dadurch, daß dem weiblichen Körper die männlichen Geschlechtshormone weitgehend fehlen.

5 Der Menstruationszyklus der Frau

Vom Beginn der Geschlechtsreife bis zu den Wechseljahren um das 47. Lebensjahr reift alle 4 Wochen jeweils in einem der Eierstöcke ein Ei heran.

Die Eireifung ist mit der *Menstruation,* auch Monatsblutung, Regel oder Periode genannt, eng verknüpft. Man bezeichnet diesen regelmäßig wiederkehrenden Vorgang als Monatszyklus oder *Menstruationszyklus.* Er wird durch das Zusammenspiel verschiedener Hormone gesteuert.

Menstruation. Wenn das Ei nicht befruchtet wurde, wird etwa 2 Wochen nach einer Eireifung die oberste Schicht der Gebärmutterschleimhaut abgestoßen. Dabei kommt es zu einer Blutung, die 4 bis 6 Tage dauert. Das Blut führt die unbefruchtete Eizelle mit sich aus dem Körper heraus. Durch einen Tampon oder eine Binde wird das Blut aufgefangen.

Manche Frauen verspüren während der Menstruation Übelkeit oder krampfartige Schmerzen im Unterleib. Andere sind einige Tage vor Beginn der Menstruation traurig, mißgestimmt und neigen zu Kopfschmerzen.

Follikelreifung. Mit dem ersten Tag der Blutung beginnt ein neuer Monatszyklus. Das Hypophysenhormon FSH regt, während der ersten Hälfte des Zyklus, in einem der Eierstöcke ein Ei an zu reifen. Die Zellen des Follikels bilden zunehmend mehr Östrogen und geben es an das Blut ab. In der Gebärmutter sorgt das Östrogen für die Bildung einer mehrere Millimeter dicken, gut durchbluteten und nährstoffreichen Schleimhaut.

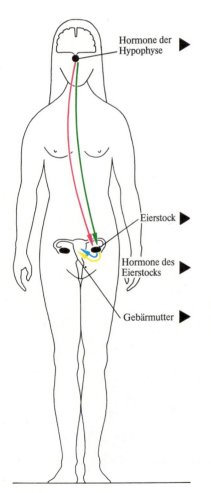

Hormone der Hypophyse ▶

Eierstock ▶

Hormone des Eierstocks ▶

Gebärmutter ▶

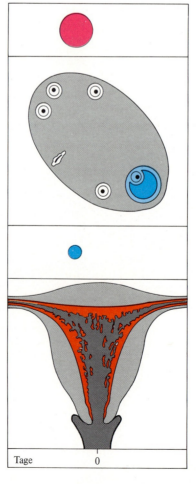

Tage   0

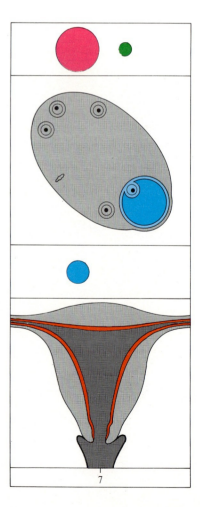

7

Eisprung. Wenn die Hypophysenhormone FSH und LH im Blut ein ganz bestimmtes Mengenverhältnis aufweisen, öffnet sich der Follikel. Diesen Vorgang nennt man *Eisprung, Follikelsprung* oder *Ovulation.* Dieser Vorgang findet meist in der Mitte des Zyklus statt. Zusammen mit der Follikelflüssigkeit gelangt die Eizelle in den Eileiter. Nur in den nachfolgenden 12 Stunden kann sie befruchtet werden.

Den Eisprung selbst spürt eine Frau nicht. Aber 1 bis 2 Tage nach dem Eisprung steigt ihre Körpertemperatur etwa um ein halbes Grad Celsius an.

Gelbkörperbildung. Nach dem Eisprung wandelt sich der im Eierstock verbliebene leere Follikel zu einem gelb gefärbten Gebilde um, dem *Gelbkörper.* Er bildet das Hormon *Progesteron.* Es bewirkt, daß die Schleimhaut der Gebärmutter dicker und noch reicher mit Schleimdrüsen und Blutgefäßen ausgestattet wird. Auf diese Weise bereitet sich die Gebärmutterschleimhaut darauf vor, eine Eizelle nach der Befruchtung aufzunehmen und zu versorgen.

Menstruation. Hat sich in der Gebärmutterschleimhaut keine befruchtete Eizelle festgesetzt, bildet sich der Gelbkörper etwa 10 Tage nach dem Eisprung zurück. Seine Hormonbildung läßt nach. Dadurch wird die Menstruation ausgelöst. Ein neuer Zyklus beginnt.

Bei den meisten Frauen dauert ein Zyklus 28 Tage. Durch Krankheit oder Aufregungen kann sich die Zyklusdauer verändern. Bleibt die Menstruation völlig aus, kann dies ein erster Hinweis auf eine Schwangerschaft sein.

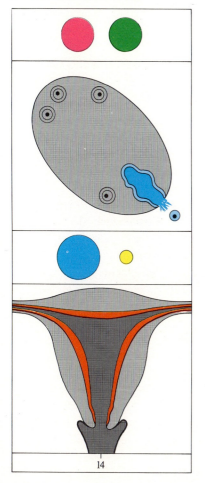

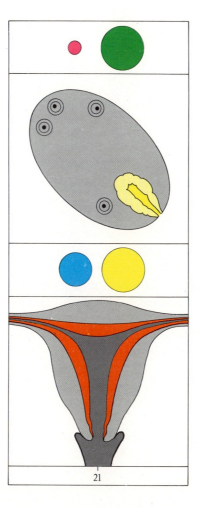

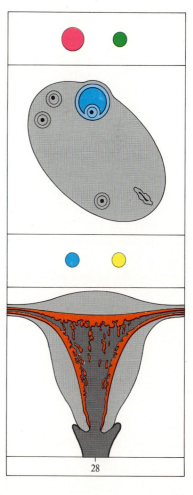

6 Die ersten neun Monate des Lebens

Zeugung. Wenn sich ein Mann und eine Frau sehr lieben, wächst bei ihnen das Verlangen nach körperlicher Vereinigung, dem *Geschlechtsverkehr*. Findet der Geschlechtsverkehr um die Zeit des Eisprungs statt, kann ein *Kind gezeugt* werden. Die beweglichen Spermazellen schwimmen aus der Scheide in die Gebärmutter und in die Eileiter. Treffen sie hier auf eine reife Eizelle, kann es zur *Befruchtung* kommen.

Voraussetzung für die Entwicklung. Der Körper einer Frau ist darauf eingestellt, den heranwachsenden Embryo während der neun Monate der Schwangerschaft aufzunehmen. Die *Gebärmutter*

dient als schützendes und versorgendes Behältnis. Ihre Schleimhaut ist darauf vorbereitet, den Keim einzubetten und anfänglich zu versorgen. Später übernimmt die *Plazenta,* auch Mutterkuchen genannt, diese Aufgabe. Wenn der Gelbkörper nach etwa 4 Monaten der Schwangerschaft kein Progesteron mehr bildet, wird dieses Hormon durch die Plazenta gebildet. Es verhindert, daß weitere Eizellen heranreifen und sorgt dafür, daß die Schwangerschaft erhalten bleibt.

1 Betrachte die Bilder und beschreibe, was jeweils zu erkennen ist. Lies dazu den Text.

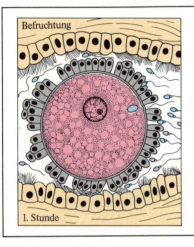

Befruchtung
1. Stunde

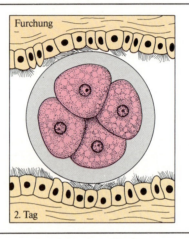

Furchung
2. Tag

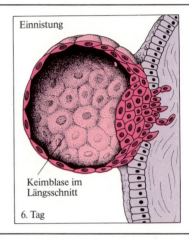

Einnistung
Keimblase im Längsschnitt
6. Tag

Befruchtung. Hat eine der vielen Millionen Spermazellen die Eizelle im oberen Abschnitt des Eileiters erreicht, dringt ihr Kopf in die Eizelle ein. Unmittelbar danach verändert sich das Zellhäutchen der Eizelle derart, daß keine andere Spermazelle mehr eindringen kann. Der Kopf entspricht dem *Zellkern;* er verschmilzt mit dem *Kern* der Eizelle. Damit sind mütterliche und väterliche Erbanlagen vereinigt und das Geschlecht des Kindes festgelegt.

Furchung. Nach etwa 30 Stunden teilt sich die befruchtete Eizelle zum ersten Mal. Die ersten Teilungen heißen *Furchung*. Am 2. Tag besteht der Keim aus 4 Zellen. Nach 4 Tagen besteht er aus 32 Zellen. Er erinnert in seinem Aussehen an eine winzige Brombeere. Man nennt ihn deshalb *Beerenkeim*. Inzwischen ist der Keim durch die Tätigkeit der Flimmerhaare bis zur Gebärmutter gelangt.

Einnistung. Am 5. Tag entsteht im Innern des Keims eine flüssigkeitsgefüllte Höhlung. Der Keim heißt nun *Bläschenkeim*. Etwa eine Woche nach der Befruchtung nistet er sich in der Gebärmutterschleimhaut ein. Seine äußere Zellschicht wächst zottenförmig aus und bildet als *Zottenhaut* zusammen mit der *Gebärmutterschleimhaut* die *Plazenta*. Nach 2 Wochen ist der Keim völlig in die Schleimhaut eingedrungen.

Bei der Befruchtung vereinigen sich die Kerne einer Spermazelle und einer Eizelle.

Durch Furchung entwickelt sich die befruchtete Eizelle zum vielzelligen Keim.

Mit der Einnistung des Keims in die Gebärmutterschleimhaut beginnt die Schwangerschaft.

Entwicklung des Embryos. Bis zum Ende des dritten Schwangerschaftsmonats nennt man das werdende Kind *Embryo*. Er schwimmt in der mit Fruchtwasser gefüllten Fruchtblase, geschützt vor Erschütterungen. Bis zur 4. Woche sind Gehirn, Augen, Herz, Arm- und Beinknospen des Kindes angelegt. Sein Herz beginnt zu schlagen. Um die 8. Woche kann man an dem knapp 2 cm großen Embryo bereits Augen, Nase, Lippen und Ohren erkennen. An den winzigen Armen und Beinen bilden sich Finger und Zehen aus. Erste Muskelzuckungen treten auf. Bis zur 12. Woche ist die Entwicklung aller Organe weitgehend abgeschlossen.

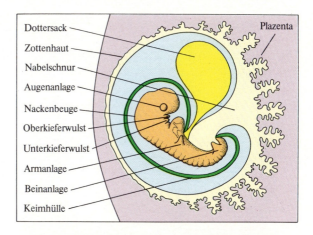

Dottersack
Zottenhaut
Nabelschnur
Augenanlage
Nackenbeuge
Oberkieferwulst
Unterkieferwulst
Armanlage
Beinanlage
Keimhülle
Plazenta

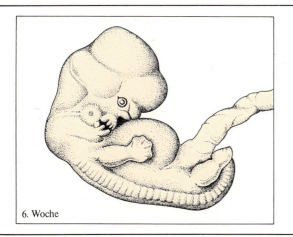

6. Woche

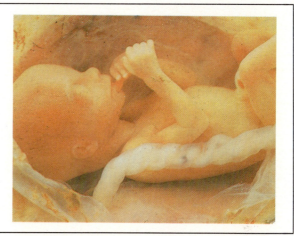

Entwicklung des Fetus. Von der 13. Schwangerschaftswoche an nennt man das werdende Kind *Fetus*. Die Plazenta versorgt ihn über die *Nabelschnur* mit Nährstoffen und Sauerstoff. Die Blutgefäße der Zottenhaut tauchen dabei in das Blut der Mutter ein, ohne daß sich das Blut des Kindes und der Mutter vermischen.
Nach 4 Monaten mißt der Fetus 16 cm, nach 5 Monaten 25 cm. Von da an wächst er alle 4 Wochen um etwa 5 cm. Mit 40 Wochen wird das Kind geboren. Es mißt dann etwa 50 cm und wiegt um 3 400 g. Es ist geburtsreif.

Geschützt und versorgt wächst im Körper der Mutter in neun Monaten aus einer befruchteten Eizelle ein vollständig entwickeltes Kind heran.

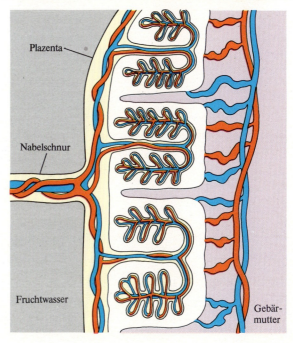

Plazenta
Nabelschnur
Fruchtwasser
Gebärmutter

7 Schwangerschaft und Geburt

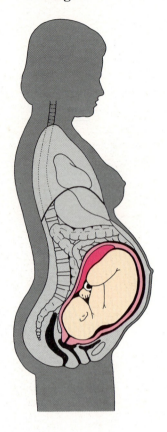

Schwangerschaft. Ein Kind zu erwarten und zu gebären ist ein großes Ereignis im Leben einer Frau. Dabei ist sie auf Hilfe und Verständnis ihres Mannes angewiesen.

Die Schwangere muß verstärkt auf ihre Gesundheit achten. Sie sollte sich abwechslungsreich ernähren, viel schlafen und sich ausreichend bewegen. Alkohol, Zigaretten und vor allem Medikamente muß sie meiden. Besonders wichtig sind Vorsorgeuntersuchungen durch den Arzt, durch die gesundheitliche Probleme von Mutter und Kind frühzeitig erkannt werden können.

Im 5. oder 6. Schwangerschaftsmonat spürt die Mutter zum ersten Mal die Bewegungen des Kindes. Es reagiert jetzt, wenn sich die Mutter

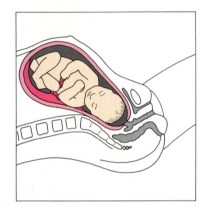
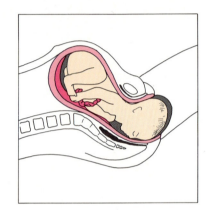

1 Warum sind Herz und Nieren einer Schwangeren besonders beansprucht?

2 Wie ist die Gewichtszunahme der Mutter während der Schwangerschaft zu erklären?

heftig bewegt. Es wacht, schläft, bei lauten Geräuschen erschrickt es. Vor dem *7. Monat* ist es aber getrennt von der Mutter noch nicht lebensfähig. Wird es vor diesem Zeitpunkt geboren, spricht man von einer *Fehlgeburt*. Dagegen hat ein Kind gute Überlebenschancen, wenn es schon *im 7. oder 8. Monat* mit einem Gewicht unter 2500 g als Frühgeburt zur Welt kommt.

Geburt. Mit dem Einsetzen der *Wehen* beginnt die *Geburt*. Dabei ziehen sich die Muskeln der Gebärmutter in immer kürzeren Abständen zusammen. Die *Wehen* bewirken, daß sich Gebärmuttermund und Scheide im Laufe mehrerer Stunden zum Geburtskanal weiten. Nachdem die Fruchtblase geplatzt und das Fruchtwasser abgeflossen ist, drücken starke Wehen das Kind meist mit dem Kopf voran durch den Geburtskanal. Dieser Abschnitt bedeutet höchste Anspannung für Mutter und Kind.

Nach der Geburt wird die Nabelschnur abgebunden und durchtrennt. Mit einem Schrei setzt die Atmung des Neugeborenen ein.

Kurze Zeit später löst sich die Plazenta von der Gebärmutterwand und wird als *Nachgeburt* ausgestoßen. Damit ist die Geburt abgeschlossen.

Monat	Gewicht der Mutter (kg)	Gewicht (g) des Kindes
1.	56 ± 0	0,02
2.	} +1	1
3.		14
4.	} +(2 – 4)	100
5.		300
6.		650
7.	} +(4 – 6)	1100
8.		1700
9.		2400
10.		3300
gesamt	56 + (8 – 11) kg	3,2 – 3,8 kg

> Durch die Wehentätigkeit der Gebärmutter wird das Kind nach 40 Schwangerschaftswochen geboren.

8 Der Säugling

Umstellung. Mit der Geburt ändert sich das Leben des Kindes grundlegend. Es tauscht den engen, dunklen, mit Fruchtwasser gefüllten und gleichmäßig warmen Lebensraum der Gebärmutter mit der hellen, lauten, von Gerüchen erfüllten und ungleichmäßig warmen Außenwelt. Das Kind muß von nun an seine *Körpertemperatur selbst aufrechterhalten, selbst atmen, Nahrung aufnehmen* und *Unverdauliches ausscheiden.*

Ernährung. Die natürliche Nahrung des Säuglings in den ersten Monaten seines Lebens ist die *Muttermilch.* Sie enthält alle Nährstoffe, die der Säugling braucht. Außerdem ist sie frei von schädlichen Bakterien und enthält Abwehrstoffe gegen Krankheitserreger.

Kontakt. Beim Trinken an der Brust fühlt das Kind die Nähe der Mutter, spürt ihre Wärme und findet Blickkontakt. Sein angeborenes Bedürfnis nach *Zuwendung* und *Kontakt* wird gestillt. Nicht von ungefähr nennt man die Ernährung mit Muttermilch „Stillen". Die „Mutterbrust" ist ein Sinnbild der Geborgenheit.

Zwischen Mutter und Kind entwickelt sich eine enge Bindung. Die Mutter wird zur wichtigen, ständigen *Bezugsperson* für das Kind. Aus dem Gefühl der Sicherheit bei der Mutter gewinnt das Kind auch Zutrauen zu seiner Umwelt, das *„Urvertrauen".*

Entwicklung. Das Säuglingsalter umfaßt das erste Lebensjahr. In dieser Zeit macht das Kind große Fortschritte. Es beginnt zu greifen, zu krabbeln, lernt die ersten Silben zu sprechen und nimmt seine Umgebung immer genauer wahr.

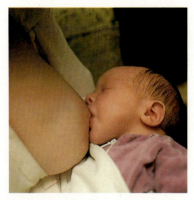

Trinkender Säugling

Zusammensetzung der Muttermilch

100 g Muttermilch enthalten:

Eiweiß	1 – 2 g
Fett	3 – 4 g
Milchzucker	6 – 7 g
Mineralstoffe	0,2 g
Wasser	87 – 90 g
Vitamine	A, B, C, D

Im ersten Jahr nimmt die Fähigkeit wahrzunehmen zu.

Das Kind lernt nach Gegenständen sicherer zu greifen.

Im Krabbelalter wird die Umgebung erforscht.

Der Säugling ist auf Pflege und liebevolle Zuwendung angewiesen. Beides sind Voraussetzungen für eine gesunde Entwicklung und die Ausbildung des Urvertrauens.

1 Welche Verhaltensweisen bringt ein Säugling mit auf die Welt?

9 Vom Säugling zum Schulkind

Kleinkind beim selbständigen Schuheanziehen

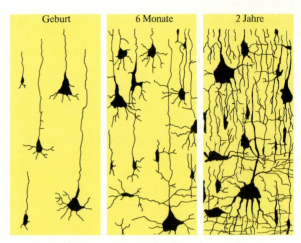

Geburt   6 Monate   2 Jahre

Die Nervenzellen verknüpfen sich mehr und mehr.

Das 2. und 3. Lebensjahr eines Kindes ist das Kleinkindalter. Das 4. bis 6. Lebensjahr nennt man *Vorschulalter*.

Denken. In den ersten Lebensjahren entwickelt sich das kindliche Gehirn sehr schnell. Am Ende des 2. Lebensjahrs wiegt es schon dreiviertel des Erwachsenengehirns, und die Nervenzellen sind weitgehend miteinander verknüpft. Entsprechend große Fortschritte macht das *Denken* und die *Entwicklung der Sprache*.

Sprechen. Mit eineinhalb Jahren spricht das Kind etwa 10 Wörter. Bis zum Ende des 2. Lebensjahrs setzt es 2 Wörter aneinander. Mit zweieinhalb sagt es zum ersten Mal „ich", kennt bis zu 500 Wörter und führt *Selbstgespräche*. Von 4 Jahren an spricht es flüssig. Mit 6 Jahren beherrscht ein Kind seine Muttersprache weitgehend.

Spielen. Spielen ist die wichtigste Tätigkeit des Klein- und Vorschulkinds. Im Spiel erkundet es seine Umwelt, übt seine Fähigkeiten, erfährt die Wirkung des eigenen Tuns und baut Ängste ab. Vom 3. Lebensjahr an ahmt das Kind im *Rollenspiel* nach, wie sich die Menschen seiner Umgebung verhalten.

Bewegen. Das Kleinkind lernt, seinen Körper zunehmend besser und gezielter zu bewegen. Dem Vorschulkind werden diese Fortschritte immer deutlicher bewußt.

Ausschnitt aus einer Entwicklungstabelle.
Die Prozentwerte oder die Stärke der blauen Farbe geben an, wie hoch der Anteil der Kinder ist, die dieses Verhalten zeigen. Die waagrechten Spalten bedeuten von oben nach unten: Entwicklung der Selbständigkeit, des Spiels, der Sprache, der Bewegung.

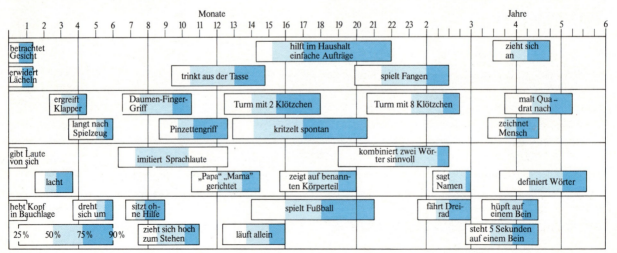

10 Zwillinge

Eineiige Zwillinge

Zweieiige Zwillinge

Eineiige Zwillinge gehen aus der gleichen Eizelle hervor.
Sie sind erbgleich.

Zweieiige Zwillinge entstehen aus zwei verschiedenen Eizellen.
Sie haben verschiedenes Erbgut.

Entstehung von Mehrlingen

Mehrlinge entstehen, wenn sich während der Furchung eines Keims Zellen vollständig voneinander trennen und getrennt weiterentwickeln. Es können aber auch mehrere Eizellen zur gleichen Zeit befruchtet werden. Im ersten Fall nennt man die Mehrlinge eineiig, im zweiten Fall mehreiig. Auf 85 Geburten kommt bei uns eine Zwillingsgeburt.

Unvollständige Zwillinge

Etwa einmal unter 10000 Geburten finden sich Zwillinge, die mit einem Teil ihres Körpers zusammenhängen. Solche unvollständigen Zwillinge heißen auch „Siamesische Zwillinge".

Vermutlich entstehen sie dadurch, daß sich der Keim während der Furchung nicht vollständig teilt. Manchmal kann man Siamesische Zwillinge durch eine Operation trennen.

Eineiige und zweieiige Zwillinge

Eineiige Zwillinge gehen aus einer einzigen befruchteten Eizelle hervor. Sie sind erbgleich.
Zweieiige Zwillinge entstehen aus 2 verschiedenen Eizellen. Sie haben daher verschiedenes Erbgut, wie normale Geschwister auch.

1 Wie können Drillinge entstehen? Überlege alle Möglichkeiten.

„In der ersten Zeit haben wir immer aneinander vorbeigeredet, und dann so langsam konnte er mir helfen und ich ihm. Ich mehr oder weniger, weil ich ihm die Gefühle erklärt habe, wie die sind oder wie die sein können. Ich weiß nicht, ob sie bei ihm so sind oder sein werden. Ich hab's ihm von meiner Seite gezeigt, da hat er jemanden gesehen, der halt verliebt war ..."

„Ich sag mir o.k., 'nen Freund, auf der einen Seite schön und gut. Aber ich bin doch irgendwie nicht mehr frei, und ich sag mir, wenn ich mit einem Jungen zusammen bin, dann soll's auch jemand sein, den ich wirklich sehr gern habe und nicht nur, um sagen zu können, ich finde ihn ganz nett und Hauptsache, ich hab 'nen Freund."

„Am besten verstehe ich mich mit Mädchen, wenn ich nix mit denen sexuell hab'. Dann stellen sie keine Ansprüche ..."

„Bevor ich mit einem Jungen zusammensein will, muß ich ihn erst mal ein bißchen kennen, in dem Punkt sollte man nichts überstürzen ... Bei mir ist es so, ich gehe erst nach dem Charakter und eigentlich zu allerletzt nach dem Aussehen. Weil ich finde, ich habe nichts von einem Jungen, der super aussieht, aber der 'nen Charakter hat, na ja ..."

„Die Beziehung zu .... ist mir echt wichtig. Da bin ich glücklich, kann ihr auch alles erzählen, das ist echt die Erfüllung. Harmonie, wenn sie nicht wäre, wäre ich längst abgehauen, in die Natur, auf irgendeine Insel, als Fischer ...."

Junges Paar

Partnerfindung. Für ein Kind ist es unwichtig, ob seine Freunde Mädchen oder Jungen sind. In der Pubertät ändert sich das plötzlich: Jugendliche entwickeln ein ausgeprägtes Interesse am anderen Geschlecht. Auch diese Verhaltensänderung wird durch die Geschlechtshormone bewirkt. Mädchen sind daher meist etwas früher daran, einen Freund zu finden als Jungen eine Freundin. Eines Tages bemerken sie, daß sie sich „verliebt" haben, sich zum anderen hingezogen fühlen. Mädchen wie Jungen plagt die Frage, wie sie den Freund oder die Freundin für sich gewinnen können. Wenn es nicht auf Anhieb gelingt, ergreift manchen die Verzweiflung. Ist man nicht ein Versager, wenn man keinen Freund oder keine Freundin bekommt?

Laß dich jedoch nicht verunsichern: Freundschaft und Liebe sind kein Wettbewerb, in dem es um Anzahl und Geschwindigkeit geht. Das gilt erst recht für die Sexualität.

Sexualität. Bei Tieren ist die Sexualität vollständig auf die Fortpflanzung ausgerichtet. Auch bei uns Menschen sichert Sexualität die Fortpflanzung, sie ist aber darüber hinaus ein wesentliches Merkmal der Persönlichkeit des Menschen. Sie bereichert unser Leben, kann Freude schenken und unsere dauerhafte Bindung an einen Partner stärken. Typisch menschlich ist es, daß sich Sexualität und Liebe durchdringen: Nur die sexuelle Beziehungen zwischen Partnern, die sich gegenseitig kennen, verstehen, achten und aufeinander Rücksicht nehmen, entsprechen der Würde des Menschen.

1 Welche Bedeutung haben die Beziehungen zu einer Freundin oder einem Freund für die Jugendlichen, deren Äußerungen links wiedergegeben sind?

Großfamilie aus dem vorigen Jahrhundert

Heutige Kleinfamilie

Empfängnisregelung. Durch Empfängnisverhütung ist es einem Paar möglich, nur dann Kinder zu bekommen, wenn es sich auch Kinder wünscht. Eine solche Familienplanung verbessert die Voraussetzungen, unter denen das Kind aufwächst. Bei der Empfängnisverhütung wird auf unterschiedliche Weise verhindert, daß ein Ei befruchtet wird oder sich ein befruchtetes Ei in der Gebärmutter einnistet.

Gefahren bei häufigem Partnerwechsel. Wenn die Person des Partners unwichtig und nahezu beliebig ausgetauscht wird, verliert die Sexualität ihre partnerbindende Bedeutung.

Darüber hinaus bergen geschlechtliche Beziehungen mit häufig wechselnden Partnern größte Gefahren für die Gesundheit. Neben der Gefahr, sich mit Geschlechtskrankheiten anzustecken, geht man seit einigen Jahren auch das Risiko ein, sich mit der bisher unheilbaren Immunschwächekrankheit AIDS zu infizieren. Diese meist tödlich endende Krankheit wird von einem Virus verursacht, das fast ausschließlich auf sexuellem Weg übertragen wird.

1   Sprecht in der Klasse über eure Vorstellungen von Freundschaft, Liebe und Sexualität.

„Retortenbabys"

Zahlreiche Ehepaare wünschen sich Kinder und bekommen keine. Wenn das Ausbleiben des Eisprungs bei der Frau dafür der Grund ist, kann oft eine Hormonbehandlung helfen.

Manchmal sind jedoch die Eileiter so verändert, daß sie Eizelle und Spermien nicht durchlassen.

Um auch in einigen solcher Fälle den Wunsch nach Kindern erfüllen zu können, wurde im Verlauf der vergangenen 20 Jahre eine neue Methode entwickelt: die außerkörperliche Befruchtung und Einpflanzung menschlicher Keime.

Mit einer Hormonbehandlung wird bei der Frau der gleichzeitige Eisprung vieler reifer Eizellen ausgelöst. Mit Hilfe einer Operation werden mehrere dieser reifen Eizellen aus dem Eierstock herausgelöst. Sie werden mit Spermien des Mannes befruchtet. Nach einigen Tagen werden dann meist 3 Keime in die Gebärmutterschleimhaut eingepflanzt, wodurch es zu Mehrlingsgeburten kommen kann. Mit etwa 10 %iger Sicherheit tritt eine Schwangerschaft ein. Die weitere Entwicklung solcher ganz unzutreffend „Retortenbabys" genannter Embryonen verläuft wie bei anderen Schwangerschaften.

Das erste Kind, das aus einer außerkörperlichen Befruchtung hervorging, wurde 1978 in London geboren. Inzwischen gibt es heute rund 3000 auf diese Weise gezeugte Kinder auf der Erde.

Der gesunde und der kranke Mensch

1 Wann sind wir gesund, wann krank?

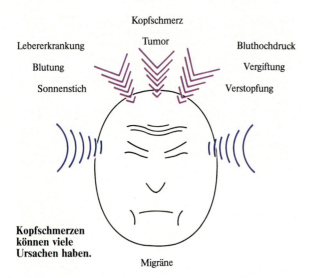

Kopfschmerzen können viele Ursachen haben.

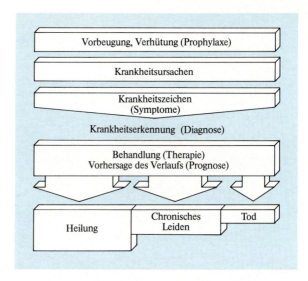

Der eine fühlt sich bei einer Erkältung richtig krank, ein anderer bemerkt sie kaum. Wir fühlen uns gesund und wohl, wenn wir mit uns und unserer Umwelt zufrieden sind und unsere Körperfunktionen ablaufen, ohne daß wir viel davon spüren.

Von ständigem Ärger kann man Magengeschwüre bekommen. Der Arzt stellt dann fest, daß seelische Belastungen die körperliche Krankheit ausgelöst haben.

Die Zahl der Möglichkeiten, die eine Krankheit auslösen oder verursachen kann, ist groß. Zu den wichtigsten Krankheitsgründen gehören:

– falsche Ernährung
– Störung in der Tätigkeit unserer Organe
– Ansteckung mit Krankheitserregern, deren Gifte unseren Organismus schädigen
– Verletzungen von Haut, Muskeln, Knochen oder von inneren Organen
– Vergiftungen durch verdorbene Nahrungsmittel, durch Chemikalien, giftige Pilze, Früchte oder Pflanzen, aber auch durch Alkohol, Nikotin, Medikamente und Drogen.

Jede *Krankheit* hat ihr eigenes *Krankheitsbild*. Man erkennt sie an verschiedenen Anzeichen, den *Symptomen*. Viele Krankheiten sind beispielsweise von Unwohlsein, Fieber mit erhöhtem Pulsschlag und Schmerz begleitet. Anhand der Symptome kann der Arzt feststellen, um welche Erkrankung es sich handelt: Er stellt eine *Diagnose*. Jede Krankheit erfordert eine bestimmte Heilbehandlung, die *Therapie*. Bettruhe, bestimmte Medika-

mente und eine besondere Ernährung, die *Diät*, unterstützen den Körper bei seiner Genesung.

1 Welche Ursachen können Krankheiten haben?

2 Welche Krankheiten kennst du?

3 Woran erkennt der Arzt eine Krankheit?

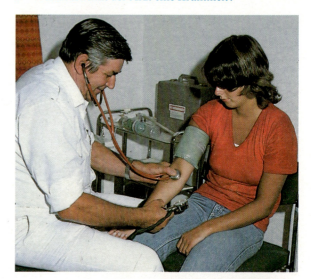

2 Infektionskrankheiten

Unsere Umwelt ist voll von mikroskopisch kleinen Organismen. Die meisten sind für uns ungefährlich. Einige wenige jedoch sind Erreger von Krankheiten. Mit der Atemluft, der Nahrung oder auch durch Körperkontakte und Insektenstiche können solche Erreger in unseren Körper eindringen. Wenn sie sich im Körper ansiedeln und dort vermehren, bezeichnet man dies als eine *Infektion,* die Krankheit als eine *Infektionskrankheit.* Da solche Krankheiten von Mensch zu Mensch übertragen werden können, nennt man sie auch *übertragbare* oder *ansteckende Krankheiten.*

Die Anfälligkeit für Infektionskrankheiten ist von Mensch zu Mensch verschieden.

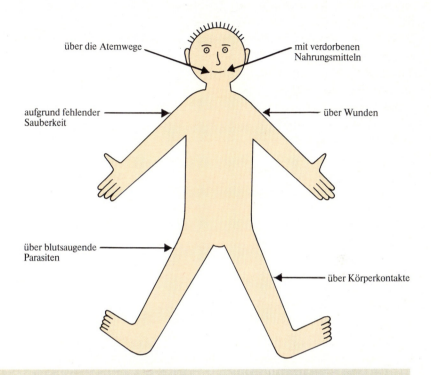

Krankheitserreger dringen in den Körper ein

über die Atemwege

mit verdorbenen Nahrungsmitteln

aufgrund fehlender Sauberkeit

über Wunden

über blutsaugende Parasiten

über Körperkontakte

Kampf gegen Infektionskrankheiten

Unsere Vorfahren standen den großen Seuchen wie Pest, Cholera, Pocken oder auch Fleckfieber hilflos gegenüber.

Erst im 19. Jahrhundert waren die Kenntnisse der Wissenschaft soweit fortgeschritten, daß die Erreger der Seuchen erkannt und erfolgreich bekämpft werden konnten.

Louis Pasteur (1822 – 1895).
Er entdeckte den Zusammenhang zwischen Infektionskrankheiten und Mikroorganismen und entwickelte als erster planmäßig Impfstoffe gegen Infektionskrankheiten.

Robert Koch (1843-1910).
Er erbrachte als erster den eindeutigen Beweis, daß bestimmte Bakterien bestimmte Krankheiten hervorrufen, und entwickelte verläßliche Züchtungsverfahren für Bakterien.

Emil von Behring (1854 – 1917),
Schüler von Robert Koch. Er entwickelte die passive Schutzimpfung nach der Entdeckung, daß Tiere Abwehrstoffe zu bilden vermögen, die im Menschen wirksam sind.

3 Bakterien als Krankheitserreger

Viele Bakterien leben auf unserer Haut, im Darmkanal und auch im Innern unseres Körpers, ohne uns zu schaden. Im Gegensatz zu diesen harmlosen Bakterien erzeugen die Erreger von Krankheiten Gifte, die *Toxine*. Diese lassen den Körper erkranken. Befallen solche Bakterien den Körper, so läuft die Erkrankung in drei Stufen ab:

Infektion. Die krankmachenden Bakterien dringen in den Körper ein.

Inkubation. Die Bakterien vermehren sich im Körper. Der Körper wehrt sich gegen sie und ihre Gifte durch die Bildung von *Abwehrstoffen*. Gleichzeitig bekämpfen weiße Blutkörperchen die Bakterien, die in Blutbahnen und Gewebe eingedrungen sind. Die Bakterien werden verdaut.

Erkrankung. Sind die Gifte der Bakterien zu stark oder die Abwehrkräfte des Körpers nur schwach, können sich die Bakterien fast ungehindert ausbreiten. Die Krankheit bricht aus.

> Der Körper entwickelt gegen eingedrungene Bakterien Abwehrstoffe, mit denen er die Ausbreitung der Bakterien zu verhindern sucht.

Wundstarrkrampf. Wenn du hinfällst, achtest du kaum auf kleine Wunden. Bei tieferen Wunden kann es dennoch zu einer schweren Erkrankung kommen, dem *Wundstarrkrampf*. Er wird durch den Tetanusbazillus verursacht, der im Boden vorkommt. Gelangt dieser Erreger in eine *verschmutzte Wunde,* vermehrt er sich dort rasch und überschwemmt mit seinem Gift den ganzen Körper.

Nach 1 bis 3 Wochen kommt die Krankheit zum Ausbruch: Die Muskeln verkrampfen sich, deshalb heißt die Krankheit Wundstarrkrampf. Wenn die Atem- und Herzmuskulatur betroffen sind, führt dies zum Tod. Nur rasche ärztliche Hilfe bringt unter günstigen Umständen noch Rettung.

Vor Wundstarrkrampf schützt die vorbeugende Impfung:

- im Abstand von 4 bis 8 Wochen jeweils eine Spritze mit einem abgeschwächten Tetanusgift,
- eine dritte Spritze nach 6 bis 12 Monaten,
- eine Auffrischungsimpfung alle zehn Jahre.

Blutvergiftung. Wenn einige Stunden nach einer *Hautverletzung* sich die Umgebung der Wunde rötet und die Wunde zu schmerzen beginnt, dann sind Bakterien in das verletzte Gewebe eingedrungen. Die Gifte der Bakterien beginnen das Blut *zu vergiften*. Die Wundinfektion kann so für den ganzen Körper gefährlich werden. Bläulichrote Streifen auf der Haut zeigen die *Blutvergiftung* an. Eine sofortige ärztliche Behandlung ist notwendig.

Andere, von Bakterien hervorgerufene Krankheiten sind Lungentuberkulose, Salmonellose, Bakterienruhr, Diphtherie, Wundrose.

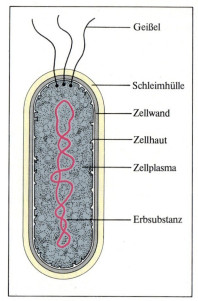

Bau eines Bakteriums

Geißel
Schleimhülle
Zellwand
Zellhaut
Zellplasma
Erbsubstanz

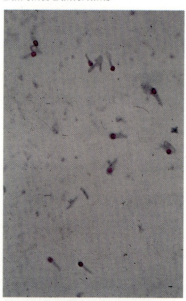

Tetanusbazillus.
Vergrößerung 500fach.

4   Viren als Krankheitserreger

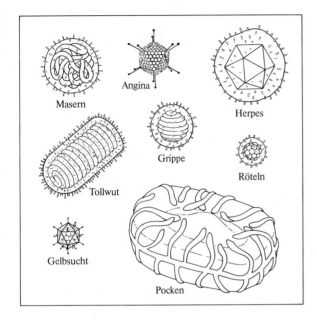

Masern

Angina

Herpes

Grippe

Röteln

Tollwut

Gelbsucht

Pocken

Mehr als 1000 verschiedene Viren wurden bis heute entdeckt. Sie sind winzig klein und nur mit dem Elektronenmikroskop sichtbar zu machen.

Aufbau. Alle Viren haben den gleichen Aufbau. Sie bestehen aus einer *Hülle aus Eiweißstoffen,* die in ihrem Innern einen *Faden aus Nucleinsäure* enthält. Dieser Faden ist der Träger der Erbinformation und läßt sich mit den Chromosomen der Menschen, Tiere und Pflanzen vergleichen.

Fortpflanzung. Viren können sich nicht selbst vermehren. Dazu befallen sie die Zellen eines anderen Lebewesens. Sie lassen dort ihr Erbprogramm „ablesen" und neue Viren bilden. Dies führt meist zum Zusammenbruch dieser Wirtszellen. Die neugebildeten Viren verlassen die toten Wirtszellen und infizieren weitere Körperzellen. Gegen Viruserkrankungen gibt es keine Medikamente. Hier helfen nur *vorbeugende Schutzimpfungen.*

Alle Viren besitzen eine Eiweißhülle und einen Nucleinsäurefaden. Viren können sich nur mit Hilfe von Wirtszellen vermehren.

Tollwut. Die Tollwut ist eine Viruserkrankung des *Gehirns* und des *Rückenmarks.* Erst 1 bis 3 Monate nach der Infektion treten die ersten Symptome auf. Straßenschilder weisen darauf hin, daß in weiten Teilen unserer Heimat Wildtiere, vor allem Füchse, von Tollwut befallen sind. Tiere, die tollwütig sind, ändern ihr *Verhalten* völlig. Sie verlieren ihre Scheu und lassen sich vom Menschen streicheln. Oft beißen sie dann unvermittelt zu. Durch den Biß, aber auch allein schon durch den Speichel, wird der Erreger übertragen.

Die Tollwut beginnt mit Fieber. Danach kommt es zu Atemnot, Schluckbeschwerden und Krämpfen. Schließlich erstickt der Erkrankte. Heilung ist kaum möglich. Beim Menschen ist eine *Impfung* unmittelbar nach dem Verdacht auf Ansteckung erfolgversprechend, Haus- und Nutztiere kann man vorbeugend impfen. Füchse werden neuerdings mit Hilfe von Ködern geimpft.

Kinderlähmung. Bei dieser Krankheit werden die *Nervenzellen des Rückenmarks* zerstört. Wenn das Virus Nervenstränge befällt, die die Muskelbewegung der Arme und Beine steuern, kommt es zu lebenslangen Lähmungen. Nur eine *vorbeugende Schutzimpfung* schützt vor dieser Krankheit. Besonders junge Menschen unter 30 Jahren werden mit dem Erreger, dem Polio-Virus, angesteckt.

Auch Grippe, Mumps, Masern, Röteln, Windpocken, infektiöse Gelbsucht und Herpes-Fieberbläschen sind Viruskrankheiten.

1   Sieh in deinem Impfpaß nach, gegen welche Krankheiten du geimpft bist. Wie oft wurdest du gegen jede dieser Krankheiten geimpft?

2   Die Tollwutimpfung muß jedes Jahr erneuert werden. Wenn du einen Hund oder eine Katze hast, stelle fest, wann sie das letzte Mal geimpft wurden.

ER WAR 3 x BEI DER SCHLUCKIMPFUNG DESHALB HAT SEINE MUTTER KEINE ANGST VOR DER KINDERLÄHMUNG

ZUM SICHEREN SCHUTZ BRAUCHT JEDER DIE REGELMÄSSIGE SCHLUCKIMPFUNG BIS INS ERWACHSENENALTER

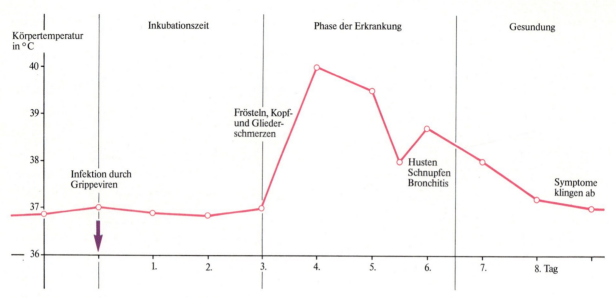

Körpertemperatur in °C

Inkubationszeit · Phase der Erkrankung · Gesundung

Infektion durch Grippeviren

Frösteln, Kopf- und Glieder- schmerzen

Husten Schnupfen Bronchitis

Symptome klingen ab

1. 2. 3. 4. 5. 6. 7. 8. Tag

Virusgrippe. Im Spätherbst und Winter geht die Grippe um. Mangel an Luft und Sonne machen den Körper anfälliger als in anderen Jahreszeiten. Die Krankheit wird vom Grippevirus hervorgerufen. Sie ist sehr ansteckend und kann leicht zu einer *Epidemie* führen, die Tausende von Opfern fordert. Allein im Winter 1969/70 starben in der Bundesrepublik Deutschland 50 000 Menschen an den Folgen der Grippe.

Die Erkrankung beginnt oft mit *Schüttelfrost* und hohem *Fieber.* Kopf- und Gliederschmerzen stellen sich ein. Husten und Schnupfen folgen. Nach dem anfänglichen starken Fieberanstieg sinkt das Fieber für kurze Zeit, um dann oft erneut anzusteigen. Zum Tode führt nicht die Virusinfektion, sondern nachfolgende Erkrankungen wie beispielsweise Entzündungen der Lunge oder des Herzmuskels sind daran schuld. Häufig kommt es auch zu einer Kreislaufschwäche.

Gegen Grippe schützt eine *vorbeugende Impfung*. Diese muß aber jährlich wiederholt werden, unter Umständen mit einem anderen Impfstoff, denn Grippeviren verändern sich häufig.

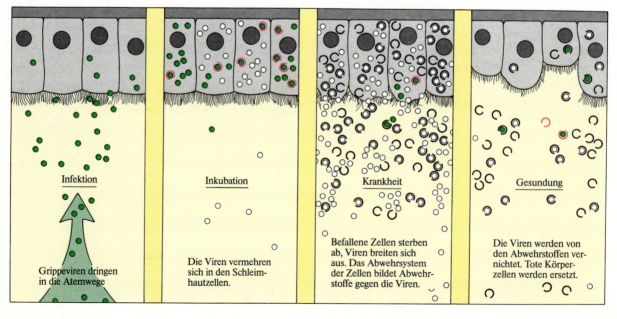

Infektion

Grippeviren dringen in die Atemwege

Inkubation

Die Viren vermehren sich in den Schleimhautzellen.

Krankheit

Befallene Zellen sterben ab, Viren breiten sich aus. Das Abwehrsystem der Zellen bildet Abwehrstoffe gegen die Viren.

Gesundung

Die Viren werden von den Abwehrstoffen vernichtet. Tote Körperzellen werden ersetzt.

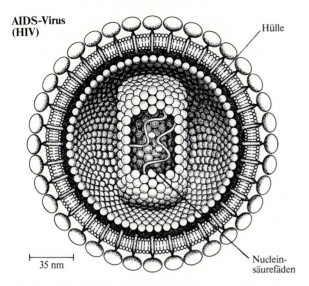

AIDS-Virus
(HIV)

Hülle

35 nm

Nuclein-
säurefäden

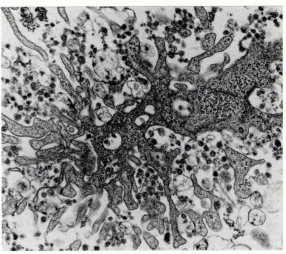

*Eine von AIDS-Viren zerstörte Zelle.
Vergrößerung 15 000fach.*

AIDS. Seit 1979 ist in den USA eine Krankheit bekannt, die zunächst in Zentralafrika entdeckt wurde, heute aber wohl weltweit verbreitet ist. Sie wird durch ein *Virus,* HIV genannt, ausgelöst. In über 50 % der Fälle führt die Infektion mit dem Virus zu einem *Zusammenbruch des Abwehrsystems* im Körper.

Die Viren befallen eine bestimmte Sorte von weißen Blutkörperchen, die normalerweise eingedrungene Krankheitserreger auffressen. Nach dem Befall mit Viren werden diese in den weißen Blutkörperchen vermehrt. Die Blutkörperchen gehen dabei zugrunde und können keine Abwehrstoffe mehr bilden. Jetzt können sich Infektionen ausbreiten, eine erworbene Abwehrschwäche liegt vor. Die betroffenen Personen sind an AIDS (**A**cquired **I**mmune **D**eficiency **S**yndrome), erkrankt. Oft dauert es sehr lange, bis die Krankheit nach der Infektion auftritt. Dann allerdings führt sie in wenigen Monaten zum Tode.

Das *Krankheitsbild* in diesem „Endstadium" ist unterschiedlich: Schwellungen der Lymphknoten treten auf, ebenso Geschwüre, Netzhauterkrankungen, Lungen- und Darmentzündungen. Das Nervensystem kann befallen werden.

Die Infektion durch die „AIDS-Viren" erfolgt *unmittelbar in der Blutbahn.* Dies kann durch Schleimhautverletzungen bei Sexualkontakten geschehen, aber auch dann, wenn eine Injektionsspritze mehrmals verwendet wird. Daher sind Personen mit *häufig wechselnden Sexualpartnern,* sowohl Homosexuelle als auch Heterosexuelle wie *Drogenabhängige* (Fixer) besonders gefährdet. Eine weitere Risikogruppe waren in den letzten Jahren Bluter, die über Blutpräparate infiziert wurden. Heute werden jedoch bei uns alle Blutpräparate auf AIDS-Viren getestet. AIDS ist deswegen so gefährlich, weil es bis jetzt *keinen Impfstoff* gibt. Bis dahin vergehen noch einige Jahre.

> AIDS ist deshalb so gefährlich, weil es gegen das Virus bis heute keinen Impfstoff gibt.

5 Schutzimpfungen verhindern Krankheiten

„Vorbeugen ist besser als Heilen". Dies gilt besonders für die Infektionskrankheiten. Viele von ihnen haben heute ihren Schrecken verloren, weil man sich *vorbeugend* durch eine *Impfung* schützen kann.

Wirkungsweise der Schutzimpfung. Viele Infektionskrankheiten kann man kein zweites Mal bekommen. Die erste Erkrankung hat nämlich einen *lebenslangen Schutz* hinterlassen. Der Körper hat gegen die Bakterien und ihr Gift Abwehrstoffe entwickelt, die ihn vor jeder neuen Infektion mit diesem Erreger schützen. Er ist *immun* geworden. Diese Fähigkeit des Körpers macht man sich bei der Impfung zunutze:

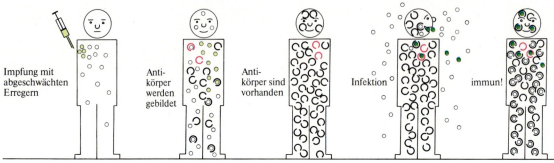

Impfung mit abgeschwächten Erregern — Antikörper werden gebildet — Antikörper sind vorhanden — Infektion — immun!

aktive Immunisierung

Aktive Immunisierung. Kleine Mengen *toter* oder *abgeschwächter Erreger* oder aber ihrer Giftstoffe werden geimpft. Der Körper entwickelt *Abwehrstoffe,* die *Antikörper.* Er vermag nun über Jahre hinweg neu eindringende Erreger unschädlich zu machen. Er ist jetzt immun.

Da der Körper an der Bildung der Antikörper selbst aktiv beteiligt war, nennt man diese Impfung auch *aktive Immunisierung.*

> Nach der Impfung mit abgeschwächten Erregern bildet der Körper selbst Antikörper. Es kommt zu einer aktiven Immunisierung.

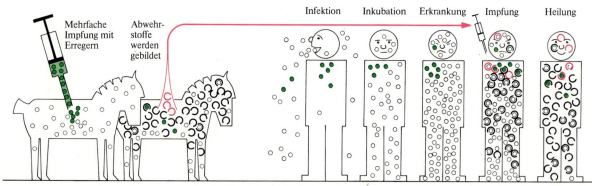

Mehrfache Impfung mit Erregern — Abwehrstoffe werden gebildet — Infektion — Inkubation — Erkrankung — Impfung — Heilung

passive Immunisierung

Passive Immunisierung. Die Abwehrstoffe werden von *Haustieren* gebildet, die mit Erregern oder ihren Giften geimpft wurden. Aus dem Blut, das man ihnen abnimmt, wird ein *Serum* gewonnen, das die *Antikörper* enthält. Mit diesem Serum wird geimpft, sobald jemand erkrankt ist.

Der Körper verhält sich bei dieser Impfung passiv. Er erwirbt keine längere Immunität. Die eingeimpften Antikörper wirken nur als *Heilmittel.*

> Das Impfen von Antikörpern wird als passive Immunisierung bezeichnet.

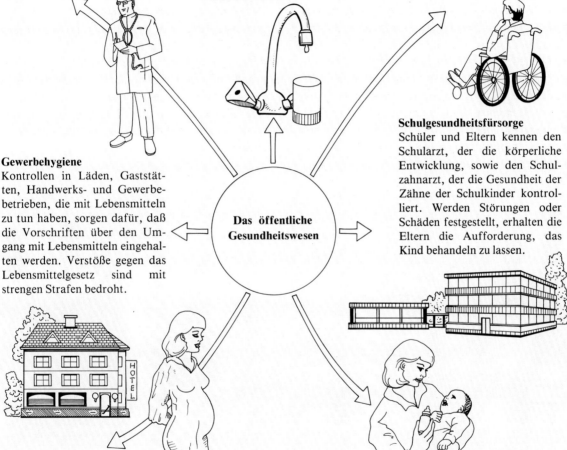

Seuchendienst
Er soll vorbeugend Seuchen verhindern. Ärzte melden das Auftreten ansteckender Krankheiten. Treten Seuchen auf, werden die Isolierung der Erkrankten, Schutzimpfungen der Bevölkerung, Schließen von Schulen und Bädern vom Seuchendienst angeordnet.

Gewerbehygiene
Kontrollen in Läden, Gaststätten, Handwerks- und Gewerbebetrieben, die mit Lebensmitteln zu tun haben, sorgen dafür, daß die Vorschriften über den Umgang mit Lebensmitteln eingehalten werden. Verstöße gegen das Lebensmittelgesetz sind mit strengen Strafen bedroht.

Trinkwasserkontrolle
Trinkwasser kann durch Nitrate oder Pflanzenschutzmittel, aber auch durch Coli-Bakterien oder Salmonellen verunreinigt sein. Die Trinkwasserkontrolle soll gewährleisten, daß Trinkwasser aus Quellen und Brunnen, aus Grundwasser oder aus Fernleitungen stets einwandfrei in die Haushalte kommt.

Das öffentliche Gesundheitswesen

Soziale Fürsorge
Sie gilt vor allem Körperbehinderten, Blinden, Menschen mit Tuberkulose, aber auch Suchtkranken. Ihre Versorgung und Behandlung erfolgt, soweit erforderlich, in besonderen Einrichtungen. Ein wesentlicher Teil ist die Beratung, die die Selbsthilfe unterstützt.

Schulgesundheitsfürsorge
Schüler und Eltern kennen den Schularzt, der die körperliche Entwicklung, sowie den Schulzahnarzt, der die Gesundheit der Zähne der Schulkinder kontrolliert. Werden Störungen oder Schäden festgestellt, erhalten die Eltern die Aufforderung, das Kind behandeln zu lassen.

Genetische Beratung
Bei uns Menschen treten zunehmend häufiger Erbkrankheiten auf. Der Amtsarzt gibt Auskunft, ob eine Krankheit an Kinder weitervererbt wird oder nicht. Er kann auch feststellen, mit welcher Wahrscheinlichkeit eine Erbkrankheit weitergegeben wird.

Zuständig für die Aufgaben der Gesundheitsämter ist das Bundesministerium des Inneren mit dem Bundesgesundheitsamt. In den Bundesländern liegt Verwaltung und Aufsicht bei den Innenministerien beziehungsweise den entsprechenden Senatsabteilungen. Die Länder haben teilweise verschiedene Aufgabenverteilungen.

Mütter- und Säuglingsberatung
Die Beratung von Schwangeren ist eine wichtige Aufgabe der Gesundheitsämter. Die Ärzte beraten bei notwendigen Umstellungen in der Lebensweise und im Verhalten und kontrollieren Gesundheit und Entwicklung der Säuglinge und Kleinkinder. Alle Beratungen erfolgen auf freiwilliger Basis.

77

6 Suchtmittel bedrohen die Gesundheit

Sind *Kaffee, Tee* und *Alkohol* Genußmittel oder Suchtmittel? Es läßt sich leicht darüber streiten, wo die Grenzen zwischen Genuß- und Suchtmittel liegen. Eine Tasse Tee oder Kaffee am Sonntagnachmittag erfrischt und belebt. Das Gehirn wird angeregt, der Körper besser durchblutet, wir fühlen uns wohl. Wer aber bei angestrengter Arbeit eine Tasse Kaffee nach der anderen trinkt, um sich aufzuputschen, dem zittern bald die Hände. Das Herz jagt, die innere Erregung wird stärker, Schlaflosigkeit kommt hinzu. Diese Symptome zeigen, daß eine *Coffeinvergiftung* eingetreten ist. Bei allen alkoholischen Getränken ist der Übergang vom Genießen zum Trinken gefährlich fließend. Eine griechische Sage erzählt, daß Dionysos, der Gott des Weines, den jungen Rebstock zuerst in einem Vogelknochen, dann in einem Löwenknochen und zuletzt in einem Eselsknochen barg. Das bedeutet: Wein macht zuerst lustig, dann löwenstark und schließlich eselsdumm.

Alkohol ist ein Gift

Schädigung der Zellen. Reiner Alkohol ist ein schweres *Gift* für die Zellen des Körpers. Er entzieht ihnen Wasser sowie Fett und verändert sogar das Eiweiß des Zellplasmas. Die geschädigten Zellen gehen zugrunde. Nervenzellen, vor allem die Gehirnzellen, reagieren besonders empfindlich auf Alkohol. Bei jedem Alkoholrausch sterben 20 000 bis 30 000 Gehirnzellen. Es wundert deshalb nicht, daß bei Trinkern das Gedächtnis nachläßt und die Bewegungen unsicher werden.

Abhängigkeit. Wer regelmäßig größere Mengen Alkohol trinkt, kann nach einiger Zeit nicht mehr darauf verzichten. Ohne Alkohol fühlt er sich krank und elend. Er ist vom Alkohol abhängig geworden. Wer täglich mehr als 3 Flaschen Bier oder eine Flasche Wein oder 3 Gläschen Branntwein trinkt, ist *alkoholkrank*. Er sollte einen Arzt aufsuchen.

Suchtkrank ist:
- Wer einen unüberwindlichen Zwang verspürt, das Suchtmittel zu sich zu nehmen.
- Wer die Menge des Suchtmittels immer mehr steigert.
- Wer körperlich und seelisch vom Suchtmittel abhängig ist.
- Wer durch das Suchtmittel in seinen Beziehungen zu seiner Umwelt und in der Ausübung seines Berufes stark beeinträchtigt ist.

1   Diskutiere folgende Ansichten:
- Zu jeder Mahlzeit gehört ein Glas Bier oder Wein.
- Für mich ist erst mit einem guten Schluck Feierabend.
- Das Alkoholproblem wird stark übertrieben.
- Mit Freunden muß man gelegentlich einen heben.
- Eine Party ohne Alkohol ist langweilig.

Ursachen. Etwa die Hälfte aller jungen Menschen trinkt überhaupt keinen Alkohol. Das ist der sicherste Weg, um drohenden Gefahren aus dem Weg zu gehen. Denn die schädliche Wirkung des Alkohols ist bei Jugendlichen noch größer als bei Erwachsenen. Vier von hundert Jugendlichen aber trinken regelmäßig Schnaps und andere alkoholische Getränke. Sie sind *sehr stark gefährdet.* Doch warum trinken Jugendliche Alkohol?
– „Ich möchte nur probieren, wie es ist, wenn man einen richtigen Rausch hat.“
– „Ich glaube, daß Alkohol anregend wirkt.“
– „Wenn ich Sorgen habe oder einmal eine Fünf geschrieben habe, dann läßt mich nur der Alkohol meine Sorgen vergessen.“
– „Wenn meine Freunde ein Bierchen trinken, dann trinke ich eben mit.“

Hast du gelegentlich auch schon zur Bierflasche gegriffen? Aus Durst allein bestimmt nicht. War es Neugier? War es der Versuch, mit Schwierigkeiten fertig zu werden? Oder hattest du das Bedürfnis, es deinen Freunden oder „großen Vorbildern“ gleichzutun?

Was die guten Freunde anbelangt, die andere zum Mittrinken auffordern, ist Vorsicht am Platz. Kann derjenige wirklich dein Freund sein, der dich am Ende gegen deinen Willen dazu bringen will, deine Gesundheit durch Alkohol zu ruinieren? Schwierigkeiten verschwinden durch Alkohol nicht. Sie werden nur scheinbar kleiner. Ist die Wirkung des Alkohols verflogen, sind die Probleme wieder da. Meist sind sie dann noch schlimmer als vorher. Die Gefahr, erneut zur Flasche zu greifen, ist groß.

Folgen. Je mehr Alkohol ein Getränk enthält, um so gefährlicher ist es. „Harte“ Getränke wie Schnaps, Whisky und Weinbrand, die viel Alkohol enthalten, machen am schnellsten *betrunken* und *abhängig.* Aber auch Bier und Wein sind alles andere als harmlos.

Durch regelmäßigen Alkoholgenuß werden außer Nerven und Gehirn vor allem die *Leber* geschädigt. Die Leberzellen „fangen“ den Alkohol aus dem Blut heraus und bauen ihn ab. Wird dem Körper jedoch zuviel Alkohol zugeführt, werden auch die Zellen der Leber vergiftet. Die Leber kann ihre Aufgabe, das Blut zu entgiften, nicht mehr erfül-

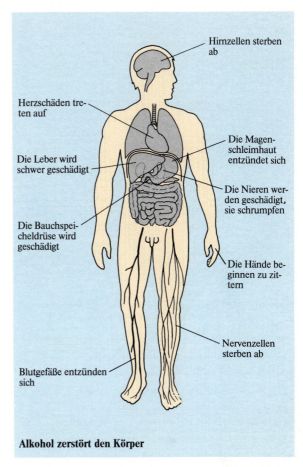

Hirnzellen sterben ab

Herzschäden treten auf

Die Leber wird schwer geschädigt

Die Magenschleimhaut entzündet sich

Die Nieren werden geschädigt, sie schrumpfen

Die Bauchspeicheldrüse wird geschädigt

Die Hände beginnen zu zittern

Nervenzellen sterben ab

Blutgefäße entzünden sich

Alkohol zerstört den Körper

len. Auch der Magen und die Bauchspeicheldrüse werden geschädigt.

> Alkohol schädigt vor allem die Nerven und das Gehirn, die Leber und die Bauchspeicheldrüse.

In der Bundesrepublik Deutschland rechnet man heute mit 500 000 bis 1 000 000 Alkoholikern. Bei 30 % aller Verkehrsunfälle spielt Alkohol eine Rolle.

Wer hilft bei Suchtproblemen?
– Die Gesundheitsämter.
– Beratungsstellen der Kirchen.
– Der Deutsche Caritasverband.
– Selbsthilfegruppen, zum Beispiel der Anonymen Alkoholiker.
– Deutsche Hauptstelle gegen Suchtgefahren, Bahnhofstr. 1, 4700 Hamm 1.
– Verbände des Blauen Kreuzes, des Kreuzbundes und des Guttempler-Ordens.

7 Rauchen – ein gesellschaftliches Problem

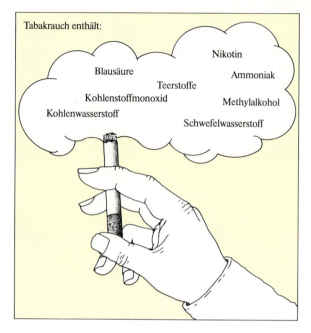

Tabakrauch enthält:

Nikotin
Blausäure
Teerstoffe
Ammoniak
Kohlenstoffmonoxid
Methylalkohol
Kohlenwasserstoff
Schwefelwasserstoff

Es gibt viele Anlässe, die Jugendliche zur Zigarette greifen lassen: „weil die anderen auch rauchen", „weil es auf der Party schick ist", „weil ich mich erwachsen fühle", „um anzugeben", „weil ich einfach eine brauche." Bei genauem Hinsehen verraten solche „Gründe" Unselbständigkeit und Unsicherheit. Viele Erwachsene geben ein schlechtes Vorbild ab, sie sind selbst abhängig geworden. Ihre häufigsten Argumente sind:

– „Ich könnte leicht aufhören, wenn ich wollte; ich will nur nicht."
– „Na, dann sterbe ich eben früher, habe aber gut gelebt."
– „Ich vertrage noch viel mehr, 50 am Tag schaffe ich leicht."
– „Mein Großvater ist 80 und raucht auch."
– „Wenn ich aufhöre, werde ich dick und habe keine Verdauung mehr."

Wirkung. Tabak enthält *Nikotin,* das mit den Drogen Morphium und Kokain verwandt ist. Nikotin verengt die feinen *Blutgefäße* in der Haut und im Körper. Außerdem läßt es den *Blutdruck* ansteigen. Je nachdem, in welcher Stimmung man sich befindet, werden im Gehirn entweder Erregungen gedämpft oder aber Erregungen verstärkt. Die Darmtätigkeit beschleunigt sich. Die Magenwände werden schlechter durchblutet, man fühlt keinen

Hunger mehr. Da die Wirkung des Nikotins rasch nachläßt, wird die nächste Zigarette angezündet. Die Folgen des *Kettenrauchens* lassen nicht lange auf sich warten.

Aber nicht nur die Raucher sind gefährdet, sondern auch diejenigen, die passiv „mitrauchen" müssen. Selbst ungeborenes Leben kann betroffen sein. So gefährden *werdende Mütter,* die rauchen, ihr Kind aufs schwerste. Es kommt zu einer Störung im Stoffaustausch von Mutter und Kind. Dem Kind wird nicht genügend Sauerstoff zugeführt.

Raucherinnen haben 3mal soviel Schwierigkeiten bei der Geburt ihres Kindes wie Nichtraucherinnen.

Wer mit Rauchen aufhören will, sollte
– Zigaretten nach dem Anrauchen weglegen,
– immer etwas zum Lutschen dabeihaben,
– Feuerzeug und Streichhölzer wegstecken,
– viel an die frische Luft gehen,
– Parties meiden, auf denen viel geraucht wird,
– Zigarettengeld in ein Sparschwein stecken,
– angebotene Zigaretten dankend ablehnen,
– keine Zigaretten für Gäste bereithalten und die Gäste bitten, nicht zu rauchen,
– möglichst vielen Leuten erzählen, daß er mit dem Rauchen aufgehört hat.

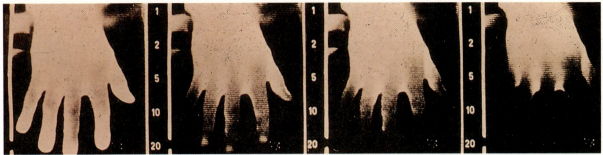

Mit einer Wärmekamera wurde eine normal durchblutete, warme Hand aufgenommen (links). Die folgenden Bilder zeigen die Abnahme der Durchblutung während des Rauchens.

Durchblutungsstörungen. An „Wärmebildern" kann man sehr gut erkennen, daß sich durch Nikotin die Blutgefäße verengen. Zu Beginn des Versuchs ist die Hand der Versuchsperson gut durchblutet. Da nimmt sie den ersten Zug an der Zigarette: Die Bilder zeigen, daß zunächst die Fingerspitzen kälter werden, weil sich dort die Blutgefäße verengen und weniger Blut durchfließen kann. Je mehr Nikotin aufgenommen wird, um so mehr nimmt die *Durchblutung* der Hand ab. Besonders gefährdet sind bei starken Rauchern die Beine. Als Folge dauernd gestörter Durchblutung können ihre Zehen zunächst schwarz werden und schließlich absterben. In schlimmen Fällen muß das *Raucherbein* amputiert werden.

Raucherlunge. Beim Einatmen strömt die Luft durch die Atemwege in die Lungenbläschen. Dort nimmt das Blut Sauerstoff, aber auch schädliche Stoffe auf. Die Luftwege sind mit feinen Flimmerhärchen ausgekleidet, die Schleim und eingeatmeten Staub wie auf einem Fließband entfernen. Durch *Lungenzüge* wird Rauch bis in die Lungen gesaugt. Teer und Blausäure im Rauch zerstören die Flimmerhärchen. Die Bronchien entzünden sich, *Raucherhusten* tritt auf.

Lungenkrebs. Zellen der Bronchien und der Lungenbläschen können sich durch die Einwirkung von Rauch verändern. Sie beginnen, sich sehr schnell zu vermehren und ihre Nachbarzellen zu zerstören. *Lungenkrebs* ist entstanden. Je mehr Zigaretten täglich geraucht werden, um so höher wird das Risiko, an Krebs zu erkranken.

1 Beim Rauchen entsteht Teer
Benötigt werden: Rauchmaschine, Wattebäusche, filterlose Zigarette, Filterzigarette.
Sauge den Rauch der Zigarette durch je einen Wattebausch.
Prüfe die Wattebäusche auf Aussehen und Geruch.
Versuche die Wattebäusche mit Seife sauberzuwaschen.

2 Rauch behindert die Samenkeimung
Benötigt werden: Rauchmaschine, Standzylinder, 4 Petrischa-

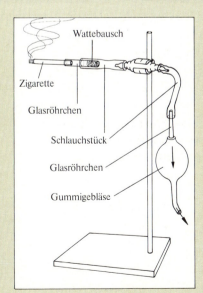

Wattebausch
Zigarette
Glasröhrchen
Schlauchstück
Glasröhrchen
Gummigebläse

len, Papiertaschentücher, Samen von Erbse und Gartenkresse, filterlose Zigarette.
Fülle den Standzylinder zur Hälfte mit Wasser. Leite den Rauch der Zigarette durch das Wasser. Lege die Petrischalen mit Taschentüchern aus und feuchte 2 Schalen mit Rauchwasser, 2 mit Leitungswasser gut an. Bringe die gleiche Menge Samen auf je eine Schale mit Rauch- und eine mit Leitungswasser. Decke die Schalen ab und stelle sie warm. Trage täglich in eine Keimtabelle die Zahl der gekeimten Samen ein. Beobachte das Wachstum der Keimlinge!

8 Die lebensgefährliche Sucht

Drogen. Rund 7 % der Jugendlichen gaben bei einer Befragung an, schon einmal mit *Drogen* in Berührung gekommen zu sein. Fast immer war es *Neugier,* die sie zum Drogengebrauch verleitet hatte. Haschpfeife und Marihuanazigarette gehen oft auf Parties mit dem Hinweis um, daß das ein harmloses Vergnügen sei. Doch das stimmt nicht. Drogen rufen *Wachträume* und *Halluzinationen* hervor, lassen also die Verbindung zur Wirklichkeit schwinden. Aber die alten Probleme treten nach dem Abklingen der Droge um so härter hervor.

Abhängigkeit. Wird jetzt erneut zur Droge gegriffen, beginnt ein *tödlicher Teufelskreis.* Bald genügen die „weichen" Drogen Haschisch und Marihuana nicht mehr. Der Süchtige steigt auf die „harten" Drogen Opium, Heroin und Kokain um. In kurzer Zeit sind Lebensmut, Selbstbewußtsein, aber auch die körperliche und geistige Leistungsfähigkeit zerstört. Und Drogen sind teuer. Die Sucht nach ihnen verleitet zu Diebstahl, Einbruch und zur Prostitution.

Körperlicher und seelischer Verfall. In immer kürzeren Abständen braucht der Süchtige immer mehr Stoff. Der Ausstieg aus der Familie und dem alten Freundeskreis führt schließlich zur völligen *Vereinsamung.*

Der körperliche Verfall wird durch Infektionen beschleunigt, die vom unsauberen Spritzbesteck herrühren. Gelbsucht, Hirnhautentzündung und AIDS drohen. Diese Krankheiten oder der aus Verzweiflung gesetzte „goldene Schuß" beenden immer häufiger das Leben von Jugendlichen aus der Drogenszene.

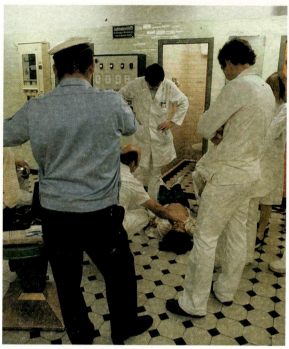

Tod durch den „Goldenen Schuß"

Not zu Schmerz-, Beruhigungs-, Schlaf- und Anregungsmitteln. Da viele Medikamente nicht nur heilen, sondern auch *schädliche Nebenwirkungen* haben können, muß der Beipackzettel, der jedem Medikament beiliegt, genau gelesen werden. Wer glaubt, ohne Schlaf- oder Beruhigungsmittel nicht mehr auszukommen, sollte sich dringend von einem *Arzt* beraten und helfen lassen.

> Handel und Gebrauch von Drogen werden schwer bestraft. Jeder, der von Drogen loskommen will, kann sich jedoch vertrauensvoll an sein Gesundheitsamt oder Sozialamt wenden. Ärzte und Drogenberater haben Schweigepflicht.

Medikamente. Auch Medikamente können wie Drogen wirken. Deshalb dürfen sie nur vom Arzt verordnet und nur in der *vorgeschriebenen Dosierung* verwendet werden. Wie leicht greift man ohne

---

Regeln für den Umgang mit Medikamenten

1 Medikamente müssen sorgfältig in einem abschließbaren, vor Kindern sicheren Schrank, aufbewahrt werden.
2 Medikamente sind nicht unbegrenzt haltbar. Beachte die Angabe des Verfallsdatums auf der Packung.
3 Nimm niemals Medikamente, die der Arzt anderen verschrieben hat. Sie können bei dir eine völlig andere Wirkung haben.
4 Achte bei der Dosis genau auf die Anweisung des Arztes oder auf die Vorschrift auf der Packung.
5 Manche Medikamente haben Nebenwirkungen. Du informierst dich darüber auf dem Beipackzettel.
6 Medikamente beeinflussen die Verkehrstüchtigkeit.
7 Alkohol verstärkt die Medikamentenwirkung.

9 Zivilisationskrankheiten

Die alten Seuchen wie Pest und Cholera haben ihre Schrecken verloren. Dafür gibt es heute neue Krankheiten, die dadurch entstehen, daß wir mit den Errungenschaften unserer Zivilisation falsch umgehen. Man bezeichnet diese Krankheiten deshalb als *Zivilisationskrankheiten*.

Karies. Zu viele Süßigkeiten, zu viel Zucker und zu wenig Mineralstoffe in der Nahrung führen zur *Zerstörung der Zähne*.

Haltungsschäden. Zu wenig Bewegung, falsches Sitzen und schlechtes Schuhwerk führen nicht selten zu *Verkrümmungen der Wirbelsäule* und zur *Verformung des Fußskeletts*.

Schlaf- und Konzentrationsschwäche. Die ständige Berieselung durch laute Musik, zu viel Fernsehen, Videofilme und Diskobesuche führen zu einer *Überreizung des Nervensystems*. Die Folgen sind Schlafstörungen und Konzentrationsschwäche.

Herz- und Kreislauferkrankungen. Sie nehmen heute als Todesursache die erste Stelle ein. Kalkeinlagerungen in den Blutgefäßen, Rauchen, Bluthochdruck durch Übergewicht, Kaffee und Alkohol sowie Herzinfarkt bei zu wenig Bewegung, Schlaf und Erholung haben manches Leben früh beendet.

Streß. Alle *Umwelteinflüsse,* die länger auf uns einwirken und uns belasten, nennt man *Streß*. Körperliche und geistige Überforderung, seelische Be-

lastungen, zu enges Zusammenleben und eine falsche Lebensweise sind Faktoren, die Streß auslösen. Der Körper versucht zunächst, sich auf den Streß einzustellen. Er mobilisiert *Abwehrkräfte*. Dauert der Streß jedoch länger an, dann wird man krank. Magen- und Darmgeschwüre, Bluthochdruck oder Stoffwechselstörungen stellen sich ein. Ohne Änderung der Lebensweise führen sie zur Erschöpfung und zum *körperlichen Zusammenbruch*. Deshalb ist es wichtig, die *Streßauslöser* zu erkennen und auszuschalten.

Krebs. Diese bösartige Krankheit kann durch viele Faktoren ausgelöst werden. Neben Viren und einer erblichen Veranlagung für diese Krankheit spielen hier vor allem *Umwelteinflüsse* eine Rolle: radioaktive Strahlen, zu starke Sonneneinstrahlung, chemische Substanzen, Rauchen.

Als Krebs bezeichnet man alle bösartigen Geschwülste im Körper. Der Arzt nennt sie *Karzinome*. Sie bestehen aus Zellen, die sich ungehemmt vermehren und dabei gesunde Körperorgane zerstören. Einzelne Krebszellen gelangen über die Blutgefäße in andere Organe. Dort entwickeln sich *Tochtergeschwülste,* die *Metastasen*.

1 Gibt es Streß auch bei Freizeitbeschäftigungen?

Zu laute Diskomusik führt zu Überreizung des Nervensystems.

Eine länger andauernde Überforderung erzeugt Streß.

10 Wie können wir Zivilisationskrankheiten vermeiden?

Radfahren hält gesund und macht viel Spaß.

Viele dieser Krankheiten lassen sich vermeiden, wenn man vernünftig und gesund lebt.

Ernährung: Alles, was wir an Betriebs- und Baustoffen brauchen, nehmen wir ausschließlich mit der *Nahrung* zu uns. Es ist deshalb leicht einzusehen, daß die Nahrung alle *lebensnotwendigen Bestandteile* in ausreichendem Maße enthalten muß. Wir dürfen uns nicht einseitig ernähren. Zu einer *vollwertigen* Nahrung gehören Eiweißstoffe, Kohlenhydrate, Fette, Vitamine und Mineralstoffe in einem ausgewogenen Verhältnis.

Wieviel *energiereiche* Nahrung man zu sich nehmen soll, hängt vor allem davon ab, wie stark man körperlich arbeitet. Ein Bauarbeiter sollte mehr Fette und Kohlenhydrate zu sich nehmen als ein Büroangestellter, der viele Stunden am Schreibtisch sitzt.

Bewegung. Herz und Blutkreislaufsystem kann man *trainieren*. Um sie leistungsfähig zu erhalten, sollte man sich viel in frischer Luft bewegen. Wandern, Schwimmen, Laufen und Gymnastik halten fit und gesund.

Entspannen. Um gesund zu bleiben, muß man sich auch richtig *entspannen* können. Nur auf diese Weise kann man nach starken Anstrengungen und harter körperlicher Arbeit seinen Körper vor Überforderung schützen. Auch die *Seele* muß sich entspannen. Nur *ausgeruht* und *gelassen* können wir von der Umwelt nicht in Streß gebracht werden.

> Eine ausgewogene, maßvolle Ernährung, viel Bewegung an frischer Luft und Entspannung schützen uns vor Zivilisationskrankheiten.

Trainingsprogramm für Unsportliche

Ein gesunder Unsportlicher von etwa 30 Jahren sollte jeden 2. Tag einen der folgenden Punkte absolvieren:

- Laufen: 1600 m in 13 Minuten.
  Trainingsziel: 8 Minuten.
- Schwimmen: 300 m in 8 Minuten.
  Trainingsziel: 6 Minuten.
- Radfahren: 3200 m in 7 Minuten.
  Trainingsziel: 5 Minuten.
- Gehen: 3200 m in 27 Minuten.
  Trainingsziel: 20 Minuten.

Aber keine Gewalttouren!

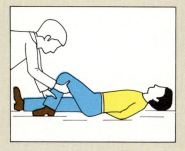

Bewußtlosigkeit. Verletzte sollte man in eine stabile Seitenlage bringen.

1 Einen Arm unter den Körper schieben, das Bein auf der gleichen Körperseite abwinkeln.

2 Den Bewußtlosen auf die Seite drehen, anderen Arm abwinkeln, Hand unter den Kopf legen; Gesicht leicht zur Erde wenden.

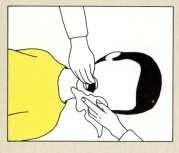

Atemstillstand. Wenn der Verletzte nicht mehr ausreichend atmet, beginnt man mit der Notbeatmung.

1 Verletzten auf den Rücken legen. Kopf soweit wie möglich in den Nacken beugen.

2 Mund und Rachen des Verletzten freimachen.

3 Mund des Verletzten mit dem Daumen schließen.

4 Mund auf die Nase des Verletzten. Luft einpressen. Immer wieder den Mund anheben, selbst tief Luft holen und erneut beatmen. Beatmung solange fortsetzen, bis der Arzt eintrifft.

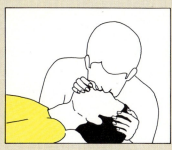

Blutungen. Kann man eine stark blutende Wunde nicht stillen, muß ein Druckverband angelegt werden.

1 Über die Wundauflage wird ein Druckpolster, beispielsweise eine Schnellbinde, gelegt und mit einer Binde festgedrückt.

2 Hilft das nicht, Schlagadern im Bereich der Beine oder Arme abdrücken.

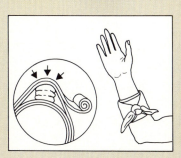

1 Wie lautet der Notruf in deiner Region?

2 Wo werden Erste Hilfe-Kurse angeboten?
Kannst du vielleicht an einem teilnehmen?

Schock. Bei einem Unfall kann es zu einem Schock kommen: Das Gesicht ist fahlblaß, die Haut kalt. Der Betroffene friert und ist unruhig. Es besteht die Gefahr, daß der Kreislauf zusammenbricht.

1 Beine hochlegen, den Verletzten zudecken, trösten und beruhigen. Beim Verletzten bleiben, bis der Arzt kommt.

Regeln der Vererbung

1 Vom Vater hab ich die Statur …

Katze mit Jungen

Tulpenbeete

Katzen bringen immer nur Katzen zur Welt. Aus den Samen der Tulpen wachsen wiederum nur Tulpen. Bei allen Tieren und Pflanzen besitzen die *Nachkommen* in der Regel die typischen Merkmale der Tier- oder Pflanzenart, der ihre Eltern angehören. Aber auch innerhalb einer Art gibt es Merkmale, die von Tier zu Tier oder von Pflanze zu Pflanze verschieden sein können. In einem Wurf von Katzenjungen können die Kätzchen verschiedene Fellmuster und Fellfarben haben. Die Kätzchen können mehr der Mutter oder mehr dem Vater gleichen.

Und wie ist es beim Menschen? „Ganz die Mama! Ganz der Papa!" Wer kennt nicht diesen Ausruf, wenn sich die entzückten Bekannten und Verwandten über das Kind im Kinderwagen beugen. Später im Leben treten Merkmale deutlich hervor, die an den Vater, an die Mutter, an Großvater oder Großmutter erinnern. Auch die Ähnlichkeit zwischen Geschwistern kann groß sein. Dabei können ganz bestimmte Merkmale, so die Gesichtsform, die Farbe der Augen und Haare, die Form von Nase und Ohren, die Körpergestalt und vieles andere bei Familienmitgliedern in überraschend ähnlicher Ausprägung vorliegen. Oft lassen sich solche *Ähnlichkeitsmerkmale* über Generationen hinweg verfolgen.

> Bei Menschen, Tieren und Pflanzen werden Merkmale von den Eltern auf die Nachkommen vererbt.

1 Welche Eigenschaften werden nach Ansicht des Dichters Johann Wolfgang von Goethe vererbt?

Vom Vater hab ich die Statur,
Des Lebens ernstes Führen,
Vom Mütterchen die Frohnatur
Und Lust zu fabulieren.
Urahnherr war der Schönsten hold,
Das spukt so hin und wieder;
Urahnfrau liebte Schmuck und Gold,
Das zuckt wohl durch die Glieder.
Sind nun die Elemente nicht
Aus dem Komplex zu trennen,
Was ist denn an dem ganzen Wicht
Original zu nennen?

Johann Wolfgang von Goethe

2 Johann Gregor Mendel

Noch vor etwas mehr als 100 Jahren wußte man nicht, wie sich Merkmale vererben. Erst der Augustinermönch *Johann Gregor Mendel* machte gezielte Versuche, um diese Frage zu klären.

Auswahl der Objekte. Als Versuchsobjekte wählte Mendel *Gartenerbsen.* Er hatte Erfahrung in der Gartenarbeit und kannte die Vorzüge dieser Pflanzen für seine Versuche:

- Erbsen bestäuben sich selbst. Über viele Generationen hinweg zeigen sie deshalb dieselben Merkmale. Man sagt, sie sind reinerbig.
- Erbsen können sich in verschiedenen Merkmalen voneinander unterscheiden. Beispielsweise können die Samen grün oder gelb, rund oder kantig sein.
- Die Generationen folgen bei der Erbse rasch aufeinander. Schon innerhalb eines Jahres erhält man die nächste Generation.
- Die Zahl der Nachkommen ist groß.
- Die Versuche können mit vielen Pflanzen durchgeführt werden.

Auswahl bestimmter Merkmale. Mendel beschränkte sich zunächst auf ein oder zwei Merkmale. Diese beobachtete er über mehrere Generationen hinweg. Besonders günstig waren dafür die Merkmale „Farbe" und „Form" der Samen.

Verschiedene Sorten der Gartenerbse

Gregor Mendel (1822 bis 1884) lebte im Augustinerkloster in Brünn. Er war dort Lehrer für Naturgeschichte und Physik. 1865 veröffentlichte er erstmals die Ergebnisse seiner Untersuchungen.

> Mendels Erfolg lag in der Auswahl der Versuchsobjekte und der Beschränkung der Beobachtung auf wenige Merkmale.

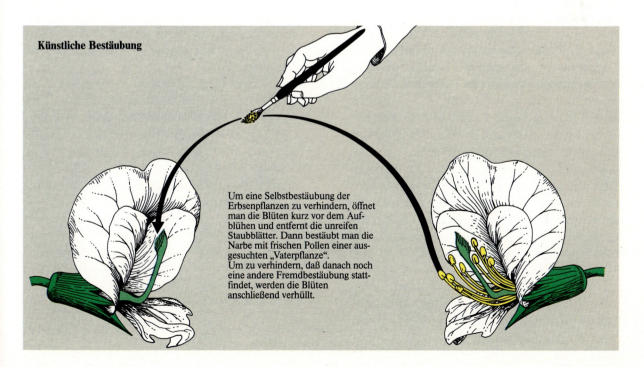

Künstliche Bestäubung

Um eine Selbstbestäubung der Erbsenpflanzen zu verhindern, öffnet man die Blüten kurz vor dem Aufblühen und entfernt die unreifen Staubblätter. Dann bestäubt man die Narbe mit frischen Pollen einer ausgesuchten „Vaterpflanze".
Um zu verhindern, daß danach noch eine andere Fremdbestäubung stattfindet, werden die Blüten anschließend verhüllt.

3   Die Mendelschen Regeln

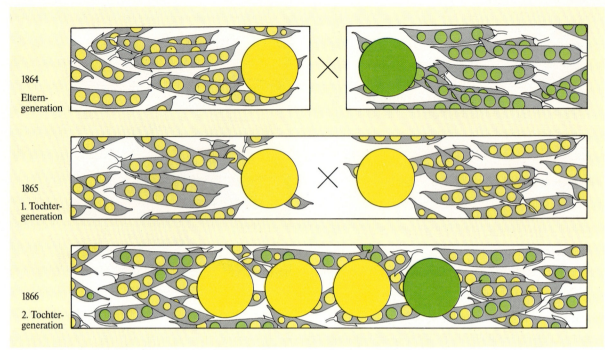

1864
Eltern-
generation

1865
1. Tochter-
generation

1866
2. Tochter-
generation

1. und 2. Mendelsche Regel

1. Mendelsche Regel. Gregor Mendel wählte für seine Versuche *reinerbige Erbsenpflanzen* aus. Er kreuzte Pflanzen, die aus gelben Samen hervorgegangen waren, mit solchen, die sich aus grünen Samen entwickelt hatten.

Alle Pflanzen, die aus dieser Kreuzung entstanden, hatten gelbe Samen. Die gelbe Farbe hatte sich in dieser *1. Tochtergeneration,* der *Filialgeneration* F_1, gegenüber der grünen Farbe durchgesetzt. Mendel bezeichnete die gelbe Farbe deshalb als *dominant,* das heißt vorherrschend.

Diese Kreuzung führte Gregor Mendel viele Male durch. Immer wieder erhielt er dasselbe Ergebnis: Kreuzte er reinerbige Elternpflanzen, so prägte sich in der 1. Tochtergeneration nur das dominante Merkmal aus. Die Nachkommen waren in bezug auf dieses Merkmal untereinander gleich. Sie waren *einförmig, uniform.* Man nennt deshalb diese Gesetzmäßigkeiten *Einförmigkeitsregel, Uniformitätsregel* oder *1. Mendelsche Regel.*

1. Mendelsche Regel, Uniformitätsregel:
Die Nachkommen reinerbiger Eltern, die sich in einem Merkmal unterscheiden, sind in der 1. Tochtergeneration gleich.

2. Mendelsche Regel. In einem zweiten Versuch kreuzte Mendel die Pflanzen der 1. Tochtergeneration untereinander. Es entstand eine 2. Tochtergeneration, die F_2. Hier gab es nun neben gelben Erbsen auch wieder grüne Erbsen. Offensichtlich war in der 1. Tochtergeneration, der F_1, die grüne Farbe von der gelben Farbe nur überdeckt. Mendel bezeichnete die grüne Farbe als *rezessiv,* das bedeutet zurücktretend.

Mendel führte diesen Versuch mit insgesamt 258 Pflanzen durch. Dabei erhielt er 8023 Samen. Von diesen waren 6022 gelb und 2001 grün. Dies entspricht ungefähr einem Zahlenverhältnis von 3:1. Das dominante Merkmal verhielt sich also zu dem rezessiven Merkmal wie 3:1. Diese Gesetzmäßigkeit wird als *2. Mendelsche Regel* oder *Spaltungsregel* bezeichnet.

2. Mendelsche Regel, Spaltungsregel:
Kreuzt man Lebewesen der 1. Tochtergeneration untereinander, so spalten sich die Nachkommen in ihren Merkmalen auf, bei dominant-rezessivem Erbgang im Verhältnis 3:1.

1   Weshalb wählte Gregor Mendel Erbsen als Versuchsobjekte?

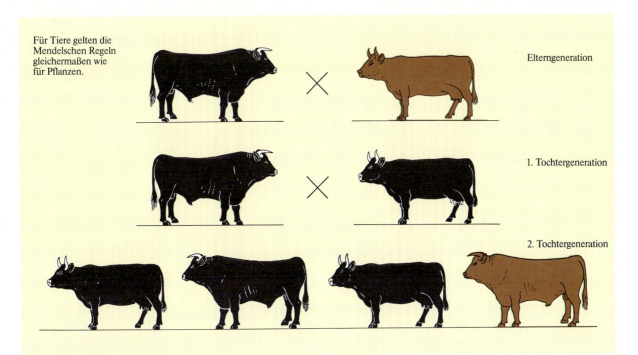

Für Tiere gelten die Mendelschen Regeln gleichermaßen wie für Pflanzen.

Elterngeneration

1. Tochtergeneration

2. Tochtergeneration

1. und 2. Mendelsche Regel

Intermediärer Erbgang

Manche Merkmale bei Tieren und Pflanzen sind weder dominant noch rezessiv. Dies zeigt beispielsweise die *Wunderblume.* Sie ist eine beliebte Versuchspflanze in der Vererbungslehre. Kreuzt man eine rotblühende Wunderblume mit einer weißblühenden, sind die Nachkommen alle rosafarben. Die Blütenfarbe Rosa liegt zwischen dem Rot und Weiß der Eltern. Man bezeichnet diesen Erbgang deshalb als *intermediär,* das heißt dazwischenliegend. Kreuzt man die Pflanzen der 1. Tochtergeneration untereinander, erhält man in der 2. Tochtergeneration rote, rosafarbene und weiße Pflanzen im Verhältnis 1:2:1.

Auch für den intermediären Erbgang gelten die 1. und 2. Mendelsche Regel.

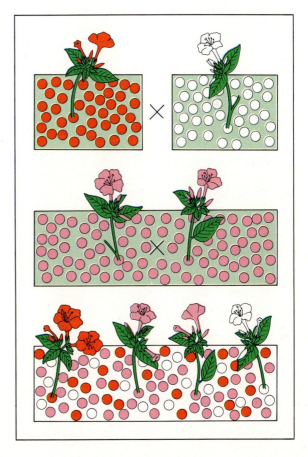

Die Erbanlagen

Mendel schloß aus den Ergebnissen seiner Versuche, daß dem Erscheinungsbild der Erbsen Erbanlagen zugrunde liegen, die von Generation zu Generation weitergegeben werden. Da die Anlagen auch verdeckt, also rezessiv, sein können, müssen für jedes Merkmal zwei Anlagen vorliegen. Mit der *Befruchtung* der *Keimzellen* erhält jeder Nachkomme von beiden Eltern eine *Erbanlage* für das Merkmal.

Heute verwendet man für die Erbanlagen die Bezeichnung *Gene*. Dominante Gene werden mit Großbuchstaben, rezessive Gene mit Kleinbuchstaben gekennzeichnet. Das Gen für die Samenfarbe gelb wird mit G, das für grün mit g bezeichnet. Daraus ergibt sich für das Erbbild der Elterngeneration der Erbsen gelbe Samen GG, grüne Samen gg, für das der 1. Tochtergeneration gelbe Samen Gg. Sind beide Gene gleich, liegt *Reinerbigkeit* vor, wie bei GG oder gg. Unterscheiden sich die Gene wie bei Gg, spricht man von *Mischerbigkeit*. Von dem äußeren *Erscheinungsbild* kann man also nicht mit Sicherheit auf das *Erbbild* schließen.

> Für jedes Merkmal gibt es zwei Erbanlagen. Die Erbanlagen bezeichnet man auch als Gene.

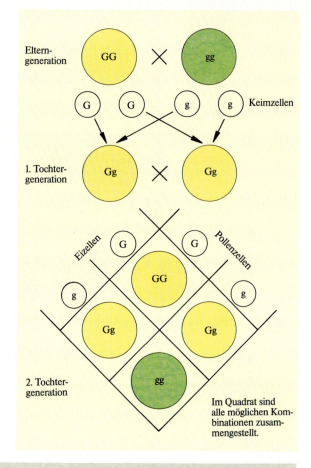

Im Quadrat sind alle möglichen Kombinationen zusammengestellt.

Rückkreuzung

Ob Reinerbigkeit oder Mischerbigkeit vorliegt, kann man durch einen Rückkreuzungsversuch überprüfen. Hierbei kreuzt man Pflanzen, die aus gelben Samen hervorgingen, mit solchen, die aus grünen Samen entstanden. War der gelbe Samen reinerbig, so entstehen in der Tochtergeneration nur gelbe Samen. War der gelbe Samen hingegen mischerbig, so erhält man in der Tochtergeneration gelbe und grüne Samen. Führt man diesen Rückkreuzungsversuch oft genug durch, so ist die Hälfte der entstehenden Samen gelb, die andere Hälfte grün. Man erhält ein Zahlenverhältnis von 1:1.

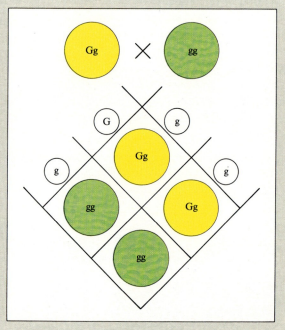

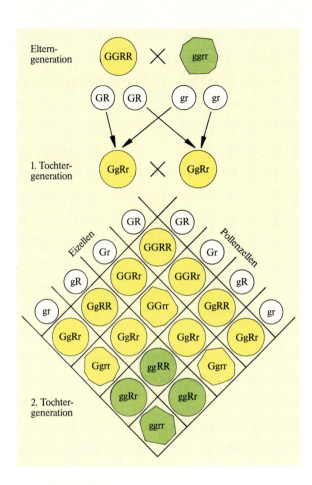

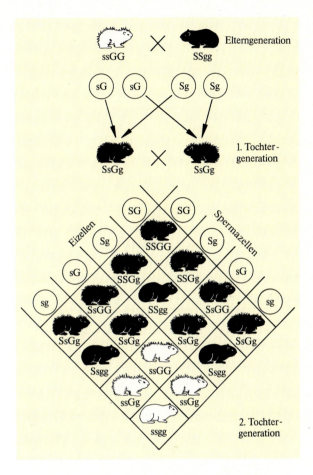

3. Mendelsche Regel

Mendel führte auch Kreuzungsversuche mit dem Ziel durch, die *Vererbung von mehreren Merkmalen* verfolgen zu können. So kreuzte er reinerbige Erbsenpflanzen, die aus gelben, runden Samen hervorgegangen waren, mit solchen aus grünen, kantigen Samen. Bei diesen Kreuzungsversuchen erhielt er in der 1. Tochtergeneration stets nur gelbe, runde Samen. Die Samenfarbe gelb war dominant über grün, die Samenform rund war dominant über kantig. Auch für die Vererbung von zwei Merkmalen gilt die Uniformitätsregel.

Mendel kreuzte nun Pflanzen der 1. Tochtergeneration untereinander. Er erhielt in der 2. Nachkommengeneration 556 Samen. Von diesen waren 315 gelb und rund, 101 gelb und kantig, 108 grün und rund, 32 grün und kantig. Dies entspricht einem Zahlenverhältnis von etwa 9:3:3:1. Es traten also sämtliche möglichen Kombinationen der Merkmale auf, welche die Eltern aufwiesen. Das

Kreuzungsschema zeigt, wie es dazu kommt.

Es gibt 16 verschiedene Kombinationen, die zu 4 verschiedenen Erscheinungsbildern führen. Darunter sind auch die Kombinationen „gelb, kantig" und „grün, rund". Diese Merkmale werden neu kombiniert. Daraus läßt sich schließen, daß die Gene für die Merkmale „Samenfarbe" und „Samenform" *unabhängig* voneinander vererbt werden. Man bezeichnet dieses Ergebnis deshalb als die *Unabhängigkeitsregel* oder *3. Mendelsche Regel*.

---

3. Mendelsche Regel, Unabhängigkeitsregel:
Werden zwei reinerbige Eltern gekreuzt, die sich in mehreren Merkmalen unterscheiden, dann treten in der 2. Tochtergeneration sämtliche Kombinationen der Merkmale der Eltern auf. Die einzelnen Merkmale werden unabhängig voneinander vererbt.

---

4 Vererbung beim Menschen

Wie erforscht man Vererbung beim Menschen?
Die Mendelschen Regeln wurden inzwischen in vielen Kreuzungsversuchen an Pflanzen und Tieren überprüft, und ihre Gültigkeit wurde bestätigt. Auch für den Menschen sind diese Regeln der Vererbung gültig. Diese Erkenntnis verdankt man vor allem der *Zwillingsforschung* sowie der *Familien-* und *Stammbaumuntersuchung*.

Zwillingsforschung. *Eineiige Zwillinge* entstehen, wenn sich die befruchtete Eizelle während der ersten Tage der Keimesentwicklung in zwei Teile trennt. Im Gegensatz zu *zweieiigen Zwillingen,* die aus zwei befruchteten Eizellen hervorgehen, haben eineiige Zwillinge daher dasselbe Erbgut. Merkmale, die bei beiden Zwillingen in gleicher Weise auftreten, sind mit großer Wahrscheinlichkeit vererbt. Besonders deutlich läßt sich dies an Körpermerkmalen beobachten. Oft sind sich eineiige Zwillinge so ähnlich, daß sie kaum unterschieden werden können. Sie gleichen sich „wie ein Ei dem andern".

Familien- und Stammbaumforschung. Tritt ein Merkmal in einer Familie gehäuft auf und ist es über Generationen hinweg immer wieder zu beobachten, kann man annehmen, daß dieses Merkmal erblich ist.

Leider findet man über das Auftreten bestimmter Merkmale in früheren Generationen meist nur dann Angaben, wenn es sich um auffällige Krankheiten handelt. So gibt es zahlreiche Beispiele für die Vererbung der *Taubstummheit* oder die Vererbung der *Vielfingrigkeit*. Man kann die Weitergabe dieser Krankheiten über mehrere Generationen hinweg in den betreffenden *Stammbäumen* nachweisen.

Zu ihrem 50. Geburtstag luden die berühmten „Kessler-Zwillinge" über 100 eineiige Zwillingspaare ein.

> Zwillingsforschung, Familien- und Stammbaumuntersuchungen sind die wichtigsten Methoden bei der Erforschung der Vererbung beim Menschen.

1 Mit welchen Untersuchungsmethoden läßt sich am schlüssigsten feststellen, ob ein Merkmal beim Menschen ererbt oder erworben wurde?

2 Wodurch unterscheiden sich eineiige Zwillinge von zweieiigen Zwillingen?

3 Kennst du Zwillinge? Sind sie eineiig oder zweieiig? Worin unterscheiden sie sich? Worin gleichen sie sich?

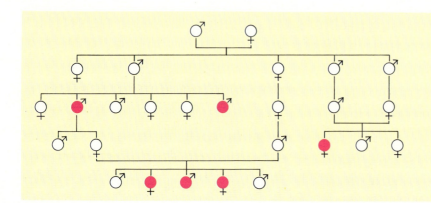

Stammbaum einer Familie, in der die Taubstummheit vererbt wird.

Der Erbgang für Taubstummheit ist rezessiv.

Die roten, ausgefüllten Kreise entsprechen taubstummen Personen.

Die Farbe der Haare ist erblich.

Auch die Anlage für lockiges Haar wird vererbt.

Merkmale, die beim Menschen vererbt werden

Heute kennt man eine ganze Reihe von Merkmalen, die beim Menschen vererbt werden.

Körperliche Merkmale. Von Beobachtungen bei eineiigen Zwillingen weiß man, daß beispielsweise die *Haarfarbe* erblich ist. Dunklere Haare sind dominant über hellere Haare. Auch die *Struktur der Haare* ist erblich. Glatte Haare gehen auf zwei dominante Erbanlagen zurück. Wellige Haare treten bei Mischerbigkeit auf, lockige Haare beruhen auf zwei rezessiven Erbanlagen. Auch die *Augenfarbe* wird durch Erbanlagen bestimmt.

Vererbung der Blutgruppen. Die *Blutgruppen* A, B, 0 und AB sind ebenfalls erblich. Jede Blutgruppe wird durch ein Genpaar bestimmt. A und B werden untereinander intermediär vererbt, beide sind jedoch dominant gegenüber 0.

Vererbung des Rhesusfaktors. Rund 85 % der Menschen haben in ihren roten Blutkörperchen einen Stoff, der dominant vererbt wird. Da dieser Stoff an Rhesusaffen erforscht wurde, nennt man ihn *Rhesusfaktor*. Menschen, die diesen Stoff im Blut haben, bezeichnet man als *rhesuspositiv* (Rh +). Menschen, die ihn nicht haben, sind rhesusnegativ (rh-). Der Rhesusfaktor spielt vor allem dann eine Rolle, wenn eine rhesusnegative Mutter ein zweites Mal mit einem rhesuspositiven Kind schwanger ist. Werden keine vorbeugenden Maßnahmen getroffen, kann das Kind geschädigt werden.

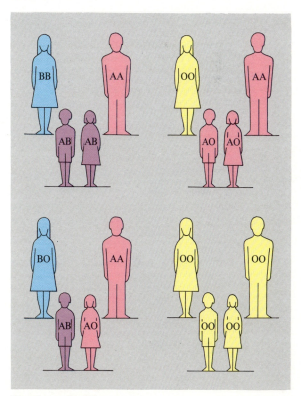

Vererbung der Blutgruppen

Wie wird ein Merkmal vererbt? Dies läßt sich einfach herausfinden. Man muß nur überprüfen, wie häufig ein Merkmal bei einer größeren Zahl von Menschen vorkommt.

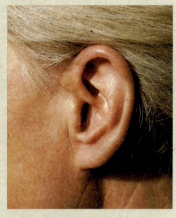

1 Zungenrollen

Manche Menschen können die Zunge beim Herausstrecken U-förmig rollen. Andere können dies nicht.

Stelle fest, wie viele Schüler deiner Klasse
– Zungenroller
– Nichtzungenroller
sind.

Die Fähigkeit, die Zunge rollen zu können, ist durch ein dominantes Gen Z bedingt. Wer die Zunge nicht rollen kann, besitzt zweimal das rezessive Gen z.

2 Form der Ohrläppchen

Ohrläppchen können unten mit einem frei hängenden Läppchen enden. Sie können aber auch im unteren Teil am Kopf angewachsen sein.

Stelle fest, wie viele deiner Mitschüler
– freie Ohrläppchen
– festgewachsene Ohrläppchen
haben.

Sind die unteren Ohrläppchen frei, so ist dies durch ein dominantes Gen O bedingt. Angewachsene Ohrläppchen werden durch das rezessive Gen o bestimmt.

3 Behaarung des mittleren Fingergliedes

Das mittlere der drei Fingerglieder kann behaart oder unbehaart sein. Stelle fest, bei wie vielen Mitschülern
– alle mittleren Fingerglieder behaart
– alle oder einige mittlere Fingerglieder nicht behaart
sind.

Die Behaarung geht auf ein dominantes Gen H zurück. Haarlosigkeit des mittleren der drei Fingerglieder wird durch das rezessive Gen h bestimmt.

Manchmal sind die angegebenen Merkmale nicht eindeutig ausgebildet. Dies weist darauf hin, daß vermutlich weitere Gene an der Ausprägung dieser Merkmale beteiligt sind.

4 Stammbaum einer Familie mit Schmeckern und Nichtschmeckern

Manche Menschen können den Bitterstoff Phenylthioharnstoff schmecken, während andere dies nicht können.

Die Fähigkeit, Phenylthioharnstoff zu schmecken, ist erblich und tritt bei ungefähr 63 % der Menschen auf. Im nebenstehenden Familienstammbaum sind die „Schmecker" blau, die „Nichtschmecker" rot eingetragen.

Beantworte folgende Fragen:
Wird die Schmeckfähigkeit dominant oder rezessiv vererbt?
Wie ist das jeweilige Erbbild der Personen 1, 2, 3, 4,5?
(Verwende für das Gen für Schmeckfähigkeit den Buchstaben S).

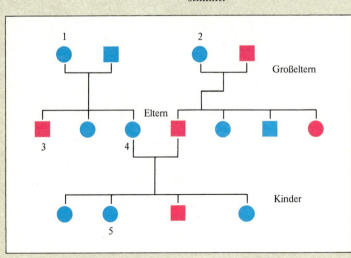

5   Erbgut und Umwelt

Je älter Zwillinge sind, um so mehr Hinweise ergeben sich für die Zwillingsforschung.

Die Entscheidung, ob ein Merkmal ererbt oder umweltbedingt ist, fällt nicht immer leicht. Von der Samenfarbe sowie der Samenform der Erbse, den Blutgruppen und der Haarfarbe des Menschen weiß man sicher, daß sie vererbt werden. Wie ist es aber mit der Körpergröße und dem Körpergewicht? Wie mit geistigen Fähigkeiten, der Musikalität oder der Begabung für Mathematik beispielsweise? Die Antwort auf diese Fragen ist schwierig. Aber auch hier gibt in vielen Fällen die *Zwillingsforschung* wichtige Hinweise. Erblich sind Merkmale, wenn sie bei eineiigen Zwillingen gleich ausgebildet werden. Allerdings müssen die Zwillinge in verschiedenen Familien aufgewachsen und damit verschiedenen Umwelteinflüssen ausgesetzt gewesen sein. Aus solchen Untersuchungen weiß man, daß die Körpergröße sehr viel stärker durch das Erbgut beeinflußt wird als das Körpergewicht.

Wenn in einer Familie sowohl die Eltern als auch die Kinder zu dick sind, dann kann das nur daran liegen, daß alle zuviel essen.

Es gibt Familien, in denen außergewöhnliche *Begabungen* besonders häufig auftreten. In der Familie des Komponisten und Musikers *Johann Sebastian Bach* gab es beispielsweise sehr viele bedeutende Musiker. *Erbgut* oder *Umwelt?* Vieles spricht für den Einfluß des Erbguts. Man muß aber auch bedenken, daß in der Familie Bach viel musiziert wurde, so daß auch die Umwelt die musikalische Entwicklung der Kinder förderte.

Viele körperliche und geistige Merkmale werden bei ihrer Entwicklung sowohl vom Erbgut als auch von der Umwelt beeinflußt. Niemand wird als fertiger Mensch geboren. Begabungen können gefördert werden oder verkümmern. *Lernen* und *Üben* sind für die Entwicklung und Leistungsfähigkeit des Menschen von erheblicher Bedeutung.

> Erbgut und Umwelt prägen den Menschen.

Stammbaum der Familie Bach

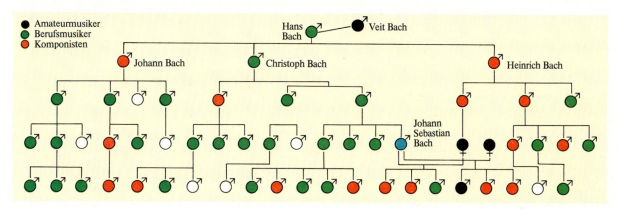

6 Wo liegen die Gene?

Mendel wußte nichts über den *Aufbau der Gene*. Er wußte auch nicht, wo sie sich in der Pflanze oder im Tier befinden. Er erkannte jedoch, daß den Merkmalen Erbanlagen zugrunde liegen müssen. Außerdem fand er heraus, daß diese weder geteilt noch vermischt werden, sondern unverändert von Generation zu Generation weitergegeben werden.

Zellteilung. Bei Zellen, die sich in Teilung befinden, werden im Kern längliche Gebilde sichtbar. Man bezeichnet sie als *Kernschleifen* oder *Chromosomen*. Jedes Chromosom besteht, wenn es sichtbar wird, bereits aus zwei Tochterchromosomen. Die Tochterchromosomen hängen noch an einer Stelle zusammen. Bei der *Zellteilung* werden sie auf die beiden *Tochterzellen* verteilt. Diese Zellteilung wird auch *Mitose* genannt.

Beim Menschen befinden sich in jeder Körperzelle 46 Chromosomen, bei der Katze 34, beim Hund 18 und bei der Erbse 14. Chromosomen treten als Paare auf: Jeweils zwei Chromosomen sind − von Ausnahmen abgesehen − in Größe und Gestalt gleich. Jede Körperzelle hat einen doppelten Chromosomensatz.

Keimzellenbildung. Eizellen, Sperma- oder Pollenzellen sind die Keimzellen der Lebewesen. Bei ihrer Bildung werden die Chromosomen so verteilt, daß jede Keimzelle von jedem Chromosomenpaar ein Chromosom erhält. Die Keimzellen enthalten also einen einfachen Chromosomensatz. Bei den Eizellen und Spermazellen des Menschen sind dies 23 Chromosomen, bei der Katze 17, beim Hund 9 und bei den Eizellen und Pollenzellen einer Erbse 7 Chromosomen. Die Keimzellenbildung nennt man auch *Meiose*.

Diese Beobachtung entspricht der Forderung Mendels: Die Erbanlagen werden bei der Keimzellenbildung vom doppelten auf den einfachen Satz verringert. Bei der Befruchtung kommen die beiden Keimzellen zusammen, und damit wird die Chromosomenzahl wieder verdoppelt. Dies läßt den Schluß zu, daß die Chromosomen die Träger der Erbanlagen oder Gene sind.

> Die Chromosomen sind die Träger der Erbanlagen.

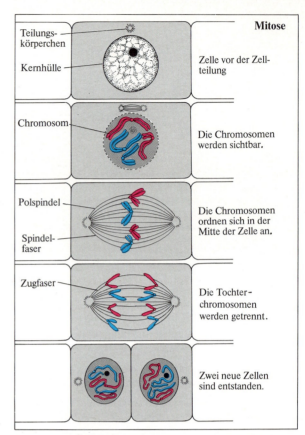

Mitose

Teilungskörperchen / Kernhülle	Zelle vor der Zellteilung
Chromosom	Die Chromosomen werden sichtbar.
Polspindel / Spindelfaser	Die Chromosomen ordnen sich in der Mitte der Zelle an.
Zugfaser	Die Tochterchromosomen werden getrennt.
	Zwei neue Zellen sind entstanden.

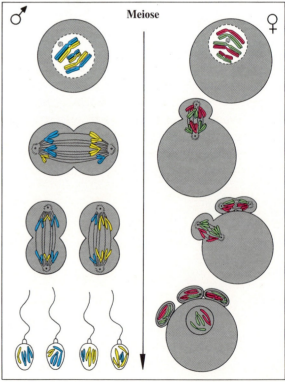

♂ Meiose ♀

7 Geschlechtsbestimmung

Geschlechtschromosomen. Mann und Frau unterscheiden sich in zahlreichen Merkmalen. Diese Unterschiede sind auch in jeder Zelle erkennbar. Frauen besitzen in ihren Zellen 23 Chromosomenpaare. Beim Mann dagegen lassen sich nur 22 Chromosomenpaare finden. Die beiden übrigbleibenden Chromosomen sind ungleich. Man nennt sie *Geschlechtschromosomen.* Das größere von ihnen bezeichnet man als *X-Chromosom,* das kleinere als *Y-Chromosom.* Im doppelten Chromosomensatz des Mannes befinden sich somit die Geschlechtschromosomen XY. Die Frau dagegen hat XX-Chromosomen, also zwei gleiche Geschlechtschromosomen. Bei der Bildung der Keimzellen werden alle Chromosomenpaare getrennt. Jede Eizelle erhält 22 Chromosomen und 1 X-Chromosom. Bei der Bildung der Spermazellen entstehen zur Hälfte solche, die 22 Chromosomen + 1 X-Chromosom haben. Die andere Hälfte hat 22 Chromosomen + 1 Y-Chromosom.

Befruchtung. Je nachdem, welche Sorte von Spermazellen eine Eizelle befruchtet, entsteht eine befruchtete Eizelle mit 44 + XX oder 44 + XY. Aus befruchteten Eizellen mit XX werden Mädchen, aus befruchteten Eizellen mit XY Jungen.

> Die Geschlechtsbestimmung erfolgt durch die Geschlechtschromosomen.

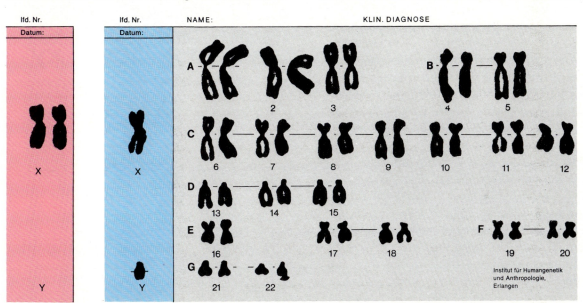

Chromosomensatz des Menschen, der als „Karyogramm" geordnet wurde. Links die Geschlechtschromosomen.

Zahlenverhältnis. Da Spermazellen mit X und Spermazellen mit Y gleich häufig entstehen, müßte das Verhältnis Mädchen zu Jungen bei der Geburt eigentlich 1:1 sein. In Wirklichkeit werden jedoch mehr Jungen als Mädchen geboren. 106 Geburten von Jungen stehen im Mittel 100 Mädchengeburten gegenüber. Möglicherweise liegt dies daran, daß Y-Spermazellen etwas beweglicher sind als X-Spermazellen und deshalb häufiger zur Befruchtung gelangen.

1 Im Amtsanzeiger deines Wohnorts werden jede Woche sämtliche Geburten angezeigt. Stelle fest, wie viele Mädchen und wie viele Jungen geboren werden.

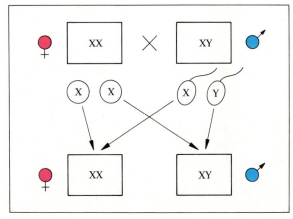

Verteilung der Geschlechtschromosomen

8 Gene auf den Geschlechtschromosomen

Rot-Grün-Verwechslung. Etwa 8 % aller Männer und 0,5 % aller Frauen sehen die Farben Rot und Grün nur als unterschiedliche Stufen von Grau. Sie können deshalb Rot und Grün nicht unterscheiden. Man nennt diese Erscheinung *Rot-Grün-Verwechslung*. Rot-Grün-Verwechslung kommt in manchen Familien gehäuft vor. Das weist darauf hin, daß es sich um eine Erbkrankheit handelt. Die ungleiche Verteilung der Krankheit bei Männern und Frauen kommt daher, daß die Rot-Grün-Verwechslung an das Geschlechtschromosom X gebunden ist. Das Gen für die Farbtüchtigkeit liegt auf dem X-Chromosom. Ist dieses Gen defekt, so ist auch das Farbensehen gestört, sofern nicht das entsprechende Gen auf dem zweiten X-Chromosom diesen Mangel ausgleicht. Da das defekte Gen rezessiv ist, sind Frauen nur dann Rot-Grün-Verwechsler, wenn beide X-Chromosomen das defekte Gen aufweisen. Sie sind dann in Bezug auf die Rot-Grün-Verwechslung reinerbig. Bei Mischerbigkeit dagegen sind die Frauen farbtüchtig. Allerdings kann das defekte Gen an die Kinder weitervererbt werden.

Männer, die ja nur ein X-Chromosom haben, sind immer Rot-Grün-Verwechsler, wenn ihr X-Chromosom das defekte Gen besitzt. Auf dem kleineren Y-Chromosom gibt es nämlich kein Gen für die Farbtüchtigkeit. Dies erklärt, warum Männer an Erbkrankheiten, bei denen die Gene auf dem X-Chromosom liegen, viel häufiger erkranken als Frauen.

> Rot-Grün-Verwechslung ist eine an das X-Chromosom gebundene Erbkrankheit.

Genetische Familienberatung

Wenn in einer Familie Erbkrankheiten bekannt sind, sollten sich die Partner in einer genetischen Beratungsstelle informieren. Hier wird ihnen gesagt, welche Gefahren sich für ihre Kinder ergeben können. Dies gilt insbesondere dann, wenn rezessive Gene bei Verwandtenehen zusammengeführt werden. Die Gesundheitsämter geben Auskunft darüber, wo sich genetische Beratungsstellen befinden.

Rot-Grün-Verwechsler sind in der Grafik grau unterlegt.

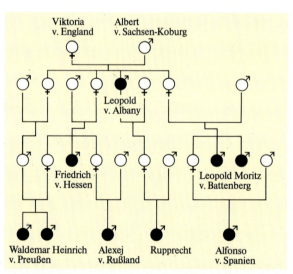

Die ausgefüllten Kreise entsprechen Blutern.

Bluterkrankheit. Der Stammbaum einiger europäischer Fürstenhäuser zeigt, daß dort viele männliche Familienmitglieder schon jung gestorben sind. Todesursache war meist die *Bluterkrankheit*. Bei dieser Krankheit gerinnt das Blut bei Verletzung sehr viel langsamer als bei gesunden Menschen. Deshalb können schon geringfügige Verletzungen zum Tod durch Verbluten führen. Das Gen für die Bluterkrankheit liegt auf dem X-Chromosom und wird rezessiv vererbt.

9 Erbkrankheiten

Neben den Erbkrankheiten, die an die Geschlechtschromosomen gebunden sind, gibt es noch eine ganze Reihe weiterer Erkrankungen und Mißbildungen beim Menschen, die erblich bedingt sind. Ursache kann ein defektes Gen, aber auch eine Fehlverteilung von Chromosomen sein.

Häufig werden Erbkrankheiten rezessiv vererbt. Sie treten dann nur auf, wenn die defekten Gene reinerbig vorliegen. In einem *Familienstammbaum* können solche Erbkrankheiten mehrere Generationen überspringen. Oft sind bei den Erbkrankheiten des Menschen allerdings mehrere Gene beteiligt. Hierzu gehören angeborene Herzfehler, Hasenscharte und Kurzsichtigkeit.

> Erbkrankheiten entstehen durch Fehler im Erbgut oder durch Fehlverteilungen von Chromosomen.

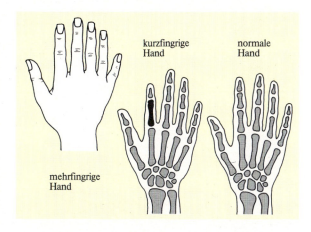

Kurzfingrigkeit. Die mittleren Fingerknochen sind verkürzt oder fehlen völlig. Diese Mißbildung der Hand wird dominant vererbt.

Mehrfingrigkeit. Es treten überzählige Finger oder Zehen auf. Auch diese Erbkrankheit wird dominant vererbt.

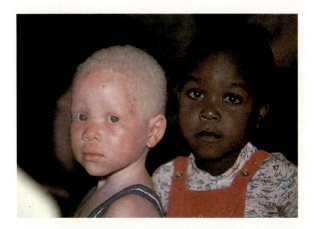

Albinismus ist sowohl bei Tieren als auch bei Menschen bekannt. Der Haut und den Haaren fehlen die Farbstoffe. Auch die Regenbogenhaut der Augen ist ohne Farbe und erscheint durch das durchschimmernde Blut rot. Diese *Stoffwechselkrankheit* wird rezessiv vererbt.

Mongolismus. Das Foto zeigt ein Kind, das an der Erbkrankheit *Trisomie 21* erkrankt ist. Bei dieser Erkrankung tritt das Chromosom 21 nicht doppelt, sondern dreifach auf. Dies hat schwerwiegende Folgen. So sind die geistigen Fähigkeiten verringert und die Lebenserwartung ist oftmals verkürzt. Eine Hautfalte vom oberen zum unteren Augenlid hat zur Bezeichnung *Mongolismus* für diese Krankheit geführt. Die Ursache der Trisomie 21 ist eine *Fehlverteilung der Chromosomen* bei der Bildung der Keimzellen. Je älter eine Frau ist, die ein Kind erwartet, um so höher ist die Wahrscheinlichkeit, daß das Kind an dieser Krankheit leidet. Aber auch, dies weiß man erst seit wenigen Jahren, das Alter des Vaters spielt bei der Vererbung des Mongolismus eine Rolle.

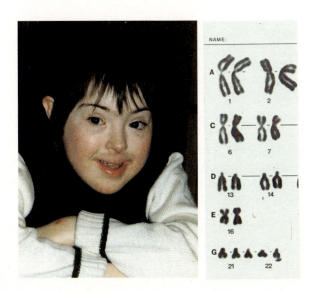

10 Veränderungen im Erbgut

Veränderungen einzelner Gene, ganzer Chromosomen oder Chromosomensätze haben eine Veränderung des Erbguts zur Folge. Diese Defekte nennt man *Mutationen*. Sie können bei der Verdoppelung des Erbguts, bei Zellteilungen und bei der Bildung der Keimzellen entstehen, wenn die Chromosomen nicht richtig verteilt sind.

Durch *Umwelteinflüsse* werden Mutationen auch künstlich hervorgerufen. Es gibt viele Chemikalien, die den Bau der Gene verändern können. Solche Stoffe bezeichnet man als *Mutagene*. Ebenso kann durch *energiereiche Strahlung* die Erbsubstanz verändert werden. Darin liegt die große Gefahr der *radioaktiven Strahlung,* die bei Atombombenversuchen und bei Unfällen in Kernkraftwerken verstärkt auftreten kann. Auch Röntgenstrahlen und die ultraviolette Strahlung des Sonnenlichts sind energiereich und können Mutationen auslösen. Sie dürfen deshalb nicht in zu hoher Dosis auf die Zellen einwirken.

Mutationen sind für die Organismen in den meisten Fällen von Nachteil. Sie können zum Beispiel zu einer ungehemmten Teilung der betroffenen Zellen führen: *Krebsgeschwüre* entstehen. Wenn Mutationen in Zellen auftreten, aus denen sich Keimzellen entwickeln, können sie an die nächste Generation weitergegeben werden. So können Erbkrankheiten entstehen.

> Veränderungen des Erbguts bezeichnet man als Mutationen.

Warnzeichen für Radioaktivität

Eine Wucherblume, die in der Ebene wächst, bildet einen langen Blütenstiel und große Blätter aus.
Wächst die Wucherblume dagegen im Gebirge in 2000 m Höhe, dann bildet sie nur einen sehr kurzen Blütenstiel und meist kleine Blätter aus.

Veränderungen durch die Umwelt

Ob eine Pflanze kümmert oder gedeiht, ob ein Tier kräftig wird oder schwach bleibt, hängt nicht nur vom Erbgut, sondern auch von der *Umwelt* ab. So gedeiht eine Pflanze auf fruchtbarem Boden gut, wenn sie ausreichend Wasser und Licht erhält. Dieselbe Pflanze verkümmert dagegen an einem ungünstigen Standort. Die Ausprägung eines Merkmals unter dem Einfluß der Umwelt bezeichnet man als *Modifikation*. Modifikationen sind nicht vererbbar.

> Auch die Umwelt beeinflußt die Ausprägung der Merkmale.

11 Züchtung

Sammler und Jäger. „Fünf Tage waren die Männer draußen gewesen, auf einem Jagdzug nach Nordost, das warme Tal des Norgeflusses hinunter, bis an den Twoba-, das heißt Mammutsee, und sie kamen fast leer heim: kein fettes, junges Twoba, kein Kalb vom Urstier, nur ein Korb voller großer Hechte, ein Schwan, eine Wildgans und ein Fischotter. Dies war die ganze Ausbeute. Traurig blickten sie drein, denn sie wußten, daß die frischen Fleischvorräte zu Hause aufgezehrt waren ...“
So beschrieb David Friedrich Weinland in dem Buch „Rulaman“ die Jagd der Höhlenmenschen, die in der Steinzeit vor rund 5000 – 10 000 Jahren lebten. Sie sammelten auf ihren Streifzügen eßbare Wildpflanzen und jagten mit ihren einfachen Waffen wilde Tiere. Nicht immer waren sie dabei erfolgreich. Um genügend Nahrung zu finden, mußte deshalb jede Großfamilie ein großes Jagd- und Sammelrevier haben.
In der Steinzeit war die Erde noch dünn besiedelt. Nur wenige Millionen Menschen lebten damals. Bis heute jedoch ist die Zahl der Erdbewohner auf 5 Milliarden angewachsen und nimmt täglich weiter zu. Eine entscheidende Voraussetzung für dieses Wachstum der Bevölkerung war die bessere Versorgung mit Nahrung, die durch eine planmäßige *Tier-* und *Pflanzenzucht* geschaffen wurde.

> Durch Tier- und Pflanzenzucht wurde die Versorgung der Menschen mit Nahrungsmitteln verbessert.

Auslesezüchtung. Der Übergang vom Sammeln zum planmäßigen Anbauen von Pflanzen fand an verschiedenen Stellen der Erde und zu den unterschiedlichsten Zeiten statt. Zu den *ältesten Anbaugebieten* gehört *Vorderasien*. Hier wurde schon vor rund 10 000 Jahren Weizen angebaut. Bald lernten die Menschen, daß die Pflanzen besser wachsen, wenn der Boden bearbeitet und gedüngt wird. Sie erkannten aber auch, daß es sich lohnt, die schönsten Samen und Früchte oder die größten und wohlschmeckendsten Knollen für die Aussaat oder zum Auspflanzen im nächsten Jahr aufzuheben. Manche Merkmale, die für Wildpflanzen von Bedeutung sind, spielten von da an keine wichtige Rolle mehr. So waren beispielsweise die Grannen der Getreidekörner, die der Verbreitung durch Tiere dienen, nicht mehr wichtig, ja sogar von Nachteil. Mehr und mehr wurden Pflanzen bevorzugt, die erwünschte Merkmale besonders deutlich aufwiesen. Aus *Wildpflanzen* wurden so *Kulturpflanzen*. Diese Form der Züchtung bezeichnet man als *Auslesezüchtung.*

Der Hackbau ist eine der ältesten Anbaumethoden.

Durch Auslesezüchtung entstanden viele Tomatensorten.

Schulterhöhe 160 cm

Schulterhöhe 180 cm

Der Ur ist die Stammform des Rinds.

Zweinutzungsrind. Das Zuchtziel war sowohl ein guter Aufbau von Muskelfleisch als auch ein hoher Milchertrag.

Die ersten Tiere, die von den Menschen gehalten wurden, sollten die Versorgung mit Fleisch erleichtern und von den Zufälligkeiten der Jagd unabhängig machen. Welches die ältesten Haustiere sind, ist nicht genau bekannt. Vermutlich wurden aber schon vor 12 000 Jahren in Vorderasien Schafe und Ziegen als Haustiere gehalten. Wie bei den Pflanzen, so wurden auch bei den Tieren von den Menschen diejenigen zur Zucht ausgewählt, die wünschenswerte Eigenschaften zeigten: beispielsweise den raschen Aufbau von Muskelfleisch, gute Fleischqualität, hohen Milchertrag oder aber

auch einfache Haltungsmöglichkeiten. So entstanden aus Wildtieren Nutztiere.

Kombinationszüchtung. Oft treten bevorzugte Eigenschaften bei verschiedenen Rassen einer Art auf. Damit sich diese Merkmale in einer neuen Rasse oder Sorte vereinigen, kreuzt man die Ausgangsrassen miteinander.

So gibt es eine Schweinerasse, bei der die Tiere einerseits sehr schnell wachsen, andererseits jedoch immer nur wenige Junge geboren werden. Bei einer anderen Rasse dagegen wirft das Weibchen viele Ferkel, allerdings wachsen diese sehr langsam. Um die gewünschten Ei-

genschaften zu erhalten, in diesem Fall Schnellwüchsigkeit und viele Junge, kreuzt man beide Ausgangsrassen miteinander. Anschließend werden dann die Tiere ausgesucht, die beide erwünschten Merkmale zeigen.

Auch in der Pflanzenzucht geht man so vor. So gelang es in jüngster Zeit, aus der Schwarzen Johannisbeere und der Stachelbeere die Josta-Beere zu züchten. Diese vereinigt in sich die Merkmale beider Ausgangsrassen: Widerstandskraft gegen Mehltau und Blattfallkrankheit wie die Stachelbeere, hoher Vitamin-C-Gehalt wie die Schwarze Johannisbeere.

Schwarze Johannisbeere

Josta-Beere

Stachelbeere

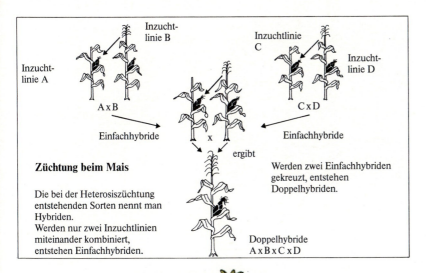

Züchtung beim Mais

Die bei der Heterosiszüchtung entstehenden Sorten nennt man Hybriden.
Werden nur zwei Inzuchtlinien miteinander kombiniert, entstehen Einfachhybriden.

Werden zwei Einfachhybriden gekreuzt, entstehen Doppelhybriden.

Heterosiszüchtung. Kreuzt man Pflanzen oder Tiere aus reinen Rassen miteinander, so können als Nachkommen besonders kräftige, widerstandsfähige oder ertragreiche Mischlinge entstehen. Man bezeichnet diese Züchtungsmethode als *Heterosiszüchtung.* Beim Mais wird Heterosiszüchtung seit mehr als 50 Jahren angewandt. Dies hat zu einer Verdoppelung des Ernteertrags geführt. Auch in der Schweinezucht spielt sie eine wichtige Rolle. Der Nachteil dieser Züchtungsmethode liegt darin, daß die höhere Leistung wieder verlorengeht, sobald man die Mischlinge untereinander kreuzt.

Mutationszüchtung. Bisweilen tritt bei einer Tier- oder Pflanzenrasse eine Veränderung im Erbgut auf, eine *Mutation.* Beispiele dafür sind Dackelbeine bei Hunden, Angorafell bei Katzen oder Kaninchen sowie Trauerformen bei Bäumen. Diese Mutationen sind erbfest und können zur Weiterzucht verwendet werden.

Heute setzt man Pflanzensamen auch radioaktiven Strahlungen aus. Dadurch löst man künstlich Mutationen aus. Anschließend prüft man, ob wünschenswerte Eigenschaften entstanden sind. Pflanzen mit diesen Eigenschaften wählt man zur Weiterzucht aus.

> Auslesezüchtung, Heterosiszüchtung, Kombinationszüchtung und Mutationszüchtung sind wichtige Methoden in der Tier- und Pflanzenzucht.

Stammbaum der Rassehühner

Aus dem Bankivahuhn wurden die verschiedenen Hühnerrassen erzüchtet.

Hunderassen

Der Wolf ist die Stammform aller Hunderassen. Heute gibt es über 400 verschiedene Hunderassen. Bei jeder hat der Mensch ein anderes Zuchtziel verfolgt. Man unterscheidet unter anderem: Jagdhunde, Schutzhunde, Begleithunde und Laufhunde.

1 Welches Zuchtziel verfolgte der Mensch beim Dackel, beim Deerhound oder beim Chihuahua?

Deerhound
Die Hunde dieser Rasse sind wohl die größten, die gezüchtet werden: bis zu 1 m Schulterhöhe. Deerhounds waren Jagdhunde.

Chihuahua
Aus Mexiko stammende Hunderasse. Der Chihuahua wird als kleinster Hund der Welt bezeichnet. Die Schulterhöhe beträgt 15 bis 23 cm.

Dachshund, Dackel
Langgestreckte Hunde mit besonders kurzen Beinen. Dachshunde sind vielseitige Jagdhunde. Sie sind jedoch auch beliebte Begleithunde.

Basset
Bei diesen Hunden gibt es die längsten Ohren aller Hunderassen. Sie müssen mindestens bis zur Nasenspitze reichen.

Chinesischer Nackthund
Bis auf den Haarschopf auf dem Kopf und einer Quaste an der Schwanzspitze sind diese Hunde völlig unbehaart.

Komondor
Aus Ungarn stammende Hirtenhunde, die zum Hüten der Rinderherden eingesetzt werden. Besonders auffallend ist das lange, zottige Haar.

Windspiel
Kleiner Windhund, der ursprünglich für die Kaninchenjagd gezüchtet wurde. Heute sind diese Hunde mehr oder weniger Luxushunde.

Sher-Pei
Diese aus China stammende Hunderasse ist erst seit wenigen Jahren bei uns bekannt. Sher-Peis haben, vor allem wenn sie jung sind, ein zu großes Fellkleid.

Anzahl der Rassen bei Haustieren

Hund	400
Rind	120
Kaninchen	90
Pferd	60
Schaf	50
Schwein	35
Ziege	20
Esel	15
Taube	200
Huhn	150
Ente	30
Gans	20

1 Welche Rassen von Hund, Rind, Pferd, Schwein und Huhn kennst du?
Wozu werden sie jeweils verwendet?

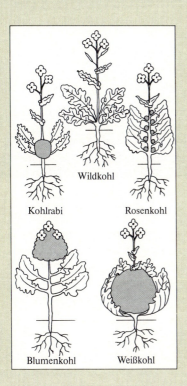

Wildkohl

Kohlrabi   Rosenkohl

Blumenkohl   Weißkohl

2 Dem amerikanischen Erbforscher Norman Ernest Borlaug gelang es, eine neue Weizensorte zu züchten. Mit der Methode der Kombinationszüchtung vereinigte er die positiven Eigenschaften mehrerer Weizensorten in einer neuen. Ausgangssorten waren einmal der japanische Zwergweizen. Er hat kurze Halme und ist dadurch sehr standfest. Zum anderen verwendete er verschiedene europäische und amerikanische Weizensorten, die besonders fruchtbar waren. Der Ertrag der neuen Weizensorte war dreimal so hoch wie bei den Ausgangssorten. Borlaug erhielt 1970 den Friedensnobelpreis. Beschreibe die Methode, nach der der Züchter vorging!
Wie ist es zu erklären, daß Borlaug für diese Arbeit den Friedensnobelpreis erhielt?

3 Der Wildkohl ist die Stammform aller Kohlsorten. Stelle an den Beispielen von Blumenkohl, Kohlrabi und Rosenkohl dar, welche Pflanzenteile durch Züchtung verändert wurden. Was war das jeweilige Zuchtziel? Kennst du noch andere Kohlsorten?

Vom Menschen werden gezüchtet:

Art	seit
Lein	7 000 v. Chr.
Emmer-Weizen	6 000 v. Chr.
Gerste	6 000 v. Chr.
Mais	4 000 v. Chr.
Reis	3 000 v. Chr.
Roggen	1 200 v. Chr.
Baumwolle	1 000 v. Chr.
Kohl	400 v. Chr.
Kartoffel	400 v. Chr.
Ölpalme	400 v. Chr.
Pfeffer	400 v. Chr.
Kaffee	1 500 n. Chr.
Wirsing	1 600 n. Chr.
Rosenkohl	1 750 n. Chr.
Zuckerrübe	1 800 n. Chr.
Süßlupine	1 930 n. Chr.

4 Ein Züchter hat zwei reine Rinderrassen, die sich in der Fellfarbe und im Fellmuster unterscheiden:
Rasse 1: schwarz-weiß gefleckt;
Rasse 2: rotbraun, einfarbig.
Bei der Kreuzung der beiden Rassen sind alle Nachkommen schwarz und einfarbig. Wie sehen die Tiere der F_2-Generation aus?
Stelle ein Kreuzungsschema auf!
Gen für schwarz A
Gen für rotbraun a
Gen für einfarbig B
Gen für gefleckt b

Ein unerreichtes Zuchtziel: das eierlegende Wollmilchschwein.

Abstammung der Lebewesen

1 Spuren der Vorzeit

Gruppe von Plateosaurier-Skeletten im Staatlichen Museum für Naturkunde Stuttgart

Plateosaurier

Familie: Dinosaurier

Lebensweise: Lebten vor etwa 210 Mio. Jahren in der Keuperzeit. Waren wahrscheinlich Pflanzenfresser und lebten in Herden. Die Körperlänge betrug etwa 6 m, die Schulterhöhe etwa 1,5 m.

Fundort: Trossingen, Baden-Württemberg. Weitere Fundorte in Frankreich, Nord- und Südamerika, China, Indien.

Die Dinosaurier. Vor vielen Millionen Jahren, im *Erdmittelalter,* lebten die Dinosaurier. Unter ihnen gab es die größten Landtiere, die jemals lebten. Die meisten Dinosaurier waren harmlose Pflanzenfresser. Zu ihnen gehörte auch der riesige Brachiosaurier, der soviel wog wie 20 Elefanten.

Im Meer lebten die Fischsaurier, die unseren heutigen Delphinen ähnlich sahen.

Saurier gab es mehr als 100 Millionen Jahre lang auf der Erde. Vor etwa 63 Millionen Jahren starben sie aus. Warum, ist bis heute nicht geklärt.

Schieferbruch in Holzmaden

Präparator bei der Arbeit

Fossilfunde in Holzmaden. Seit Jahrhunderten wird im Gebiet von Holzmaden am Fuß der Schwäbischen Alb Schiefer abgebaut. Er wird als Tischplatten, Wand- oder Bodenbeläge verwendet. Die Schieferschichten entstanden aus Schlammablagerungen eines Meeres, das vor 170 Millionen Jahren weite Teile Europas bedeckte. Die Ablagerungen wurden unter dem Druck immer neuer Ablagerungen zusammengepreßt und wandelten sich schließlich in Gestein um.

Häufig findet man in den Schieferschichten versteinerte Reste von Pflanzen und Tieren. Solche

Reste von Lebewesen aus vergangenen Erdzeitaltern bezeichnet man als *Fossilien*.

Präparation. Vor etwa 100 Jahren begann sich der Sohn eines Schieferbruchbesitzers, Bernhard Hauff, für Fossilien zu interessieren. Er entwickelte Werkzeuge und Arbeitsweisen, mit denen man Fossilien freilegen kann. Die Stellen im Schieferbruch, die Fossilien enthalten, sind meist aufgewölbt und heller gefärbt. Sobald die Schieferplatten mit dem Fossil geborgen sind, beginnt die Arbeit des *Präparators*. Seine Arbeit ist schwierig und zeitraubend. Sie erfordert viel Geduld und große Genauigkeit.

Fischsaurier

2   Wie entstehen Fossilien?

Normalerweise werden tote Pflanzen und Tiere sehr rasch zerstört. Aasfresser, Pilze und Bakterien bauen ihre Körper ab. Selbst harte Bestandteile, wie Kalkschalen, Panzer, Knochen und Zähne, werden mit der Zeit aufgelöst. Nur unter besonders günstigen Bedingungen können Tiere oder Pflanzen vor der Zerstörung bewahrt werden und als *Fossilien* erhalten bleiben.

Versteinerung. Werden Pflanzen- oder Tierleichen im Schlamm eines Gewässers unter Luftabschluß eingebettet, können Schalen oder Knochen erhalten bleiben. Weichteile jedoch verfaulen meist ganz. Mit der Zeit dringt Schlamm in die entstehenden Hohlräume ein und füllt sie aus. Im Laufe vieler Jahrtausende werden die eingebetteten Teile zusätzlich von Schlamm, Sand und Geröll überlagert. Der immer stärker werdende Druck preßt das noch vorhandene Wasser aus, der Schlamm wird schließlich fest. Das Fossil bleibt erhalten, da sich in seinem Inneren ein *Steinkern* gebildet hat.

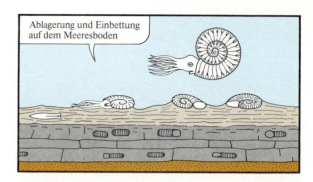

Ablagerung und Einbettung auf dem Meeresboden

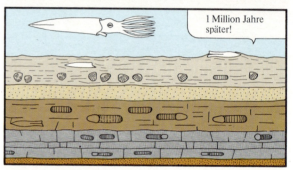

1 Million Jahre später!

160 Millionen Jahre später!

Versteinerte Schlangensterne

Versteinerter Fisch

Abdruck des Schuppenbaums

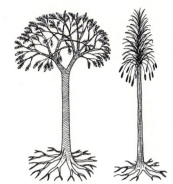

Schuppen- und Siegelbaum

Abdruck des Siegelbaums

Mumienbildung. Unter besonderen Bedingungen können Lebewesen sogar als *Mumien* mit ihren Weichteilen erhalten bleiben. In den Dauerfrostböden Sibiriens und Alaskas findet man Mammuts, deren Körper durch *Einfrieren* mit Fleisch und Fell wohlerhalten sind.

In Wüstengebieten bildeten sich durch Wasserentzug *Trockenmumien*.

Auch saures Moorwasser hat Tier- und Menschenkörper bis heute erhalten.

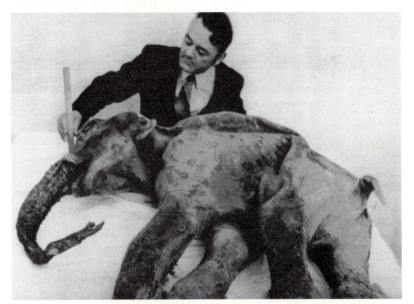

Tiefgefrorenes Mammutbaby aus Sibirien. Alter etwa 40 000 Jahre.

Wintermücke in Bernstein

Heuschreckenlarve in Bernstein

Einbettung in Bernstein. Vor 40 Millionen Jahren gab es im Gebiet des heutigen Skandinaviens große Wälder von verschiedenen Kiefernarten. Diese produzierten, wie unsere heutigen Kiefern auch, sehr viel *Harz*. Bisweilen wurden Tiere oder auch Pflanzen vom flüssigen Harz eingeschlossen. Das Harz verfestigte sich und wurde zu *Bernstein*. Die Gestalt der in Bernstein eingeschlossenen Lebewesen blieb selbst in feinsten Einzelheiten erhalten.

3 Ammoniten und Nautilus

Die größten Ammoniten hatten einen Durchmesser von über 2 m.

Leitfossilien. Man kann bei den Ammoniten sehr gut beobachten, wie sich die Arten im Laufe der Jahrmillionen wandelten. Ein besonders gut zu verfolgendes Merkmal ist dabei die Linie, mit der die Kammerwände im Inneren des Tiers an der Außenschale ansetzen. Man nennt sie *Lobenlinie*. Bei den ersten ammonitenartigen Weichtieren, die vor 400 Millionen Jahren lebten, zeigte die Lobenlinie einen einfachen Verlauf. Bei den letzten Ammoniten, die am Ende der Kreidezeit lebten, ist sie gewunden und gezackt.

Viele Ammonitenarten kommen oft nur in ganz bestimmten Schichten vor. Sie haben offenbar nur während einer bestimmten Zeit gelebt. Man weiß heute ziemlich genau, wann welche Art lebte. Daher werden die Ammoniten zur *Altersbestimmung* von Ablagerungen verwendet: Findet man im Gestein eine bestimmte Ammonitenart, kann man auf das Alter des Gesteins schließen.

> Fossilien, die wie die Ammoniten einem ganz bestimmten Zeitabschnitt der Erdgeschichte zugeordnet werden können, nennt man Leitfossilien.

Ammoniten. In vielen Meeresablagerungen aus dem Erdaltertum und Erdmittelalter findet man Fossilien von *Ammoniten*. Meist sind es aber nur die Schalen der Tiere, die gefunden werden. Äußerlich ähneln Ammonitenschalen Schneckengehäusen. Sie sind jedoch im Gegensatz zu diesen in ihrem Inneren in viele Kammern unterteilt.

Ammoniten waren *Weichtiere,* die wie die Tintenfische zu den *Kopffüßern* zählen.

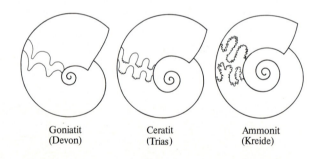

Goniatit (Devon)　　　Ceratit (Trias)　　　Ammonit (Kreide)

Ein lebendes Fossil
Das Perlboot Nautilus ist der einzige heute noch lebende Kopffüßer, der ähnlich wie die Ammoniten eine äußere Schale hat. Nautilus kommt in der Tiefsee des Pazifischen Ozeans vor. Wie bei den Ammoniten ist auch die Schale von Nautilus spiralig aufgerollt und in ihrem Inneren in einzelne Kammern unterteilt. Nautilusartige Tiere gibt es nahezu unverändert seit über 200 Millionen Jahren. Das hängt damit zusammen, daß sich der Lebensraum Tiefsee kaum verändert hat. Man bezeichnet Nautilus zu Recht als lebendes Fossil.

Zeitsäule

Erdneuzeit	Quartär		moderner Mensch
	Tertiär		Zeitalter der Säugetiere
		70 Mio.	70 Mio.
Erdmittelalter	Kreide		Entstehung der Vögel und Säugetiere
	Jura		Zeitalter der Reptilien
	Trias	220 Mio.	220 Mio.
Erdaltertum	Perm		Fische in zahlreichen Formen
	Karbon		
	Devon		
	Silur		Wirbellose herrschen vor.
	Ordovizium		Mit dem Kambrium beginnt die Zeit, in der die Entfaltung der Tierwelt deutlich verfolgt werden kann.
	Kambrium	600 Mio.	600 Mio.

111

4 Pferde und Urpferde

Przewalski-Pferde sind die einzigen heute noch lebenden Wildpferde.

Wie stellst du dir ein Urpferd vor? War es riesig wie ein Dinosaurier oder klein wie ein Hund? In der Schiefergrube Messel, die 25 km südlich von Frankfurt liegt, hat man Fossilien von Urpferdchen gefunden. Sie sind über 50 Millionen Jahre alt. Die Schiefergrube Messel zählte zu den bedeutendsten Fossilfundstätten Deutschlands. Die Fossilien stammen von Tieren und Pflanzen, die vor 50 Millionen Jahren in und an einem See im Gebiet der heutigen Grube Messel lebten. Im ruhigen Seewasser sanken die abgestorbenen Pflanzen und Tierleichen auf den Grund und wurden in Ton und Schlamm eingebettet.

Urpferdchen. Bei einigen dieser Fossilfunde sind außer dem Skelett sogar innere Organe erhalten. Man kann sich daher heute recht genau vorstellen, wie die Urpferde ausgesehen haben: Sie waren klein und hatten etwa die Größe eines mittelgroßen Hundes. Ihre Körperlänge betrug höchstens 1 m. Urpferdchen hatten andere Füße als unsere heutigen Pferde: An den Vorderbeinen hatten sie 4, an den Hinterbeinen 3 kleine Zehen mit Hufen. Ihre Zähne waren so geformt, daß sie sich von den weichen Blättern der Laubbäume ernähren konnten. Aus diesen Merkmalen schließt man, daß die Urpferdchen *Waldtiere* waren.

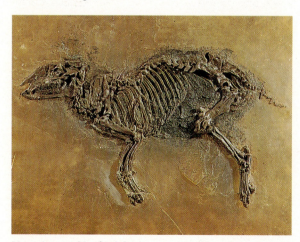

Versteinertes Urpferdchen

Rekonstruktion eines Urpferdchens

Geschichte des Pferdes. Waren diese Urpferdchen wirklich Vorfahren unserer heutigen Pferde? Die Ähnlichkeit ist ja nicht sehr groß, und Hufe haben auch andere Tiere. Man kennt jedoch heute eine ganze Reihe anderer Fossilien, deren Merkmale zwischen Urpferdchen und heutigen Pferden liegen.

So fand man Fossilien von Pferdevorfahren, die *25 Millionen* Jahre alt sind. Sie waren etwa ponygroß. Ihre *mittlere Zehe* ist an allen Füßen deutlich verstärkt. Die äußeren Zehen sind zurückgebildet oder sogar ganz verschwunden. Auch die *Backenzähne* haben eine andere Form und eignen sich besser zum Zerkauen von harten Gräsern. Man schließt daraus, daß diese Tiere nicht mehr im Wald, sondern im offenen *Grasland* (Steppe) lebten.

13 Millionen Jahre alte Pferdefossilien zeigen, daß jene Tiere wie unsere heutigen Pferde an jedem Bein nur noch eine einzige Zehe mit Huf hatten. Die *Kaufläche* der *Backenzähne* ist stark vergrößert. Ihre Oberfläche ist rauh wie eine Raspel. Diese Pferdevorfahren sind noch besser an das Leben in der *Steppe* angepaßt, weil sie größer und schneller sind. In der Steppenlandschaft hat das große Vorteile: Die Tiere konnten weiter sehen und bei Gefahr schneller fliehen. Seit etwa *2 Millionen* Jahre gibt es Pferde, die wie die heutigen Pferde aussehen. Wenn man wie bei den Pferden zahlreiche Fossilfunde hat, die sich lückenlos aneinanderfügen, läßt sich eine *Entwicklungsreihe* aufstellen.

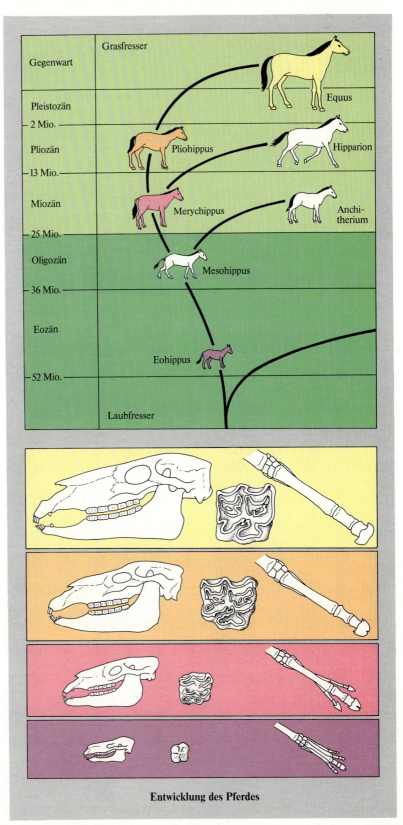

Entwicklung des Pferdes

5   Der Urvogel Archaeopteryx

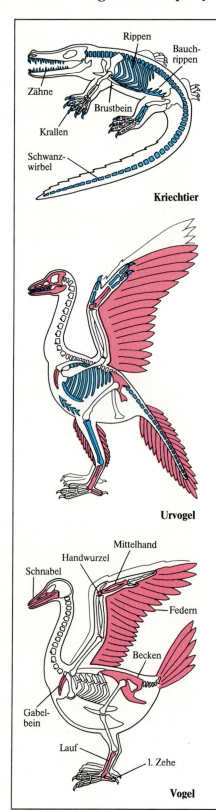

Rippen

Bauch-
rippen

Zähne

Brustbein

Krallen

Schwanz-
wirbel

Kriechtier

Urvogel

Mittelhand

Handwurzel

Schnabel

Federn

Becken

Gabel-
bein

Lauf

1. Zehe

Vogel

Merkmale eines Kriechtieres
Zähne
Schwanz mit zahlreichen Wirbeln
Finger mit Krallen
V-förmige Bauchrippen
flaches Brustbein
Schienbein und Wadenbein nicht verwachsen.

Merkmale eines Vogels
Federn
Schnabel
Gabelbein
Flügel
Fußwurzelknochen und Mittelfußknochen teilweise zum Lauf ver-
schmolzen
erste Zehe nach hinten gerichtet.

Im Sommer 1861 machten Arbeiter in einem Steinbruch bei Solnhofen auf der Fränkischen Alb einen sensationellen Fund. Schon oft hatten sie beim Abbau der Kalkplatten gut erhaltene Fossilien gefunden. Auch an diesem Tag fanden die Arbeiter das versteinerte Skelett eines Tieres. Mehr als 13 000 Goldmark zahlte das Britische Museum in London dafür. Was machte diesen Fund so wertvoll?

Ein Vergleich mit den vereinfachten Bauplänen eines *Kriechtiers* und eines *Vogels* zeigt das Außergewöhnliche dieses Fossils: Einerseits weist es Merkmale von Kriechtieren auf, so einen langen *Schwanz, Zähne* im Kiefer und *Krallen* an den freien Fingern. Andererseits zeigt es Merkmale von Vögeln: *Federn, Schnabel, Bau des Beckens.*

War das Fossil nun ein Kriechtier oder ein Vogel? In vieler Hinsicht war es noch ein Kriechtier, wie die Dinosaurier. Entscheidend aber ist, daß das Fossil erstmals *Vogelmerkmale* zeigt. Deshalb nennt man dieses Fossil auch *Archaeopteryx,* das heißt *Urvogel.* Bis heute hat man keine Fossilien von Tieren gefunden, die älter als Archaeopteryx sind und Schwungfedern an den Vordergliedmaßen haben. Dagegen gibt es zahllose ältere Fossilien von Kriechtieren ohne Schwungfedern. Man nimmt deshalb heute an, daß sich die Vögel aus den Kriechtieren entwickelt haben. Archaeopteryx ist so gesehen ein *Bindeglied,* eine *Brückenform* zwischen den Kriechtieren und den Vögeln.

> Der Urvogel Archaeopteryx ist eine Brückenform zwischen den Kriechtieren und den Vögeln.

1 Weshalb wird Archaeopteryx als eine Brückenform zwischen Kriechtieren und Vögeln bezeichnet?

Verschiedene Rekonstruktionen von Archaeopteryx. Was war er wirklich? Ein Flieger, ein Baumkletterer oder ein zweifüßiger Renner?

Bisher sind vom Urvogel nur versteinerte Skelette und Federabdrücke gefunden worden. Wie die Tiere wirklich ausgesehen haben und wie sie gelebt haben, kann man daher nicht genau beantworten. Man weiß nicht, welche Farbe die Urvögel hatten, man weiß auch nicht sicher, ob sie fliegen konnten. Manche Wissenschaftler halten Archaeopteryx für einen Baumkletterer, der kurze Gleitflüge ausführen konnte. Andere meinen, daß er ein bodenlebendes Tier war, das seine Beute im Laufen jagte. Aber wozu dann Federn? Vielleicht war Schutz vor Wärmeverlust ihre wichtigste Aufgabe.

2 Warum ist es so schwierig, die Lebensweise des Urvogels eindeutig aus den Fossilfunden zu erschließen?

6 Erworben oder vererbt?

Kurzhalsantilopen – Langhalsantilopen. Stelle dir folgendes Spiel vor: Irgendwo im ostafrikanischen Hochland geht die Ebene in das höhere Gebirge über. Hier stehen einzelne Bäume im Grasland, hier beginnt also die Savanne. Weiter weg ist ein Fluß zu sehen. Dahinter breitet sich der Urwald aus. Am Fluß stehen Schimpansen, Geparde, Paviane, Antilopen, Nashörner, Kaffernbüffel, Elefanten und Giraffen zum Start bereit. Mit dem Startschuß laufen sie los. Jedes Tier soll sich den Platz aussuchen, der ihm als Lebensraum am meisten zusagt.

Die Giraffen mit ihrem langen Hals werden sich bei den hohen Bäumen in der Savanne einfinden, auch die Elefanten fühlen sich dort wohl. Die Antilopen, Nashörner und Kaffernbüffel bleiben im Grasland. Die Paviane suchen einen felsigen Berg auf, die Schimpansen werden sich am Waldrand, die Flußpferde im Uferbereich und im Wasser besonders wohl fühlen.

Jede Tierart bevorzugt einen ganz bestimmten Lebensraum. Die Antilopen können nicht, wie die Giraffen mit ihren langen Hälsen, das Laub von hohen Bäumen fressen. Ihre Hälse sind zu kurz. Ihnen geht es im Grasland besser. Doch wie wäre es, wenn sie das Laub der Bäume fressen wollten? Würde ihr Hals immer länger werden? Hätten ihre Jungen vielleicht schon längere Hälse? Würden im Verlauf einiger Generationen aus den Kurzhalsantilopen auf diese Weise Langhalsantilopen?

Lamarck. Diese Vorstellung äußerte der französische Biologe Jean Lamarck zu Beginn des letzten Jahrhunderts. Es gibt aber keinen einzigen Beweis dafür, daß Eigenschaften, die im Laufe des Lebens *erworben* werden, auf die Nachkommen *weitervererbt* werden.

Darwin. Der englische Biologe Charles Darwin, war anderer Meinung: Nur diejenigen Lebewesen überleben im Kampf um Lebensräume, die an den jeweiligen Lebensraum gut angepaßt sind. Ändern

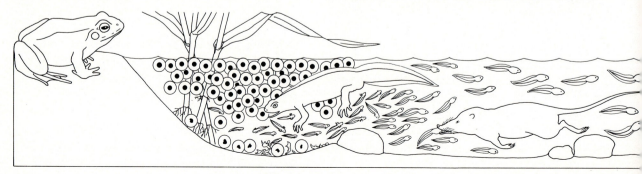

sich die Lebensräume, beispielsweise durch Katastrophen oder Klimawechsel, so können sich dort nur noch Lebewesen aufhalten, die an die neuen Bedingungen angepaßt sind. Die anderen wandern ab oder sterben aus.

Viel Laich – wenig Frösche. Ein Grasfroschweibchen legt in jeder Laichzeit bis zu 3 500 Eier. Aus diesem Froschlaich entwickeln sich etwa 2 000 Kaulquappen. Würden alle diese Kaulquappen zu Fröschen, die wiederum laichen, dann gäbe es bald nur noch Grasfrösche. Doch die Wirklichkeit ist anders. Manche Froscheier entwickeln sich nicht. Von den jungen Kaulquappen werden viele gefressen. Nur etwa 800 wandern schließlich als winzige Frösche aus dem Wasser ans Land. Auch die kleinen Frösche haben viele Feinde. Schließlich bleiben nur wenige Frösche übrig, die groß werden.

Diese Auslese einiger weniger aus einer großen Zahl gleichartiger Lebewesen ist im Sinne von Charles Darwin entscheidend für die Stammesentwicklung einer Art. Auch die Kaulquappen sind nicht völlig gleich: Manche schwimmen schneller, manche sind besser getarnt und entgehen so dem Gefressenwerden.

> Die am besten angepaßten Lebewesen haben die besten Lebenschancen. Im Laufe langer Zeiträume kommt es so zur Ausbildung neuer Arten.

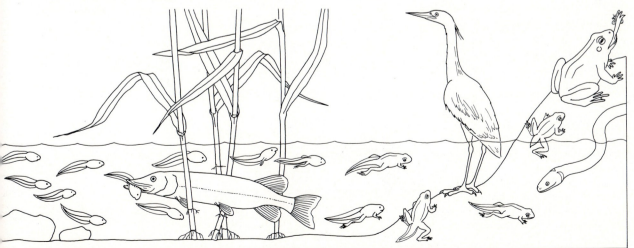

7 Ähnlichkeit als Hinweis auf eine gemeinsame Stammesgeschichte

Homologe Organe. Die *Vordergliedmaßen* der Wirbeltiere haben ein unterschiedliches Aussehen, ebenso unterschiedlich werden sie auch genutzt. Der Schimpanse greift, klettert und geht mit Hilfe seiner *Hand*. Das Pferd vermag mit seinen langen, *behuften* Beinen auf hartem Boden schnell zu galoppieren. Die Katze schleicht sich auf weichen *Pfoten* an. Auch die *Grabschaufeln* des Maulwurfs, die *Flossen* des Delphins und die *Flügel* der Vögel sind Vordergliedmaßen. Bei allen Unterschieden haben diese Gliedmaßen den gleichen Grundbauplan. Man bezeichnet Organe, die bei verschiedenen Lebewesen den gleichen *Grundbauplan* haben, als *homolog*. Ihre Ähnlichkeit im Grundbauplan läßt sich am besten dadurch erklären, daß diese Tiere *gemeinsame Vorfahren* haben.

> Homologe Organe weisen auf gemeinsame Vorfahren hin.

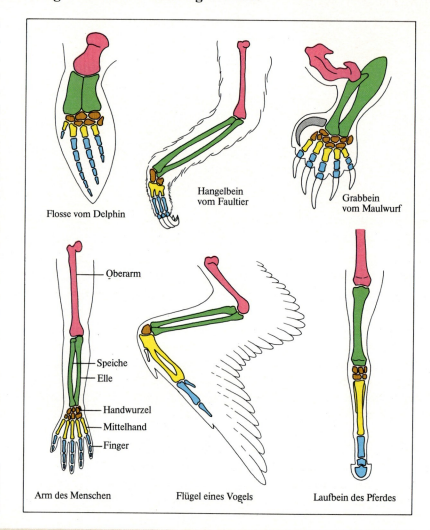

Flosse vom Delphin

Hangelbein vom Faultier

Grabbein vom Maulwurf

Oberarm

Speiche
Elle

Handwurzel
Mittelhand
Finger

Arm des Menschen

Flügel eines Vogels

Laufbein des Pferdes

Analoge Organe

Insekten und Vögel haben Flügel zum Fliegen. Doch Vogelflügel sind umgewandelte Gliedmaßen, Insektenflügel dagegen sind Ausstülpungen der Chitinhaut. Die Ähnlichkeit zwischen Vogel- und Insektenflügel ist rein äußerlich und nicht im inneren Bau begründet. Vögel und Insekten haben sich auf ganz unterschiedliche Weise an denselben Lebensraum angepaßt. Sie können aktiv fliegen. Organe, die bei verschiedenen Lebewesen die gleiche Aufgabe erfüllen, aber einen unterschiedlichen Grundbauplan haben, bezeichnet man als analog. Weitere Beispiele dafür zeigt die Grafik.

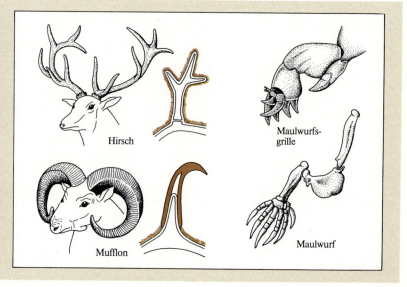

Hirsch

Maulwurfs-grille

Mufflon

Maulwurf

Eidechse

Skink

Blindschleiche

Rudimentäre Organe. Die Blindschleiche hat keine *Vorder-* und keine *Hinterbeine*. Aber sie hat, wenn man das Skelett untersucht, *Reste* eines *Schultergürtels* und eines *Beckengürtels*. Hier setzen bei den Echsen, zu denen die Blindschleiche zählt, normalerweise die Gliedmaßen an. Die Zauneidechse, ebenfalls eine Echse, hat zwei *normal* ausgebildete Gliedmaßenpaare mit *5 Zehen* an jedem Fuß. Der Skink aus Ostafrika hat ganz *kurze* Beine, aber 5 Zehen an jedem Fuß. Die Erzschleiche hat ebenfalls sehr kurze Beine; an jedem Fuß sitzen nur *3 Zehen*.

Die Erklärung für diese Unterschiede ist am schlüssigsten, wenn man annimmt, daß diese Tiere *gemeinsame Vorfahren* mit voll ausgebildeten Beinen und 5 Zehen an jedem Fuß hatten. Diese sind dann bei den verschiedenen Arten unterschiedlich weit zurückgebildet worden. Man nennt solche rückgebildeten Organe *rudimentäre Organe*.

Rudimentäre Organe dürfen als Hinweis auf eine gemeinsame Stammesgeschichte gewertet werden.

Keimesentwicklung. Die ersten *Entwicklungsstadien* der Wirbeltiere sind sich sehr ähnlich. Alle zeigen einen *Verlauf der Blutgefäße* im Halsbereich, wie er bei Fischembryonen zur späteren Versorgung der Kiemen mit Blut angelegt wird.

Bei Lurchen, Echsen, Vögeln und Säugetieren verschwindet diese Anlage wieder. Am besten läßt sich dieser „Umweg" in ihrer Entwicklung dann erklären, wenn man annimmt, daß sich die Landwirbeltiere aus Formen entwickelt haben, die Kiemen besaßen.

Stadien der Keimesentwicklung

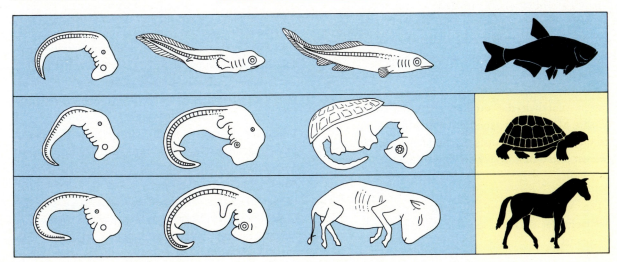

8 Die Entstehung der Arten

Heller und dunkler Birkenspanner auf heller Rinde ...

... und auf dunkler Rinde

Mutation. Die entscheidende Voraussetzung dafür, daß neue Arten entstehen können, sind *Unterschiede im Erbgut.* Solche Unterschiede treten durch *Veränderungen* im Erbgut auf. Man spricht von *Mutationen.* Ob jedoch ein Lebewesen, dessen Erbgut eine oder mehrere Mutationen aufweist, weiter bestehen und erfolgreich sein kann, entscheidet sich in der Auseinandersetzung mit der Umwelt. Wie sich der Einfluß der Umwelt auswirken kann, zeigt das Beispiel des *Birkenspanners,* eines Nachtfalters.

Selektion. Der Birkenspanner sitzt am Tage meist auf der Rinde von Birken. Seine weiß-grau gefleckten Flügel heben sich kaum von diesem Untergrund ab. Er wird deshalb von seinen Freßfeinden, den Vögeln, kaum entdeckt.

Ab und zu finden sich unter den Nachkommen dieser hellen Birkenspanner auch dunkle Birkenspanner. Auf heller Birkenrinde wird diese Mutation rasch entdeckt und gefressen. Dies änderte sich jedoch, als durch zunehmende Luftverschmutzung die Rinde der Birken immer dunkler wurde. Jetzt hatten plötzlich die dunklen Birkenspanner die bessere Möglichkeit, zu überleben und sich fortzupflanzen. Sie waren auf der dunklen Rinde *besser getarnt* und damit besser an die veränderte Umwelt angepaßt.

> Die Auslese durch die Umwelt, die Selektion, entscheidet darüber, ob eine Mutation erfolgreich ist.

Heller und dunkler Birkenspanner

Isolation. In Europa gibt es vor allem unter den Vögeln Arten, die nahe miteinander verwandt sind und sich in ihrem Aussehen kaum unterscheiden. Diese Arten können sich jedoch nicht miteinander fortpflanzen. Man nennt solche Arten *Zwillingsarten. Grauspecht* und *Grünspecht* oder *Fitislaubsänger* und *Weidenlaubsänger* sind solche Zwillingsarten. Sie entstanden während der Eiszeiten. Die gemeinsamen Vorfahren wurden durch das Vorrücken der Gletscher nach Mitteleuropa voneinander getrennt. So überlebte ein Teil der Laubsänger die *Eiszeit* im Westen, der andere Teil im Osten. Beide Teilbevölkerungen wurden an die unterschiedlichen Lebensbedingungen angepaßt. Sie entwickelten dabei auch Unterschiede im *Verhal-*

ten und im *Gesang*. Als sich die Gletscher zurückzogen, trafen nach Zehntausenden von Jahren die Laubsänger aus Ost und West wieder zusammen. Inzwischen waren aber die Unterschiede in Verhalten und Gesang so groß, daß sich die Tiere aus den verschiedenen Teilbevölkerungen nicht mehr „verstanden" und sich deshalb auch nicht mehr miteinander fortpflanzen konnten. Durch die *Isolation* während der Eiszeit waren zwei neue *Arten* entstanden.

> Wenn sich als Folge langandauernder Trennung die Angehörigen einer ehemals einheitlichen Art nicht mehr paaren können, sind zwei neue Arten entstanden.

Grünspecht

Grauspecht

Mutations- und Selektionsspiel

Benötigt werden:
1 Bogen Geschenkpapier, ähnlich dem oben abgebildeten; Spielmarken in den Farben rot, gelb, blau, grün und braun, jeweils bis zu 50 von jeder Farbe, die man aus Kartonpapier selbst herstellen kann

Spielregel: Das Spiel wird von 2 Personen gespielt. Der erste Spieler setzt sich mit dem Rücken zum Spieltisch. Der zweite Spieler verteilt je 10 Spielmarken von den 5 verschiedenen Farben wahllos auf der Spielfläche.
Der erste Spieler dreht sich kurz zum Spieltisch um, nimmt eine Spielmarke weg und wendet sich wieder ab. Das Spiel wird so lange durchgeführt, bis 25 Spielmarken entfernt sind. Anschließend wird protokolliert, wie viele von jeder Farbe übriggeblieben sind. Vor der neuen Spielrunde, die nach denselben Regeln gespielt wird, gibt man zu jeder verbliebenen Spielmarke eine neue von derselben Farbe hinzu. Die so erhaltenen 50 Spielmarken werden vom zweiten Spieler wieder über die Spielfläche verteilt. Das Spiel wird über mehrere Spielrunden gespielt.

1. Zu welchem Ergebnis führt das Spiel nach 1, nach 5, nach 10 Spielrunden?
2. Welche Tendenz wird hierbei erkennbar?
3. Welche Rolle spielt der erste Spieler, welche die Spielmarken?
4. Inwieweit läßt sich mit dem Spiel die Wirkung von Mutation und Selektion nachahmen?
5. Worin liegen wesentliche Unterschiede zu den entsprechenden Vorgängen in der Natur?
6. Wie könnte man das Spiel variieren, um den natürlichen Bedingungen näherzukommen?

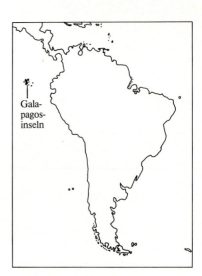

Zu Ehren Charles Darwins nennt man die Galapagos-Finken Darwinfinken.

Charles Darwin

Darwinfinken. Charles Darwin umsegelte mit dem Forschungsschiff Beagle die Welt. 1835 erreichte er die *Galapagosinseln*. Diese vulkanische Inselgruppe liegt westlich von Südamerika am Äquator. Darwin entdeckte auf diesen Inseln *Finkenvögel,* die sich ganz unterschiedlich ernähren. Manche haben einen *kräftigen Schnabel,* mit dem sie Früchte und Samen aufbrechen können. Manche suchen ihre Nahrung am Boden, andere auf Kakteen oder Bäumen. Wieder andere haben dünne, *feine*

Schnäbel: Sie ernähren sich vor allem von Insekten. Zu ihnen zählt auch der Spechtfink, den Darwin allerdings nicht kannte. Er lebt wie ein Specht, obwohl er keine lange Spechtzunge hat. Er bricht sich vielmehr einen Kaktusdorn oder ein Ästchen ab. Damit stochert er Insekten und ihre Larven aus Ritzen und Fraßgängen heraus. Darwin bemerkte, daß die Finken auf Galapagos trotz ihrer unterschiedlichen Lebensweise viele *gemeinsame Merkmale* aufweisen. Er fand folgende Erklärung:

Vor langer Zeit gelangten Finken vom amerikanischen Festland auf die 1000 km entfernten Galapagosinseln. Diese Finken fraßen vor allem Samen, nur gelegentlich Insekten. Nun war jedoch die Nahrung für körnerfressende Vögel begrenzt. Unter dem *Einfluß dieser Umwelt* wurden solche Finken begünstigt, die andere Nahrung nutzen konnten.

Im Laufe von Jahrtausenden entstanden so auf den Galapagosinseln verschiedene Arten von Finken.

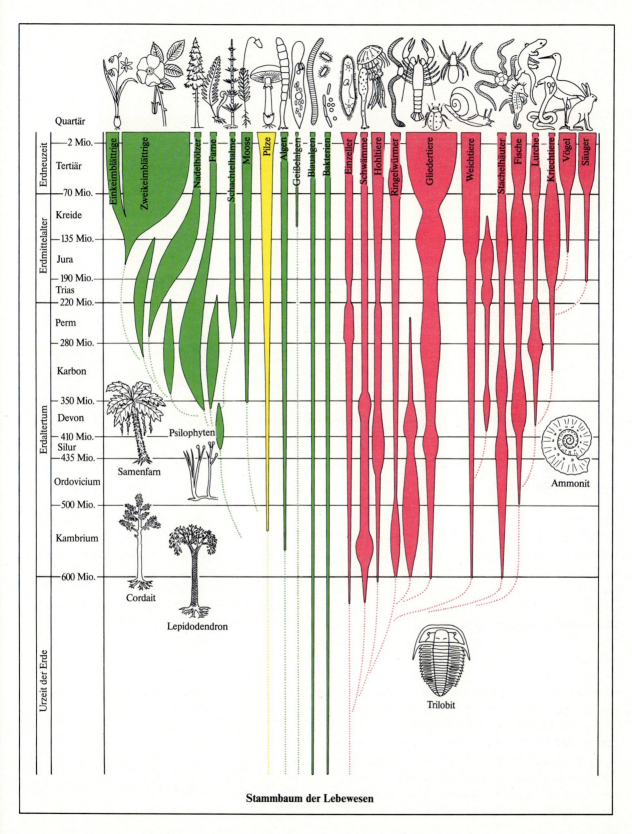

Stammbaum der Lebewesen

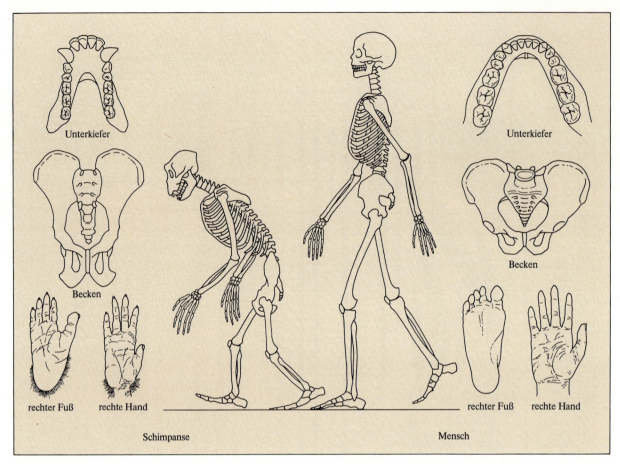

Unterkiefer

Becken

rechter Fuß   rechte Hand

Schimpanse

Unterkiefer

Becken

rechter Fuß   rechte Hand

Mensch

Gemeinsamkeiten

Kein Zweifel, unter allen Lebewesen sind uns die Menschenaffen am ähnlichsten. Wir haben viele Merkmale des Körperbaus mit ihnen gemeinsam: so beispielsweise den Aufbau der Knochen, der Muskeln, der Nieren und der Fingernägel, aber auch die Zusammensetzung des Blutes.

Die Sonderstellung des Menschen

Trotz der vielen gemeinsamen Merkmale unterscheidet sich der Mensch ganz wesentlich von den Menschenaffen.

Körperbau. Unter den Körpermerkmalen fallen die Unterschiede im Bau des *Schädels,* des *Bekkens,* der *Wirbelsäule* und der *Gliedmaßen* auf. Nur der Mensch kann dauernd aufrecht gehen. Menschenaffen gelingt dies nur für kurze Zeit. Die Wirbelsäule des Menschen ist doppelt S-förmig, die der Menschenaffen bogenförmig gekrümmt. Der Mensch hat eine *Greifhand:* sein Daumen

kann den anderen Fingern jeweils gegenüberstehen, der Handteller ist breit. Menschenaffen haben eine Klammerhand. Mit ihr können sie sich im Geäst gut festhalten und schwingen.

Gehirn. Sein großes, leistungsfähiges *Gehirn* macht den Menschen zum einzigen Lebewesen, das über sich selbst nachdenken kann. Der Mensch kann sich an die Vergangenheit erinnern, in die Zukunft planen und *Verantwortung* übernehmen.

Lebensraum. Menschenaffen sind in ganz *bestimmte* Lebensräume *eingepaßt*. Der Mensch dagegen kann sich an die *unterschiedlichsten* Lebensräume *anpassen* und sie aufgrund seiner geistigen Fähigkeiten besiedeln und nutzen.

> Die Sonderstellung des Menschen beruht vor allem auf der Leistungsfähigkeit seines Gehirns. Es ermöglicht ihm, Vergangenheit und Zukunft in seine Überlegungen verantwortlich einzubeziehen.

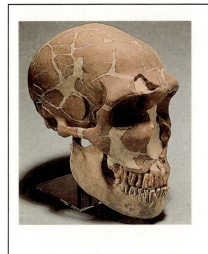

Die Gesichter der Neandertaler ähnelten denen der australischen Ureinwohner. Sie hatten schon ein sehr leistungsfähiges Gehirn.
Neandertaler trugen Kleidung aus Fellen von Wildtieren. Sie stellten vorzügliches Werkzeug her, wie zum Beispiel den Faustkeil. Eines ihrer wichtigsten Beutetiere war das Mammut.

Der Neandertaler-Mensch lebte vor etwa 100 000 bis 30 000 Jahren. Er ist nicht der unmittelbare Vorfahre des heutigen Menschen.

Der Neandertaler-Mensch

Im August 1856 erreichten die Steinbrucharbeiten im *Neandertal* bei Düsseldorf die Felsen mit der kleinen Grotte. Die Arbeiter räumten mit Spitzhacke und Schaufel den Lehm und den Gesteinsschutt am Höhlengrund ab. Dabei entdeckten sie Knochen, die sie zunächst für die Überreste eines Höhlenbären hielten. Aber diese Knochen gehörten zu einem *Menschenskelett*.

Eigentümlich allerdings war das Schädeldach. Es war kräftiger und flacher als das Schädeldach der heute lebenden Menschen. Besonders auffällig waren die starken *Wülste* über den Augen.

Johann Carl Fuhlrott, ein Lehrer, dem die Knochen gezeigt wurden, deutete die Funde als die Überreste eines „sintflutlichen Menschenwesens, einer primitiven, wilden Urrasse." Dieser Meinung stimmten jedoch damals nur wenige Fachleute zu. Erst 30 Jahre später fand man in einer Höhle in Belgien ganz ähnliche Knochen, dieses Mal jedoch zusammen mit Resten von ausgestorbenen eiszeitlichen Tieren. Unter ihnen waren Mammut und Höhlenbär. Jetzt begann sich die Meinung durchzusetzen, daß der *Neandertaler-Mensch* einer *urtümlichen Menschenrasse* zuzurechnen ist. Heute kennt man über 150 Fun-

de von Neandertaler-Menschen. Die ältesten Funde sind etwa 100 000 Jahre alt. Der Neandertaler war kleiner, aber kräftiger gebaut als wir. Er ging aufrecht. Das kann man aus dem Bau des Beinskeletts und des Beckens schließen.

Lebensweise. Die Neandertaler lebten in kleinen Gruppen. Sie sammelten Wildfrüchte, fischten und jagten. Die wichtigsten Jagdtiere waren Wildpferd, Mammut und Höhlenbär. Die Jäger besaßen leistungsfähige Waffen und Werkzeuge aus Stein, Holz, Horn und Knochen. Sie bestatteten ihre Toten sehr sorgfältig.

Cro-Magnon-Menschen auf Mammutjagd. Sie versuchen, ein einzelnes, möglichst junges Tier von der Herde abzutrennen.

Der Cro-Magnon-Mensch gehört zu unseren unmittelbaren Vorfahren.

Der Cro-Magnon-Mensch

1868 fand man in Südfrankreich unter dem Felsdach von *Cro Magnon* Reste eines Menschen, der vor 30 000 Jahren, also gleichzeitig mit den letzten Neandertalern, gelebt hat.

Von diesen *Cro-Magnon-Menschen* kennt man viele Rastplätze unter Felsdächern und Höhleneingängen, aber auch aus dem offenen Land. Sie waren Jäger und verfügten über vielfältigere Werkzeuge als die Neandertaler-Menschen. So kannten sie bereits die Nähnadel mit dem Fadenloch. Sie fertigten Kleidung und Schuhe aus den Fellen der Jagdtiere, Pfeil und Bogen sowie die Speerschleuder waren wichtige Waffen. In den Tälern der Schwäbischen Alb fand man zierliche Plastiken aus Elfenbein und Knochen. Zahllose großartige Felsbilder und Höhlenmalereien der Cro-Magnon-Menschen sind bis heute erhalten. Körperlich und geistig steht uns der Cro-Magnon-Mensch sehr nahe. Er zählt wie wir und der Neandertaler-Mensch zum *Gegenwartsmenschen Homo sapiens.*

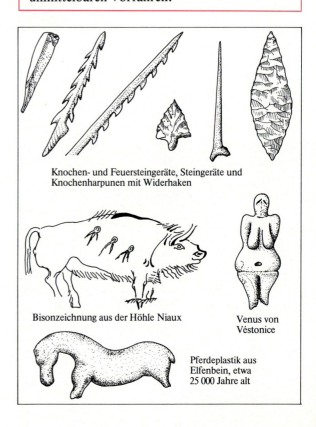

Knochen- und Feuersteingeräte, Steingeräte und Knochenharpunen mit Widerhaken

Bisonzeichnung aus der Höhle Niaux

Venus von Véstonice

Pferdeplastik aus Elfenbein, etwa 25 000 Jahre alt

Die Urmenschen von Mauer und von Steinheim

Wesentlich älter als der Neandertaler-Mensch und der Cro-Magnon-Mensch sind die Reste von urtümlichen Menschen, die man 1907 in einer Sandgrube bei *Mauer* in der Nähe von Heidelberg sowie 1933 in einer Kiesgrube bei *Steinheim* an der Murr fand. In den letzten Jahren kam noch ein Fund in Bad Cannstatt bei Stuttgart hinzu. Das Alter des Skeletts von Steinheim wird heute mit etwa 250 000 bis 230 000 Jahren angegeben. Beide Funde ordnet man einer Gruppe von *Urmenschen* zu, die man *Homo erectus* nennt. Das bedeutet so viel wie „aufgerichteter Mensch". Mit dieser Bezeichnung soll vor allem gesagt werden, daß es sich nicht um einen Menschenaffen, sondern um einen einigermaßen aufrecht gehenden Menschen handelt. Über den Augen hatten diese Homo-erectus-Menschen starke *Knochenwülste*. Ihr Gebiß und ihre Kiefer waren kräftiger als bei den heutigen Menschen.
Aufgrund von Funden weiß man, daß diese Frühmenschen einfache Werkzeuge herstellten und den Gebrauch des Feuers kannten.

> Homo-erectus-Menschen haben sehr viele menschliche Merkmale. Sie werden als Frühmenschen in die Vorfahrenreihe des Menschen gestellt.

Australopithecus – Urmensch oder Menschenaffe?

Die ältesten Funde, die man frühen Vorfahren des Menschen zurechnet, sind etwa 4 Millionen Jahre alt. Sie stammen aus *Ostafrika*. Man faßt sie in der Gruppe *Australopithecus* zusammen. Man kann diese Australopithecinen weder eindeutig den Vorfahren des Menschen noch den Vorfahren der Menschenaffen zuordnen. Sie waren größer und hatten meist einen plumperen Körperbau. Ihr Gebiß war jedoch recht menschenähnlich. Ob die Australopithecinen schon Werkzeuge benutzten, ist unbekannt. Man weiß auch nicht, ob sie eine Sprache hatten.

> Die Australopithecinen waren keine Menschenaffen. Es ist denkbar, daß sie zu den Vorfahren des Menschen gehören.

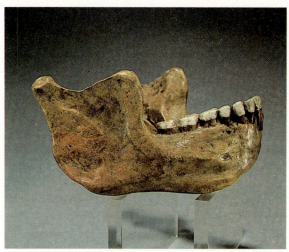

Homo erectus heidelbergensis.
Der Unterkiefer wurde bei Mauer gefunden.

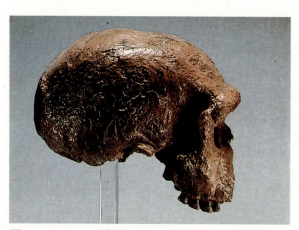

Homo erectus steinheimensis.
Der Fund stammt aus Flußschottern bei Steinheim an der Murr.

Schädel eines Australopithecus

11 Getrennte Wege zum Menschen und zu den Menschenaffen

Wertet man alle Funde aus, so kann man Entwicklungslinien erkennen, die einerseits zum heute lebenden Menschen und andererseits zu den Menschenaffen führen:

Vor 30 bis 20 Millionen Jahren spaltete sich der Ast der Menschenaffenartigen von den Affenartigen ab.

Vor etwa 16 Millionen Jahren wurden die asiatischen Menschenaffen von den afrikanischen Menschenaffen getrennt.

Vor mindestens 6 Millionen Jahren trennte sich der Ast der Menschenartigen zuerst von den Vorfahren des Gorillas und später auch von denen des Schimpansen ab. Aufrechtgehende, menschenähnliche Wesen gibt es in Afrika seit etwa 4 Millionen Jahren.

Vor etwa 2 Millionen Jahren treten eindeutige Vorfahren des Menschen auf.

Der entscheidende Anstoß für die Trennung der menschenaffenartigen und der menschenartigen Lebewesen war wohl eine tiefgreifende Klimaveränderung, die vor ungefähr 7,5 Millionen Jahren einsetzte. Damals begannen sich in den Subtropen weite Baum- und Grassteppen auszubreiten.

Die Vorfahren der Menschen wurden mit den neuen Lebensbedingungen in der *Baumsteppe* am besten fertig. Die Fähigkeit, aufrecht zu gehen, erwies sich in der offenen Landschaft als Vorteil.

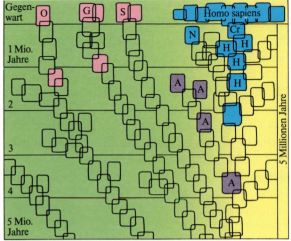

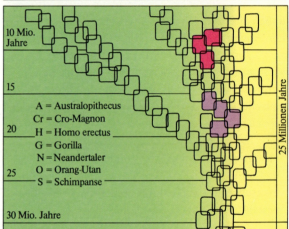

A = Australopithecus
Cr = Cro-Magnon
H = Homo erectus
G = Gorilla
N = Neandertaler
O = Orang-Utan
S = Schimpanse

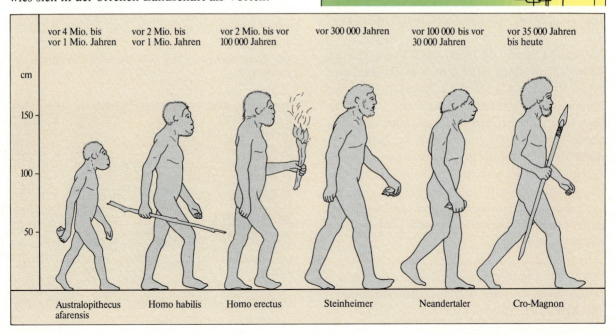

vor 4 Mio. bis vor 1 Mio. Jahren	vor 2 Mio. bis vor 1 Mio. Jahren	vor 2 Mio. bis vor 100 000 Jahren	vor 300 000 Jahren	vor 100 000 bis vor 30 000 Jahren	vor 35 000 Jahren bis heute
Australopithecus afarensis	Homo habilis	Homo erectus	Steinheimer	Neandertaler	Cro-Magnon

12 Die Menschenrassen

Alle heute lebenden Menschen bilden die biologische Art *Homo sapiens sapiens*. Sie stimmen in der überwiegenden Zahl ihrer Merkmale überein. Dennoch kann man zwischen verschiedenen Gruppen deutliche Unterschiede feststellen. Sie zeigen, daß die Entwicklung auch nach dem Cro-Magnon-Menschen weitergegangen ist.

Heute kann man 20 bis 30 Menschenrassen unterscheiden. Die meisten davon lassen sich drei Rassenkreisen zuordnen:
den Europiden, den Mongoliden und den Negriden.

Die Europiden. Zu ihnen zählen die Mitteleuropäer. Zu den Merkmalen dieses Rassenkreises gehören helle Haut, schmale, relativ große, schlanke Nasen und helles, oft glattes Haar.

Die Mongoliden. Die auffälligsten Merkmale sind ein gedrungener Körperbau, stark ausgeprägte Wangenknochen und schlitzförmig verengte Augen. Die Haut hat eine leicht bräunliche Farbe und verfügt über ein
gut entwickeltes Fettgewebe. Die Haare sind dunkel und glatt.

Die Negriden. Die Menschen dieser Rassengruppe sind meist schlank und groß. Die Haut ist dunkel und dadurch sogar für ultraviolettes Licht kaum durchlässig. Die Nase ist häufig breit. Die Haare sind dunkel und kraus.

> Die meisten Menschenrassen zählen zu den Rassenkreisen der Europiden, Mongoliden und Negriden.

Junger Mitteleuropäer

Mongolin aus China

Massai-Mädchen aus Ostafrika

Vorurteile gegen Menschen anderer Rassen

Weder aus der körperlichen Verschiedenheit noch aus unterschiedlichem Verhalten läßt sich eine unterschiedliche Wertigkeit der Rassen ableiten. Dennoch gibt es nach wie vor überall auf der Welt Vorurteile gegen Menschen anderer Rassenzugehörigkeit. Solche Vorurteile sind weder zu begründen noch zu rechtfertigen. Sie verletzen das Grundrecht auf Gleichberechtigung und Menschenwürde.

> Die Menschen aller Rassen sind gleichwertig!

Die Zukunft der Menschheit

Vor 1 Million Jahren lebten vielleicht 100 000 Menschen auf der Erde. Gegen Ende der Eiszeit, vor etwa 10 000 Jahren, wuchs die Erdbevölkerung auf etwa 1 Million Menschen an. Im Jahr 2000 v. Chr. waren es etwa 50 Millionen Menschen. Um die Zeit von Christi Geburt lebten auf der Erde etwa 200 Millionen Menschen, heute sind es etwa 5 Milliarden. Im Jahr 2000 werden es rund 7 Milliarden sein. In vielen Ländern der Erde ist schon heute die Ernährung der rasch wachsenden Bevölkerung nicht mehr gesichert. Rund 500 Millionen Menschen hungern. Auch
die Umwelt wird im Übermaß vom Menschen genutzt. Wälder werden abgeholzt, Steppen veröden. Die Wüste rückt vor. In Europa fallen dem Verkehr und dem Siedlungsbau immer mehr Naturflächen zum Opfer. Die Natur ist bis an ihre Grenzen belastet. Es muß gelingen, das Bevölkerungswachstum weltweit zu stoppen und den Verbrauch an Natur zu beenden.

> Die Natur braucht den Menschen nicht. Der Mensch aber braucht die Natur.

1 Wie unterscheiden sich die verschiedenen Rassenkreise?

Die Zebraspringspinne hat eine Mücke erbeutet.

Balz der Zebraspringspinne

Mit ihren zwei großen und den kleinen Augen kann die Zebraspringspinne fast rundum sehen.

Beobachtungen an der Zebraspringspinne

An sonnenbeschienenen Hauswänden, Mauern und Felsen kann man die kleine *Zebraspringspinne* beobachten. Sie mißt etwa 6 mm. Wie alle Springspinnen baut sie kein Fangnetz, sondern überwältigt ihre Beute im Sprung.

Jagd. Mit ruckartigen Bewegungen klettert die Zebraspringspinne an der Hauswand. Sie scheint ziellos umherzulaufen. Als eine Mücke in ihrer Nähe landet, ändert sich ihr Verhalten. Die Spinne wendet sich mit einem Ruck und läuft auf die Mücke zu. Die letzten 5 cm schleicht sie ganz langsam näher, springt aus 2 cm Entfernung zielsicher auf die Mücke und packt sie mit den Vorderbeinen.

Balz. An den Kiefertastern, die wie Boxhandschuhe geformt sind, erkennt man, daß es ein Springspinnen-Männchen ist. Sobald sich ein Weibchen nähert, wendet sich das Männchen ihm mit einem Ruck zu und läuft bis auf 5 cm Abstand zu ihm hin. Dann reißt das Männchen seine Vorderbeine in die Höhe und winkt damit. Das Weibchen bleibt reglos sitzen. Jetzt läuft das Männchen mit auffälligen Zickzackbewegungen vor dem Weibchen hin und her. Dabei kommt es immer näher.

Begattung. Schließlich berührt das Männchen mit gerade nach vorn gestreckten Vorderbeinen das Weibchen, betastet es und klettert auf seinen Rücken. Als das Männchen mit seinen Vorderbeinen das Weibchen betrommelt, dreht es den Hinterleib. Das Männchen kann es nun begatten. Einer der Kiefertaster dient dabei als Begattungsorgan.

Kampf und Flucht. Begegnen sich zwei Springspinnen-Männchen, bedrohen sie sich durch Heben und Senken der Beine. Das schwächere der beiden Tiere weicht schließlich zurück. Vor einem Feind, beispielsweise einer Wegwespe, fliehen Zebraspringspinnen mit einem bis zu 20 cm weiten Sprung.

Körperbau und Verhalten. Die Zebraspringspinne besitzt zwei große und mehrere kleine *Augen*, mit denen sie alles wahrnehmen kann, was in ihrer Umgebung vorgeht. Ihre *Sprungbeine* befähigen sie zu schneller Annäherung oder Flucht. Mit Hilfe ihrer *Giftklauen* kann sie Beutetiere rasch töten. In ihrem Körperbau ist also die Springspinne gut *an ihre Umwelt angepaßt.* Doch nur wenn die Spinne auch das entsprechende *Verhalten* zeigt, werden diese Anpassungen wirksam: Einer Springspinne, die zum Beispiel nicht sofort flieht, wenn sich eine Wegwespe nähert, nützen ihre Sprungbeine gar nichts.

Erst das Verhalten eines Tiers bringt die Anpassung in seinem Körperbau zur Wirkung. Dabei versteht man unter Verhalten alles, was Tiere tun: *Bewegungen, Körperhaltungen, Lautäußerungen, Duftabsonderungen, Farbwechsel* und *Formänderungen.*

1 Angeborenes Verhalten

Wie jedes Tier besondere Organe benötigt, um in seiner Umwelt zu bestehen, braucht es auch die passenden *Verhaltensweisen,* um die Organe einzusetzen. Diese lebenswichtigen Verhaltensweisen werden oft ebenso vererbt wie Merkmale im Körperbau. Solches Verhalten nennt man *angeboren.* Das bedeutet aber nicht, daß die Verhaltensweise gleich nach der Geburt oder dem Schlüpfen aus dem Ei vorhanden sein muß.

Woran läßt sich dann angeborenes Verhalten erkennen? Wenn bei allen Tieren einer Art eine bestimmte Verhaltensweise ganz gleichförmig abläuft, ist das ein deutlicher Hinweis. Mit Sicherheit läßt sich jedoch nur durch *Versuche* entscheiden, ob eine Verhaltensweise angeboren ist oder gelernt werden muß.

Kaspar-Hauser-Versuche. Eine junge *Zebraspringspinne* wird gleich nach dem Schlüpfen von ihren Geschwistern getrennt gehalten. Sie reagiert auf ihr erstes Beutetier mit Zuwenden, Heranlaufen, Anschleichen und Sprung, ganz so, wie es eine alte, erfahrene Spinne getan hätte. Sie mußte dieses Verhalten weder vorher üben, noch hatte sie Gelegenheit, es einem Artgenossen abzusehen. Es ist ihr also angeboren.

Solche Versuche, bei denen Tiere *allein aufgezogen* werden, damit sie keine Erfahrung sammeln können, nennt man *Kaspar-Hauser-Versuche.*

Sie haben ihren Namen von einem Findelkind, das im Jahre 1828 in Nürnberg auftauchte und angeblich ohne Kontakt zu anderen Menschen aufgewachsen war.

Schlüsselreize und Attrappenversuche. Legt man einer Springspinne eine tote Mücke oder Fliege vor, beachtet sie diese nicht. Dagegen jagt sie ein Eisenkügelchen, das hin- und herrollt, und versucht es im Sprung zu fangen. Offenbar spielt die Form der Beute kaum eine Rolle. Die Bewegung allein ist der *Reiz,* der das Verhalten Beutejagd *auslöst.* Solche Reize, die bestimmte Verhaltensweisen auslösen, nennt man *Schlüsselreize.*

Welche Reize als Schlüsselreize wirken, kann man durch Versuche mit *Attrappen* herausfinden. Attrappen sind künstlich nachgebildete, oft stark vereinfachte Reize wie das Eisenkügelchen im Beispiel oben. Viele angeborene Verhaltensweisen lassen sich durch Attrappen genauso auslösen wie durch

den natürlichen Reiz. Bei der Springspinne lösen nicht nur Kügelchen, sondern auch kleine Würfel und tote Fliegen die Beutejagd aus, sofern sie nur bewegt werden.

> Angeborene Verhaltensweisen werden durch Schlüsselreize ausgelöst. Mit Kaspar-Hauser-Versuchen stellt man fest, ob ein Verhalten angeboren ist. Mit Attrappenversuchen überprüft man, welche Reize als Schlüsselreize wirken.

Instinkthandlungen. Eine satte Springspinne reagiert selbst auf die verlockendste Beute nicht. Viele angeborene Verhaltensweisen können nur ausgelöst werden, wenn bei dem Tier eine *Handlungsbereitschaft* dazu besteht, es also „in der richtigen Stimmung" ist. Solche angeborene Verhaltensweisen nennt man *Instinkthandlungen.*

> Instinkthandlungen sind angeborene Verhaltensweisen, die durch das Zusammenwirken von Handlungsbereitschaft und Schlüsselreiz zustande kommen.

1 „Tiere reagieren wie Automaten." – Stimmt diese Aussage? Gib Beispiele.

2 Katzen sind Schleichjäger. Sie haben kräftige Beine, weiche Ballen an den Füßen, spitze Krallen und ein Raubtiergebiß. Durch welche Verhaltensweisen werden diese Anpassungen im Körperbau wirksam?

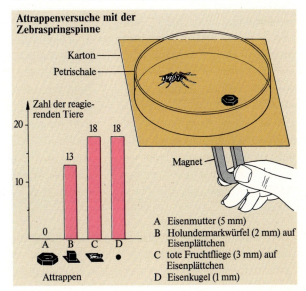

Attrappenversuche mit der Zebraspringspinne

Karton — Petrischale —

Magnet —

Zahl der reagierenden Tiere

20 — 13 — 18 — 18

10

0

A B C D
Attrappen

A Eisenmutter (5 mm)
B Holundermarkwürfel (2 mm) auf Eisenplättchen
C tote Fruchtfliege (3 mm) auf Eisenplättchen
D Eisenkugel (1 mm)

2 Lernen

Ein Eichhörnchen klettert zu seinem Kobel immer über eine alte Eiche. Als die Eiche gefällt wird, muß es einen neuen Weg suchen. Nach wenigen Tagen klettert es stets über eine große Tanne.

Bussarde sitzen besonders im Winter häufig in Straßennähe. Sie haben die Erfahrung gemacht, daß hier oft tote Tiere zu finden sind, die ihnen als Notnahrung dienen.

Wildtiere sind also in der Lage zu *lernen*. Lernen heißt: Erfahrung sammeln und sie später wieder verwenden.

Vergleicht man angeborenes und erlerntes Verhalten miteinander, so zeigt sich, daß beide Vor- und Nachteile haben. Lernen braucht Zeit und ist mühsam. Es erlaubt aber, sich an unterschiedliche Umweltbedingungen anzupassen. Angeborenes Verhalten steht zur Verfügung, sobald es benötigt wird. Es läuft jedoch immer in fast gleicher Weise ab und kann wechselnden Umweltbedingungen nicht gerecht werden. Das Verhalten der meisten Tiere ist daher eine *Mischung aus angeborenen und erlernten Verhaltensweisen.*

Eidechsen ohne jede Scheu

Alter und junger Austernfischer bei der Nahrungssuche

Bettelnder Braunbär im Zoo

Formen des Lernens
Gewöhnung. Eidechsen sind scheue Tiere. Nähert man sich ihnen auf wenige Schritte, fliehen sie sofort in ihr Versteck. Kommen jedoch ständig Menschen in die Nähe, können sie sich an deren Anwesenheit *gewöhnen*. Sie zeigen dann nicht mehr ihr angeborenes Fluchtverhalten. Manchmal lassen sie sich mit Futter sogar auf die Hand locken.

> Gewöhnung bedeutet: Eine vorher vorhandene Reaktion geht verloren.

Nachahmung. Junge Austernfischer laufen den Eltern einige Wochen lang bei der Nahrungssuche hinterher und sehen ihnen zu, wie sie Muscheln öffnen. Bald versuchen sie, die Muscheln ebenso zu öffnen.

Ein junger Gorilla beobachtet mehrmals, wie seine Mutter die Hand in eine Wasserlache taucht und das Wasser ableckt. Darauf verhält er sich genauso.

> Nachahmung bedeutet: Ein Verhalten wird von einem Vorbild übernommen.

Lernen am Erfolg. Als der Bär sich im Zoo auf die Hinterbeine stellte, sah es so aus, als würde er mit den Vordertatzen betteln. Die Besucher warfen ihm Futter zu. Nachdem sich der Ablauf mehrmals wiederholt hatte, bettelte der Bär tatsächlich. Er hatte die *Bewegung gelernt,* weil er mit ihr *Erfolg* hatte, und setzte sie nun ein.

> Lernen am Erfolg bedeutet: Ein zufällig aufgetretenes Verhalten ist erfolgreich und wird beibehalten.

Lernversuche lassen sich mit dem Y-Labyrinth gut durchführen. Das Labyrinth kannst du dir aus Pappe, besser aber aus einer Kunststoffrinne, wie sie im Baustoffhandel zu kaufen ist, zurechtsägen und mit Plastikkleber zusammenkleben. Als Versuchstiere eignen sich weiße Maus, Goldhamster oder Rennmaus.

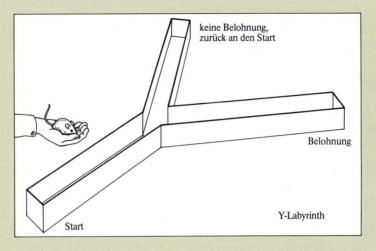

keine Belohnung, zurück an den Start

Belohnung

Start

Y-Labyrinth

Papierfähnchen zur Musterdressur

1 Dressur auf „rechts"

Das Versuchstier wird an den Startpunkt des Labyrinths gesetzt. Wenn es in den rechten Schenkel des Labyrinths läuft, wird es am Endpunkt mit einer sehr kleinen Menge seines Lieblingsfutters belohnt. Wendet es sich an der Gabelung nach links, bekommt es keine Belohnung und wird gleich an den Start zurückgesetzt. Etwa eine Woche lang soll das Versuchstier täglich 5 Läufe durchführen. Im Versuchsprotokoll wird vermerkt: Datum, Uhrzeit, Nummer des Laufs, Richtigwahl oder Falschwahl, Laufdauer. Zeichne aus den Versuchsergebnissen ein Diagramm, in das du die Nummer des Versuchs gegen die Laufdauer oder den Versuchstag gegen die Fehlerzahl aufträgst.

2 Musterdressur

An der Gabelung hängt man Papierfähnchen wie Klapptüren ins Labyrinth. Sie werden mit unterschiedlichen, aber gleich großen Mustern, beispielsweise Kreuz und Kreis, bemalt. Das Tier erhält immer dann eine Belohnung, wenn es den Kreis wählt. Die Papierfähnchen müssen nach dem Zufall zwischen linkem und rechtem Schenkel gewechselt werden. Am besten wirfst du dazu eine Münze: „Zahl" bedeutet Kreismuster links, „Wappen" bedeutet Kreismuster rechts. Lernt dein Tier, Muster zu unterscheiden?

Warum darf man mit den Mustern nicht einfach zwischen linkem und rechtem Schenkel abwechseln?

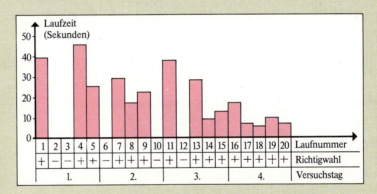

	1	2	3	4	5	6	7	8	9	10	11	12	13	14	15	16	17	18	19	20	Laufnummer
	+	−	−	+	+	−	+	+	+	−	+	−	+	+	+	+	+	+	+	+	Richtigwahl
			1.					2.					3.					4.			Versuchstag

Wie man Versuchsfehler vermeidet

Damit sich das Versuchstier bei seiner Entscheidung nicht vom Geruchssinn leiten lassen kann, mußt du das Labyrinth nach jedem Lauf auswischen. Verwende dazu Spiritus, den du mit der gleichen Menge Wasser verdünnst.

Verhalte dich während eines Versuchs völlig ruhig, sprich nicht und beuge dich nicht über das Labyrinth. Sonst macht das Versuchstier Fehler, die mit dem Lernen nichts zu tun haben.

Das Gänsekind Martina

„Meine erste kleine Graugans war also auf der Welt… Lange, sehr lange sah mich nun das Gänsekind an. Und als ich eine Bewegung machte und ein kurzes Wort sprach, löste sich mit einem Male die gespannte Aufmerksamkeit, und die winzige Gans grüßte: Mit weit vorgestrecktem Hals und durchgedrücktem Nacken sagte sie sehr schnell und vielsilbig den graugänsischen Stimmfühlungslaut, der beim kleinen Küken wie ein feines, eifriges Wispern klingt … Noch wußte ich nicht, welch schwere Verpflichtungen ich damit auf mich genommen hatte … Ich wollte nämlich die Gänseküken einer Hausgans anvertrauen … Ich steckte mein Gänsekind tief unter den weichen warmen Bauch der alten Gans und war überzeugt, das Meinige getan zu haben. Aber da blieb wohl noch viel zu lernen.

Es dauerte ein paar Minuten, … da ertönte unter der Weißen hervor, wie fragend, ein leises Wispern: Wiwiwiwiwi? Sachlich und beruhigend antwortete die alte Gans mit demselben Stimmfühlungslaut, nur in ihrer Tonlage: Gangangangang. Doch anstatt sich daraufhin zu beruhigen, wie jedes vernünftige Gänsekind getan hätte, kam meines rasch unter dem wärmenden Gefieder hervorgekrochen, sah mit einem Auge empor, der Pflegemutter ins Gesicht und – lief laut weinend von ihr weg: Pfühp … pfühp… pfühp … Es hätte einen Stein rühren können, wie das arme Kind mit überschnappendem Stimmchen weinend hinter mir herkam, stolpernd und sich überkugelnd, aber mit erstaunlicher Geschwindigkeit und einer Entschlossenheit, deren Bedeutung nicht mißzuverstehen war: Ich, nicht die weiße Hausgans, sei ihm Mutter! Seufzend schulterte ich mein Kreuzchen …"

Konrad Lorenz

Konrad Lorenz mit auf ihn geprägten jungen Gänsen

Prägung. Befaßt man sich mit einem *frisch geschlüpften Gänseküken* auch nur für kurze Zeit, so schließt es sich keinem Artgenossen, sondern dem Menschen an! Es folgt ihm überallhin nach, wie es sonst seiner Mutter folgen würde. *Konrad Lorenz,* einer der „Väter der Verhaltensforschung", der diese besondere Form des Lernens entdeckte, nannte sie *Prägung.* Er wollte damit ausdrücken, daß das einmal Erlernte *kaum mehr verändert* werden kann, wenn eine eng begrenzte, erblich festgelegte Zeitspanne verstrichen ist.

Im Versuch lassen sich junge Gänse oder Enten sogar auf bewegte Attrappen prägen. In der Natur sind dagegen Fehlprägungen kaum möglich, weil die Jungtiere ja in engem Kontakt mit ihren Eltern aufwachsen. Durch Prägung wird nicht nur das Aussehen der Eltern gelernt. Junge Gänse, aber auch Hühner und manche andere Vögel lernen durch Prägung, wie ihr späterer Geschlechtspartner aussieht. Mutterschafen prägt sich der Geruch ihres Lämmchens in der ersten halben Stunde nach der Geburt ein.

> Die Prägung ist ein besonderer Lernvorgang: Sie ist nur in einem festgelegten, frühen Entwicklungsabschnitt möglich, geht oft sehr schnell und kann später kaum mehr verändert werden.

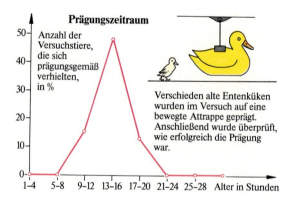

Verschieden alte Entenküken wurden im Versuch auf eine bewegte Attrappe geprägt. Anschließend wurde überprüft, wie erfolgreich die Prägung war.

1 Unter welchen Bedingungen wird eine junge Gans auf den Menschen geprägt?

2 Was muß ein Schäfer tun, damit ein verwaistes Lämmchen von einem anderen Mutterschaf angenommen wird?

Einsicht. Einem Hund wird hinter einem Zaun eine Wurst angeboten. Um sie fressen zu können, müßte er um das Hindernis herumlaufen. Eine solche *Umwegaufgabe* durchschaut der Hund nicht. Er läuft ziemlich lange an dem Zaun hin und her, bis er zufällig den Weg um das Hindernis herum findet.

Uns kommt eine solche Aufgabe ganz einfach vor, weil wir den Lösungsweg in Gedanken vorausplanen. Man spricht dann von *Lernen durch Einsicht*. Dazu ist ein Hund nicht fähig.

Viele Versuche mit den verschiedensten Tieren zeigen, daß nur ganz wenige Arten sich einsichtig verhalten, also vorausplanen können. Dazu gehören vor allem die Menschenaffen. Der rechnende Zirkushund oder das Fernsehpferd, das im Notfall Hilfe herbeiholt, sind dagegen nur gut dressiert. Ohne Dressur würden sie diese Leistungen nicht fertigbringen.

Voraussicht und *Handeln nach Plan* sind wichtige Kennzeichen unserer eigenen *Intelligenz*. Deshalb nennt man auch Tiere, die sich einsichtig verhalten, „intelligent". Man sollte sie jedoch nicht mit menschlichen Maßstäben messen.

> Wenn ein Tier ohne vorheriges Probieren plötzlich eine Aufgabe löst, zeigt es einsichtiges Verhalten.

1 Suche Beispiele, wo man das Verhalten eines Tiers „intelligent" nennt. Prüfe, ob das wirklich zutrifft.

2 Wie würde ein Schimpanse auf die oben gezeichnete Umwegaufgabe reagieren?

Die Schimpansin Julia

Die junge Schimpansin Julia des Verhaltensforschers *Jürgen Döhl* lernte in verschiedenen Versuchen immer schwierigere Umwegaufgaben.

„Zunächst lernte sie, bei mir einen kleinen Eisenring gegen eine Futterbelohnung einzutauschen. Der Ring kam dann in ein Labyrinthsystem, das aus schmalen weißen Gängen zwischen grauen „Mauern" bestand. Dieses Labyrinth .... war auf ein Brett montiert und wurde durch Versetzen der Mauern ... von Versuch zu Versuch sehr stark verändert. Darüber lag eine Plexiglasplatte. Julia erhielt einen Magneten an einem Griff und mußte ihn auf der Glasscheibe so bewegen, daß darunter ein Ring im Gang mitrutschte bis zu einem Ausgang am Brettrande ... Zu Beginn eines Versuchs lag der Ring auf einem Startpunkt, von dem aus es nach rechts oder links in das Labyrinth hineinging. Aber jeweils nur ein Gangsystem, das rechte oder das linke, hatte, unregelmäßig abwechselnd, einen Ausgang. Eine einmal getroffene Entscheidung war nicht rückgängig zu machen. Julia mußte also, bevor sie handelte, die Situation überblicken .... Bei den letzten 100 kompliziertesten Aufgaben ... entschied sie sich nur 14mal falsch. Bei 9 dieser Aufgaben brauchte sie im Durchschnitt 51, im Höchstfall 137 Sekunden bis zur Entscheidung. 6 Studenten, die dieselben Aufgaben lösten, benötigten durchschnittlich 21 Sekunden."

Jürgen Döhl

Die Schimpansin Julia beim Lösen einer Umwegaufgabe. Sie führt gerade den Eisenring mit dem Magneten vom Startpunkt weg. Hat sie den richtigen Gang gewählt?

3 Tiere untereinander

Zwei Buntbarsch-Männchen über ihren Gruben. Bei dem Männchen links hat sich ein Weibchen eingefunden. Oben nähern sich weitere Männchen.

Maulkampf zweier Buntbarsch-Männchen

Fortpflanzungsverhalten bei Buntbarschen

Wer ein Aquarium besitzt, kennt sicher die farbenprächtigen *Buntbarsche*. Sie sind beliebte und besonders interessante Aquarienfische. Die meisten Buntbarsche stammen aus Afrika und Südamerika. Es gibt mehrere hundert Arten.

Revier. Der *Natal-* oder *Mosambikbuntbarsch* kommt in ganz Afrika in Flüssen und Seen vor. Den größten Teil des Jahres lebt er im *Schwarm*. Zur Fortpflanzungszeit sondern sich die Männchen vom Schwarm ab. Im seichten Wasser der Uferzone heben sie mit dem Maul eine flache Grube aus. Nähert sich ein anderes Männchen der Grube, wird es sofort angegriffen. Die Grube ist ein verteidigter Bezirk, ein *Revier*.

Bevor es zum *Kampf* kommt, spreizt der Revierinhaber drohend die Kiemendeckel ab und stellt die Flossen auf. Dann schwimmt er dem Eindringling an die Seite und peitscht das Wasser mit Schwanzschlägen. Weicht der Rivale daraufhin nicht, wird er in die Seite gerammt, manchmal auch am Maul gepackt und rückwärts weggezerrt. Der Rivale wehrt sich auf dieselbe Weise. Das unterlegene Tier legt bald die Flossen an. Seine kräftige Kampffärbung verblaßt. So zeigt es an, daß es zum Aufgeben bereit ist, und kann fliehen. Sowohl das Ausheben der Grube als auch die Verhaltensweisen beim Revierkampf, also *Drohen, Schwanzschlagen, Rammen* und *Maulkampf,* laufen immer gleich ab. Es handelt sich um *angeborene Verhaltensweisen.*

Die Männchen des Mosambikbuntbarsches haben zur Fortpflanzungszeit Reviere. Ein Revier ist ein Gebiet, das durch Drohen und Kampf gegen Artgenossen verteidigt wird.

Revierverhalten

Nicht nur Buntbarsche, sondern auch viele andere Tiere besitzen *Reviere,* vor allem während der Fortpflanzungszeit. Die Reviergröße schwankt je nach Tierart. Das Abgrenzen und Kennzeichnen eines Reviers nennt man *Markieren*. Die verschiedenen Tiere markieren ihr Revier auf ganz unterschiedliche Weise: *Buntbarsche* schwimmen in Kampffärbung an der Grenze entlang, *Grillen* zirpen vor ihrer Wohnhöhle, *Vögel* singen von Singwarten im Revier, *Hunde* markieren ihr Revier mit Urin.

Reviere bieten ihren Besitzern große Vorteile: Sie sichern Nahrung, Fortpflanzung und Aufzucht der Jungen. Weil geeignete Gebiete fast immer knapp sind, entsteht um die Reviere ein harter Wettbewerb zwischen den Artgenossen.

Buntbarschpaar beim Laichen. Das Weibchen sammelt die Eier auf.

Nachts und bei Gefahr nimmt das Buntbarsch-Weibchen die Jungen wieder ins Maul auf.

Balz. Schwimmt ein *Mosambikbuntbarsch-Weibchen* in das Revier eines Männchens, wird es anfangs wie ein Rivale angedroht und sogar angegriffen. Das Weibchen droht aber nicht zurück, sondern verhält sich ruhig. Schließlich werden die Angriffe des Männchens schwächer. Es schwimmt nun kopfunter vor dem Weibchen her zum Mittelpunkt der Grube. Hier schwimmen beide Partner mehrmals im Kreise. Dann laicht das Weibchen in der Grube ab und sammelt die Eier mit dem Maul auf. Dabei werden sie mit den Spermazellen vermischt, die das Männchen fast zur selben Zeit in die Laichgrube abgegeben hat. In mehreren Schüben werden so bis zu 250 Eier besamt und im Maul des Weibchens geborgen. Mosambikbuntbarsche sind nämlich *Maulbrüter*. Anschließend verjagt das Männchen das Weibchen aus dem Revier.

Auch die einzelnen Verhaltensweisen der *Balz* sind den Mosambikbuntbarschen *angeboren*. Das Verhalten von Männchen und Weibchen ist gut aufeinander abgestimmt. Jede Verhaltensweise des einen ist ein *Schlüsselreiz,* der ein Antwortverhalten des anderen auslöst. So entsteht eine *Handlungskette,* die zum Ablaichen führt:

– Auf die Angriffe des Männchens reagiert das Weibchen mit Ruhigbleiben.
– Am Ruhigbleiben erkennt das Männchen das Weibchen und reagiert mit Kopfunter-Schwimmen.
– Das Kopfunter-Schwimmen löst das Nachfolgen des Weibchens zur Laichgrube aus.

> Unter Balz versteht man alle Verhaltensweisen, die die Paarung einleiten. Beim Mosambikbuntbarsch bilden die Balz-Verhaltensweisen von Männchen und Weibchen eine Handlungskette.

Brutpflege. Geschützt vor Feinden, entwickeln sich die *Eier* in der *Mundhöhle* des Buntbarsch-Weibchens. Es frißt in dieser Zeit nicht. Durch Kaubewegungen schichtet es die Eier immer wieder um, so daß sie gleichmäßig von frischem Atemwasser umspült werden. Nach etwa zwei Wochen schlüpfen die *Jungen.* Sie bleiben aber noch *im Maul der Mutter,* bis sie etwa 1 cm groß sind und gut schwimmen können. Dann werden sie ausgespuckt und suchen sich Nahrung. Nachts oder bei Gefahr nimmt die Mutter die Jungen wieder auf. Erst nach einer Woche gehen die Jungfische eigene Wege.

> Der Mosambikbuntbarsch betreibt Brutpflege. Zur Brutpflege zählt man alle Verhaltensweisen von Tieren, die dem Schutz und der Versorgung der Jungen dienen.

1 Zeichne ein Schema von der Kette des Balzverhaltens beim Mosambikbuntbarsch.

2 Woran kann man bei Buntbarschen erkennen, welches Tier im Revierkampf dem anderen überlegen ist?

3 Welche Balz-Verhaltensweisen von Tieren kennst du?

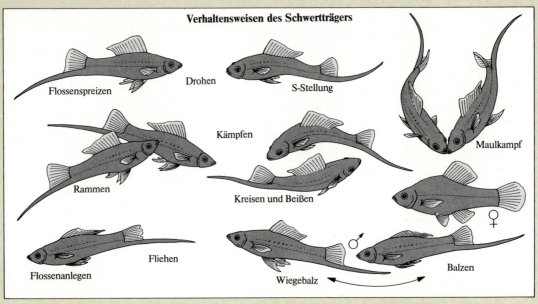

Verhaltensweisen des Schwertträgers

Flossenspreizen

Drohen

S-Stellung

Maulkampf

Kämpfen

Rammen

Kreisen und Beißen

♀

Flossenanlegen

Fliehen

♂

Wiegebalz

Balzen

Haltung und Pflege des Schwertträgers

Schwertträger stammen aus Mexiko. Pflege sie in einem gut bepflanzten, mit Heizung und Filteranlage ausgerüsteten Aquarium bei 25 °C Wassertemperatur. Für die Beobachtung ist es günstig, wenn du das Aquarium durch aufgeklebte Fäden oder Klebestreifen in Beobachtungsabschnitte unterteilst. In ein 50-l-Becken kann man 4 Fische einsetzen.

Verhaltensbeobachtungen am Schwertträger

– Versuche die abgebildeten Verhaltensweisen an deinen Fischen wiederzuerkennen.
– Lege einige Protokollblätter an, in die du deine Beobachtungen einträgst.
– Beobachte und halte im Protokollblatt fest, wie sich reine Männchengruppen oder reine Weibchengruppen verhalten. Setze dann Männchen und Weibchen zusammen und beobachte erneut.
– Beobachte im Abstand von einigen Tagen, wo sich die einzelnen Tiere aufhalten. Lassen sich bevorzugte Plätze erkennen? Werden diese verteidigt?

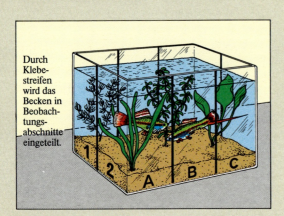

Durch Klebestreifen wird das Becken in Beobachtungsabschnitte eingeteilt.

Verhaltensbeobachtungen am Schwertträger

Das Aquarium ist mit 3 Männchen besetzt: ●, ●, ●.

Beobachtung am 4. Tag nach der Eingewöhnung. Das Protokoll hält im Abstand von einer Minute fest, wo sich die Tiere aufhalten.

	A	B	C
1	● ● ●	● ●	● ● ● ● ● ● ●
2	● ● ● ● ●	● ● ●	● ● ● ● ● ●

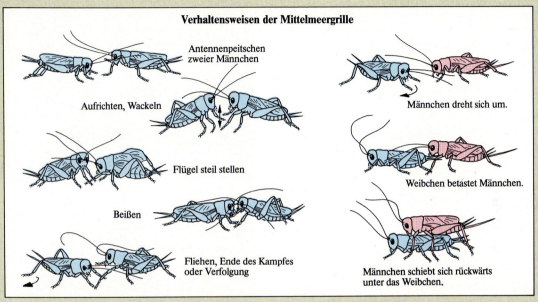

Verhaltensweisen der Mittelmeergrille

Antennenpeitschen zweier Männchen

Aufrichten, Wackeln

Flügel steil stellen

Beißen

Fliehen, Ende des Kampfes oder Verfolgung

Männchen dreht sich um.

Weibchen betastet Männchen.

Männchen schiebt sich rückwärts unter das Weibchen.

Haltung und Pflege der Mittelmeergrille

Die Mittelmeergrille aus dem Zoohandel kannst du in einer Plastikwanne halten, die mit Fliegendraht abgedeckt wird. Die Wanne sollte an einem warmen Platz stehen. Der Boden wird mit einem Gemisch aus Sand und Torf bedeckt. Eierkartons eignen sich als Unterschlupf. Das Futter aus Salat, Haferflocken und Hunde-Trockenfutter muß täglich erneuert werden. Ein wassergefülltes Röhrchen, das mit Schaumstoff verschlossen und umgekehrt in den Behälter gestellt wird, dient als Tränke.

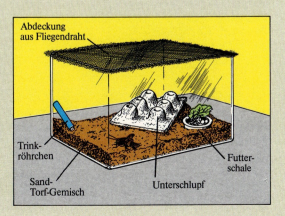

Abdeckung aus Fliegendraht

Trinkröhrchen

Sand-Torf-Gemisch

Unterschlupf

Futterschale

Im Verhalten der Mittelmeergrille spielen auch Lautäußerungen eine Rolle.

Regelmäßiges Zirpen („Kri-kri-kri-kri") bedeutet Anlocken des Weibchens.

Leises Zirpen („Zick-zick-zick") bedeutet Balz, Einleitung der Paarung.

Lautes Schrillen („Kriii-kriii-kriii") bedeutet Drohung gegen Rivalen.

Verhaltensbeobachtungen an der Mittelmeergrille

– Setze zwei Tiere zusammen, die zuvor zwei Tage einzeln gehalten wurden.

Welche Verhaltensweisen beobachtest du, wenn Männchen und Weibchen zusammengesetzt werden?

Welche Verhaltensweisen beobachtest du, wenn zwei Männchen zusammengesetzt werden?

– Nimm die verschiedenen Weisen des Grillenzirpens mit dem Tonband auf.

Spiele die Aufnahme des Lockgesangs einem Weibchen vor, das zuvor zwei Tage einzeln gehalten wurde.

Spiele einem Männchen Rivalengesang vor.

Was kannst du beobachten?

– Streiche einem Grillenmännchen mit einem Wattestäbchen vorsichtig etwas Vaseline auf die Flügel. Es kann dann für etwa einen Tag nicht mehr zirpen. Beobachte sein Verhalten gegenüber Weibchen und anderen Männchen.

4 Tiergesellschaften

Ob Tiere als *Einzelgänger* leben oder aber *Herden, Schwärme, Staaten, Rudel* oder *Trupps* bilden, ist ihnen *angeboren.* Zwischen den *Tiergesellschaften* bestehen jedoch Unterschiede.

Starenschwarm. Ein *Star* landet auf der Wiese. Weitere Stare folgen und laufen Nahrung suchend durch das Gras. Immer neue Trupps landen. Da taucht ein Greifvogel am Himmel auf. Nur wenige Stare haben ihn gesehen, aber gleich fliegt der ganze Schwarm gemeinsam davon.

Ein Starenschwarm ist für jeden Star offen. Die Tiere sind einander nicht persönlich bekannt, sie sind anonym. Tiergesellschaften, die so aufgebaut sind, nennt man *offene anonyme Verbände.*

Wespenstaat. Mehrere tausend *Wespen* bewohnen das Wespennest. Ständig fliegen Arbeiterinnen heran, die auf Nahrungssuche waren. Am Nesteingang werden sie von anderen Arbeiterinnen mit den Fühlern betastet, angebettelt und beleckt. Plötzlich herrscht Aufregung am Nesteingang. Eine Wespe aus einem anderen Volk ist eingedrungen! Sie wird umringt und aus dem Nest geworfen. Die Wespen eines Volkes kennen sich nicht persönlich. Sie besitzen aber einen *gemeinsamen Nestgeruch,* an dem sie einander als Angehörige desselben Volkes erkennen. Dadurch bilden sie eine geschlossene Gesellschaft. Alle Tiergesellschaften, die ähnlich aufgebaut sind, nennt man *geschlossene anonyme Verbände.*

Paviantrupp. Ein Trupp *Mantelpaviane* rastet. Der Anführer, ein erwachsenes Männchen, läßt sich von einem der Weibchen das Fell pflegen. Da erschreckt ein ungewohntes Geräusch die Tiere. Das Männchen erklettert einen kleinen Hügel und späht in die Runde. Weibchen und Jungtiere rücken dicht zusammen. Erst als das Männchen sich wieder bei der Gruppe niederläßt, beruhigen sich alle.

In einem Paviantrupp kennt jedes Tier jedes andere persönlich. Solche Tiergesellschaften kommen fast nur bei Säugetieren und Vögeln vor. Man nennt sie *geschlossene nicht anonyme Verbände.*

> Viele Tiere bilden Verbände. Man unterscheidet offene und geschlossene, anonyme und nicht anonyme Verbände.

Starenschwarm

Wespennest

Mantelpaviangruppe

5 Verhalten in der Gruppe

In Alaska, im Norden von Kanada und der Sowjetunion kommen Wölfe noch häufig vor. Sie leben meist in *Rudeln* von 5 bis 20 Tieren. Die Mitglieder eines Rudels kennen sich persönlich an Geruch, Aussehen und Stimme. In ihrem Verhalten sind sie ganz auf das *Zusammenleben in der Gruppe* eingestellt.

Revier. Jedes Wolfsrudel beansprucht ein 300 bis 1000 km² großes Wohn- und Jagdgebiet und verteidigt es gegen fremde Wölfe. Mit Urin und Kot, aber auch durch Heulen im Chor *markiert* das Rudel sein *Revier*.

Jagd. Gemeinsam machen die Wölfe Jagd auf Elche, Hirsche und Rentiere. Nur im Rudel gelingt es ihnen, Beutetiere dieser Größe kilometerweit zu verfolgen und schließlich zu überwältigen. Einzeln jagen sie Mäuse, Lemminge und Hasen.

Verständigung. Die Mitglieder des Rudels *verständigen sich* auf vielfältige Weise. Gemeinsames Heulen, Schnauzenstoßen und Fellriechen stärken den Zusammenhalt im Rudel. Winseln, Wuffen und Knurren sind Bettel-, Droh- und Warnlaute. Das wichtigste Verständigungsmittel der Wölfe ist jedoch ihre *Körpersprache*. Körperhaltung, Gesichtsausdruck und die Stellung von Nackenhaaren, Ohren und Schwanz spielen darin eine wichtige Rolle.

Rangordnung. An der Spitze des Rudels stehen das ranghöchste Männchen und das ranghöchste Weibchen, die *Leitwölfe*. Aber auch jeder andere Wolf nimmt einen ganz bestimmten *Rang* im Rudel ein. Dabei haben Männchen und Weibchen ihre eigene *Rangordnung*. Je höher ein Tier in der Rangordnung steht, desto mehr Vorrechte hat es an der Jagdbeute oder an bevorzugten Plätzen. Nur die Leitwölfe pflanzen sich fort. An der Aufzucht der Jungen dagegen beteiligen sich alle Wölfe. Sie tragen Futter herbei, bewachen und lecken die Jungen. Um den Rang im Rudel kommt es öfter zu Auseinandersetzungen. Vom Ende des zweiten Lebensjahres an müssen sich auch Jungwölfe ihren Platz in der Rangordnung *erkämpfen*.

Rangordnung im Wolfsrudel

Leitwölfe

rangniedere Wölfe

Rangordnung der erwachsenen Wölfe

Jungwölfe haben innerhalb des Rudels eine eigene Rangordnung.

Welpen haben noch keine Rangordnung.

Gemeinsames Heulen stärkt den Zusammenhalt im Wolfsrudel.

Imponieren, Drohen, Kämpfen. Ein Wolf, der seinen *Rang* gegenüber einem anderen Rudelmitglied behaupten will, zeigt das durch seine Körperhaltung an: Er steht steifbeinig, hält den Kopf erhoben, stellt den Schwanz auf und sträubt manchmal die Rückenhaare. Man nennt dieses Verhalten *Imponieren*. Eine deutlichere Warnung ist das *Drohen*. Der Wolf knurrt, runzelt den Nasenrücken, öffnet das Maul und bleckt die Zähne. Im äußersten Fall *kämpfen* die beiden Wölfe um den Rang. Sie schnappen nacheinander oder beißen sich heftig.

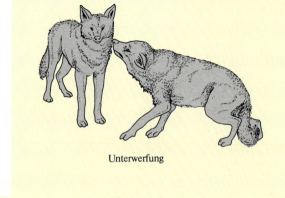
Unterwerfung

Imponieren   Drohen

Beißkampf

Unterwerfen und Flucht. Zu ernsthaften Beißkämpfen kommt es aber nur selten. Meist läßt vorher einer der Wölfe die Bereitschaft erkennen, sich zu *unterwerfen:* Er legt die Ohren nach hinten, knickt die Hinterbeine ein und klemmt den Schwanz zwischen die Hinterbeine. Oft winselt das Tier dabei. Bei großem Rangunterschied zeigt der unterlegene Wolf seine Unterwerfung auf andere Weise: Er rollt sich auf den Rücken und liegt mit gespreizten Beinen still. Beide *Unterwerfungshaltungen* bewirken, daß die *Angriffsbereitschaft* des Gegners *beschwichtigt wird* und er vom Unterlegenen abläßt.

Unterwerfung bei großem Rangunterschied

> Wölfe leben in Rudeln, deren Mitglieder sich persönlich kennen. Sie zeigen viele Verhaltensweisen, die der Verständigung in der Gruppe dienen. Zwischen den Gruppenmitgliedern besteht eine Rangordnung, die durch Drohen und Kämpfen festgelegt wird.

1 Unsere Haushunde stammen vom Wolf ab. Welche Verhaltensweisen, die im Wolfsrudel von Bedeutung sind, kennst du auch von Hunden? An wen richten sie sich?

2 Welche Nachteile und welche Vorteile hat ein Wolf vom Leben im Rudel?

Kämpfe zwischen Tieren

Wird ein Tier von einem Freßfeind angegriffen, dann versucht es entweder zu fliehen, oder es kämpft und wehrt sich seiner Haut. Viel auffälliger als Kämpfe zwischen Feind und Beute sind aber *Auseinandersetzungen zwischen Artgenossen.* Man nennt sie auch *innerartliche Aggressionen.* Häufig geht es dabei um *Reviere.*

Imponieren und Drohen. Auseinandersetzungen zwischen Artgenossen beginnen meist mit auffälligem *Imponieren* und *Drohen.* Springspinnen heben und senken drohend ihre Beine. Buntbarsche stellen ihre Flossen auf, schwimmen nebeneinander und peitschen das Wasser mit der Schwanzflosse. Wölfe knurren, öffnen das Maul und blecken die Zähne. Dem Gegner wird dadurch die eigene Stärke und Kampfbereitschaft deutlich gemacht. Manchmal wird eine Auseinandersetzung allein durch Drohen entschieden, vor allem, wenn sich die Gegner als Reviernachbarn oder Rudelmitglieder gut kennen.

Turnierkampf. Kommt es trotz Drohen und Imponieren zum Kampf, dann verläuft er oft als *Turnierkampf.* Turnierkämpfe finden sich besonders bei Tierarten, die sich mit Zähnen, Hörnern, Geweih oder Schnabel schwer verletzen könnten. Die Gegner kämpfen dabei *nach festen Regeln,* die ihnen *angeboren* sind. Da sie ihre Waffen nicht einsetzen, verlaufen die Turnierkämpfe glimpflich. Kreuzottern und andere Giftschlangen zum Beispiel umschlingen einander und drücken den Kopf des Gegners nieder. Niemals setzen sie ihre Giftzähne ein. Hirsche und andere Huftiere stoßen, drücken und schieben ihren Gegner mit den Stirnwaffen, ohne ihn zu verletzen. Gegen Freßfeinde wehren sie sich dagegen mit den Hufen.

Beschädigungskampf. Von Wölfen, Mäusen, Tauben, Hühnern, Fischen und anderen Arten kennt man auch *Beschädigungskämpfe.* Dabei setzen die Tiere ihre Waffen ein. Nicht selten kommt es zu Verletzungen. Normalerweise beenden Unterwerfungssignale oder die Flucht des Unterlegenen den Beschädigungskampf.

Turnierkampf zweier Rothirsche

Beschädigungskampf der Fasanenhähne

Turnierkampf zweier Oryxantilopen

1 2 3 4

6 Die Vielfalt menschlichen Verhaltens

Was ein Mensch tut, wie er auftritt, wie er sich gibt, gebärdet, bewegt, welche Mienen und Gesten er zeigt: alles das ist sein *Verhalten*.

Menschliches Verhalten ist vielfältiger, formenreicher und komplizierter als das der Tiere. Das liegt vor allem am gewaltigen Lernvermögen, mit dem der Mensch die Tiere weit übertrifft. Alle Formen des *Lernens,* die bei Tieren vorkommen, findet man auch bei ihm. Die größte Bedeutung haben für uns Lernen durch *Einsicht* und *Nachahmung*.

Wie stark neben dem Lernen auch Erbanlagen unser Verhalten bestimmen, versucht man mit verschiedenen Methoden zu erforschen.

1 Beschreibe, was die Fotos auf diesen beiden Seiten zeigen.

2 Was könnte man nach den Fotos über das Verhalten des Menschen aussagen? Wenn du wissen willst, ob deine Folgerungen stimmen, lies auf den Seiten 148 und 149 nach.

Methoden zur Erforschung menschlichen Verhaltens. Bevor man Verhalten erforschen kann, muß man es genau *beschreiben*. Fotografie und Film leisten dabei wertvolle Hilfe.

Die Beschreibung des Verhaltens ermöglicht dann *Vergleiche*. Man vergleicht das Verhalten von Menschen verschiedener Kulturen, aber auch das Verhalten von Mensch und Tier. Besonders interessant ist der Vergleich mit dem Verhalten der Affen, da sie unter allen Tieren dem Menschen am nächsten stehen.

Die *Beobachtung Neugeborener* zeigt, welches Verhalten ein Kind mit auf die Welt bringt. Nur in Ausnahmefällen läßt sich menschliches Verhalten durch *Versuche* erforschen. Auf keinen Fall darf dabei die Gefahr bestehen, daß die Versuchspersonen körperlich oder seelisch Schaden nehmen.

1   Erkennst du irgendwo Ähnlichkeiten mit dem Verhalten von Tieren?

7 Verhalten von Mensch und Tier im Vergleich

Mimik beim Menschen. Was drückt das Gesicht aus?

Der wütende Schimpanse entblößt die Eckzähne.

Verwandtschaftsähnlichkeit

Vor dem Schimpansengehege im Zoo drängen sich die Menschen. Blickt man in die Gesichter der Zuschauer, dann sieht man, wie sehr sie vom Verhalten der Affen gefesselt sind. Immer wieder ruft die *Ähnlichkeit* mit unserem eigenen Verhalten Erstaunen hervor.

Finden sich Ähnlichkeiten zwischen Lebewesen verschiedener Arten, sind dafür zwei Erklärungen denkbar: Die Ähnlichkeit kann auf *Verwandtschaft* beruhen, oder sie kann durch *Anpassung an die gleichen Lebensbedingungen* erzwungen sein. Von Mensch und Affen, besonders Menschenaffen, weiß man, daß sie sehr eng miteinander verwandt sind. Beobachtet man bei ihnen ein ähnliches Verhalten, darf man annehmen, daß es auf ein gemeinsames Erbe zurückgeht.

Wodurch zeichnet sich das Verhalten der Affen aus?

Verhalten der Affen

- Affen leben fast immer in *Gruppen,* deren Mitglieder sich persönlich kennen.
- Die meisten Affengruppen haben *Reviere.*
- In allen Affengruppen gibt es *Rangordnungen.*
- Die Gruppenmitglieder *verständigen sich* durch *Rufe, Gesten* und *Mienenspiel.* Besonders wichtig sind *Körperkontakte.*
- Affen sind sehr *neugierig* und *lernfähig.* Sie haben eine lange Kindheit und Jugend, während der sie Erfahrungen sammeln können.
- Affenjunge werden von der Mutter getragen und suchen bei ihr Schutz. Sie sind *Traglinge.*

Vergleicht man damit das Verhalten des Menschen, so zeigen sich viele *Ähnlichkeiten:* das Streben nach Abgrenzung, Rangstreben und Unterordnung, Mimik und Gestik, die große Bedeutung von Neugier und Lernen, die enge Bindung zwischen Mutter und Kind.

Mutter mit Säugling

Orang-Utan-Weibchen mit Jungem

8   Verhalten des Säuglings

Was das Neugeborene kann. Der Mensch kommt unselbständig, aber nicht als „unbeschriebenes Blatt" zur Welt. Ein eben geborenes Kind *sieht, hört, riecht, schmeckt* und *empfindet Berührung.* Es kann *gähnen,* die *Brust* der Mutter *suchen, saugen* und *schlucken, seufzen, schluchzen, schreien, greifen* und *sich festklammern, anblicken* und *lächeln.* Dazu verfügt es über *Schutzreflexe* wie Niesen und Husten.

Alle diese Verhaltensweisen haben auch Kinder, die taub und blind zur Welt kommen, also niemals einen anderen Menschen sehen oder hören können. Das zeigt eindeutig, daß es sich um *angeborenes Verhalten* handelt.

Manche der angeborenen Verhaltensweisen erinnern daran, daß der menschliche Säugling *einstmals ein Tragling* war, so wie es die Affenjungen sind. Der Säugling kann sich zwar nicht mehr am mütterlichen Fell festhalten wie ein Affenjunges, aber sobald man die Innenfläche seiner Hände berührt, greift er ganz fest zu.

Kind und Eltern. Das Aussehen des Säuglings weckt bei allen Menschen ein Gefühl der Fürsorge und Zärtlichkeit. Die kindlichen Merkmale wie großer Kopf, große Augen und Pausbacken *wirken ähnlich wie Schlüsselreize.* Zusammengenommen nennt man diese Merkmale *Kindchenschema.* Zusätzlich festigt noch das angeborene Verhalten des Säuglings die Bindung der Eltern an ihr Kind. Besonders wirksam ist dabei sein Lächeln.

Vom 3. bis 7. Lebensmonat an kennt das Kind seine Eltern persönlich. Sie sind seine vertrauten *Bezugspersonen* geworden. Anderen Menschen gegenüber „fremdelt" das Kind. Es ist schüchtern und wendet sich ab.

Der Entwicklungsabschnitt, in dem sich das Kind an seine Betreuer bindet, ist anscheinend *im Erbgut festgelegt.* Das erinnert an den Vorgang der Prägung bei Tieren. Kinder, die ohne feste Bezugsperson aufwachsen müssen, haben es später schwer, Vertrauen zu sich und anderen zu entwickeln und Partnerschaften zu schließen.

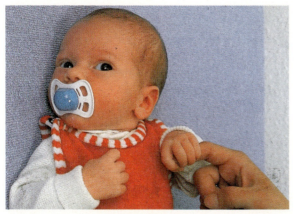

Berührt man die Handfläche des Säuglings, greift er so fest zu, als wolle er sich wie ein Affenjunges am mütterlichen Fell anklammern.

> Das Kind kommt als Tragling zur Welt. Sein Verhalten ist auf Kontakt und enge Bindung an feste Bezugspersonen ausgerichtet.

Dieses Mädchen ist von Geburt an taub und blind. Es lächelt und lacht wie andere Kinder auch.

Welche Köpfe entsprechen dem Kindchenschema?

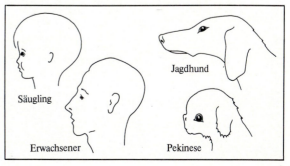

1   Viele Kinder sind um den 8. Monat besonders ängstlich und scheu gegenüber Fremden, so daß man von einer „Achtmonatsangst" spricht. Was ist ihre Ursache?

9 Gemeinsamkeiten im Verhalten aller Menschen

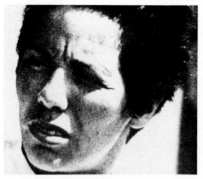  

Augengruß einer Französin

Trotz unterschiedlicher Lebensweise haben die Menschen überall auf der Erde *bestimmte Verhaltensweisen gemeinsam.* Ob diese gemeinsamen Verhaltensweisen angeboren sind oder jeweils von den Eltern gelernt werden, weiß man nicht immer sicher. Jedenfalls gibt es Situationen, in denen alle Menschen dazu neigen, sich ähnlich zu verhalten. Manche dieser *Verhaltensneigungen* erinnern an entsprechende Verhaltensweisen der Affen. Doch anders als alle Tiere haben wir Menschen einen *freien Willen.* Wir können den Verhaltensneigungen nachgeben, aber uns auch ganz gegensätzlich verhalten.

Zu den Seinen halten. Nur in *kleinen Gruppen* von Menschen, die uns *persönlich bekannt* sind, fühlen wir uns richtig wohl: in der Familie, unter Freunden, in der Schulklasse oder im Verein. Die Zugehörigkeit zur Gruppe schafft ein „Wir-Gefühl". Wir neigen dann dazu, uns *von anderen Gruppen abzugrenzen.* Oft müssen wir aufpassen, daß das Abgrenzen nicht bis zur Herabsetzung und Beleidigung der anderen führt.

Nach Rang streben. „Bescheidenheit ist eine Zier", doch „Wer angibt, hat mehr vom Leben". Hinter solchen Redensarten verbirgt sich unsere Neigung zum *Rangstreben.* Sie ist der Grund dafür, daß sich in allen menschlichen Gesellschaften und Gruppen so leicht „Rangordnungen" ausbilden. Oft wird Besitz zum *Rangabzeichen.* Das größte Auto, das schwerste Motorrad, der teuerste Pelzmantel oder der wertvollste Schmuck dienen als *Statussymbole.*

Sich ohne Worte verstehen. Selbst einem uns völlig Fremden in einem fernen Land sehen wir an, ob er sich ängstigt, sich freut oder ärgert, ob er traurig oder zornig ist, ob er uns mißtraut oder droht. Das *Mienenspiel* ist für alle Menschen verständlich. Der *Augengruß* aus Lächeln und Brauenheben bedeutet überall auf der Erde freundliche Kontaktaufnahme. Er ist allen Menschen gemeinsam. Auch Verbeugen, Hochreißen der Arme und die erhobene Faust versteht jeder.

Ähnlich wie das Kindchenschema unsere Fürsorgegefühle wachruft, wecken die männlichen oder die

Augengruß eines jungen Mädchens aus Samoa

weiblichen Geschlechtsmerkmale unser geschlechtliches Interesse. Man bezeichnet diese Signale deshalb auch als *Mannschema* und *Weibschema* und vergleicht sie mit Schlüsselreizen. Für die Wahl des Partners und die Bindung an ihn sind jedoch persönliche Merkmale ausschlaggebend.

Abstand halten. Wir empfinden es als lästig und aufdringlich, wenn ein Fremder zu nahe an uns heranrückt. *Abstand zu anderen halten* gehört zu unseren Verhaltensneigungen. In allen Lebensbereichen grenzen Menschen Räume ab, in denen sie Vorrechte beanspruchen: die eigene Ecke im Zimmer, die Wohnung, der umzäunte Garten, die Gemarkung der Gemeinde, das Land. Verletzen wir die Grenzen solcher „Reviere", lösen wir bei den Besitzern meist *Aggressionen* aus. Das erinnert an das Revierverhalten bei Tieren.

Sich behaupten. Zank, Streit, Unfrieden, Zwietracht, Krach, Knatsch, Zoff, Auseinandersetzung, Kampf, Schlägerei – für *aggressives Verhalten* haben wir viele verschiedene Ausdrücke. Zahlreich sind die Formen und Anlässe von Aggressionen. Warum sind wir so schnell zu solchen Verhaltensweisen bereit? Ist uns die Bereitschaft zu Aggressionen angeboren? Oder lernen wir von Kind an, uns so zu verhalten? Bis heute ist diese Frage nicht geklärt. Sicher kann aber eine *Erziehung zur Friedfertigkeit* unsere Neigung zu Aggressionen verringern.

> Trotz unterschiedlicher Lebensweise finden sich auffällige Gemeinsamkeiten im Verhalten aller Menschen.

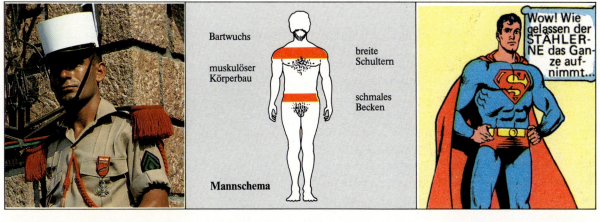

Bartwuchs

muskulöser Körperbau

breite Schultern

schmales Becken

Mannschema

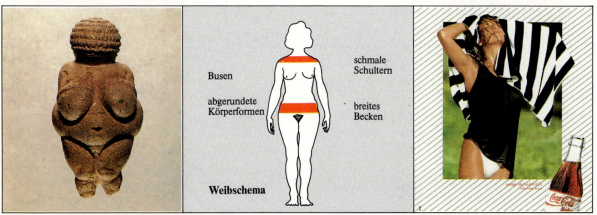

Busen

abgerundete Körperformen

schmale Schultern

breites Becken

Weibschema

1 Suche Beispiele in der Werbung (Zeitung, Zeitschrift, Fernsehen), wo offensichtlich Kindchenschema, Mannschema oder Weibschema eingesetzt werden.

2 Suche auf den Seiten 144 und 145 nach Bildern, die Rangbildung, Abgrenzung oder Aggression erkennen lassen. Welche Bilder zeigen das gegenteilige Verhalten?

Photosynthese

1   Aufbau einer Blütenpflanze

Trotz aller Unterschiede im Aussehen zeigen Blütenpflanzen meistens den gleichen Grundaufbau. Sie bestehen aus *Wurzel, Stengel* und *Laubblättern*. Stengel und Blätter werden zusammen auch als Sproß bezeichnet. *Blüten* sind nur während der Blütezeit vorhanden.

Blüte. Im Bau der Blüte lassen sich verschiedene Blütenteile unterscheiden. Häufig wird sie von grünen *Kelchblättern* umgeben. Diese umhüllen die *Blütenknospe* und schützen sie. Die *Blütenkronblätter* sind meist groß und auffällig farbig.

In der Blüte stehen *Staubgefäße* und *Stempel*. Die Staubgefäße bilden den *Blütenstaub,* den *Pollen.* Die Stempel enthalten im *Fruchtknoten* eine oder mehrere *Samenanlagen* mit den *Eizellen.*

Stengel. Der Stengel bringt die Blätter zum Licht und führt ihnen *Wasser* und die darin gelösten *Mineralstoffe* zu. Die Leitung erfolgt in röhrenartigen Zellen, die in den *Leitbündeln* liegen. Diese *Leitungsbahnen* stützen und festigen gleichzeitig den Stengel. Bei holzigen Pflanzen, vor allem bei Sträuchern und Bäumen, wird in die Zellwände *Holzstoff* eingelagert. Dadurch wird die Festigkeit erhöht.

Laubblätter. Sie sind von Pflanze zu Pflanze sehr unterschiedlich gestaltet. Meist sind sie grün. Beim Aufbau der Laubblätter lassen sich *Blattstiel, Blattfläche* und *Blattgrund* unterscheiden. Die Blattfläche wird von *Blattadern* durchzogen. In ihnen werden das Wasser, die Mineralstoffe und der Zucker geleitet.

Wurzel. Die Wurzel verankert die Pflanze im Boden. Sie gibt der Pflanze mit ihrem meist stark verzweigten Wurzelwerk Halt. Manche Pflanzen, wie beispielsweise die Kiefern, bilden tiefreichende *Pfahlwurzeln* aus. Andere, wie die Sonnenblumen, haben flaches Wurzelwerk.

Die Wurzeln haben noch eine andere wichtige Aufgabe: Mit den feinen Wurzelhaaren nehmen sie Wasser und darin gelöste Mineralstoffe aus dem Boden auf.

> Blütenpflanzen bestehen aus Wurzel, Stengel, Laubblättern und Blüten. Jedes dieser Organe hat ganz bestimmte Aufgaben.

Auch der Scharfe Hahnenfuß zeigt den Grundaufbau der Blütenpflanzen: Wurzel, Stengel, Laubblätter, Blüte.

Der größere Teil der einheimischen Blütenpflanzen wird von Insekten bestäubt. Hier bestäubt eine Biene eine Hahnenfußblüte.

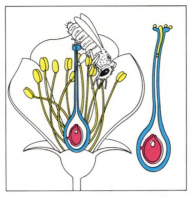

Aus einem Pollenkorn, das auf der Narbe liegt, wächst ein Pollenschlauch heraus. In ihm wandert die Spermazelle zu der Eizelle.

Bei einer Reihe von Blütenpflanzen, wie hier zum Beispiel der Hasel, erfolgt die Bestäubung durch den Wind.

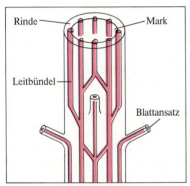

In den Leitbündeln wird das Wasser von den Wurzeln hinauf zu den Blättern geleitet. Die Leitbündel festigen den Stengel gleichzeitig.

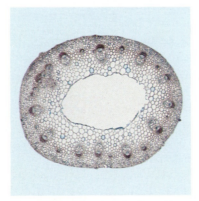

Das Mikrofoto zeigt den Querschnitt durch den Stengel des Scharfen Hahnenfußes. Die Leitbündel sind deutlich zu erkennen.

Vergrößerung 15fach.

Die Laubblätter der Blütenpflanzen sind sehr unterschiedlich gestaltet. Dieses Blatt der Kirsche hat eine unzerteilte Blattfläche.

Mit den feinen Wurzelhaaren nehmen die Wurzeln das Wasser und darin gelöste Mineralstoffe auf.

Der Querschnitt durch eine Wurzel zeigt, daß jedes Wurzelhaar aus einer einzigen Zelle besteht, die eine sehr dünne Wand hat.

Viele Pflanzen speichern in ihren Wurzeln Nahrungsvorräte. Solche Nahrungsspeicher sind zum Beispiel die Knollen der Dahlie.

151

2   Pflanzen brauchen Wasser

Wenn Pflanzen zu wenig Wasser bekommen, beginnen sie zu welken. Die Blätter werden schlaff und vertrocknen. Schließlich stirbt die Pflanze. Ohne Wasser können Pflanzen also nicht leben.

Wasseraufnahme und Wasserleitung. Wasser und darin gelöste Mineralstoffe werden durch die *Wurzelhaare* aufgenommen. Über *Leitungsbahnen* in den *Leitbündeln* der Wurzeln und des Stengels werden sie bis zu den *Blattadern* in den Blättern geleitet. Aber wie steigt das Wasser von den Wurzeln bis zu den Blättern? Schließlich kann eine Buche über 40 m und ein Mammutbaum mehr als 100 m hoch werden.

Wurzeldruck. Schneidet man den Stengel einer Pflanze etwa handbreit über der Erde ab, sieht man, daß aus dem Stengelstumpf Wasser austritt. Das Wasser wird von den Wurzelzellen in die Leitungsbahnen und in diesen nach oben gedrückt. Man bezeichnet diesen Druck als *Wurzeldruck*. Allerdings reicht er allein für den Wassertransport in größere Höhe nicht aus.

Sog durch Verdunstung. Bringt man eine Pflanze in ein verschließbares Gefäß, kann man schon nach kurzer Zeit beobachten, daß die Wände des Gefäßes mit Wasser beschlagen: Die Pflanze verdunstet Wasser. Man bezeichnet diese *Verdunstung* auch als *Transpiration*. Bäume können auf diese Weise an einem warmen Tag mehrere hundert Liter Wasser an die Luft abgeben.

Abgegeben wird das Wasser von den Laubblättern. Ihre Oberseite ist mit einer *Wachsschicht* überzogen und daher nahezu wasserundurchlässig. Zieht man aber von der Unterseite des Blattes ein dünnes Häutchen ab und betrachtet es unter dem Mikroskop, erkennt man zahlreiche winzige Poren, die *Spaltöffnungen*. Durch diese Spaltöffnungen verdunstet die Pflanze Wasser. Es entsteht ein *Sog*, der das Wasser von den Wurzeln in die Blätter zieht. So wird das verdunstete Wasser wieder ersetzt.

> Wurzeldruck und Sog sorgen dafür, daß das Wasser und die darin gelösten Mineralstoffe von den Wurzeln zu den Blättern aufsteigen.

Auf der Blattunterseite liegen die Spaltöffnungen. Vergrößerung 300fach.

Anpassungen an das Wasserangebot. Damit die Pflanze an heißen Tagen nicht mehr Wasser verdunstet, als sie aufnehmen kann, können die Spaltöffnungen verschlossen werden. Bei Pflanzen, die in Trockengebieten wachsen, ist außerdem die Blattfläche meist stark verkleinert, so daß nur wenig Wasser verdunsten kann. Zudem liegen die Spaltöffnungen in Vertiefungen und sind häufig von zahlreichen feinen Härchen bedeckt. Dadurch wird die Verdunstung noch weiter eingeschränkt.

Pflanzen aus sehr feuchten Gebieten haben dagegen meist großflächige Blätter mit vielen Spaltöffnungen, die oft sogar noch auf kleinen Erhebungen liegen. Auf diese Weise wird die Verdunstung erhöht.

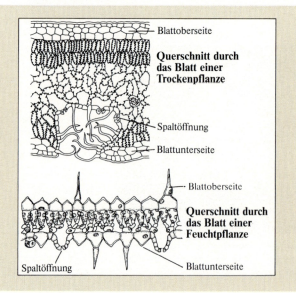

Blattoberseite

Querschnitt durch das Blatt einer Trockenpflanze

Spaltöffnung

Blattunterseite

Blattoberseite

Querschnitt durch das Blatt einer Feuchtpflanze

Blattunterseite

Spaltöffnung

1 Herstellung eines Blattquerschnitts

Benötigt werden: Mikroskop, Objektträger, Deckgläser, Pipette, Rasierklinge, Pinzette, Schälchen mit Wasser, 2 Polystyrolblöckchen oder Holundermark, Blatt eines Alpenveilchens. Christrose, Efeu, Gummibaum und Blätter anderer Pflanzen sind ebenfalls geeignet.

Schneide aus einem Blatt ein ungefähr 1 cm² großes Quadrat aus. Klemme es zwischen 2 Polystyrolblöckchen und halte diese mit Daumen und Zeigefinger fest. Setze die Rasierklinge flach an und ziehe sie so durch die Blöckchen, daß ein möglichst dünner Blattquerschnitt entsteht. Vorsicht vor Verletzungen, Rasierklingen sind scharf! Bringe den Blattquerschnitt mit der Pinzette in einen Wassertropfen auf dem Objektträger. Lege ein Deckglas auf.

Hinweis: Wenn du das Blatt schräg einlegst, dann wird der Schnitt keilförmig und läuft am Ende dünn aus.

Untersuche den Schnitt mit dem Mikroskop. Vergleiche ihn mit dem abgebildeten Mikrofoto und der Zeichnung. Sie zeigen einen Schnitt durch das Blatt eines Alpenveilchens. Welche Blattschichten kannst du erkennen?

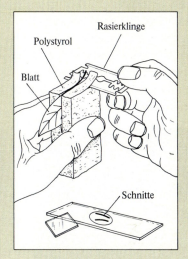

Vergrößerung 50fach.

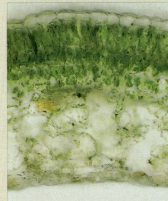

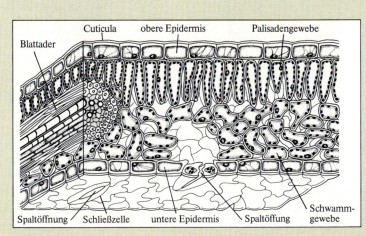

2 Aufbau des Laubblattes

Die beiden Mikrofotos rechts zeigen Schnitte, die waagerecht durch verschiedene Schichten des Blattes geführt wurden. Der obere Schnitt stammt aus dem Palisadengewebe, der untere aus dem Schwammgewebe. Was kannst du über die Anordnung der Zellen in diesen Gewebeschichten aussagen?

Wie sieht eine Palisadenzelle räumlich aus?

– wie eine Kugel?
– wie eine Säule?
– wie ein Würfel?

Versuche eine Zelle zu zeichnen. Nicht alle Zellen des Blattes sind grün. Wo im Blatt liegen die Zellen ohne grünen Blattfarbstoff? Auch in den Zellen mit Blattgrün ist das Chlorophyll nicht gleichmäßig verteilt, sondern auf die Blattgrünkörner beschränkt. Wo treten mehr Blattgrünkörner auf, im Palisadengewebe oder im Schwammgewebe?

3 Pflanzen brauchen Licht

Ein Versuch zeigt, daß Pflanzen auf *Licht* reagieren. Keimende Kressesamen werden unterschiedlich belichtet. Das erste Gefäß wird abgedunkelt aufgestellt. Die Pflänzchen im zweiten Gefäß werden von der Seite, die im dritten Gefäß von oben belichtet. Nach 5 Tagen zeigen sich folgende Ergebnisse:

Gefäß 1

Die Kressekeimlinge sind weißlich-gelb. Es wurde kein grüner Blattfarbstoff gebildet. Die Blattfläche ist klein geblieben. Der Stengel ist stark in die Länge gewachsen.

Gefäß 2

Die Kressekeimlinge krümmen sich und wachsen auf die Lichtquelle zu, so daß die grünen Blattflächen senkrecht zum einfallenden Licht stehen.

Gefäß 3

Die Kressekeimlinge wachsen senkrecht nach oben. Die grünen Blattflächen stehen waagerecht.

Auch bei Laubbäumen stehen die Blätter „auf Lücke". So wird das Sonnenlicht optimal genutzt.

Auch Pflanzen am Fensterbrett wenden ihre Blätter dem Licht zu. Betrachtet man die Stellung ihrer Blätter, bemerkt man oft, daß die Blätter „auf Lücke" stehen. Dadurch wird verhindert, daß sie sich gegenseitig Licht wegnehmen. Hält man grüne Pflanzen im Dunkeln, so verlieren sie ihre grüne Farbe und wachsen sehr stark in die Länge. Schließlich gehen die Pflanzen ohne Licht sogar ein.

Licht ist für die Pflanzen von großer Bedeutung. Sie bemerken, ob Licht vorhanden ist und aus welcher Richtung es kommt. Manche Pflanzen „messen" sogar die Tageslänge. So blühen einige Pflanzen nur dann, wenn es weniger als 12 Stunden am Tag hell ist. Man nennt sie deshalb *Kurztagpflanzen.* Viele tropische Pflanzen sind Kurztagpflanzen. Andere Pflanzen blühen wiederum nur, wenn es länger als 12 Stunden am Tag hell ist. Zu diesen *Langtagpflanzen* gehören viele unserer einheimischen Pflanzen, die im Sommer blühen. Die Tageslänge liefert der Pflanze auch die Information über die Jahreszeit.

Licht ist für Pflanzen lebensnotwendig.

1 Pflanzen stellen im Licht Sauerstoff her

Benötigt werden: drei hohe Glasgefäße, beispielsweise 500 ml Erlenmeyerkolben mit Stopfen, Kerze mit Drahthalter (siehe Abbildung), Streichhölzer, Stoppuhr, Ampelpflanze oder andere grüne Pflanzen.

Fülle die drei Gläser jeweils zwei Finger hoch mit Wasser. Gib in zwei der Gläser jeweils die glei-che Menge Versuchspflanzen. Das dritte Glas dient zur Kontrolle.

Bringe in jedes Gefäß die brennende Kerze. Verschließe dann das Gefäß rasch mit dem Stopfen und miß mit der Stoppuhr die Brenndauer der Kerze. Sobald die Kerze erlischt, wird sie entfernt und das Gefäß gleich wieder verschlossen. Eine Kerze benötigt zum Brennen Sauerstoff. Wenn sie erlischt, ist nicht mehr genügend Sauerstoff vorhanden. Stelle anschließend ein Gefäß mit Pflanzen und das Kontrollgefäß ans Licht. Das zweite Gefäß mit Pflanzen wird in einem Schrank oder in einer Blechdose verdunkelt abgestellt. Miß nach einigen Tagen erneut die Brenndauer der Kerze in den drei Gefäßen und vergleiche.

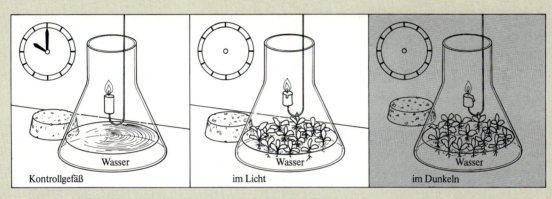

Kontrollgefäß · im Licht · im Dunkeln

2 Pflanzen benötigen für die Freisetzung von Sauerstoff Licht und Kohlenstoffdioxid

Benötigt werden: 3 hohe Glasgefäße (Einmachgläser oder Bechergläser); 3 Trichter, die in die Gläser hineinpassen; 3 Reagenzgläser, 3 Gummiringe oder Faden, Holzspan, Streichhölzer, kohlensäurehaltiges Mineralwasser, abgekochtes Wasser, Wasserpest oder andere grüne Wasserpflanzen.

Fülle das erste Gefäß mit Leitungswasser, das zweite mit abgekochtem Leitungswasser und das dritte mit Leitungswasser, dem etwa 100 ml Mineralwasser zugesetzt werden.
Binde drei etwa gleichgroße Büschel Wasserpestpflanzen jeweils mit einem Gummiring oder Faden zusammen. Gib jedes Büschel mit den Schnittstellen nach oben in ein Gefäß und stülpe den Trichter darüber. Fülle nacheinander die Reagenzgläser mit Wasser, verschließe sie mit dem Daumen und stülpe sie mit der Öffnung nach unten so über den Trichter, daß sie mit Wasser voll gefüllt bleiben. Dies gelingt nur, wenn der Wasserstand im Gefäß höher als der Trichter ist.
Stelle die drei Versuchsansätze einige Tage ans Licht und beobachte, wieviel Gas in jedem Reagenzglas aufgefangen wird.
Nach einigen Tagen wird das entstandene Gas dann mit einem glimmenden Holzspan geprüft. Dazu nimmst du das Reagenzglas aus dem Wasser. Drehe es und halte den Holzspan in das gebildete Gas. In Sauerstoff leuchtet der glimmende Holzspan auf, in Kohlenstoffdioxid erlischt er.

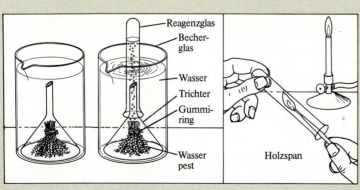

Reagenzglas · Becherglas · Wasser · Trichter · Gummiring · Wasserpest · Holzspan

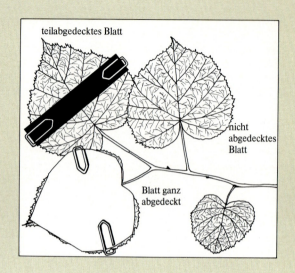
teilabgedecktes Blatt

nicht abgedecktes Blatt

Blatt ganz abgedeckt

1 Pflanzen stellen im Licht Stärke her

Benötigt werden: Lindenzweig mit mehreren Blättern (auch andere grüne Pflanzen, die keine allzu dicken Blätter haben), 2 Quadrate aus schwarzem Tonpapier oder Alufolie (etwas größer als die Blattfläche), 2 Pappstreifen, Büroklammern, Pinzette, Becherglas, elektrische Kochplatte, 2 Petrischalen, Brennspiritus, Iodlösung.

An einem Lindenzweig wird ein Blatt beidseitig völlig mit dem Tonpapier oder der Alufolie abgedeckt. Bei einem zweiten Blatt wird nur ein Teil mit Pappstreifen oben und unten abgedeckt. Der Lindenzweig wird in einem Gefäß mit Wasser ans Licht gestellt oder am Baum belassen.

Nach 2 – 3 Tagen nimmst du die beiden abgedeckten Blätter und ein weiteres Blatt vom Zweig und kochst die 3 Blätter etwa 5 Minuten in Wasser.

Lege die Blätter anschließend in eine Petrischale mit Brennspiritus. Hierbei entfärben die Blätter.

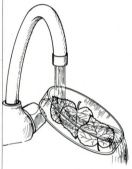
Spüle die Blätter unter fließendem Wasser ab.

Lege sie anschließend in eine Petrischale mit Iodlösung. Wo in den Blättern Stärke vorhanden ist, tritt eine Blaufärbung auf.

1

2

3

156

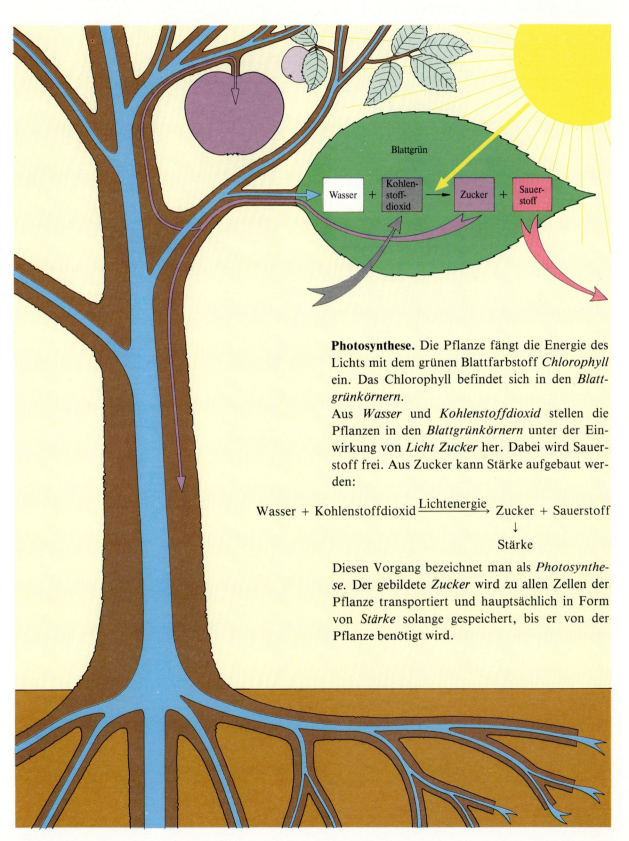

Blattgrün

| Wasser | + | Kohlen-stoff-dioxid | → | Zucker | + | Sauer-stoff |

Photosynthese. Die Pflanze fängt die Energie des Lichts mit dem grünen Blattfarbstoff *Chlorophyll* ein. Das Chlorophyll befindet sich in den *Blattgrünkörnern*.

Aus *Wasser* und *Kohlenstoffdioxid* stellen die Pflanzen in den *Blattgrünkörnern* unter der Einwirkung von *Licht Zucker* her. Dabei wird Sauerstoff frei. Aus Zucker kann Stärke aufgebaut werden:

$$\text{Wasser} + \text{Kohlenstoffdioxid} \xrightarrow{\text{Lichtenergie}} \text{Zucker} + \text{Sauerstoff}$$
$$\downarrow$$
$$\text{Stärke}$$

Diesen Vorgang bezeichnet man als *Photosynthese*. Der gebildete *Zucker* wird zu allen Zellen der Pflanze transportiert und hauptsächlich in Form von *Stärke* solange gespeichert, bis er von der Pflanze benötigt wird.

4   Die Bedeutung der Photosynthese

Pflanzen wachsen. Pflanzen, die wachsen, benötigen viele *Baustoffe.* Ihre Zellen vermehren sich durch Teilung. Neugebildete Zellen wachsen bis zur Größe der Mutterzellen heran. Dabei vergrößern sich ihre Zellwände, ihr Zellplasma vermehrt sich. Alle Stoffe, die eine Zelle aufbauen, müssen ständig neu gebildet werden. Hierzu benötigt die Pflanze Zucker und Stärke aus der Photosynthese. Aus Zucker bildet sie das Material der Zellwand, die *Zellulose.* Zucker kann auch zu *Fett* umgewandelt werden.

Um die *Eiweißstoffe,* die vor allem im Plasma vorkommen, aufbauen zu können, benötigt die Pflanze neben dem Zucker und der Stärke auch noch *Mineralstoffe.* Diese nimmt sie mit dem Wasser auf. Außer den Nährstoffen bilden die Pflanzen noch eine große Anzahl weiterer Stoffe, wie zum Beispiel *Vitamine, Gewürzstoffe, Heilstoffe* oder auch *Gifte.* Sie alle entstehen durch Umbau aus den Produkten der Photosynthese.

Eine 100jährige Buche, die etwa 12 t wiegt, erzeugt an einem sonnigen Tag etwa 12 kg Zucker und Stärke.

Pflanzen speichern. Nicht alle Stoffe, die bei der Photosynthese entstehen, werden sofort verbraucht. Viele Pflanzen legen *Vorräte* an, mit denen ungünstige Jahreszeiten überbrückt werden. In winterkalten Gebieten können auf diese Weise mehrjährige Pflanzen überleben, obwohl sie im Winter keine Photosynthese betreiben können. Solche *Nahrungsspeicher* sind beispielsweise die rübenförmigen *Wurzeln* der Karotten, die *Knollen* der Dahlien und der Kartoffeln, oder aber auch die *Zwiebeln* der Tulpen und der Küchenzwiebeln. Samen, die im Boden keimen, können noch keine Photosynthese durchführen. Ihnen fehlen die Blätter mit dem Chlorophyll und - solange sie noch im Boden stecken - auch das Licht. Um trotzdem wachsen zu können, brauchen sie Nährstoffe. Diese wurden ihnen von der Mutterpflanze mitgegeben. Im *Samen* sind sie gespeichert.

1   Welche Nahrungsspeicher bei Pflanzen, die der menschlichen Ernährung dienen, kennst du noch?

2   In welchen ihrer Organe können Pflanzen Nährstoffe speichern?

Am Anfang jeder Nahrungskette steht immer eine Pflanze. Von ihr ernähren sich die Pflanzenfresser. Die Maus frißt den Samen, die Antilope das Gras, die Drossel die Kirsche.
Die Pflanzenfresser wiederum werden von ihren Freßfeinden gefressen: Der Mäusebussard frißt die Maus, der Löwe die Antilope, der Habicht die Drossel.

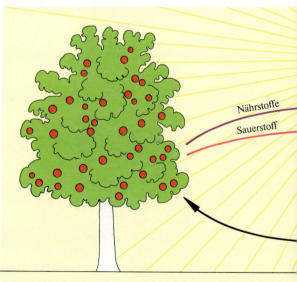

Die Bedeutung der Photosynthese

Bei der Photosynthese werden von der grünen Pflanze mit Hilfe der Lichtenergie energiereiche Nährstoffe und Sauerstoff gebildet.
Die pflanzlichen Nährstoffe sind die Grundlage für die Ernährung von Mensch und Tier.

Alle Energie, die Mäusebussard, Löwe oder Habicht benötigen, stammt letztlich aus der Pflanzennahrung und somit von der Sonne.
Aber nicht nur die energiereichen Stoffe, auch der Sauerstoff, der zu ihrem Abbau notwendig ist, stammt aus der Photosynthese. Würden die Pflanzen keinen Sauerstoff mehr bilden, dann wäre der Sauerstoff der Erdatmosphäre schon innerhalb von 40 Jahren aufgebraucht.

Bei der Zellatmung von Mensch, Tier und Pflanze werden die energiereichen Nährstoffe mit Hilfe von Sauerstoff wieder abgebaut. Dabei wird Energie freigesetzt und Kohlenstoffdioxid entsteht. Kohlenstoffdioxid benötigt die Pflanze für die Photosynthese.

Viele Pflanzen speichern auch in *Früchten* Nährstoffe. Denke nur an Kirschen, Vogelbeeren, Hagebutten oder Erdbeeren! Mit ihnen werden Tiere angelockt, die die Samen verbreiten sollen.

Pflanzen atmen. Kronblätter blühender Pflanzen kommen in ein verschließbares Gefäß. In ein zweites Gefäß gibt man grüne Blätter. Auch dieses Gefäß wird verschlossen. Außerdem wird es dunkelgestellt. Ein gleichgroßes, ebenfalls verschlossenes Kontrollgefäß bleibt leer. Nach einigen Tagen mißt man in allen drei Gefäßen die Brenndauer einer Kerze. Dabei stellt man fest, daß in den Gefäßen 1 und 2 die Brenndauer viel kürzer ist als im Kontrollgefäß. Offensichtlich haben die Pflanzen Sauerstoff verbraucht.

Mit einem weiteren Versuch kann man feststellen, daß in den Gefäßen 1 und 2 der Gehalt an Kohlenstoffdioxid zugenommen hat.

Diese zwei Versuche zeigen, daß Pflanzen ebenso wie Tiere und Menschen *atmen*. Sie bauen bei dieser Atmung die energiereichen Stoffe, die sie bei der Photosynthese aufgebaut haben, wieder ab. Die Energie, die dabei frei wird, benötigen die Zellen für ihren *Stoffwechsel*. Tagsüber stellen die Pflanzen bei der Photosynthese allerdings viel mehr Sauerstoff her, als sie selbst bei der Atmung verbrauchen. Deshalb läßt sich der Sauerstoffverbrauch nur bei nichtgrünen Pflanzenteilen oder bei verdunkelt gehaltenen Pflanzen feststellen.

Zellatmung. Viele Tiere sind Pflanzenfresser. Sie nehmen mit der Nahrung also die Stoffe auf, die die Pflanzen bei der Photosynthese aufgebaut oder anschließend umgewandelt haben. Die Tiere setzen diese Pflanzenstoffe in körpereigene Stoffe um und verwenden sie als Baustoffe für Zellen, Gewebe und Organe.

Aber auch die Energie, die sie beispielsweise für ihre Fortbewegung, Körperwärme oder ihre Vermehrung benötigen, stammt aus diesen energiereichen Nährstoffen. Die Energie wird frei, wenn die Nährstoffe mit Hilfe von Sauerstoff wieder abgebaut werden. Dieser Vorgang läuft in den Zellen von Mensch, Tier und Pflanze ab. Man bezeichnet ihn als *Zellatmung*. Mit Hilfe der freiwerdenden Energie können die Zellen Stoffe aufbauen, umbauen, aber auch *Arbeit* leisten.

5 Nutzpflanzen

Pflanzen spielen für die Ernährung des Menschen eine wichtige Rolle. Schon die Steinzeitmenschen sammelten und aßen *wildwachsende* Pflanzen. Im Laufe der letzten Jahrtausende lernten die Menschen, Pflanzen *planmäßig* anzubauen und zu ernten. Dadurch wurde es ihnen möglich, seßhaft zu werden und Siedlungen zu gründen. Für den Anbau wurden solche Pflanzen ausgewählt, die besonders viele verwertbare *Nährstoffe* aufbauten und speicherten. Durch gezielte *Auslese* des Saatguts und weitere *züchterische Maßnahmen* entstanden aus den *Wildformen* schließlich die heutigen *Nutzpflanzen*.

Speicherstoffe. Für die menschliche Ernährung sind vor allem solche Pflanzen von Bedeutung, die *Kohlenhydrate* in Form von Zucker oder Stärke, Fette und Eiweißstoffe speichern. Daneben spielen aber auch Pflanzen eine Rolle, die *Vitamine* aufbauen oder *Mineralstoffe* anreichern. Man denke nur an Karotten, Petersilie, Zitronen oder Sellerie. Auch der hohe *Zellulosegehalt* der Pflanzennahrung ist von Bedeutung, obwohl Zellulose vom Menschen nicht verdaut werden kann. Als *Ballaststoff* fördert sie jedoch die Verdauung.

> Durch Züchtung wurden aus Wildpflanzen ertragreiche Nutzpflanzen.

1 Stelle mit Hilfe des Lexikons aus eurer Schülerbibliothek fest, aus welchen Gebieten die in der Zeichnung dargestellten Nutzpflanzen stammen.

Botanischer Garten

In diesem Fantasie-Garten wachsen die bekanntesten Vertreter aus all den Pflanzengruppen, die der menschlichen Ernährung dienen:

1 Stärkeliefernde Pflanzen
Kartoffel
Weizen
Mais
Maniok

2 Fett- und öllliefernde Pflanzen
Kokospalme
Ölpalme
Sonnenblume
Raps

3 Eiweißliefernde Pflanzen
Sojabohne
Erbse
Bohne
Linse

4 Zuckerliefernde Pflanzen
Zuckerrübe
Zuckerrohr

5 Gemüse
Rosenkohl
Rotkohl
Weißkohl
Blumenkohl
Gurke
Tomate
Aubergine
Zucchini
Fenchel
Spargel

6 Obstliefernde Pflanzen
Apfel
Kirsche
Orange
Banane
Ananas
Himbeere
Erdbeere

2 Welche Nutzpflanzen kennst du noch? Zu welcher Gruppe zählen sie?

6

1

5

3

2

4

Gewässer

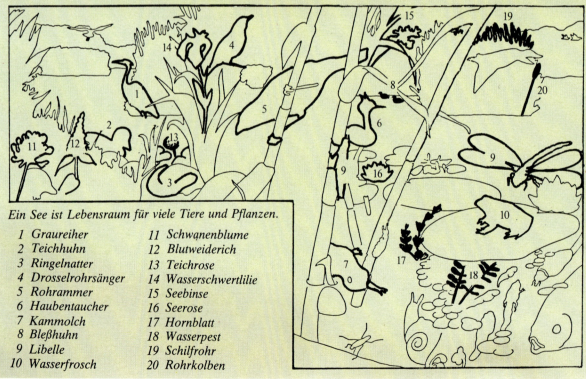

Ein See ist Lebensraum für viele Tiere und Pflanzen.

1	Graureiher	11	Schwanenblume
2	Teichhuhn	12	Blutweiderich
3	Ringelnatter	13	Teichrose
4	Drosselrohrsänger	14	Wasserschwertlilie
5	Rohrammer	15	Seebinse
6	Haubentaucher	16	Seerose
7	Kammolch	17	Hornblatt
8	Bleßhuhn	18	Wasserpest
9	Libelle	19	Schilfrohr
10	Wasserfrosch	20	Rohrkolben

1 Pflanzengürtel am Seeufer

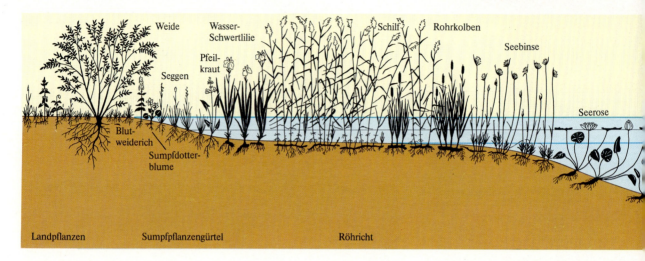

Weide · Wasser-Schwertlilie · Pfeil-kraut · Seggen · Schilf · Rohrkolben · Seebinse · Seerose · Blut-weiderich · Sumpfdotter-blume

Landpflanzen · Sumpfpflanzengürtel · Röhricht

Am Seeufer *ändern sich die Lebensbedingungen für Pflanzen* auf einer Entfernung von wenigen Metern sehr rasch: Vom Land zum offenen Wasser hin wird der Boden feuchter, das Wasser tiefer, die Helligkeit am Seegrund geringer; Wind und Wellengang machen sich stärker bemerkbar. In Ufernähe leben daher andere Pflanzen als weiter draußen. Da sich die Lebensbe-dingungen rund um den See in gleicher Weise ändern, bilden sich *Gürtel von Pflanzen mit ähnlichen Lebensansprüchen.*

Sumpfpflanzengürtel. Hat der See Hochwasser, wird der *Sumpfpflanzengürtel* überflutet. Bei Niedrigwasser trocknet der Boden aus. *Sumpfdotterblume, Blutweiderich* und *Wasser-schwertlilie* kommen mit diesem Wechsel zurecht.

Röhricht. Die Sprosse der *Röh-richtpflanzen* ragen auch bei Hochwasser noch weit über den Wasserspiegel hinaus. Mit den Wurzeln stehen sie selbst bei Niedrigwasser noch im wasserge-tränkten Uferboden. Neben dem *Schilfrohr,* von dem das Röh-richt seinen Namen hat, wachsen hier der *Rohrkolben* und die *See-binse.*

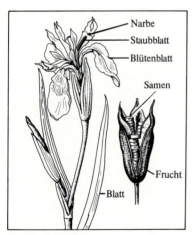

Narbe · Staubblatt · Blütenblatt · Samen · Frucht · Blatt

Wasserschwertlilie
Die Erdsprosse der Wasserschwertli-lie durchziehen den nassen Uferbo-den. Zwischen den schwertförmigen Blättern wachsen im Juni Blütenstie-le mit auffälligen, gelben Blüten.

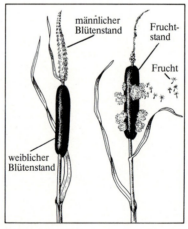

männlicher Blütenstand · Frucht-stand · Frucht · weiblicher Blütenstand

Rohrkolben
Die braunen Kolben sind Blüten-stände. Die männlichen Blüten be-stehen nur aus Staubblättern, die weiblichen aus Stempel und Haaren, die bei der Fruchtreife zu langen Flughaaren werden.

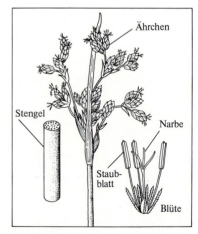

Ährchen · Stengel · Narbe · Staub-blatt · Blüte

Seebinse
Fast in jedem See oder Teich wach-sen bis in 3 m Tiefe die runden, blattlosen, markerfüllten Halme der Seebinse. Ihre braunen Blüten ste-hen in büschelig gehäuften Ährchen.

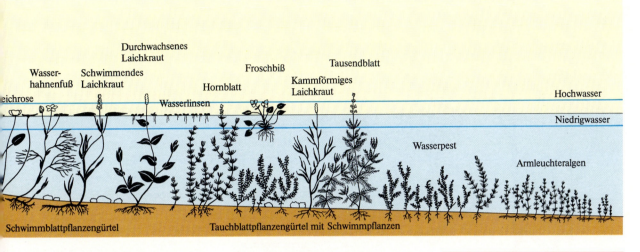

Durchwachsenes Laichkraut

Wasser-hahnenfuß

Schwimmendes Laichkraut

Froschbiß

Tausendblatt

Kammförmiges Laichkraut

Hornblatt

Teichrose

Wasserlinsen

Hochwasser

Niedrigwasser

Wasserpest

Armleuchteralgen

Schwimmblattpflanzengürtel

Tauchblattpflanzengürtel mit Schwimmpflanzen

Schwimmblattpflanzengürtel. Wo das Wasser zwischen 2 und 4 m tief ist, breiten sich die *Schwimmblattpflanzen* aus. Ihre Wurzeln stecken im Grund des Sees. Die meterlangen Stengel reichen bis zur Wasseroberfläche, die Blätter schwimmen auf dem Wasser. Schwimmblattpflanzen sind *Seerose, Teichrose, Wasserhahnenfuß* und *Schwimmendes Laichkraut.*

Tauchblattpflanzengürtel. Am weitesten dringen die *Tauchblattpflanzen* in den See vor. Dazu gehören *Hornblatt, Tausendblatt, Wasserpest* und verschiedene *Algen*. Sie leben ständig untergetaucht. Ab 5 bis 10 m Tiefe können auch die Tauchblattpflanzen nicht mehr wachsen, weil das Licht, das zum Seegrund gelangt, für sie nicht ausreicht.

Am Seeufer bilden sich Pflanzengürtel aus. Vom Land her folgen aufeinander: Sumpfpflanzen, Röhricht, Schwimmblattpflanzen und Tauchblattpflanzen.

1 Suche Gemeinsamkeiten im Bau der Tauchblattpflanzen.

2 Welchen Vorteil haben die zwei unterschiedlichen Blattformen für den Wasserhahnenfuß?

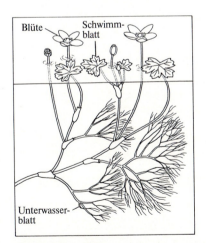

Blüte

Schwimm-blatt

Unterwasser-blatt

Wasserhahnenfuß
Der Wasserhahnenfuß hat zweierlei Blätter: flächige Schwimmblätter und fein zerteilte Unterwasserblätter. Die weißen Blüten überragen den Wasserspiegel nur knapp.

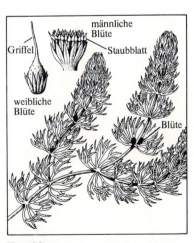

männliche Blüte

Griffel

Staubblatt

weibliche Blüte

Blüte

Hornblatt
Das Hornblatt lebt völlig untergetaucht und blüht auch unter Wasser. Es ist getrenntgeschlechtig. Der Blütenstaub gelangt mit der Wasserströmung zu den weiblichen Blüten.

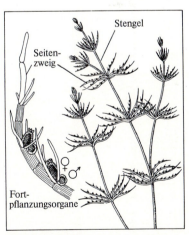

Stengel

Seiten-zweig

Fort-pflanzungsorgane

Armleuchteralge
Algen gehören zu den blütenlosen Pflanzen. Die Armleuchteralge bildet bis zu 20 cm hohe Stengel mit quirlig abstehenden Seitenzweigen. Im Herbst tragen sie winzige Fortpflanzungsorgane.

2   Das Schilfrohr

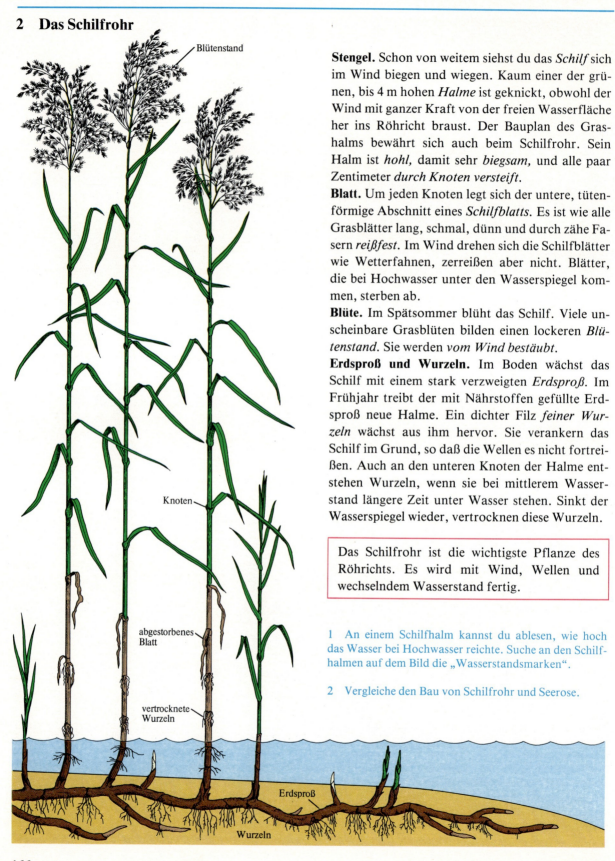

Blütenstand

Knoten

abgestorbenes Blatt

vertrocknete Wurzeln

Erdsproß

Wurzeln

Stengel. Schon von weitem siehst du das *Schilf* sich im Wind biegen und wiegen. Kaum einer der grünen, bis 4 m hohen *Halme* ist geknickt, obwohl der Wind mit ganzer Kraft von der freien Wasserfläche her ins Röhricht braust. Der Bauplan des Grashalms bewährt sich auch beim Schilfrohr. Sein Halm ist *hohl,* damit sehr *biegsam,* und alle paar Zentimeter *durch Knoten versteift.*

Blatt. Um jeden Knoten legt sich der untere, tütenförmige Abschnitt eines *Schilfblatts.* Es ist wie alle Grasblätter lang, schmal, dünn und durch zähe Fasern *reißfest.* Im Wind drehen sich die Schilfblätter wie Wetterfahnen, zerreißen aber nicht. Blätter, die bei Hochwasser unter den Wasserspiegel kommen, sterben ab.

Blüte. Im Spätsommer blüht das Schilf. Viele unscheinbare Grasblüten bilden einen lockeren *Blütenstand.* Sie werden *vom Wind bestäubt.*

Erdsproß und Wurzeln. Im Boden wächst das Schilf mit einem stark verzweigten *Erdsproß.* Im Frühjahr treibt der mit Nährstoffen gefüllte Erdsproß neue Halme. Ein dichter Filz *feiner Wurzeln* wächst aus ihm hervor. Sie verankern das Schilf im Grund, so daß die Wellen es nicht fortreißen. Auch an den unteren Knoten der Halme entstehen Wurzeln, wenn sie bei mittlerem Wasserstand längere Zeit unter Wasser stehen. Sinkt der Wasserspiegel wieder, vertrocknen diese Wurzeln.

Das Schilfrohr ist die wichtigste Pflanze des Röhrichts. Es wird mit Wind, Wellen und wechselndem Wasserstand fertig.

---

1   An einem Schilfhalm kannst du ablesen, wie hoch das Wasser bei Hochwasser reichte. Suche an den Schilfhalmen auf dem Bild die „Wasserstandsmarken".

2   Vergleiche den Bau von Schilfrohr und Seerose.

3 Die Seerose

Seerosen haben große, rundliche Schwimmblätter. Die schmaleren Blätter dazwischen gehören dem Wasserknöterich.

In manchen Gegenden nennt man die *Weiße Seerose* und ihre Verwandte, die *Gelbe Teichrose,* „Nixenblumen". Wo sie wachsen, sollen angeblich böse Wassergeister und Nixen auf Kinder lauern. Eines stimmt: Wo Seerosen wachsen, ist das Wasser tief, für Kinder also gefährlich.

Erdsproß und Wurzeln. Mit vielen *Wurzeln,* die aus einem dicken *Erdsproß* entspringen, ist die Seerose im Grund des Gewässers verankert. Von hier aus schickt sie Blätter und Blüten an meterlangen, schlaffen Stielen zur Wasseroberfläche.

Blatt. Die *Blätter* haben viele kleine *Luftkammern* in ihrem Innern. Sie schwimmen auf dem Wasser. Die glänzende Blattoberseite ist von einer *Wachsschicht* überzogen. Von ihr perlt jeder Wassertropfen sofort ab. So bleiben die *Spaltöffnungen auf der Blattoberseite* immer zur Luft hin offen. Durch die Spaltöffnungen gelangt die Luft ins Innere der Blätter und von hier aus durch *Luftgänge* in den Blattstielen bis zu den Wurzeln. Auf diese Weise erhalten die Wurzeln auch im sauerstoffarmen Schlammgrund stets genügend Sauerstoff zum Atmen.

Blüte. Die großen *Seerosenblüten* werden von Käfern und Fliegen bestäubt. Die *Samen* sind von einem kleinen *Luftsack* als „Schwimmgürtel" umgeben. Durch Wellen und Strömung werden sie verbreitet. Erst wenn die Luft entwichen ist, sinken die Samen auf den Grund und keimen.

Die Weiße Seerose ist unsere größte Schwimmblattpflanze.

Blüte

Frucht

Blütenknospe

junges Blatt

Luftgang

Stengel im Schnitt

Erdsproß

Wurzeln

Mit den Pflanzen von See und Teich sind interessante Versuche möglich. Reiße die Pflanzen aber nicht sinnlos ab. Seerosen sind geschützt! Wende dich wegen eines Blattes an den Besitzer eines Gartenteichs. Wasserpest gibt es in der Zoohandlung.

1 Versuche ein Seerosenblatt an seinem Stiel aufrechtzuhalten. Was stellst du fest? Aus welchem Grund ist der Stiel so gebaut?
Lege das Blatt auf den Boden einer wassergefüllten Schale (Blattoberseite nach oben). Beschwere seinen Rand mit Steinen. Was beobachtest du, wenn du vorsichtig in den Blattstiel hineinbläst?

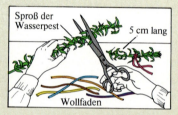

Sproß der Wasserpest — 5 cm lang
Wollfaden

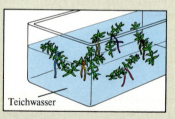

Teichwasser

Austrocknungsversuch

Stunden	Goldnessel	Bach-Ehrenpreis	Wasserpest
0	8,4 g	8,4 g	8,4 g
0,5			
1			

2 Schneide eine Binse unten und oben ab. Tauche ein Ende in ein Gefäß mit Spülmittel. Blase am anderen Ende langsam und gleichmäßig hinein.
Klappt der Versuch auch mit Schilf?
Untersuche aufgeschnittene Binsen und Schilfstengel mit der Lupe. Kannst du jetzt das Versuchsergebnis erklären?

3 Schneide einen Wasserpestsproß in Stücke von etwa 5 cm Länge. Binde an jedes Stück einen Wollfaden in einer anderen Farbe. Bringe die Sproßstücke in ein kleines Aquarium mit etwas Teichwasser. Verfolge, wie sich die einzelnen Wasserpeststücke in den nächsten Wochen entwickeln. Miß und zeichne sie.

4 Schneide etwa gleichschwere Sproßstücke von einer nicht verholzten Landpflanze, von einer Sumpfpflanze und einer Tauchblattpflanze. Lege die Pflanzen im Zimmer nebeneinander und wiege sie jede halbe Stunde.
Stelle fest, wie sich das Gewicht der drei Pflanzen durch Austrocknung verändert.

5 Im Herbst findet man auf dem See schwimmende Samen und Früchte von Wasserpflanzen. Welche Besonderheiten entdeckst du an ihnen?

Seerose   Wassernuß   Wasserschwertlilie

4 Tiere des Seeufers

Das *Seeufer* mit seinen Pflanzengürteln ist der *Lebensraum vieler Tierarten.* Darunter sind auch solche Tiere, die sich nicht oder nur zeitweilig im Wasser aufhalten. Sie sind keine echten Wassertiere, aber dennoch auf den See angewiesen:

– einige brauchen die feuchte Luft des Seeufers;
– für manche ist der See Laichgewässer;
– andere finden nur am Seeufer zusagende Nistplätze;
– viele können nur hier die Nahrung erlangen, an die sie angepaßt sind.

> Das Seeufer ist Nahrungs-, Nist- und Brutraum vieler Tierarten.

Ringelnatter

Die Ringelnatter lebt im Röhricht und Sumpfpflanzengürtel. Sie kann gut schwimmen und tauchen. Die ungiftige Natter jagt Frösche, Fische und Molche. Zu ihren Feinden gehören vor allem Greifvögel, Storch, Graureiher und Rohrdommeln.

Teichrohrsänger

Im Schilfgürtel lebt der Teichrohrsänger. Mit seinen breiten Zehen klettert er geschickt an den Schilfhalmen. Von hier aus jagt er Mükken und Fliegen. Sein Nest befestigt er an Schilfhalmen, einen halben Meter über dem Wasserspiegel. Der kleine Vogel ist selten zu sehen, aber oft zu hören.

1 Suche Beispiele dafür, wie verschiedene Tiere auf den See angewiesen sind.

2 Welche Bereiche des Seeufers sind der Lebensraum der Tiere, die du auf den Fotos siehst?

3 Nenne weitere Tiere, die in den Pflanzengürteln des Seeufers leben. Betrachte dazu das Bild auf Seite 162.

Teichmolch

Während der Laichzeit, von März bis Mai, lebt der Teichmolch im Wasser. Das Weibchen klebt seine Eier an die Blätter von Tauchblattpflanzen. In der übrigen Zeit jagen die Molche in Ufernähe Würmer und Schnecken. Ihre Feinde sind Vögel, Ringelnatter und Raubfische.

Bleßhuhn

Mit einem Kopfsprung tauchen Bleßhühner zum Seegrund und holen sich Wasserpflanzen als Nahrung. Im dichten Schilf, knapp über dem Wasser, bauen sie ihr getarntes Nest. Größter Feind des Bleßhuhns ist die Rohrweihe, ein Greifvogel.

Wasserfrosch

Der Wasserfrosch lebt nur in den Pflanzengürteln des Seeufers. Auf Blättern der Seerose lauert er auf fliegende Insekten, im Wasser erbeutet er Mückenlarven, Wasserwanzen und Wasserkäfer. Seine Hauptfeinde sind Ringelnatter, Graureiher und Storch.

5 Tiere im See

Einige hundert verschiedene Tierarten können *im See* leben. Sie alle nutzen die *günstigen Lebensbedingungen,* die der See bietet, wie gute Versorgung mit Wasser, ausgeglichene Temperatur, reiches Nahrungsangebot. Die Tiere des Sees verteilen sich auf *verschiedene Lebensbezirke:*

Bodenzone. Besonders im Uferbereich sind der Boden und die Pflanzen von *Wasserinsekten, Würmern* und *Schnecken* besiedelt. Manche Würmer und *Muscheln* leben auch noch in größerer Tiefe.

Freiwasserzone. Außer den *Fischen* lebt hier vor allem das *Plankton.* Darunter versteht man kleine und kleinste Lebewesen, die ohne oder nur mit geringer Eigenbewegung im Wasser schweben.

> Im See unterscheidet man zwei Lebensbezirke: Bodenzone und Freiwasserzone. Beide werden von verschiedenen Tierarten bewohnt.

1 Ordne die Tiere im Bild oben nach Verwandtschaftsgruppen: Wirbeltiere, Insekten, Spinnen, Krebse, Weichtiere (das sind Schnecken und Muscheln).
Die Gruppe, der der Süßwasserpolyp angehört, kennst du wahrscheinlich noch nicht. Es sind die Hohltiere. Zu ihnen zählen auch die Quallen des Meeres.

2 Ordne die Tiere im Bild oben nach der Art der Nahrung: Pflanzenfresser, Fleischfresser, Allesfresser.

3 Ordne die Tiere im Bild oben nach der Art ihrer Nahrungsaufnahme: Zerkleinerer, Zersetzer, Schlinger, Säftesauger, Filtrierer.

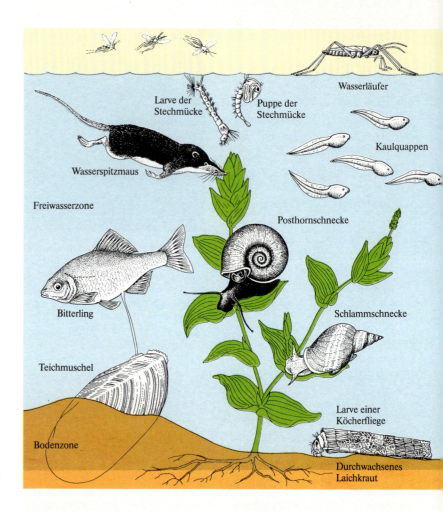

Wasserspitzmaus
Im steilen Ufer baut die Wasserspitzmaus ihr unterirdisches Nest. Sie schwimmt und taucht hervorragend. Borstensäume an den Füßen wirken dabei wie Ruder. Sie jagt Molche, Fische, Kaulquappen, Wasserinsekten und Schnecken.

Wasserläufer
Wie Schlittschuhläufer gleiten die schlanken Wasserwanzen über die Wasseroberfläche. Wasserabstoßende Härchen an den Beinen verhindern, daß die Tiere einsinken. Das mittlere Beinpaar dient vor allem zum Rudern, die Hinterbeine zum Steuern und die Vorderbeine zum Ergreifen der Beutetiere.

Bitterling
Der Bitterling lebt von Kleinkrebsen, Würmern und Insekten. Dem Weibchen wächst zur Laichzeit eine Legeröhre. Damit legt es seine Eier in die Einströmöffnung einer Teichmuschel. Die Bitterlingslarven entwickeln sich im Innern der Muschel.

Wasserskorpion
Dicht unter dem Wasserspiegel lauert der Wasserskorpion an Pflanzen auf Beute. Durch ein Atemrohr am Hinterleib atmet diese Wasserwanze wie mit einem Schnorchel. Die Vorderbeine sind Fangbeine. Hat der Wasserskorpion ein Beutetier ergriffen, tötet er es mit dem Stechrüssel.

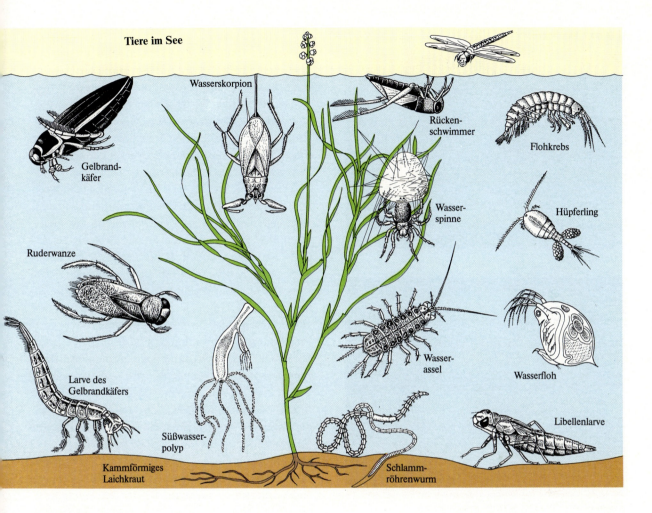

Tiere im See

Wasserskorpion

Rücken-
schwimmer

Flohkrebs

Gelbrand-
käfer

Wasser-
spinne

Hüpferling

Ruderwanze

Wasser-
assel

Wasserfloh

Larve des
Gelbrandkäfers

Süßwasser-
polyp

Libellenlarve

Kammförmiges
Laichkraut

Schlamm-
röhrenwurm

Stechmücken

Nur die Weibchen der Stechmücken saugen Blut. Die Larven leben in stehenden Gewässern aller Art. Mit ihrem Atemrohr hängen sie kopfunter an der Wasseroberfläche. Sie strudeln Wasser herbei und filtrieren dann die Planktonlebewesen aus.

Wasserflöhe

Wasserflöhe sind etwa 4 mm große Krebse mit einem bräunlichen, durchsichtigen Panzer. Sie schwimmen, indem sie ihre langen, verzweigten Fühler ruckartig abwärts schlagen. Mit den Beinen filtrieren sie pflanzliches Plankton aus dem Wasser.

Wasserspinne

Zwischen Wasserpflanzen baut die Wasserspinne ihr glockenförmiges Netz, das sie mit Luftblasen füllt. In dieser Taucherglocke hält sich die Spinne die meiste Zeit auf. Hier verzehrt sie auch die Beute, vor allem kleine Krebse.

Libellen

Am Ufer und über dem Wasser jagen Libellen andere fliegende Insekten. Bei der Paarung hält das Männchen mit seinen Hinterleibszangen das Weibchen hinter dem Kopf fest. Die Larven leben mehrere Jahre am Gewässergrund. Hier machen sie Jagd auf Kleinkrebse, Wasserinsekten und Würmer.

Süßwasserpolyp

Die zarten Süßwasserpolypen hängen an Blättern und Zweigen von Wasserpflanzen. Ihre Fangarme enthalten Nesselkapseln, die bei Berührung explodieren. Damit lähmen sie ihre Beutetiere, vor allem kleine Krebse. Dann wird die Beute zur Mundöffnung befördert und verschlungen.

Posthornschnecke

Am vollkommen regelmäßig geformten Gehäuse von 3 cm Durchmesser erkennt man die Posthornschnecke. Sie frißt lebende und abgestorbene Pflanzen am Seegrund. Nur selten kommt sie zum Luftholen nach oben. Ihren Laich klebt die Schnecke an Wasserpflanzen.

171

Gelbrandkäfer

Eine Gelbrandkäferlarve jagt Kaulquappen.

Der Rückenschwimmer ist eine Wasserwanze. Er lebt räuberisch wie der Gelbrandkäfer. Zum Luftholen kommt er an die Wasseroberfläche. Weil er den Luftvorrat auf der Bauchseite mit sich führt, ist er dort leichter und schwimmt in Rückenlage.

Der Gelbrandkäfer

Körperbau und Bewegung. Langsam rudert der über 3 cm große *Gelbrandkäfer* durch das Wasser des Sees. Seine Körperform, ohne Vorsprünge und Ecken, ist vollendet *strömungsgünstig. Die flachen, borstenbesetzten Hinterbeine* arbeiten als Ruder. Der gute Schwimmer ist aber auch ein *guter Flieger:* Wenn ihm die Lebensbedingungen in einem See nicht mehr zusagen, steigt der Gelbrandkäfer aus dem Wasser und fliegt zu einem anderen See. Aus vollem Flug taucht er kopfüber darin ein.

Atmung. Von Zeit zu Zeit schwimmt der Gelbrandkäfer zum Luftholen an die Wasseroberfläche. Hier streckt er sein Hinterleibsende ein wenig über den Wasserspiegel und erneuert seinen Luftvorrat unter den Flügeldecken. In diesen *Lufttank* münden die Öffnungen der *Atemröhren,* die den ganzen Körper des *Insekts* durchziehen.

Ernährung. Gelbrandkäfer sind *Räuber,* fressen aber auch Aas. Meist lauern sie im dichten Pflanzenwuchs auf Mückenlarven, Wasserasseln, Schnecken, Kaulquappen, Molche und kleine Fische. Mit ihren Mundwerkzeugen zerkleinern sie die Beute. In Zuchtteichen für Jungfische können Gelbrandkäfer manchmal Schäden anrichten.

Fortpflanzung. Das *Gelbrandkäfer-Männchen* kann man an den stark verbreiterten Gliedern seiner Vorderfüße erkennen. Sie tragen *Saugnäpfe,* mit denen sich das Männchen bei der Begattung am glatten Chitinpanzer des Weibchens besser festhalten kann. Das *Weibchen* versenkt im Frühjahr die 7 mm langen *Eier* einzeln in die Stengel von Wasserpflanzen. Die *Larven,* die durch ein *Atemrohr* am Ende ihres Hinterleibs atmen, leben etwa ein halbes Jahr im Wasser. Während dieser Zeit häuten sie sich dreimal. Sie werden 6 bis 8 cm lang und sind gefräßige *Räuber.* Mit ihren dolchartig gebogenen Kieferzangen packen sie Molchlarven, Kaulquappen, kleine Fische und Insekten. Dann spritzen sie lähmendes Gift und zersetzenden Verdauungssaft in das Beutetier und saugen es aus.

1 Immer wieder beobachtet man, daß Gelbrandkäfer aus vollem Flug gegen Autodächer, Glasdächer, nasse oder frisch geteerte Straßen fliegen. Findest du dafür eine Erklärung?

Die Teichmuschel

Am Grund des Sees, halb im Schlamm steckend, lebt die *Teichmuschel*. Mit ihrem *Fuß,* den sie unten zwischen den leicht geöffneten *Schalenhälften* herausstreckt, kann sich die Muschel in den weichen Grund eingraben oder langsam vorwärtsstemmen.

Am Hinterende erkennt man *zwei spaltförmige Öffnungen* zwischen den Schalenhälften. Durch die untere Öffnung strömt Wasser ein, durch die obere strömt es wieder aus. Den Wasserstrom erzeugt die Muschel durch den Schlag winziger *Wimperhärchen,* die zu Millionen ihre beiden *Kiemen* bedecken. Bis zu 40 l Wasser strömen in einer Stunde durch den Muschelkörper! Mit Hilfe der Kiemen entnimmt die Muschel dem eingeströmten Wasser Sauerstoff, Plankton und feinste Abfallteilchen, die im Wasser schweben. Die ausgefilterte Nahrung wird über Schleimbänder zur *Mundöffnung* transportiert.

Eine weibliche Muschel bringt im Winter 200 000 bis 400 000 *Eier* hervor. Nach der Befruchtung entwickeln sie sich zwischen den Kiemen des Muttertieres zu staubkorngroßen *Larven* mit einer zweiklappigen, hakenbewehrten Schale. Werden die Larven vom Muttertier ins Wasser entlassen, heften sie sich mit den Schalenhaken an den Flossen von Fischen fest. Hier leben sie als *Schmarotzer.* Im Laufe von 2 bis 10 Wochen entwickeln sie sich zu fertigen Muscheln.

Die Schlammschnecke

Im ruhigen Wasser des Sees sieht man die *Schlammschnecke* oft unter der Wasseroberfläche hängen. Sie kriecht mit der Sohle ihres *Fußes* über ein Schleimband, das an der Wasseroberfläche klebt. Dabei ist ihr Atemloch offen für den Luftaustausch.

Die Schlammschnecke ist ein *Pflanzenfresser.* Sie beißt kleine Stücke aus frischen und verwesenden Wasserpflanzen. Vor allem aber weidet sie mit ihrer *Raspelzunge* den Belag aus mikroskopisch kleinen Algen ab, der alle Pflanzenteile und Steine im Wasser überzieht.

Teichmuschel

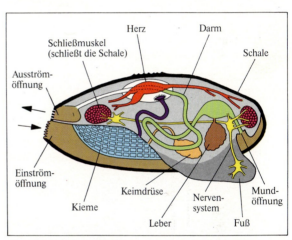

Bau der Teichmuschel

Schlammschnecke

1   Welche Anpassungen an das Leben im Wasser finden sich bei Gelbrandkäfer und Rückenschwimmer? Suche Ähnlichkeiten in Körperbau und Lebensweise!

2   Teichmuscheln bezeichnet man manchmal als „lebende Kläranlagen". Warum wohl?

1 Ein See im Glas

In einem Aquarium kannst du dir für einige Zeit einen See im kleinen einrichten.

Du brauchst etwas Schlamm von einem Teich oder See für den Aquariengrund. Fülle dann vorsichtig Wasser ein. Verwende Wasser vom See oder abgestandenes Leitungswasser. Achte darauf, daß das Wasser nicht zu hoch steht. Setze einige Sprosse von Wasserpflanzen ein, sobald das trübe Wasser wieder klar geworden ist. Kleintiere für das Aquarium fängst du mit dem Küchensieb oder Kescher. Setze nur wenige Tiere ein. Bringe die Tiere später an den Fundort zurück.

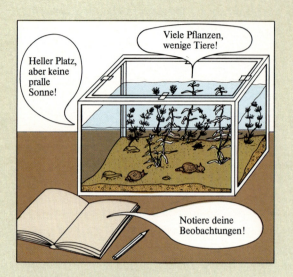

3 Tiere für das Aquarium

Wasserschnecken kannst du im Aquarium mit genügend Wasserpflanzen gut halten.

Beobachtungen: Achte auf die Atemöffnung. Wann öffnet sie sich? Wie oft kommen die Schnecken zum Atmen an die Oberfläche? Untersuche Pflanzenteile, an denen sie gefressen haben.

Wasserkäfer geraten fast in jeden Fang mit dem Kescher. Du kannst sie halten, wenn genügend Kleinkrebse und Mückenlarven im Aquarium sind. Decke das Aquarium ab: Die Käfer können fliegen!

Beobachtungen: Beobachte, wie die Käfer Luft holen. Wie oft tauchen sie auf? Was erbeuten sie?

Libellenlarven solltest du nur kurze Zeit halten. Sie sind vielerorts selten und müssen geschützt werden.

Beobachtungen: Beschreibe die Bewegung der Libellenlarven am Grund. Wie läuft die Fluchtbewegung ab? Kannst du den Beutefang beobachten?

Süßwasserpolypen findest du an Stücken von Binsen oder Schilfstengeln.

Beobachtungen: Beschreibe, wie der Süßwasserpolyp einen Kleinkrebs fängt.

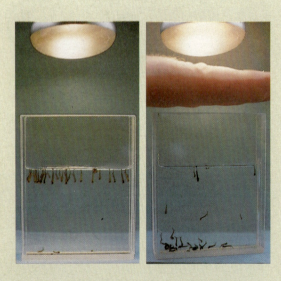

2 Versuche mit Stechmückenlarven

Setze eine Anzahl Stechmückenlarven in ein wassergefülltes Einmachglas oder ein kleines Aquarium. Beleuchte das Glas mit einer Lampe von oben. Bringe deine Hand oder einen Pappdeckel zwischen Glas und Lampe und beobachte die Reaktion der Stechmückenlarven. Wiederhole den Versuch mehrfach. Wie verändert sich die Reaktion der Tiere im Laufe der Zeit? Mache einen ähnlichen Versuch, indem du mit dem Finger an das Glas klopfst.

Wie erklärst du die Versuchsergebnisse?

1 Leben im Wassertropfen

Mit einem sehr feinmaschigen Netz, beispielsweise aus einem Nylonstrumpf, kannst du in See oder Teich die winzigen Planktonlebewesen fangen. Ziehe das Netz mehrmals durch das Wasser und spüle den Fang mit ganz wenig Wasser aus dem umgestülpten Netz in ein Glas. Untersuche einen Tropfen davon mit dem Mikroskop.

Welche der abgebildeten Planktonlebewesen findest du?

3 Beobachtungen und Versuche am Wasserfloh

Zur mikroskopischen Untersuchung eines lebenden Wasserflohs mußt du die vier Ecken eines Deckglases mit kleinen Füßchen aus Knetmasse versehen. Unter einem solchen Deckglas kannst du einen einzelnen Wasserfloh in einem Tropfen Wasser auf dem Objektträger einsperren.

Beobachte bei schwacher Vergrößerung die verästelte Antenne, das große Facettenauge, den gefüllten Darm, die borstenbesetzten Beine und das schnell schlagende Herz. Falls es ein Wasserflohweibchen ist, kannst du vielleicht auch Eier oder Jungtiere im Brutraum auf dem Rücken erkennen.

Verrühre dann so viel Hefe in einem Glas Wasser, daß das Wasser leicht trüb erscheint. Verteile diese Hefeaufschwemmung auf zwei kleine Gläser. Setze in eines der Gläser einige Wasserflöhe. Das andere Glas dient zum Vergleich. Beobachte die eintretenden Veränderungen und erkläre sie.

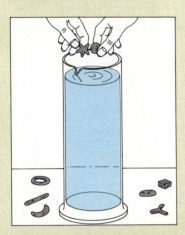

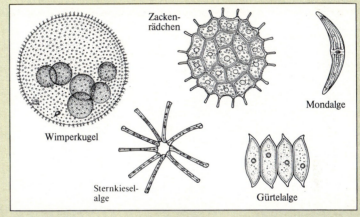

Zackenrädchen

Mondalge

Wimperkugel

Sternkieselalge

Gürtelalge

2 Sinken und Schweben

Obwohl die meisten Planktonlebewesen etwas schwerer sind als Wasser, sinken sie nur so langsam ab, daß sie praktisch im Wasser schweben.

Führe dazu einen Modellversuch durch: Forme aus der gleichen Menge Knetmasse verschiedene Körper. Lasse sie in einem hohen, wassergefüllten Gefäß absinken. Welche Formen sinken langsam, welche schnell? Vergleiche deine Modelle mit der Form der Planktonalgen im Bild oben rechts.

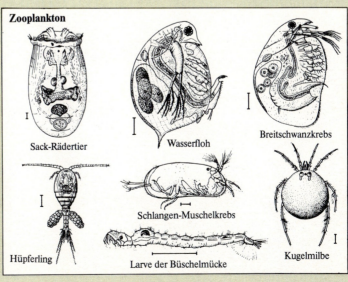

Zooplankton

Sack-Rädertier

Wasserfloh

Breitschwanzkrebs

Hüpferling

Schlangen-Muschelkrebs

Larve der Büschelmücke

Kugelmilbe

6 Der Bach

Ein klarer Waldbach im Mittelgebirge. Plätschernd springt das Wasser über Kies und Steine und bildet an Felsbrocken kleine Wasserfälle. Näherst du dich vorsichtig dem Ufer, kannst du vielleicht den Schatten einer flüchtenden *Bachforelle* sehen. Andere Tiere werden dir wahrscheinlich nicht auffallen. Außer einigen Büscheln von *Algen* und *Moosen* sind auch keine Pflanzen im Bach zu finden. Und doch steckt der Bach voller Leben. Zahlreiche *Kleintiere,* die mit den Lebensbedingungen im fließenden Wasser fertig werden, bewohnen den Bachgrund.

Lebensbedingungen. Die *Strömung* des Wassers ist die alles beherrschende Lebensbedingung im Bach. Nur Lebewesen, die ihr standhalten, können im Bach leben.

Die Strömung bewirkt eine *gute Versorgung mit Sauerstoff,* weil das fließende Wasser an seiner Oberfläche ständig mit Luft durchmischt wird. Das Wasser ist im Bach immer kühl oder kalt. Seine Temperatur schwankt nur wenig und steigt auch im Sommer kaum einmal über 15 °C. Da sich in kaltem Wasser mehr Sauerstoff löst als in warmem Wasser, ist die Versorgung mit Sauerstoff auch aus diesem Grund besonders gut.

Ein Waldbach im Mittelgebirge

Lebewesen im Bach

1 Wasser-Lebermoos
2 Quellmoos
3 Steinfliege
4 Steinfliegenlarve
5 Eintagsfliege
6 Eintagsfliegenlarve
7 Köcherfliege

8 Netz einer Köcherfliegenlarve
9 freilebende Köcherfliegenlarve
10 Köcherfliegenlarve mit Köcher
11 Bachflohkrebs
12 Strudelwurm
13 Mützenschnecke
14 Kriebelmückenlarven
15 Bachforelle

Bachbewohner. Die Tiere im Bach sind entweder kraftvolle Schwimmer wie die Bachforelle, oder sie müssen an den Steinen des Bachgrunds Halt finden wie die meisten Kleintiere.

Manche Tierarten sind durch *besondere Anpassungen im Körperbau* davor geschützt, von der Strömung weggerissen zu werden: *Eintagsfliegenlarven* aus dem Bach sind auffällig abgeplattet. Das Gehäuse der *Mützenschnecke* ist strömungsgünstig geformt. Die Köcher mancher *Köcherfliegenlarven* sind durch ziemlich große Steinchen beschwert. Köcherfliegenlarven, die frei leben, also keinen Köcher bauen, tragen kräftige Klauen am Hinterende. Damit klammern sie sich an Unebenheiten des Gerölls fest. *Kriebelmückenlarven* kleben sich mit wasserfestem Kitt an die Steine.

Eine Anzahl Bachbewohner nützt die Strömung zum Nahrungserwerb: Manche freilebenden Köcherfliegenlarven spinnen feinmaschige Netze, die sie als Fallen in die Strömung stellen. Von Zeit zu Zeit holen sie die von der Strömung ins Netz verfrachtete Beute heraus. Die festsitzenden Kriebelmückenlarven haben bewegliche Fangrechen am Kopf. Damit filtrieren sie Algen und Schmutzteilchen aus dem strömenden Wasser.

> Die Lebewesen im Bach sind besonders an die Wasserströmung angepaßt.

1   Erkläre, warum es im Bach kein Plankton gibt.

2   Nenne zwei Gründe, warum das Wasser in einem Bach meist sauerstoffreicher ist als in einem See.

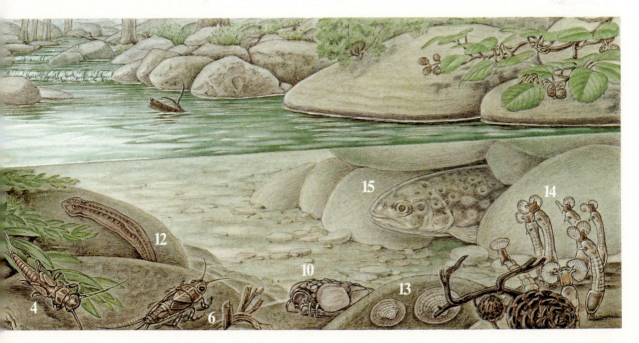

Bei der Untersuchung eines Gewässers will man seine Bewohner und deren Lebensbedingungen an Ort und Stelle erkunden.

Achtung!
Untersuche keine tiefen Gewässer und meide Stellen, an denen Abwasser eingeleitet wird. Zertritt nicht die Uferpflanzen. Setze alle Tiere wieder zurück in das Gewässer.

Geräte für die Gewässeruntersuchung

Mit Kescher und Planktonnetz kannst du dir einen Überblick über die Bewohner von See und Teich verschaffen. In Bächen bürstet man die Unterseite von Steinen in eine Schale. Größere Tiere liest man mit einer Federstahlpinzette von den Steinen ab.

Auswertung der Fangergebnisse

Gefangene Lebewesen solltest du sofort sortieren. Setze sie – jede Art für sich – in Plastikschalen mit sehr flachem Wasserstand. Schreibe Namensschilder für alle Arten, die du nach dem Bestimmungsbuch sicher erkannt hast. Lege ein Protokoll an, in das du alle gefundenen Gewässerbewohner einträgst.

Erläuterungen zum Protokoll

Lasse einen Kork schwimmen. Miß die Zeit und die Schwimmstrecke und rechne um in Meter je Sekunde (m/s).

Halte ein pH-Indikatorpapier ins Wasser und lies auf der Vergleichsskala den pH-Wert ab:
.... 5 – 6 – 7 – 8 – 9 ....
sauer neutral alkalisch

Nitrat stammt meist aus Düngemitteln und Abwasser.

Phosphat stammt zum größten Teil aus Abwasser.

Der Sauerstoffgehalt ist ein wichtiges Maß für die Wassergüte.

Protokoll der Gewässeruntersuchung

Gewässer: *Roßbach*
Datum: *12. 06. 1986*

Lufttemperatur: *18 °C*

Wassertemperatur: *14 °C*

Strömung: *0,3 m/s*

pH-Wert: *8*

Wasserhärte: *30 °d*

Nitrat: –

Phosphat: –

Sauerstoff: *9,5 mg/l*

Lebewesen	Häufigkeit		
	1	2	3
Reinwasserzeiger: Strudelwürmer platte Eintagsfliegenlarven große Steinfliegenlarven	 ✗	 ✗	
Belastungszeiger: Mützenschnecke Flohkrebse kleine Steinfliegenlarven Kriebelmückenlarven Köcherfliegenlarven		 ✗ ✗	 ✗
Verschmutzungszeiger: Zuckmückenlarven Wasserasseln			
Abwasserzeiger: Schlammröhrenwurm			

Häufigkeit 1 = einzeln; 2 = häufig;
3 = massenhaft

7 Zusammenleben im Gewässer

Stolz erzählt der Angler, wie er vor einiger Zeit Brachsen angeln wollte und dabei einen riesigen Hecht fing: Gerade als ein junger Brachsen angebissen hatte, wurde er vom Hecht erbeutet. Ein seltener Zufall. Im Grunde geschieht dies aber ständig im See: Ein Lebewesen wird von einem anderen gefressen, das selbst wieder einem dritten zum Opfer fällt. Nur ereignen sich das Fressen und Gefressenwerden normalerweise nicht zur selben Zeit. Im See sind also verschiedenartige Lebewesen *durch Nahrungsbeziehungen miteinander verknüpft.* Sie bilden eine *Nahrungskette.*

Die Schlammschnecke frißt Algen.

Der Brachsen frißt Schlammschnek-ken.

Der Graureiher frißt Brachsen.

Nahrungsketten

Alge → Schlammschnecke → Brachsen → Graureiher ist eine Nahrungskette im See.
Fadenalge → Eintagsfliegenlarve → Bachforelle ist eine Nahrungskette im Bach.
Alle Nahrungsketten beginnen mit *grünen Pflanzen.* Sie sind die einzigen Lebewesen, die nicht fressen müssen: Sie bauen ihre organischen Nährstoffe durch *Photosynthese* selbst auf. Daher nennt man die grünen Pflanzen auch *Erzeuger.* Von ihnen leben die *Pflanzenfresser.* Diese wiederum werden eine Beute der *Fleischfresser.* Pflanzenfresser und Fleischfresser, die in der Nahrungskette auf die Erzeuger folgen, heißen *Verbraucher.* Nach ihrem Platz in der Nahrungskette kann man Erstverbraucher, Folgeverbraucher und Endverbraucher unterscheiden.
Jedes Glied der Nahrungskette lebt letzten Endes von den Nährstoffen, die die Pflanzen am Beginn der Kette erzeugt haben. Es ist die „Urnahrung" für die gesamte Nahrungskette.
Ermittelt man die Menge der einzelnen Nahrungskettenglieder in einem Gewässer, so zeigt sich, daß diese Menge zum Ende der Nahrungskette immer mehr abnimmt: Findet man in einem Teich 1000 kg Pflanzen, so machen die Pflanzenfresser als Erstverbraucher etwa 100 kg aus, die Zweitverbraucher nur noch 10 kg. Jedes Glied der Nahrungskette verbraucht also rund 90 % der Nahrung.

> Nahrungsbeziehungen zwischen verschiedenen Lebewesen ordnet man in Nahrungsketten. Eine Nahrungskette besteht aus Erzeugern und mehreren Gliedern von Verbrauchern.

1 Stelle Nahrungsketten auf, wie sie in einem See oder in einem Bach vorkommen. Betrachte dazu die Bilder auf den Seiten 169 – 172, 176, 177 und lies die zugehörigen Texte.

2 Der Besitzer eines Karpfenteiches will 100 kg Karpfen ernten. Wieviel Pflanzen muß er den Karpfen füttern?

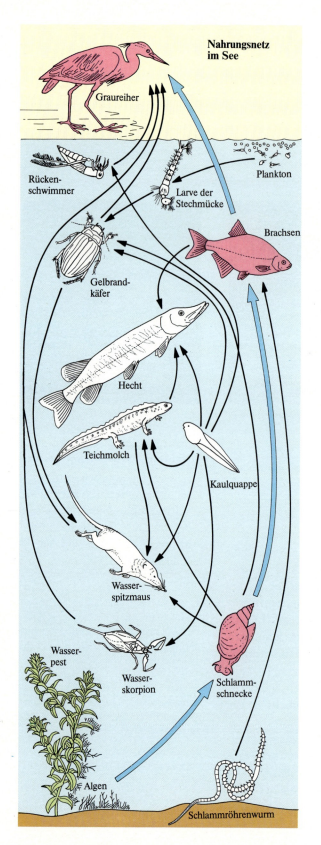

Nahrungsnetz
im See

Graureiher

Rücken-
schwimmer

Larve der
Stechmücke

Plankton

Brachsen

Gelbrand-
käfer

Hecht

Teichmolch

Kaulquappe

Wasser-
spitzmaus

Wasser-
pest

Wasser-
skorpion

Schlamm-
schnecke

Algen

Schlammröhrenwurm

Nahrungsnetz

Der Seerosen-Schilfkäfer frißt nur an Seerosen-
blättern. Eine solche einseitige Ernährung ist allerdings sehr selten. Die meisten Tiere ernähren sich
von unterschiedlicher Nahrung. Auch hat kaum
ein Tier im Gewässer nur einen einzigen Feind. Die
Kaulquappen des Wasserfroschs zum Beispiel werden von Hecht, Rückenschwimmer, Gelbrandkäfer, Wasserskorpion, Wasserspitzmaus und Teichmolch gefressen. Die Nahrungsketten im Gewässer
verzweigen sich also und sind zu einem *Nahrungsnetz* verknüpft.

> Nahrungsketten verzweigen sich und bilden ein
> Nahrungsnetz.

Biologisches Gleichgewicht

In einem See ohne Seerosen kann ein Seerosen-
Schilfkäfer nicht leben. Er ist von der Seerose als
Nahrungspflanze vollkommen abhängig. Die aller-
meisten anderen Tiere in einem See sind dagegen in
ihrer Ernährung nicht auf Lebewesen einer bestimmten Art angewiesen. Fällt ein Glied in einer
ihrer Nahrungsketten aus, können sie sich auf andere Nahrung umstellen: Findet beispielsweise ein
Gelbrandkäfer keine Kaulquappen, erbeutet er
vielleicht Stechmückenlarven. Sind alle Stechmük-
kenlarven im See fertig entwickelt, macht er Jagd
auf Ruderwanzen oder Wasserschnecken. Vermehrt sich dagegen eine Art übermäßig, wird sie
auch häufiger zur Beute ihrer Feinde.
Durch die vielfache Verknüpfung in den Nahrungsketten *regelt sich der Bestand jeder Art von
selbst:* Keine kann stark zunehmen, keine wird all-
zusehr vermindert. Zwischen den verschiedenen
Arten herrscht dann ein *biologisches Gleichgewicht.* Je mehr Arten daran beteiligt sind, desto
dauerhafter ist es.

> In einem Gewässer, dessen Lebewesen durch
> viele Wechselbeziehungen miteinander ver-
> knüpft sind, besteht ein biologisches Gleichge-
> wicht.

1   Begründe mit dem Bild links, warum ein biologisches
Gleichgewicht dauerhafter ist, wenn viele Arten daran
beteiligt sind.

Das versiegelte Aquarium

Ein großes Aquarium, besiedelt von vielen Pflanzen und wenigen Kleintieren aus dem See, wird mit einer Glasplatte bedeckt. Die Glasplatte befestigt man mit Klebeband am Aquarium.

Auf diese Weise „versiegelt", ist das Aquarium von der Umgebung weitgehend abgeschlossen. Nur Licht dringt ungehindert durch die Scheiben. Luft wird dagegen kaum ausgetauscht.

Erstaunlich ist, wie lange die Pflanzen und Tiere in dem versiegelten Aquarium im biologischen Gleichgewicht leben und ihren Bestand erhalten, ohne daß Nährstoffe oder Lebewesen zugeführt oder entnommen werden.

Kreislauf der Stoffe

Die Wellen haben abgerissene Blätter, zerbrochene Schilfhalme und Binsen am Seeufer angespült. Ein dichter Filz abgestorbener Algen hängt zwischen den Schilfstengeln. Daneben treibt ein toter Fisch. Doch was wie das Ende der Nahrungsketten erscheint, ist in Wirklichkeit ein Neubeginn: Bald nach dem Tode eines Lebewesens beginnt sein Körper zu *verwesen*. Daran sind neben *Pilzen* vor allem *Bakterien* beteiligt. Als *Zersetzer* leben sie von den organischen Stoffen der abgestorbenen Lebewesen. Sie brauchen zum Zersetzen Sauerstoff und erzeugen Kohlenstoffdioxid und Mineralstoffe. Kohlenstoffdioxid und Mineralstoffe benötigen umgekehrt die grünen Pflanzen, um mit Hilfe von Licht organische Stoffe erzeugen zu können. Bei dieser Photosynthese wird Sauerstoff frei. So gelangen die Stoffe wieder in die Nahrungsketten zurück, aus denen sie stammen. Ein *Kreislauf der Stoffe* bildet sich aus.

Wie schnell die Stoffe den Kreislauf durchlaufen, hängt vor allem von der Temperatur ab. Je höher die Wassertemperatur ist, um so schneller werden von den Lebewesen im Gewässer Stoffe erzeugt, verbraucht und zersetzt. Erzeugen die Pflanzen mehr organische Stoffe, als verbraucht und zersetzt werden können, lagern sich die unvollständig zersetzten Reste der toten Pflanzen als *Faulschlamm* am Gewässergrund ab.

> Zwischen Erzeugern, Verbrauchern und Zersetzern bildet sich ein Stoffkreislauf aus.

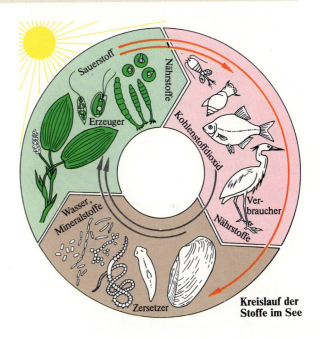

Kreislauf der Stoffe im See

1 Erkläre, warum ein versiegeltes Aquarium so lange im Gleichgewicht bleiben kann.

2 Worin unterscheiden sich die Stoffkreisläufe von See und Bach?

3 Vergleiche – nur in Gedanken! – zwei versiegelte Aquarien miteinander: das eine mit vielen Pflanzen und wenigen Tieren, das andere mit wenigen Pflanzen und vielen Tieren.

4 Zeichne einen einfachen Stoffkreislauf für Sauerstoff und Kohlenstoffdioxid.

5 Welche Mineralstoffe sind für das Pflanzenwachstum besonders wichtig? Lies dazu den Aufdruck auf einer Blumendüngerflasche.

8 Mensch und Gewässer

Klärwerk:
Abwassereinleitung

Kernkraftwerk:
Kühlwasser

Wasserwerk:
Trinkwasser-
gewinnung

Nutzung der Gewässer. Kein Lebewesen kann auf Dauer ohne Wasser auskommen. Wir Menschen benötigen sauberes Wasser nicht nur als *Trinkwasser,* sondern auch zum Kochen, Waschen, Spülen, Duschen, Baden und Gießen. Außerdem dient es zur *Bewässerung* der Felder, als *Kühlwasser* für Industrie und Kernkraftwerke und zur Herstellung der verschiedensten Güter. Rechnet man den gesamten Wasserverbrauch in der Bundesrepublik Deutschland auf den einzelnen um, verbraucht jeder von uns täglich über 3000 l!

Außer für die Wassergewinnung nutzen wir die Gewässer aber auch noch für *Sport und Erholung,* für die *Schiffahrt* und zur *Einleitung von Abwasser.* Wo ein und dasselbe Gewässer so verschiedenen Zwecken dienen soll, bringt das Probleme mit sich. Werden beispielsweise mit dem Abwasser Giftstoffe eingeleitet, müssen die Wasserwerke die Trinkwassergewinnung einstellen.

Störung des biologischen Gleichgewichts. Noch vor 50 Jahren sahen viele Seen so aus: Ein breiter *Röhrichtgürtel* säumt das Ufer. Viele Vogelarten leben darin, darunter *Zwergrohrdommel, Große Rohrdommel, Drosselrohrsänger* und *Blaukehlchen.* Das Wasser ist klar.

Heute bietet sich meist ein anderes Bild: Bis auf kleine Reste ist der *Röhrichtgürtel verschwunden* und mit ihm die Vögel, die darin brüteten. Rohrdommeln, Drosselrohrsänger und Blaukehlchen sind bei uns *vom Aussterben bedroht.* Straßen führen oft dicht am Ufer entlang. Man kann Boote mieten und Surfbretter leihen. Das Wasser ist bräunlichgrün und trüb. Immer wieder kommt es zu *Massenentwicklungen von Algen,* die dann absterben und Faulschlamm bilden. *Das biologische Gleichgewicht ist* durch die Eingriffe des Menschen *gestört.*

Das gilt nicht nur für Seen, sondern für fast alle Gewässer. Die *Begradigung* und *Kanalisierung* der Flüsse und Bäche, das Abholzen der feuchten Wälder und der Baumgruppen an den Ufern, die vielfache Nutzung, besonders aber die *Abwassereinleitung* haben dazu geführt, daß fast nirgendwo mehr das ursprüngliche Gleichgewicht besteht.

Gesunder See mit breitem Röhrichtgürtel

Verschmutzter See. Das Gleichgewicht ist gestört.

Der Drosselrohrsänger braucht Seen mit Röhricht.

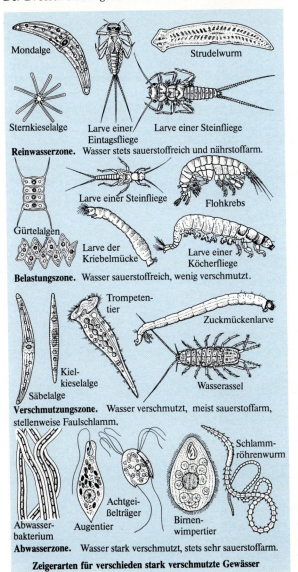

Mondalge

Strudelwurm

Sternkieselalge

Larve einer Eintagsfliege

Larve einer Steinfliege

Reinwasserzone. Wasser stets sauerstoffreich und nährstoffarm.

Gürtelalgen

Larve einer Steinfliege

Flohkrebs

Larve der Kriebelmücke

Larve einer Köcherfliege

Belastungszone. Wasser sauerstoffreich, wenig verschmutzt.

Trompetentier

Zuckmückenlarve

Kielkieselalge

Säbelalge

Wasserassel

Verschmutzungszone. Wasser verschmutzt, meist sauerstoffarm, stellenweise Faulschlamm.

Schlammröhrenwurm

Abwasserbakterium

Augentier

Achtgeißelträger

Birnenwimpertier

Abwasserzone. Wasser stark verschmutzt, stets sehr sauerstoffarm.

Zeigerarten für verschieden stark verschmutzte Gewässer

Belastung durch Abwasser. *Abwasser* aus Haushalten, Industrie und Landwirtschaft enthält vor allem *organische Stoffe* und die Mineralstoffe *Nitrat* und *Phosphat*.

Die organischen Stoffe werden von den Zersetzern ebenfalls zu Mineralstoffen abgebaut. Diesen Vorgang nennt man *Selbstreinigung der Gewässer.* Er *verbraucht große Mengen* des im Wasser gelösten *Sauerstoffs.*

Nitrat und Phosphat sind wichtige Pflanzennährstoffe. Sie wirken auf die Pflanzen im Gewässer als *Dünger.* Wird viel Abwasser eingeleitet, ist ein *übermäßiges Pflanzenwachstum* die Folge. Verbraucher und Zersetzer werden damit nicht fertig. Die Zersetzung der großen Mengen abgestorbener Pflanzen und toter Tiere verstärkt den *Sauerstoffmangel.* Die Selbstreinigung ist überfordert. Faulschlamm entsteht.

Mit Abwasser belastete Gewässer werden also *nährstoffreich* und *sauerstoffarm.* Lebewesen, die sauberes, sauerstoffreiches Wasser benötigen, können darin nicht mehr leben. Je nachdem, wie stark das Gewässer verschmutzt ist, kommen darin andere Pflanzen und Tiere vor. An solchen *Zeigerarten* läßt sich der Grad der Verschmutzung deutlich ablesen.

Abwasserreinigung. Vor der Einleitung in die Gewässer wird das Abwasser heute meist *geklärt.* In der *biologischen Stufe* der Kläranlage bauen Bakterien und andere Zersetzer die *organischen Stoffe* ab, ganz ähnlich wie bei der Selbstreinigung des Gewässers. Die *Mineralstoffe* dagegen können aus dem Abwasser nur entfernt werden, wenn die Kläranlage auch über eine *chemische Reinigungsstufe* verfügt. Solche Kläranlagen sind bei uns noch immer die Ausnahme.

> Das biologische Gleichgewicht ist in vielen Gewässern durch Abwassereinleitung gestört. Kläranlagen können die Wasserverschmutzung vermindern.

1 Erkläre, warum man bestimmte Pflanzen- und Tierarten als Zeigerarten für die Verschmutzung eines Gewässers verwenden kann.

2 Vergleiche die Vorgänge in einer Kläranlage mit der Selbstreinigung eines Gewässers. Lies dazu auf Seite 259 nach. Stelle Unterschiede und Gemeinsamkeiten fest.

Wiese und Acker

1   Das Wiesenjahr

Das leuchtende Gelb der Löwenzahnblüten gibt jetzt der Wiese ihre Farbe. In solchen Mengen tritt Löwenzahn allerdings nur auf, wenn die Wiesen stark gedüngt sind.

Wie mit einem weißen Schleier überzieht der Wiesenkerbel die Wiese mit seinen Blütendolden. Auf überdüngten Wiesen nimmt der Wiesenkerbel, wie hier, stark überhand.

Die Wiese hat ihren 1. Hochstand erreicht. Bald folgt der erste Schnitt.

Frühjahr. Mehr braun als grün kommt die Wiese im März unter dem letzten Schnee des Winters hervor. Bald schon finden sich *Frühblüher* wie *Gänseblümchen, Veilchen* und *Schlüsselblume* ein. Winzige Inseln frischen Grüns entstehen.

Ende April, wenn die Temperatur 10 °C erreicht hat und alle Wiesengräser neu treiben, wird die ganze Wiese grün. Von da an wechselt sie von Woche zu Woche ihre Farbe:

- Zuerst geben ihr die Blüten des *Wiesenschaumkrauts* einen blauvioletten Schimmer.
- Dann folgen die goldenen Blütenköpfe des *Löwenzahns*.
- Bald werden diese vom Weiß des *Wiesenkerbels* und vom Gelb zahlloser *Hahnenfußblüten* überdeckt.
- Wenn schließlich Anfang Juni *Lichtnelken, Glockenblumen, Wiesensalbei, Bocksbart, Wucherblumen* und die *Gräser* zusammen erblühen, ist die Wiese das reinste Farbenspiel. Jetzt hat sie ihren ersten *Hochstand* erreicht.

Sommer. Doch dann streckt die Mähmaschine die ganze Pracht nieder. Aus den Wiesenpflanzen wird Viehfutter, meist *Heu.* Kaum ist das Heu geerntet, schieben die Wiesenpflanzen schon neue Sprosse nach. Viele Arten blühen im Hochsommer ein zweites Mal. Wenn im August das Gras wieder hoch steht, wird noch einmal geschnitten, man nennt dieses zweite Heu *Öhmd* oder *Grummet.*

Wo das Klima mild und feucht ist, kann man Futterwiesen sogar ein drittes Mal mähen.

Herbst und Winter. Im Herbst sterben alle hohen Pflanzenteile ab. Mit den bodennahen Teilen überstehen die Wiesenpflanzen den Winter.

> Das Leben der Wiesenpflanzen wird entscheidend durch den Schnitt bestimmt.

Nur Pflanzen, die dem ständigen Abmähen standhalten, wachsen auf der Wiese. Gräser, Wiesenklee und Hahnenfuß bilden *Ersatzsprosse* aus tief gelegenen Seitenknospen. Eng an den Boden geschmiegt entgehen die *kriechenden Sprosse* des Weißklees und die *Blattrosetten* von Löwenzahn und Gänseblümchen dem Schnitt. Die *Frühblüher,* aber auch Löwenzahn, Margerite und Sauerampfer bilden noch vor der Heuernte *Früchte.*

> Mit Ersatzsprossen, bodennahen Blättern und durch frühes Fruchten überstehen Wiesenpflanzen das ständige Abmähen.

1   Worin unterscheidet sich die Wiese vor dem ersten und vor dem zweiten Schnitt?

2   Auf welche Weise überstehen Pflanzen den Schnitt?

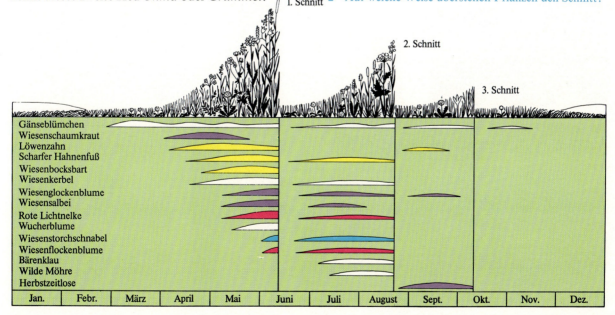

185

Weißklee
Familie Schmetterlingsblütler.
In häufig gemähten Wiesen.
Kriechender Stengel, der an jedem
Knoten Wurzeln, aufrechte Blatt-
stiele und Blütenköpfchen bildet;
Blütenköpfchen von Bienen stark
besucht. Schmetterlingsblüten.
Hülsenfrüchte.
Verwandte: Roter Wiesenklee, Lu-
zerne, Hornklee.

Glatthafer
Familie Süßgräser. Häufig, auf gut
gedüngten Wiesen.
Halme 60 bis 140 cm hoch; Blüten-
stand eine große, vielblütige Rispe.
Grasblüten mit unscheinbaren, grü-
nen Spelzen als Blütenhülle; Bestäu-
bung durch den Wind.
Einsamige Grasfrucht.
Verwandte: Wiesenfuchsschwanz,
Rispengras, Zittergras.

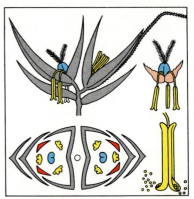

Löwenzahn
Familie Korbblütler.
Tiefreichende Pfahlwurzel; Blattro-
sette mit grobgezähnten Blättern,
weißer Milchsaft; „korbförmiger"
Blütenstand mit Zungenblüten.
Früchte mit schirmförmigem Haar-
kranz.
Verwandte: Habichtskraut, Weg-
warte, Wucherblume, Gänseblümchen.

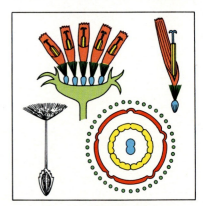

Wiesenkerbel
Familie Doldenblütler. Auf gut ge-
düngten Wiesen.
Feingefiederte Blätter an meterho-
hen Stengeln; kleine, weiße Blüten in
Dolden und Döldchen.
Spaltfrüchte mit duftendem Öl.
Verwandte: Kümmel, Bibernelle,
Geißfuß, Bärenklau.

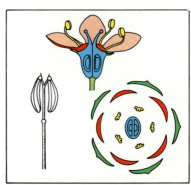

Eine Sammlung gepreßter und getrockneter Pflanzen nennt man Herbarium oder Herbar. Beim Sammeln, Pressen und Ordnen lernt man Pflanzen besonders gut kennen. Ein Herbar ermöglicht einen schnellen Überblick über die Pflanzen eines bestimmten Gebietes.

Sammeln. Sammle die Pflanzen nicht wahllos. Sammle besser alle Arten von einem Wuchsort als einzelne Pflanzen von überallher.
Je kleiner der Wuchsort ist, um so vollständiger wird dein Herbar.
Zum Sammeln eignen sich große Plastiktüten. In ihnen bleiben die Pflanzen länger frisch als in der Hand.

Beachte:
Sammle keine geschützen Arten! Sammle entlang von Wegen. Zertrample beim Sammeln bestimmter Pflanzen nicht alle anderen. Hochgewachsene Wiesen darfst du nicht betreten!

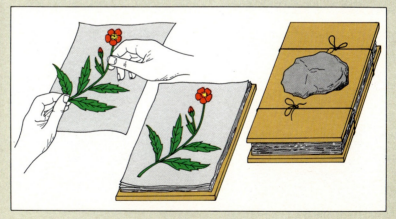

Wiesen-Storchschnabel
Geranium pratense
Hagrain Heidelberg
30. 4. 85

Pressen. Lege die gesammelten Pflanzen zwischen einige Lagen Zeitungspapier.
Presse sie in einer Pflanzenpresse oder zwischen zwei Brettchen, die du mit Steinen oder Büchern beschwerst.
Nach zwei bis drei Tagen solltest du das feuchtgewordene Papier durch · neues ersetzen. Nach 7 – 10 Tagen sind die Pflanzen genug gepreßt und getrocknet.

Aufkleben. Klebe die gepreßten Pflanzen mit Klebestreifen auf Papier oder Pappe. Verwende für jede Pflanze ein eigenes Blatt.
Beschrifte die Herbarblätter mit
– Pflanzennamen,
– Fundort,
– Funddatum.

Neben Bienen und Hummeln sind Schwebfliegen (links) die häufigsten Blütenbesucher. Schwebfliegen können nicht stechen.

Schmetterlinge, wie dieser Bläuling (rechts), saugen mit ihrer langen Zunge den Nektar aus den Blüten.

Von Juni bis September zirpen die Feldheuschrecken (links) auf den Wiesen. Sie ernähren sich von Blättern.

Blattläuse (rechts) haben einen Pflanzenstengel besiedelt. Sie saugen aus ihm Pflanzensaft.

Die gefräßige Rote Wegschnecke (links) lebt in der Streuschicht. Nach Regenwetter ist sie häufig zu sehen.

Der Goldlaufkäfer (rechts) lebt räuberisch. Er frißt Schnecken, Würmer, Raupen und andere Kleintiere der Streuschicht.

Feldgrillen (links) sind Bewohner der Wurzelschicht. Ihre Nahrung sind Insekten und Pflanzenteile.

Auch der Maulwurf (rechts) ist ein Bewohner der Wurzelschicht. Tiere, die in der Erde leben, sind seine Nahrung.

2 Lebensgemeinschaft Wiese

Die Wiese ist *Lebensraum* für viele Tiere. Sie bietet ihnen in mehreren Stockwerken *Nahrung, Deckung* und *Wohnung*. Zwischen den dichten Wiesenpflanzen bleibt es lange feucht, es ist windstill und die Temperatur gleichmäßig. Vor allem kleinen, zarten Tieren, die leicht austrocknen, sagen diese Lebensbedingungen zu. Über 1500 Insektenarten leben daher auf unseren Wiesen. Allerdings müssen alle Wiesenbewohner mit dem Schnitt fertigwerden. Von heute auf morgen fehlen ihnen dann Unterschlupf und Nahrung. Außerdem sind sie nach dem Schnitt Wind und Sonne, aber auch ihren Feinden schutzlos ausgesetzt.

Die Stockwerke der Wiese und ihre Bewohner

Blütenschicht. Das oberste Stockwerk, die Blütenschicht, beherrschen die *fliegenden Blumengäste*. Bienen, Hummeln, Schmetterlinge, Schwebfliegen, Goldfliegen und viele andere Insekten holen Nektar und Blütenstaub.

Krautschicht. In dem dichten Bestand aus Halmen und Blättern, der als Krautschicht das mittlere Stockwerk bildet, finden *blattfressende* Heuschrecken, *knospenbohrende* Fliegenlarven und *säftesaugende* Blattläuse ihre Nahrung.

Streuschicht. *Läufer* und *Kriecher* unter den Kleintieren bevölkern die Streuschicht dicht am Boden. Vor allem Käfer, Ameisen und Schnecken sind hier zahlreich.

Wurzelschicht. Etwa 15 cm tief reichen die Wiesenpflanzen in den Boden hinein. In dieser Wurzelschicht leben viele Winzlinge wie Fadenwürmer, Milben und Rädertierchen. Die größeren Tiere des Bodenstockwerks fallen dagegen eher auf: Maulwurf, Feldmaus, Grille und Regenwurm.

> Eine Wiese kann man in verschiedene Stockwerke einteilen. In jedem Stockwerk leben bestimmte Tierarten.

1 Welche der auf Seite 188 abgebildeten Tiere sind Pflanzenfresser, Fleischfresser oder Gemischtköstler?

2 Manche Tiere finden auf der gemähten Wiese bessere Lebensbedingungen als im hohen Gras. Kennst du Beispiele?

Lebensbeziehungen zwischen den Wiesenbewohnern

Auf einer Wiese blüht der *Rote Wiesenklee.* Ein *Bussard* gleitet über die Wiese. *Hummeln* fliegen von Blüte zu Blüte. *Feldmäuse* huschen durch ihre Laufgänge. Diese Auswahl von Pflanzen und Tieren der Wiese scheint ganz zufällig, und doch bestehen zwischen ihnen enge Beziehungen:

Der Rote Wiesenklee wird von Hummeln bestäubt. Ihr Rüssel ist lang genug, um an den Grund der röhrenförmigen Kleeblüte zu gelangen.

Einige Hummelarten bauen in der Wiese ihr Nest. Sie benutzen dazu oft einen verlassenen Mäusebau. Mäusehaare verwenden die Hummeln als Nistmaterial.

Zwischen Feldmäusen und Hummeln gibt es aber noch eine andere Beziehung: Mäuse stellen der Hummelbrut in deren Nestern nach. Dabei zerstören sie oft das ganze Nest und vernichten das Hummelvolk.

Mäusebussard, Turmfalke und Wiesel. Wo diese Tiere hinter den Feldmäusen her sind, bringen die Hummeln ihre Brut leichter hoch. Auf Umwegen besteht also selbst zwischen dem Wiesenklee und dem Mäusebussard eine Beziehung.

So wie hier sind viele Lebewesen der Wiese miteinander auf verschiedene Weise verknüpft. Sie bilden eine *Lebensgemeinschaft.*

Blüten und Blütenbesucher. Unzählige Bienen, Hummeln, Schmetterlinge und Fliegen werden von den Blüten der Wiesenkräuter angelockt. In ihnen finden sie *Nektar* und *Blütenstaub* als Nahrung. Die Besucher wiederum bestäuben die Blüten. Ohne ihre *Bestäuber* könnten sich viele Wiesenblumen nicht fortpflanzen. Ohne Blumen müßten aber auch manche Insekten verhungern.

Pflanzen und Pflanzenfresser. Für Tiere, die von Pflanzennahrung leben, ist die Wiese ein reich gedeckter Tisch. Feldmäuse fressen junge Grastriebe. Feldheuschrecken und Grillen bevorzugen junge Grasblätter. Die Larven der Kohlschnaken benagen Graswurzeln. Schnecken fressen die Blätter verschiedener Wiesenkräuter. Der Feldhase findet auf der Wiese die abwechslungsreiche Pflanzenkost, auf die er angewiesen ist.

Beute und Räuber. Ein Wiesel verfolgt im Grasdickicht eine Feldmaus. Auf der frisch gemähten Wiese pickt ein Trupp Stare die Larven der Wiesenschnaken aus dem weichen Boden. Unter den Blattläusen am Wiesenklee räumt ein Marienkäfer auf. Über 50 Stück frißt er am Tag.

Ob Wiesel und Maus, Star und Kohlschnake, Blattlaus und Marienkäfer – es ist immer dasselbe: Ein *Pflanzenfresser* wird Beute eines *Räubers*. Aber auch die *Räuber* selbst können anderen *Räubern* zum Opfer fallen. Sie können aber auch von *Schmarotzern* befallen werden. So entstehen *Nahrungsketten* aus mehreren Gliedern. Da jedes Lebewesen der Wiese mit mehreren anderen Lebewesen in Beziehung steht, verknüpfen sich die Nahrungsketten zu einem *Nahrungsnetz*.

Abfälle und Zersetzer. Wiesenpflanzen sterben ab. Tiere hinterlassen Ausscheidungen und sterben schließlich. Alle diese toten organischen Stoffe zersetzen sich. Daran sind Bakterien, Pilze und viele winzige Bodentiere beteiligt. *Humus* entsteht. Dies ist ein dunkler, mineralstoffreicher und lockerer Boden.

Auf einer Wiese von der Größe eines Fußballfeldes leben zwischen 2500 und 6000 *Grillen*. Sie fressen in einem Jahr etwa 60 kg *Gras* und erzeugen 5 bis 10 kg *Kot*. Das scheint zunächst nicht viel zu sein. Aber zusammen mit den Abfällen der anderen Wiesenbewohner bilden sich im Laufe eines Jahres doch große Mengen an Humus. Die wichtigste Rolle dabei spielen die *Regenwürmer*. Jedes Jahr erzeugen sie auf 1 m² Wiese mit ihren Ausscheidungen zwischen 200 g und 800 g Humus. Umgerechnet auf das Fußballfeld wären das zwischen 1500 und 6000 kg.

> Pflanzen und Tiere stehen untereinander über Nahrungsketten und Nahrungsnetze in vielfältiger Beziehung. Sie bilden eine Lebensgemeinschaft.

1 Lege Transparentpapier über das Bild von Seite 190. Ziehe Linien zwischen den Mitgliedern der Lebensgemeinschaft, die etwas miteinander zu tun haben! Schreibe an die Linie, welche Beziehung gemeint ist!

Nahrungsketten in einer Wiese

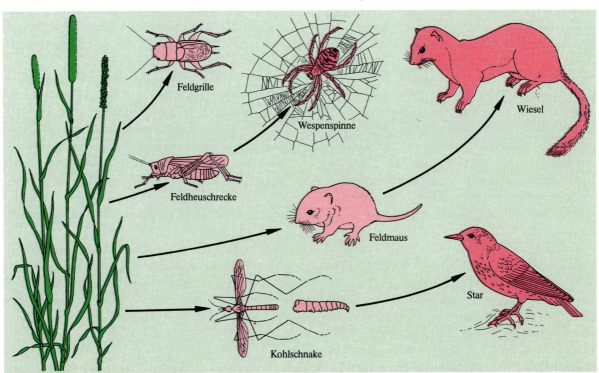

Feldgrille

Wespenspinne

Wiesel

Feldheuschrecke

Feldmaus

Kohlschnake

Star

3 Wiese ist nicht gleich Wiese

Streuwiese

Weide

Grasland, das mindestens einmal im Jahr gemäht wird, nennt man *Wiese*.

Futterwiese. Seit man vor rund 150 Jahren immer mehr zur Stallhaltung des Viehs überging, gibt es bei uns ausgedehnte Wiesen. Sie liefern *Grünfutter* und *Heu* für das Vieh.

Auf tiefgründigen, mit Stallmist oder Jauche gut gedüngten Böden wachsen *Fettwiesen*. Sie werden zweimal im Jahr oder öfter gemäht. Fettwiesen sind meist üppig grün und haben hohes Gras. Flachgründige und meist trockene Böden, die nicht gedüngt werden, tragen *Magerwiesen*. Sie liegen vorwiegend in bergigem, schlecht zugänglichem Gelände. Ihr Gras wächst weniger dicht und hoch als das Gras der Fettwiesen. Magerwiesen, die einmal jährlich im Hochsommer gemäht werden, heißen *Mäder*.

Streuwiese. Auf nassen Wiesen wachsen vor allem Ried- oder Sauergräser, die vom Vieh nicht gefressen werden. Solche *Naßwiesen* und *Feuchtwiesen* wurden früher einmal jährlich im Herbst gemäht. Dann waren die Grashalme bereits abgestorben. Da Streuwiesen eine gute Stalleinstreu lieferten, waren sie besonders in Gegenden mit wenig Ackerbau geschätzt.

In heutigen Ställen wird keine Streu verwendet. Viele Feuchtwiesen wurden daher entwässert und in Weiden umgewandelt.

Weide. Grünland, auf dem sich Vieh aufhält, nennt man Weide. Pflanzen der Weiden werden häufig angefressen und ständig vom Vieh mit den Hufen verletzt. Sie wachsen in einem verdichteten, schlecht durchlüfteten Boden. Daher wachsen nur unempfindliche Pflanzen wie Weißklee und Weidelgras auf Weiden.

Trockenrasen. Felsen und Schutthalden der Alpen sowie der Mittelgebirge sind oft von einer lockeren Grasnarbe überzogen, die mit vielen Kräutern durchsetzt ist. Sie wurzelt in einer dünnen Humusschicht, die nach Regen schnell austrocknet und wenig Nährstoffe enthält. Solche Pflanzengesellschaften nennt man *Trockenrasen* oder *Magerrasen*. Die meisten unserer Trockenrasen sind durch den Einfluß des Menschen entstanden. Dazu gehören beispielsweise die *Wacholderheiden* der Fränkischen Alb und der Schwäbischen Alb. Sie verdanken ihr Pflanzenkleid der Schafweide. Nicht abgeweidet werden Pflanzen, die

– den Schafen zu stachelig sind: Wacholder, Silberdistel, Hauhechel,
– giftig sind: Zypressenwolfsmilch,
– bitter schmecken: Bittere Kreuzblume.

Rasen. Ein Rasen ist eine dichte, niedrige Pflanzendecke, die nur von Gräsern gebildet wird. Eine solche „Gräser-Monokultur" erfordert viel Pflege: häufiges und kurzes Mähen, Walzen, Düngen, Wässern und Belüften des Bodens. In Rasen, die nicht so intensiv gepflegt werden, können sich „Rasenunkräuter" einstellen. Es sind meist Pflanzen mit Rosetten oder kriechenden Sprossen, die mit der geringen Schnitthöhe fertigwerden. Zu ihnen gehören Löwenzahn, Gänseblümchen, Wegerich, Weißklee oder Gundermann.

> Wiesen und Weiden stehen als Kulturgrünland unter dem Einfluß des Menschen.

4 Ein Acker im Jahreslauf

Herbst und Winter. Nach der Ernte wird der Boden hart und trocken. Risse bilden sich. Damit nicht allzuviel Wasser verdunstet, pflügt der Landwirt den Boden 5 bis 8 cm tief um.

Einige Zeit später werden Wildkräuter, die inzwischen gekeimt haben, mit der Egge entfernt. Anschließend wird gedüngt. Dazu wird Mist und – oft viel zu viel – Gülle oder Mineraldünger verwendet. Erneute Bodenbearbeitung bringt den Dünger in den Boden.

Will man Wintergetreide säen, wird der Boden vorher nochmals mit der Egge bearbeitet und anschließend leicht gewalzt.

Frühjahr. Wer Sommergetreide haben will, pflügt, eggt, walzt und sät jetzt. Viele Landwirte bringen auch noch einmal Mineraldünger auf die Felder und spritzen gegen Wildkräuter. Wer umweltbewußter vorgehen will, entfernt die Wildkräuter durch Flämmen.

Sommer. Die Getreideernte wird mit dem Mähdrescher eingebracht. Anschließend pflügt man das Stoppelfeld, oder es wird eine Zwischenfrucht ausgesät.

> Äcker brauchen dauernde Pflege und Bearbeitung.

Der Boden wird vor der Aussaat gepflügt.

Gesät wird heute mit der Sämaschine.

Mit dem Mähdrescher wird die Ernte eingebracht.

5 Geschichte des Ackerbaus

Wilde Feld-Graswirtschaft. Noch vor etwa 2000 Jahren ließen sich Äcker nur 3 bis 5 Jahre lang gut nutzen. Dann sanken die Erträge rasch. Ließ man die Fläche 10 bis 15 Jahre lang als *Brache* oder Viehweide liegen, waren wieder Erträge von 2 bis 3 dt/ha möglich. Diese Art der Bewirtschaftung nennt man *Wilde Feld-Graswirtschaft*.

Dreifelderwirtschaft. Vor etwa 1000 Jahren begann man, die Felder in drei Teile aufzuteilen und zwischen *Sommergetreide, Wintergetreide* sowie *Brache* abzuwechseln. Jeweils im Brachejahr konnte sich der Acker erholen. Gedüngt wurden die Äcker durch Beweidung im Brachejahr. Anbau: *Emmer, Dinkel, Hafer* und *Buchweizen*.

Fruchtwechselwirtschaft. Erst als vor etwa 130 Jahren *Mineraldünger* hergestellt wurden, konnten auch auf dem Brachfeld Pflanzen angebaut werden. Am ergiebigsten waren *Hackfrüchte* wie Kartoffeln und Rüben. Durch Mineraldüngung, Einsatz von Maschinen und Schädlingsbekämpfung mit chemischen Mitteln wurde der Ertrag bis heute auf 80 bis 100 dt/ha gesteigert.

> Mineraldünger, Maschineneinsatz und Maßnahmen zur Schädlingsbekämpfung ließen die Erträge der Äcker immer stärker anwachsen.

Flurbereinigung. Gab es auf einem Bauernhof mehrere Erben, wurden früher die einzelnen Äcker eines Hofes nicht selten unter die Erben aufgeteilt. Die Felder wurden dadurch fortwährend kleiner und waren schließlich kaum mehr wirtschaftlich zu bearbeiten. Daher begann man seit etwa 1950, die landwirtschaftlichen Nutzflächen zu „bereinigen": Kleine Äcker verschiedener Besitzer wurden so zusammengelegt, daß jeder anschließend möglichst zusammenhängende, größere Landstücke besaß. Zudem wurden Feuchtwiesen trockengelegt und Hecken sowie Raine gerodet, um zusätzlich Land zu gewinnen. Heute versucht man, Hecken und Raine zu erhalten und sogar wieder neu anzulegen.

1 Welche Vorteile und welche Nachteile hat die Flurbereinigung gebracht?

2 Kannst du dir denken, warum man Hecken und Rainen heute wieder Beachtung schenkt? Warum bemüht man sich, Feuchtwiesen zu erhalten?

3 Welche Möglichkeiten gibt es, um dem Boden die verbrauchten Mineralstoffe wieder zuzuführen?

1 dt = 1 Dezitonne = 1 Doppelzentner = 100 kg
1 ha = 1 Hektar = 10 000 m²

Grundstücke gleicher Farbe gehören ...

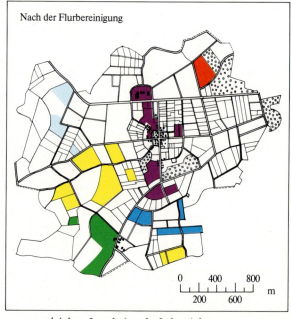

... zum gleichen Landwirtschaftsbetrieb.

Vinzenz Schraider, Landwirt

1952 wurde bei uns die Flurbereinigung aktuell. Ich beschloß, einen Aussiedlerhof zu bauen. Vorteile: Lage inmitten der Felder, also kurze Wege, keine Zeitverluste, immer in der Nähe.

Dann mußte ich entscheiden, wo Äcker, Wiesen und Obstgrundstücke liegen sollen.

Lehmböden. Im Süden haben wir Lehmböden. Sie enthalten außer Lehm feinen Sand und sind gut zu bearbeiten. Ideal für Äcker!

Tonböden. Im Westen haben wir Tonböden. Sie bestehen aus sehr feinkörnigen Teilchen. Im Sommer sind sie hart und rissig, nach Regen naß und schwer. Hier legten wir Wiesen an.

Sandböden. Haben wir nicht. Sie sind zwar locker und erwärmen sich rasch, trocknen aber auch schnell aus. Hier könnte man Kartoffeln oder Spargel anbauen. Gibt man Humus zu, erhält man ganz gute Böden.

Ödland. Dann gab es noch unfruchtbare Feuchtwiesen, Hecken und Raine. Einige Hecken haben wir entfernt, das Feuchtland wurde trockengelegt. Dadurch erhielten wir weitere nutzbare Flächen. Heute würden wir dies aber nicht mehr machen. Man weiß ja inzwischen viel mehr über die Aufgaben, die solches „nutzloses" Land haben kann. Wir haben sogar neue Hecken angelegt. Hier leben viele Tiere, die die Äcker in der Umgebung von Schädlingen befreien. Wahrscheinlich legen wir demnächst auch neue Feuchtgebiete an. Ist ja klar, warum! Das gleiche Problem wie bei den Hecken. Außerdem leben in ihnen viele Arten von Pflanzen und Tieren, die vom Aussterben bedroht sind.

Nutzflächen. Durch die Zusammenlegung vieler kleiner und unterschiedlich genutzter Flächen ergab sich ein großer Vorteil: Wir konnten jetzt große Flächen mit der gleichen Nutzpflanze bebauen. Solche Monokulturen lassen sich kostengünstig bearbeiten. Trat aber einmal ein Schädling auf, leistete er auch gleich „ganze Arbeit". Er hatte ja genügend Nahrung. Deshalb unser Bestreben, Schädlinge durch Förderung ihrer natürlichen Feinde in Schach zu halten.

Baut man immer wieder die gleiche Pflanzenart an, verarmt der Boden an bestimmten Mineralstoffen. Mit Dünger kann man sie wieder zuführen. Wer weiß aber, welche Zusammensetzung und welche Menge an Dünger gerade richtig ist? Düngt man zu stark, gelangt ein Teil des Düngers, vor allem der Stickstoffanteil, ins Grundwasser. Deshalb düngen wir heute kaum mehr mit reiner Gülle oder Mineralstoffdünger, sondern mit Mist, der zu Kompost verarbeitet wurde. Auf diese Weise gelangen die Mineralstoffe langsamer in den Boden.

Aussiedlerhof

Hecken sind Lebensräume für unzählige Tiere.

195

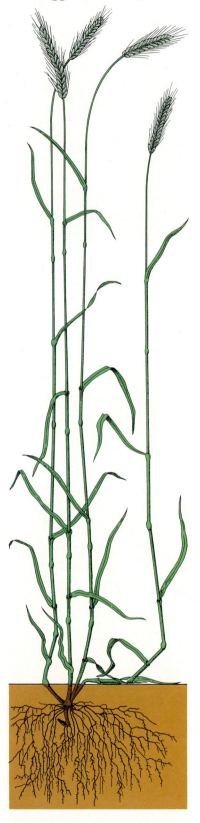

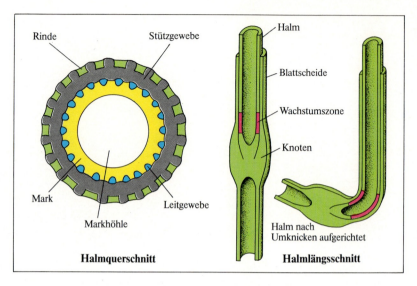

Rinde

Stützgewebe

Mark

Leitgewebe

Markhöhle

Halmquerschnitt

Halm

Blattscheide

Wachstumszone

Knoten

Halm nach
Umknicken aufgerichtet

Halmlängsschnitt

Wahrscheinlich kam der Roggen als *Wildgras* zusammen mit Weizensaatgut aus Vorderasien oder Nordafrika nach Europa. Weil er aber im Gegensatz zum Weizen auch auf sandigen Böden gedeiht und in kürzerer Zeit reift, ist er in Norddeutschland, Polen und Rußland zum wichtigsten Getreide geworden.

Winterroggen und Sommerroggen. Bei uns wird Roggen fast immer im Herbst ausgesät. Ein Hüllblatt, die *Keimscheide,* durchbricht zuerst den Boden. Im Frühjahr bestocken sich die Triebe. Dabei sprießen aus den unteren Knoten am Stengel Seitentriebe und neue Wurzeln. Da beim Winterroggen aus jedem Korn mehrere Halme entspringen, beim Sommerroggen dagegen nur eines, liefert er höhere Erträge.

Halm und Blätter. Bis zu 2 m ragen die Roggenhalme in die Höhe. Knicken sie um, sorgt verstärktes Wachstum an den untenliegenden Seiten der *Knoten* dafür, daß sie sich wieder aufrichten. Über den Knoten liegen *Wachstumszonen.* An diesen Stellen wächst der Stengel. Die Blätter umschließen mit ihrem unteren Teil, der *Blattscheide,* die Wachstumszonen am Stengel. Die schmalen, langen *Blattspreiten* dagegen sind frei. Sie bieten dem Wind kaum Widerstand.

Blütenstand. Der Blütenstand des Roggens ist eine zusammengesetzte *Ähre.* Daran erkennt man die Zugehörigkeit des Roggens zu den Ährengräsern. An der Spindel der Ähre sitzen die Ährchen. Jedes Ährchen besteht aus zwei vollständigen und einer verkümmerten Blüte. Spelzen schützen die Blüten und die daraus entstehenden Getreidekörner. Man unterscheidet *Hüllspelzen, Deckspelzen* und *Vorspelzen.* Wenn sich die beiden *Schwellkörper* Anfang Juni verdicken, werden die Blüten geöffnet. Die *Staubfäden* strecken sich, bis die *Staubbeutel* aus den Blüten hängen. Sobald sich die Staubbeutel an der Spitze öffnen, nimmt der Wind den trockenen Blütenstaub mit sich fort.

1 Weshalb können sich in einem Getreidefeld die Halme nach einem starken Regen wieder aufrichten?

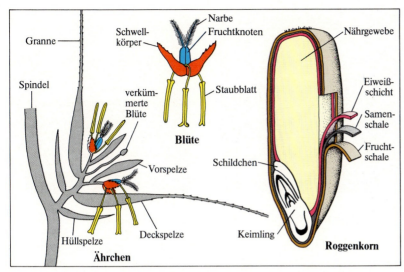

Blüte

Granne — Spindel — Schwellkörper — Narbe — Fruchtknoten — verkümmerte Blüte — Staubblatt — Vorspelze — Hüllspelze — Deckspelze — **Ährchen**

Nährgewebe — Eiweißschicht — Samenschale — Fruchtschale — Schildchen — Keimling — **Roggenkorn**

Frucht. Der Blütenstaub gelangt auf die Narben anderer Blüten. Nach dieser Bestäubung schließen sich die Blüten wieder. In ihrem Schutz reift das *Korn*. Unter der *Frucht-* und *Samenschale* der Körner liegt das *Nährgewebe*. Es enthält vor allem *Stärke* und *Eiweiß*. Der Keimling, auch *Embryo* genannt, ist durch das *Schildchen* vom Nährgewebe getrennt.

Geerntet werden die Körner im Juli. Der größte Teil wird zu Schwarzmehl verarbeitet und zum Brotbacken verwendet.

> Unsere wichtigsten Getreidearten sind Roggen, Weizen, Gerste und Hafer. Sie gehören zur Pflanzenfamilie der Gräser und werden vom Wind bestäubt.

Der **Weizen** ist das wichtigste Getreide der Erde. Seine Urformen *Einkorn* und *Emmer* stammen aus Vorderasien. Weizen verlangt nährstoffreiche Böden. Je nach Art des Mahlens erhält man Schwarzmehl, Weißmehl, Grieß oder Stärkepulver.

Die **Gerste** kommt wie der Weizen aus Vorderasien. Ihre kurze Reifezeit gestattet den Anbau in nördlichen Ländern. Großfrüchtige und eiweißarme Sorten werden als Braugerste, eiweißreiche Sorten als Viehfutter verwendet.

Der **Hafer** ist vermutlich aus dem *Flughafer* entstanden, der bei uns weit verbreitet ist. Hafer verträgt reichlich Niederschläge und wird deshalb auch in England und Irland angebaut. In Form von Haferflocken dient er der menschlichen Ernährung, aber auch als Tierfutter.

Weizen und Gerste gehören wie der Roggen zu den *Ährengräsern*, der Hafer ist ein *Rispengras*.

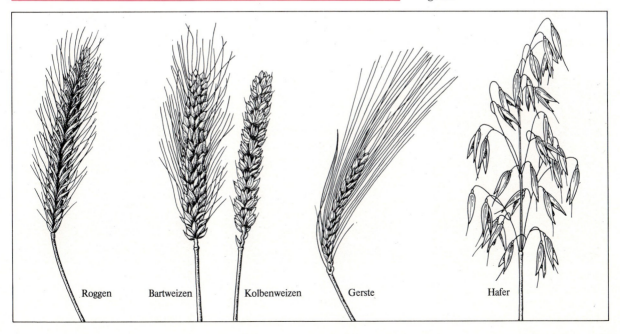

Roggen — Bartweizen — Kolbenweizen — Gerste — Hafer

Zuckerrübe
Die Zuckerrübe wird vor allem in warmen Gegenden auf fruchtbaren Böden angebaut.

Kartoffel
Die Kartoffel stammt aus Südamerika. Seit 200 Jahren wird sie bei uns angebaut.

Raps
Aus den Samen des Rapses gewinnt man Rapsöl, das zur Herstellung von Margarine verwendet wird.

Kohl
Rotkohl und Weißkohl werden heute vielfach industriell verarbeitet und deshalb feldmäßig angebaut.

Spargel
Im Mai und Juni werden die jungen Triebe geerntet, bevor sie an das Licht kommen.

Ehrenpreis
Er bildet dichte Polster und hält so den Boden feucht. Ehrenpreis wächst überall auf dem Acker.

Ackerrittersporn
Dieses Wildkraut ist heute sehr selten. Es wächst nur auf kalkhaltigen Böden.

Mohn
Auf Ödland, Äckern oder in Getreidefeldern wächst der Mohn. Der Sand-Mohn zeigt sandige Böden an.

Ackerminze
Nur auf nassen oder sogar sumpfigen Böden wächst die Ackerminze. Sie wird bis zu 60 cm hoch.

7 Wildkräuter

Aufgaben. Zwischen den Nutzpflanzen vor allem am Rande des Ackers wachsen normalerweise *Wildkräuter*. Treten sie in großer Zahl auf, nehmen sie den Nutzpflanzen Platz, Licht, Mineralstoffe und Wasser weg. Andererseits erfüllen sie wichtige Aufgaben:
- Niederliegende Arten wie Vogelmiere und Ehrenpreis schützen den Boden vor *Austrocknung, Verwehung* und *Wegschwemmen*.
- Sie wirken an der *Humusbildung* mit.
- Sie bieten *Lebensraum* und *Nahrung* für viele Tiere des Ackers.
- Sie zeigen als *Zeigerpflanzen* den Zustand des Bodens an. So gibt es Kalkzeiger, Sandzeiger, Nässezeiger und Säurezeiger unter ihnen.

Anpassungen. An ihren Lebensraum sind die Wildkräuter auf vielerlei Weise angepaßt:
- Die *Vogelmiere* blüht und fruchtet, noch ehe das Getreide in die Höhe schießt. Auf diese Weise hat sie genügend Licht, um durch Photosynthese organische Stoffe bilden zu können.
- Das *Klettenlabkraut* klettert mit *Klimmhaaren* an den Getreidehalmen nach oben und erhält auf diese Weise genügend Licht. Die *Ackerwinde windet* sich empor. Die *Vogelwicke* bildet *Ranken* und zieht sich so hinauf. Die *Kornblume* bildet *Seitensprosse* und drückt die Getreidehalme damit zur Seite.

- Beim *Klatschmohn* bildet eine Pflanze über 1000 Samen. *Ackerhellerkraut* und *Kornblume* entwickeln weit über hundert. Auch wenn viele Samen auf dem Ackerboden nicht aufgehen, ist noch für die Vermehrung gesorgt.
- Die *Quecke* vermehrt sich durch unterirdische, der *Kriechende Hahnenfuß* durch oberirdische Ausläufer. Werden die *Wurzelstöcke* von *Ackerwinde* oder *Kratzdistel* beim Pflügen zerschnitten, kann jeder Teil eine neue Pflanze bilden. Wird beim *Löwenzahn* oder *Krausen Ampfer* die *Pfahlwurzel* geteilt, kann aus dem abgeschnittenen Teil eine neue Pflanze heranwachsen. Auch auf diese Weise wird die Vermehrung sichergestellt.

Gefährdung. In den letzten Jahrzehnten sind von 300 bei uns heimischen Arten von Wildkräutern 12 ausgestorben, 72 sind heute stark gefährdet. Ursachen dafür sind:
- Anwendung von Spritzmitteln gegen Wildkräuter, Saatgutbehandlung;
- Eggen und tiefes Pflügen;
- Trockenlegung und Düngung der Felder. Damit kommen nur wenige Arten zurecht.
- Ausgedehnte Monokulturen bieten nur noch wenigen daran angepaßten Arten Lebensraum.

> Wildkräuter sind auf vielerlei Weise an ihren Lebensraum angepaßt. Durch die moderne Landwirtschaft sind heute viele Arten vom Aussterben bedroht.

1 Was kann man tun, um die Wildkräuter vor dem Aussterben zu bewahren?

Klettenlabkraut
Um genügend Licht zu bekommen, klettert das Klettenlabkraut mit Klimmhaaren nach oben.

Kornblume
Die Kornblume bildet Seitensprosse und drückt die Getreidehalme damit zur Seite.

Ackerwinde
Die Ackerwinde benutzt jeden Halm, der sich ihr bietet, um sich daran nach oben zu winden.

Acker und Wiese sind Lebensraum vieler Pflanzen- und Tierarten.

1 Kornblume	*13 Esparsette*
2 Klatschmohn	*14 Salbei*
3 Ackerwinde	*15 Schneckenklee*
4 Windhalm	*16 Feldlerche*
5 Zwergmaus	*17 Rebhuhn*
6 Feldhamster	*18 Feldheuschrecke*
7 Maulwurfsgrille	*19 Laubheuschrecke*
8 Feldmaus	*20 Feldgrille*
9 Zittergras	*21 Heufalter*
10 Weiche Trespe	*22 Widderchen*
11 Klappertopf	*23 Larven der Schaumzikade*
12 Echtes Labkraut	

8 Tiere des Feldes

- Viele Tiere, die sich am Waldrand oder in Hecken aufhalten, suchen auf den Feldern Nahrung: Steinmarder, Hermelin, Igel, Mauswiesel, Fuchs, Feldhase, Reh, Mäusebussard, Habicht, Turmfalke, Raben- und Saatkrähe, Feldsperling.
- Vögel brüten auf den Feldern am Boden: Goldammer, Feldlerche, Wachtel, Rebhuhn, Fasan.
- Auf dem Ackerboden leben: Erdkröte, Zauneidechse und Blindschleiche, Feldmaus sowie Zwergmaus, Feldhamster, Spitzmaus, Maulwurf.
- Insekten ernähren sich vom Getreide: Getreidelaufkäfer, Getreidehähnchen, Fliegen- und Wespenlarven, Blattläuse und Blattwanzen.
- Tiere des Ackerbodens sind: Larven von Schnellkäfern, Drahtwürmer genannt, Larven des Maikäfers, die Engerlinge, Erdraupen, Ameisen, Ohrwürmer, Maulwurfsgrillen, Springschwänze, Erdläufer und Tausendfüßer, Spinnen und Milben, Regenwürmer, Schnecken.

Das Rebhuhn. Wiesen, Felder, Brachland, Heiden und Moore sind der Lebensraum des Rebhuhns, eines Hühnervogels. Dort brütet es im Schutz von Hecken unter überhängenden Pflanzen. Wo die Hecken entfernt wurden, weicht das Rebhuhn auf Wiesen aus und fällt oft der Mähmaschine zum Opfer. Auf diese Weise kommen jährlich gut 30 % der Rebhühner um.

Ihre Reviere grenzen Rebhühner auf Sichtweite ab. Wo es viele Hecken gibt, sind die Reviere klein. Viele Rebhühner leben dort. Wo Hecken fehlen, brüten nur wenige Paare. Rebhühner ernähren sich zu 20 % von Insekten, zu 30 % von Feldfrüchten und zu über 50 % von Wildkräutern.

Die Feldmaus. 10 bis 20 cm tief im Boden gräbt die Feldmaus ihre verzweigten Gänge und einen Wohnkessel mit mehreren Ausgängen. Die Feldmaus ist eine Wühlmaus. Im Winter legt sie zusätzlich unter dem Schnee Laufgänge an.

Die Feldmaus lebt von Wurzeln, Halmen und Körnern, aber auch von Insekten.

Gibt es genügend Nahrung, vermehren sich die Feldmäuse massenhaft. Alle 20 Tage kann ein Weibchen 4 bis 12 Junge haben. Jedes Tier frißt pro Tag rund 10 g Nahrung. In der Heide und an Grashängen findet man unter 1 km² Land etwa 10 000 Feldmäuse. Unter ausgedehnten Getreidefeldern dagegen können bis zu 400 000 Feldmäuse pro km² leben.

Der Regenwurm. In guten Akkerböden werden bis zu 500 kg Regenwürmer pro Hektar gefunden. Bis zu 1,5 m tief reichen ihre Gänge in den Boden. Dies verbessert die Durchlüftung. Außerdem kann das Regenwasser leichter eindringen. Regenwürmer ziehen Blätter in den Boden. Sobald sich diese zersetzen, werden sie gefressen. Der Regenwurm düngt und durchmischt den Boden mit seinem Kot. Pro Jahr können auf diese Weise unter 1 m² Boden 3 bis 5 kg natürlicher Dünger anfallen.

1 Welche Auswirkungen hat das Bekämpfen von Insekten und Wildkräutern mit Gift auf Rebhühner und andere Tiere des Feldes?

2 Trifft die Abbildung auf Seite 200 auch heute noch zu?

9 Nahrungsbeziehungen und Kreislauf der Stoffe

Nahrungsketten und Nahrungsnetze. Eine Feldheuschrecke frißt an einer keimenden Roggenpflanze und wird dabei von einer Eidechse überrascht. Wenig später fällt die Eidechse einem Fuchs zum Opfer. Eine „Nahrungskette" ist entstanden:

Roggen → Feldheuschrecke → Eidechse → Fuchs.

Von Roggenkörnern leben Feldhamster und Feldsperlinge, von Roggenwurzeln Regenwürmer und die Larven von Schnellkäfern. Feldheuschrecken dienen nicht nur Eidechsen, sondern auch Rebhühnern und Maulwürfen als Nahrung. Füchse fressen auch Heuschrecken, Käfer, Maulwürfe, Sperlinge und Rebhühner. Aus einfachen Nahrungsketten werden komplizierte Nahrungsnetze.

> Pflanzen und Tiere des Ackers stehen durch Nahrungsketten und Nahrungsnetze miteinander in Beziehung.

1 Stelle mit Hilfe der auf der vorangegangenen Seite aufgeführten Tiere weitere Nahrungsketten und Nahrungsnetze im Feld auf.

Aus einfachen Nahrungsketten werden komplizierte Nahrungsnetze.

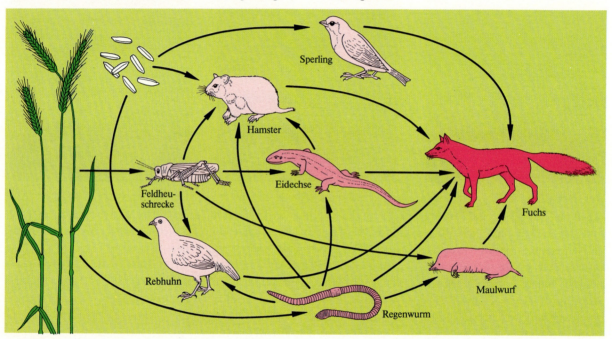

Erzeuger, Verbraucher und Zersetzer. Aus Wasser, Kohlenstoffdioxid und Mineralstoffen bilden die Pflanzen bei der Photosynthese eine Vielzahl organischer Stoffe. Sauerstoff wird freigesetzt. Man bezeichnet die Pflanzen daher als *Erzeuger* oder *Produzenten.* Die organischen Stoffe dienen den Pflanzen für ihre Lebensvorgänge. Überschüsse werden gespeichert.

Pflanzen dienen pflanzenfressenden Tieren als Nahrung. Pflanzenfresser werden von fleischfressenden Tieren erbeutet. Wir essen pflanzliche Nahrung, Milch, Fleisch und Eier von Tieren. Tiere und Menschen sind *Verbraucher* oder *Konsumenten.*

Tote Pflanzen oder Tiere, unsere organischen Abfälle, der von Haustieren erzeugte Dung oder aber untergepflügter Klee auf dem Acker werden *von Bodenlebewesen zersetzt.* Das sind vor allem Pilze, Bakterien und Regenwürmer. Dabei werden die organischen Stoffe letztlich in Wasser, Kohlenstoffdioxid und Mineralstoffe umgewandelt.

> Pflanzen sind die Erzeuger, Tiere und Menschen die Verbraucher, Bakterien, Pilze und andere Bodenlebewesen die Zersetzer.

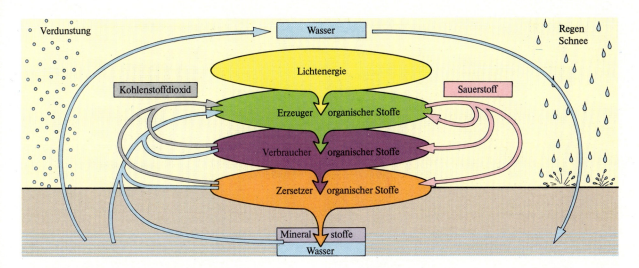

Kreislauf der Stoffe. Wasser, Kohlenstoffdioxid und Mineralstoffe werden von den Pflanzen erneut aufgenommen und organische Stoffe gebildet. Man spricht von einem Kreislauf der Stoffe.

Auf dem Acker greift der Mensch in vielfältiger Weise in diesen Kreislauf ein: „Schädlinge" unter den Tieren und unter den Pflanzen werden bekämpft, „Nützlinge" gefördert. Vor dem Anbau neuer Früchte wird der Boden bearbeitet und oft mit Mineralstoffen gedüngt. Wenn es trocken ist, wird beregnet.

> Pflanzen bilden bei der Photosynthese organische Stoffe. Dazu benötigen sie Wasser, Kohlenstoffdioxid und Mineralstoffe. Beim Abbau der organischen Stoffe bleiben Wasser, Kohlenstoffdioxid und Mineralstoffe übrig. Sie gelangen erneut in den Kreislauf.

1 Ist es gerechtfertigt, die Tiere des Feldes in „Nützlinge" und „Schädlinge" einzuteilen?

Schädlingsbekämpfung und Pflanzenschutz

1979 wurden in der Bundesrepublik Deutschland 224 000 t Gifte gegen Schädlinge im Wert von 2 Mrd. DM produziert. Herbizide wirken gegen Pflanzen, Fungizide gegen Pilze, Insektizide gegen Insekten usw. Bei der *chemischen Schädlingsbekämpfung* gibt es erhebliche Gefahren: Nahrungsmittel können belastet werden; nützliche Lebewesen werden zusammen mit den Schädlingen vernichtet; Giftstoffe können in das Grundwasser gelangen.

Züchtet man Marienkäfer und setzt sie zusammen mit ihren Larven aus, fallen sie über Blattläuse her. Wenn in dieser Weise die natürlichen Feinde der Schädlinge eingesetzt werden, spricht man von *biologischer Schädlingsbekämpfung*. Bei der *mikrobiellen Schädlingsbekämpfung* versprüht man Bakterien und Viren, die ganz bestimmte Schädlinge befallen. Für andere Lebewesen besteht keine Gefahr.

Pflanzenschutz bedeutet nicht nur Schädlingsbekämpfung. Ebenso wichtig ist es, durch Pflege des Bodens und der Pflanzen sowie durch Züchtung un-

empfindlichere Sorten zu bekommen. Das nennt man *integrierten Pflanzenschutz*.

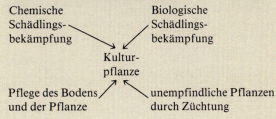

Chemische Schädlingsbekämpfung

Biologische Schädlingsbekämpfung

Kulturpflanze

Pflege des Bodens und der Pflanze

unempfindliche Pflanzen durch Züchtung

1 Mit einer Schlämmprobe läßt sich die Zusammensetzung des Bodens ermitteln. Dazu wird eine Bodenprobe im Standzylinder zusammen mit Wasser kräftig durchgeschüttelt. Dann wartet man, bis sich alles abgesetzt hat. Je größer die Teilchen sind, um so rascher setzen sie sich ab. Vergleiche auf diese Weise Wald- und Ackererde. Ergebnis?

2 Suche Wildkräuter, die viele Samen bilden. Beispiele: Ackerhellerkraut, Klatschmohn, Akkersenf. Zähle die Samen je Frucht und die Früchte je Pflanze. Zähle die Pflanzen derselben Art auf 1 m² des Ackers.

3 Untersuche, wie die Wildkräuter im Acker zum Licht gelangen. Suche Pflanzen mit Klimmhaaren, Ranken oder Pflanzen, die sich an den Getreidehalmen emporwinden. Welche Arten sind es? Benutze ein Bestimmungsbuch.

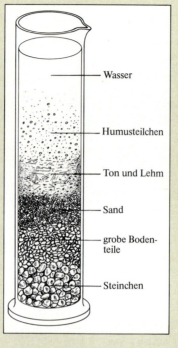

Wasser

Humusteilchen

Ton und Lehm

Sand

grobe Bodenteile

Steinchen

4 Untersuche, wie Dünger wirkt. Dazu benötigst du 4 gleichgroße Blumentöpfe. Zwei werden mit reinem Sand gefüllt, zwei mit Lehm. Man sät je Blumentopf einige Ackersenfkörner, stellt die Blumentöpfe ans Fenster und gießt täglich. Je einer der mit Sand und Lehm gefüllten Töpfe wird nach 8 Tagen mit der gleichen Lösung eines für Zierpflanzen bestimmten Volldüngers gegossen.
Beschreibe Wuchsform, Blattfarbe, Blüten und Früchte der Pflanzen nach zwei Monaten.

5 Bestimmung und Untersuchung der Bodentiere im Acker: Eine große Konservendose ohne Deckel und Boden wird in die Ackererde gedrückt. So läßt sich die obere Bodenschicht unzerstört entnehmen. Boden vorsichtig herausdrücken und in Glasschale untersuchen.
In Beobachtungskammern aus Gips lassen sich die kleinen Tiere einige Zeit halten. Zur Herstellung legt man ein Deckglas und darüber ein 5 mm dickes Styroporstück auf den Boden eines Joghurtbechers und gießt Gipsbrei darüber. Nach dem Hartwerden das Styropor entfernen. Den Gipsblock feuchthalten.

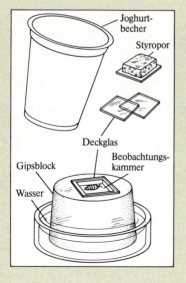

Joghurtbecher

Styropor

Deckglas

Gipsblock

Beobachtungskammer

Wasser

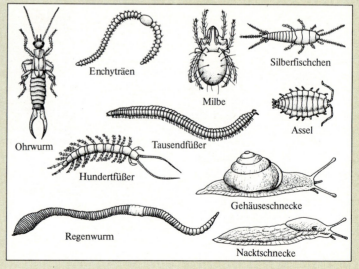

Ohrwurm

Enchyträen

Milbe

Silberfischchen

Assel

Tausendfüßer

Hundertfüßer

Gehäuseschnecke

Regenwurm

Nacktschnecke

10 Herkömmliche und biologische Anbaumethoden

Außer den herkömmlichen Anbaumethoden beginnt heute auch die sogenannte biologische Anbaumethode eine Rolle zu spielen. Am Beispiel eines Kartoffelfeldes lassen sich die Unterschiede deutlich aufzeigen:

Herkömmliche Methoden

Frühjahr. Im März wird der Boden mit Stallmist und Mineralstoffen gedüngt. Düngt man zuviel, gelangt ein Teil der Mineralstoffe in das Grundwasser. Im April werden die Kartoffeln gesteckt. Eine Woche später wird gehäufelt. Danach spritzt man mit Herbiziden gegen Wildkräuter. Im Mai wird zwei- bis achtmal gegen Pilzkrankheiten gespritzt.

Sommer. Jetzt werden Kartoffelkäfer und Blattläuse mit Spritzmittel bekämpft. Aber auch andere Insekten, so der Blattlausvertilger Marienkäfer, fallen dem Gift zum Opfer. Schneckenkörner töten Schnecken ab, schädigen aber auch andere Tiere. Zur Erleichterung der Ernte und zur Verhinderung von Knollenfäulnis werden die Kartoffelstauden mit Gelbspritzmittel „abgebrannt".

Biologische Methoden

Durch gute Bodenpflege, durch Fruchtwechsel und durch die Verwendung widerstandsfähiger Sorten versucht man, Pflanzenkrankheiten und Schädlingsbefall zu vermeiden. Hecken zwischen den Feldern bieten Fasanen und Rebhühnern Unterschlupf. Von hier suchen sie die Felder nach Kartoffelkäfern und anderen „Schädlingen" ab. Giftige Spritzmittel werden nicht verwendet, Wildkräuter mit der Hacke entfernt. Gedüngt wird mit Mist, der vorher durch Bodenlebewesen zu Kompost verarbeitet wurde. Zusätzlich wird Gesteinsmehl eingearbeitet. Lehm- und Tonböden werden dadurch lockerer. Das Regenwasser kann nicht mehr so schnell abfließen oder verdunsten. Gießt man zusätzlich mit Brennesselbrühe und verteilt Kompost, wird die Vermehrung der Bodenlebewesen und das Wachstum der Kulturpflanzen gefördert. Bedeckt man den Boden mit Pflanzenteilen, ist er vor Austrocknung besser geschützt.

1   Wie unterscheiden sich biologische Anbaumethoden von konventionellen Anbaumethoden?

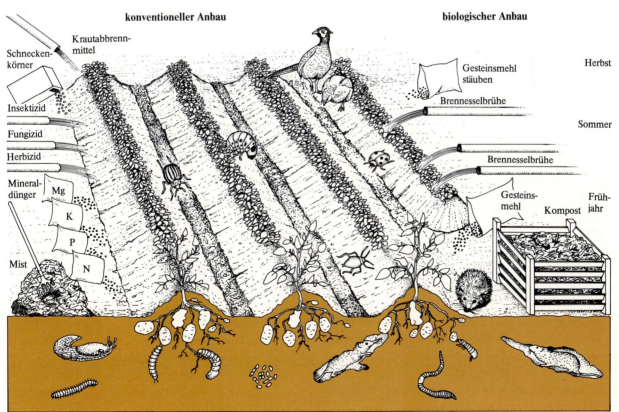

konventioneller Anbau

biologischer Anbau

Schneckenkörner

Krautabbrennmittel

Gesteinsmehl stäuben

Herbst

Insektizid

Brennesselbrühe

Fungizid

Sommer

Herbizid

Brennesselbrühe

Mineraldünger

Mg

K

P

N

Gesteinsmehl

Kompost

Frühjahr

Mist

Der Wald

1 Der Wald – eine Lebensgemeinschaft

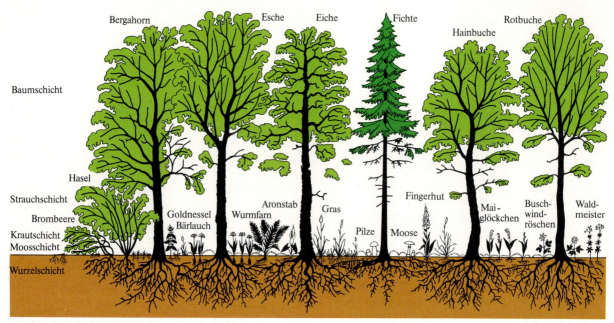

Bergahorn — Esche — Eiche — Fichte — Rotbuche — Hainbuche

Baumschicht

Hasel

Strauchschicht

Brombeere

Krautschicht
Moosschicht

Goldnessel
Bärlauch — Wurmfarn — Aronstab — Gras — Pilze — Moose — Fingerhut — Mai-glöckchen — Busch-wind-röschen — Wald-meister

Wurzelschicht

Die Stockwerke des Waldes

Was ist ein Wald? Niemand wird einen Obstgar-ten, eine Baumschule oder einen Park als Wald an-sehen. Warum eigentlich nicht?

Im Wald wachsen *nicht nur bestimmte Bäume,* sondern auch zahlreiche andere Pflanzen: *Moose* bedecken oft in dichten, grünen Polstern den Waldboden. *Pilze* erscheinen in der Laubstreu, am Fuß von Bäumen, auf morschen Baumstümpfen und manchmal auch an den Stämmen. *Farne* bil-den zuweilen hüfthohe Dickichte. Auffallend sind unter den *Blütenpflanzen* besonders die *Kräuter* wie Buschwindröschen, Sauerklee, Aronstab, Mai-glöckchen, Fingerhut und manche Gräser. *Sträu-cher* wie Hasel, Holunder, Himbeere, Brombeere und Schlehe gedeihen am Waldrand oder in lichten Baumbeständen.

Über 4 000 Pflanzenarten hat man allein *in Bu-chenwäldern gefunden.* An erster Stelle stehen die Pilze mit 3 500 Arten; nur ein kleiner Teil bildet je-doch die bekannten großen Hüte. An Blütenpflan-zen zählte man 200, an Moosen 190 Arten.

Der Wald bietet auch vielen Tieren Nahrung und Versteck. Rund *6 800 Tierarten* wurden in Buchen-wäldern ermittelt. Davon entfallen auf die Insek-ten allein 5 200 Arten. An größeren Tieren wurden 70 Vogelarten, 27 Arten von Säugetieren, 7 Arten Lurche und 5 Kriechtierarten festgestellt.

Die Stockwerke des Waldes. Kein Strauch wird so hoch wie eine Fichte, Eiche oder Buche. Von den Kräutern und Farnen erreichen nur wenige die Höhe eines Strauchs. Die Moospolster schmiegen sich immer eng dem Boden an. Man spricht daher von *Stockwerken* oder *Schichten:* von *Baum-schicht, Strauchschicht, Krautschicht* und *Moos-schicht.* Verborgen bleibt uns die *unterirdische Schichtung* des Waldes: Unterschiedlich tief drin-gen die Wurzeln von Kräutern, Sträuchern und Bäumen in den Boden ein.

Lebensgemeinschaft Wald. Zahlreiche Kräuter ge-deihen nur im Schatten von Waldbäumen. Manche Waldbäume sind auf bestimmte Pilze an ihren Wurzeln angewiesen. Ähnliche Abhängigkeiten gibt es auch bei den Tieren. Viele Insekten entwik-keln sich nur auf Waldbäumen. Sie dienen wieder-um anderen Waldtieren als Nahrung. So sind die Pflanzen und Tiere des Waldes durch vielfältige Beziehungen zu einer *Lebensgemeinschaft* ver-knüpft.

> Alle Pflanzen und Tiere des Waldes bilden zu-sammen eine Lebensgemeinschaft.

1   Welche Waldtiere kennst du? In welcher Schicht hal-ten sie sich vorwiegend auf? Lege eine Tabelle an!

2 Wald ist nicht gleich Wald

Laubwald

Nadelwald

Lebensbedingungen im Laubwald. Rotbuche, Hainbuche und Eiche sind die häufigsten Bäume des *Laubwaldes.* Ehe sie sich im *Frühjahr* belauben, fällt *viel Licht* auf den Boden. Viele *Frühblüher* erscheinen und blühen bald. Wenn sich *im Sommer* das Laubdach schließt und es *schattig* wird am Waldboden, haben sie ihre Entwicklung schon abgeschlossen. Moose finden wir im Laubwald kaum. Im Herbst bedeckt das Fallaub die niedrigen Pflänzchen und nimmt ihnen das Licht.
Die abgeworfenen Blätter bilden eine *lockere, gut durchlüftete Streu.* In ihr leben viele Bodentiere, die zusammen mit Pilzen und Bakterien das Laub rasch zu *Humus* zersetzen.

Mischwälder. Besonders reich an Pflanzen- und Tierarten sind *Mischwälder* aus Laub- und Nadelbäumen. Die meisten Pflanzen der reinen Laub- oder Nadelwälder kommen hier ebenfalls vor.

Lebensbedingungen im Nadelwald. Es ist dir sicher schon aufgefallen, daß im *Fichtenwald* wenig Sträucher und Kräuter wachsen. Es ist hier *für lichthungrige Pflanzen zu dunkel.* Für die Moose dagegen reicht das spärliche Licht, das auf den Boden fällt, zum Wachstum aus. Etwas günstiger sind die Lichtverhältnisse im *Kiefernwald.* Daher kommen hier mehr Bodenpflanzen vor.
Natürliche Fichtenwälder gibt es bei uns nur im Gebirge. In tieferen Lagen hat sie der Mensch angelegt. Wo der Boden mineralstoffarm oder sandig ist, dehnen sich oft weite Kiefernwälder.
Nadelbäume verlieren ihre Nadeln meist erst nach mehreren Jahren und nicht auf einmal. Doch die *Nadelstreu* ist viel dichter und daher schlechter durchlüftet als die Laubstreu. Sie verwest langsam. Es entsteht dabei kein fruchtbarer Humus, sondern ein saurer *Rohhumus.* Er wird von vielen Pflanzen des Laubwaldes nicht vertragen.

> In Laub- und Nadelwald herrschen unterschiedliche Lebensbedingungen: Im Laubwald schwankt die Lichtmenge am Boden im Jahresverlauf, im Nadelwald ist sie immer gleich niedrig. Außerdem beeinflussen Laub- und Nadelstreu den Boden in verschiedener Weise.

1 Wächst in der Umgebung deines Heimatortes Nadelwald, Laubwald oder Mischwald?

2 Vergleiche die beiden Fotos oben. Welche Unterschiede fallen dir auf?

Buschwindröschen

Das Buschwindröschen kommt im Laub- und Nadelwald vor, wenn der Boden mineralstoffreich und nicht zu sauer ist. Als Frühblüher blüht es schon im März und April.

Waldprimel

Die Waldprimel, auch Hohe Schlüsselblume genannt, wächst im Laubwald. Sie blüht schon im März und April.

Bärlauch

Im feuchten Laubwald bildet der Bärlauch oft große, grüne Teppiche. Die Blätter riechen nach Lauch. Er blüht von April bis Juni.

Aronstab

Er blüht im April und Mai im feuchten Laubwald. Die winzigen Blüten sitzen an einem braunen Kolben, der von einem Hochblatt umgeben ist. Die roten Beeren sind giftig.

Sauerklee

Seine Blätter schmecken säuerlich. Er kommt vor allem im feuchten Nadel- und Mischwald vor. Die Blüten mit ihren fünf weißen Kronblättern erscheinen im April und Mai.

Goldnessel

Die Goldnessel ist im Laub- und Nadelwald anzutreffen. Sie blüht von April bis Juli. Die Blüten sitzen jeweils zu mehreren beisammen.

Vielblütige Weißwurz

Sie wächst im schattigen, mineralstoffreichen Laubwald. Ihren Namen hat sie vom dicken, weißen Erdsproß. Blütezeit: Mai und Juni.

Einbeere

Die vierblättrige Einbeere blüht im Mai im feuchten Laub- und Mischwald. Jede Pflanze trägt nur eine Blüte. Die schwarze Beere ist giftig.

Waldmeister

Der Waldmeister wächst vor allem im schattigen Buchenwald. Seine Blätter stehen zu 6 bis 9 in einem Quirl. Er blüht im Mai.

Maiglöckchen
Das Maiglöckchen ist im lichten Laubwald häufig. Es blüht im Mai und Juni. Das Maiglöckchen ist giftig und wird als Arzneipflanze verwendet.

Große Sternmiere
Von April bis Juni blüht die Große Sternmiere im Laubwald und am Waldrand. Ihre Blüten haben weiße, tief gespaltene Kronblätter.

Großes Springkraut
Das Springkraut trifft man im Laub- und Nadelwald an feuchten Stellen. Es blüht von Juni bis August. Die länglichen Früchte öffnen sich beim Berühren explosionsartig.

Roter Fingerhut
Der Fingerhut wächst auf Kahlschlägen und an Waldwegen. Er blüht von Juni bis August. Der Fingerhut ist giftig und wird als Arzneipflanze verwendet.

Schmalblättriges Weidenröschen
Waldlichtungen verwandelt das Weidenröschen oft in ein rotes Blütenmeer. Es blüht von Juni bis August. Seine Samen tragen lange Flughaare.

Seidelbast
Der kleine Strauch wächst im Laub- und Mischwald. Seine Blüten erscheinen vor den Blättern, oft schon im Februar. Die roten Beeren sind giftig. Geschützt!

Waldrebe
Die Waldrebe ist eine Liane: ein Strauch, der an Bäumen emporklettert. Oft überzieht sie die Bäume schleierartig. Ihre Blütezeit reicht von Juni bis September.

Schwarzer Holunder
Der Schwarze Holunder benötigt mineralstoffreiche Böden. Er blüht im Mai und Juni in feuchten Wäldern und auf Waldlichtungen. Die Beeren sind eßbar.

Heidelbeere
Die Heidelbeere ist ein Zwergstrauch. Sie wächst im Nadel- und Mischwald. Im Mai und Juni erscheinen die rötlichgrünen Blüten. Die Früchte sind eßbar.

3 Die Rotbuche

Vorkommen. Die *Rotbuche* gehört zu den häufigsten Bäumen unserer Laub- und Mischwälder. Ihr Anteil unter den Waldbäumen beträgt etwa ein Fünftel. Würde der Mensch die Zusammensetzung des Waldes nicht beeinflussen, wäre die Buche *der häufigste Waldbaum* überhaupt in Mitteleuropa. Im Gebirge wächst sie bis in 1 200 m Höhe. Am besten gedeiht sie auf lockerem, mineralstoffreichem, kalkhaltigem Boden.

Stamm und Krone. Buchen können *bis zu 40 m hoch* werden. Ihre Wuchsform ist ganz unterschiedlich: Im Innern des Waldes sind die silbergrauen Stämme bis weit hinauf astfrei. Am Waldrand fällt die viel stärkere Beastung auf der dem Licht zugewandten Seite ins Auge. Steht die Buche dagegen als Einzelbaum in der freien Landschaft, trägt der kurze Stamm eine weit herabreichende Krone. Der Baum paßt sich also in seiner Wuchsform den Lichtverhältnissen an.

Wurzel. Buchen sind *Tiefwurzler*. Ein kräftiges, weitverzweigtes Wurzelwerk verankert sie fest im Boden. Auch heftige Stürme vermögen sie nicht zu entwurzeln.

Lebenslauf der Buche. Buchen wachsen sehr langsam. Nach 10 Jahren ist aus dem Buchenkeimling erst eine 75 cm hohe Jungpflanze geworden. Mit 30 Jahren hat sie 6 m Höhe erreicht. Bis die Buche zum ersten Mal Blüten bildet und Früchte trägt, vergehen oft mehr als 40 Jahre. Buchen können über 250 Jahre alt werden.

Verwendung. Das *Holz* der Rotbuche ist rötlichweiß. Der Holzfarbe verdankt sie, zum Unterschied von der Hain- oder Weißbuche, ihren Namen. Obwohl das Holz hart ist, läßt es sich gut verarbeiten. Es dient vorzugsweise zur Herstellung von Möbeln, Treppen, Parkettböden, Küchengeräten, Werktischen, Papier und Pappe.

> Die Rotbuche ist von Natur aus der häufigste Waldbaum in Mitteleuropa.

Buchenkeimling

1 Wo wachsen in der Umgebung deiner Schule Rotbuchen?

2 Sammle im Oktober Blätter und Früchte von Rotbuche und Hainbuche (Weißbuche) und vergleiche sie miteinander. Falls nötig, kannst du auch die Abbildungen auf den Seiten 211 und 215 heranziehen.

3 Zerdrücke eine Buchecker zwischen Papier. Was beobachtest du? Kannst du erklären, warum Buchekkern als Nahrung für Wildtiere während Herbst und Winter sehr geeignet sind?

Freistehende Buchen entwickeln ausladende, kuppelförmige Kronen.

Wurzelwerk der Buche

Die Buchenblätter haben sich entfaltet.

Buchenzweig mit Bucheckern

Das Jahr der Buche

Laubaustrieb. Anfang Mai schwellen die Knospen der Rotbuche, und die *Blätter* brechen aus ihnen hervor. Bis zu 200 000 Blätter bildet eine stattliche Rotbuche. Die Blätter stehen so, daß sie einander möglichst wenig verdecken und Licht wegnehmen.

Blüte. Zugleich mit dem Austrieb der Blätter blüht die Rotbuche; alle fünf bis zehn Jahre besonders reichlich. Die Buche ist *einhäusig.* Die zahlreichen männlichen Blüten sind zu kugeligen, hängenden Kätzchen vereinigt. Die aufrechtstehenden weiblichen Kätzchen enthalten immer nur zwei Blüten. *Die Bestäubung erfolgt durch den Wind.*

Frucht. Aus den befruchteten weiblichen Blüten entwickeln sich bis zum Herbst *Bucheckern.* Es sind dreikantige *Nußfrüchte,* die zu zweien von einem stacheligen Fruchtbecher umgeben sind. Sie keimen im nächsten Frühjahr.

Laubfall und Winterknospen. Mit den ersten Frösten beginnt der *Laubfall.* Zuvor hat die Buche wertvolle Stoffe wie Stärke, Eiweiß- und Mineralstoffe aus den Blättern in den Stamm zurückgezogen. Zwischen Blattstiel und Zweig entsteht eine *Trennschicht.* Hat sich das Blatt abgelöst, verschließt Kork die Narbe. Die *Knospen* für die Blätter des folgenden Jahres sind bereits angelegt.

1 Männliche Kätzchen   2 weibliche Kätzchen

Winterknospen der Buche

4 Die Fichte

Vorkommen. Die schnellwüchsige *Fichte* ist für die Forstwirtschaft ein wichtiger Baum. Sie wird deshalb häufig angepflanzt. Geschieht dies in reinen Fichtenpflanzungen, spricht man von einer *Monokultur*. Etwa ein Drittel des Baumbestands in deutschen Wäldern besteht heute aus Fichten.

An den Mineralstoffgehalt des Bodens stellt die Fichte keine besonderen Ansprüche. Sie bevorzugt jedoch einen feuchten Boden. Gegen Frost ist sie wenig empfindlich. Ursprünglich kam sie vor allem im Gebirge vor.

Stamm und Krone. Fichten können *bis zu 60 m hoch* werden. Sie haben einen schlanken Stamm und eine besonders schmale, spitz zulaufende Krone, an der sie sich von anderen *Nadelbäumen* unterscheiden lassen. Die *nadelförmigen, immergrünen Blätter* sitzen bei der Fichte ringsum an den Zweigen, bei der ähnlichen Tanne dagegen hauptsächlich in einer Ebene. Fichtennadeln sind zudem im Querschnitt vierkantig, Tannennadeln flach.

Wurzel. Die Fichte ist ein *Flachwurzler*. Im Gebirge kann sie sich mit den Wurzeln zwischen Gestein verankern. Wächst sie aber auf lockerem Boden, hebt ein heftiger Sturm sie aus der Erde.

Lebenslauf der Fichte. Fichten werden heute meist in der *Saatschule* herangezogen. Mit 3 bis 4 Jahren haben sie etwa 20 cm Höhe erreicht. Nun werden sie in eine Schonung im Wald umgesetzt. Jahr für Jahr bildet sich am Stamm ein neuer Astquirl. Mit 7 Jahren sind die Fichten etwa 60 cm hoch. Da sie im Laufe der Zeit nicht nur höher, sondern auch breiter werden, entsteht bald eine undurchdringliche *Dickung*. Der Förster läßt den Bestand nun auslichten. Mit 70 bis 120 Jahren verzögert sich bei der Fichte das Wachstum. Die etwa 30 m hohen Stämme werden gefällt. Fichten können jedoch bis zu 600 Jahre alt werden.

Verwendung. Fichtenzweige dienen als *Schmuck- und Abdeckreisig*. Junge Fichten kommen als *Weihnachtsbäume* auf den Markt. *Fichtenholz* wird beim Hausbau sowie zur Herstellung von Spielzeug, Möbeln und Musikinstrumenten verwendet.

> Die Fichte ist ursprünglich ein Nadelbaum der Gebirge. Wegen ihrer großen Bedeutung für die Forstwirtschaft wird sie oft angepflanzt.

Freistehende Fichte

Sturmschäden in einer Fichtenmonokultur

Junge Fichten in der Saatschule

1 Männliche Blütenzapfen   2 weibliche Blütenzapfen   3 Fruchtzapfen   4 Samen

Auch Fichten blühen. Im Alter von etwa 40 Jahren blüht die Fichte zum ersten Mal. Im Mai findet man an den Zweigenden kleine, erdbeerfarbene Zapfen, die sich später gelb färben. Das sind die *männlichen Blütenzapfen.*

Die *weiblichen Blütenzapfen* sind rot gefärbt und stehen aufrecht. Es handelt sich um *Blütenstände.* Die einzelnen *Blüten* sind sehr einfach gebaut. Sie bestehen im wesentlichen aus einem schuppenartigen Fruchtblatt, der *Fruchtschuppe.* Auf ihr sitzen frei die zwei *Samenanlagen.* Die Fichte und alle anderen Nadelbäume zählen deshalb zu den *Nacktsamern,* im Unterschied zu den Bedecktsamern, bei denen die Samenanlagen in einem Fruchtknoten eingeschlossen sind. Die weiblichen Blütenzapfen werden *vom Wind bestäubt.* Nach der Bestäubung drehen sie sich nach unten und entwickeln sich zu großen, schuppigen *Fruchtzapfen.* Erst im folgenden Jahr spreizen sich die Schuppen auseinander, und der Wind trägt die geflügelten *Samen* fort.

> Fichten gehören zu den Nacktsamern.

1   Wodurch unterscheiden sich Nacktsamer und Bedecktsamer? Nenne Pflanzen, die zu den Bedecktsamern gehören.

2   Versuche an einer gefällten Fichte die Jahresringe zu zählen. Benutze eine Lupe!

Jahresringe und Altersbestimmung bei Bäumen
An gefällten Bäumen kann man das Alter bestimmen. Dazu braucht man nur die Anzahl der *Jahresringe* auf dem Stammquerschnitt festzustellen.

Wie entstehen diese Jahresringe? Unter der Rinde des Stammes befindet sich eine *Wachstumsschicht.* Sie bildet nach außen neue Rindenzellen, den *Bast,* nach innen neue Holzzellen. Im Bast werden Nährstoffe von den Blättern stammabwärts transportiert. Jahresringe erkennt man nur im *Holz.* Die im Frühjahr gebildeten Holzzellen sind groß und dünnwandig. Sie dienen vor allem der Wasserleitung von den Wurzeln zu den Blättern. Die Holzzellen, die im Laufe des Sommers entstehen, sind kleiner und dickwandiger. Sie haben die Aufgabe, den Stamm zu festigen. Im folgenden Frühjahr entstehen dann wieder große Holzzellen. Sie heben sich als *Jahresringgrenze* ab.

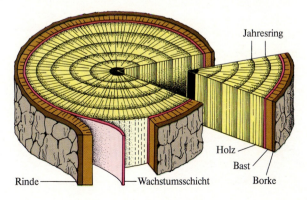

213

Waldbäume

Tanne

Vorkommen: in Mischwäldern des Berglands und der Gebirge, liebt Böden mit hohem Humusgehalt. Hat weitausladende Äste, wird bis zu 50 m hoch. Nadeln an der Unterseite mit zwei weißen Streifen, am Ende stumpf. Die Tanne ist einhäusig; ihre Zapfen stehen aufrecht, die Samen sind geflügelt. Alter: bis zu 500 Jahre. Holz wertvoll, harzfrei, leicht und weich; wird als Bauholz und zum Geigenbau verwendet.

1 männliche Blütenzapfen
2 weiblicher Blütenzapfen
3 Fruchtzapfen

Kiefer

Vorkommen: meist auf trockenem Boden, gedeiht auch in Heidegebieten und auf Sandböden noch gut. Hat eine breite, flache Krone, wird bis zu 50 m hoch. Rinde dick, rissig. Hat eine Pfahlwurzel. Die Kiefer ist einhäusig; ihre Zapfen enthalten geflügelte Samen. Alter: bis zu 600 Jahre. Holz harzreich; wird für Möbel, als Bauholz und zur Papierherstellung verwendet.

1 männliche Blütenzapfen
2 weibliche Blütenzapfen
3 Fruchtzapfen

Lärche

Vorkommen: ursprünglich nur Gebirgsbaum, heute überall gepflanzt. Wird über 40 m hoch. Nadeln hellgrün, weich, dünn; färben sich im Herbst goldgelb und werden abgeworfen. Die Lärche ist einhäusig; ihre Zapfen sind klein, eiförmig, die Samen breit geflügelt. Alter: bis zu 400 Jahre. Das Holz wird als Bauholz verwendet; schöngewachsene Stämme waren früher als Boots- und Schiffsmasten sehr begehrt.

1 männliche Blütenzapfen
2 weibliche Blütenzapfen
3 Fruchtzapfen

Stieleiche

Vorkommen: in Laubmischwäldern der Ebene und des Berglands. Wächst meist breit und knorrig, wird bis zu 50 m hoch. Blätter gebuchtet. Die Stieleiche ist einhäusig; ihre Früchte, die Eicheln, sitzen in einem Becher. Alter: bis zu 1000 Jahre. Holz hart, haltbar; teures Furnierholz; wird für Möbel und Parkett verwendet, früher auch als Bauholz und zum Schiffsbau.

1 männliche Blütenstände
2 weibliche Blütenstände
3 Fruchtstand

Bergahorn

Vorkommen: auf lockeren, mineralstoffreichen Böden in Mischwäldern, besonders im Bergland. Wird bis zu 30 m hoch. Blätter handförmig, fünflappig. Der Bergahorn ist einhäusig; die Blüten stehen in Trauben und sind getrenntgeschlechtig oder zwittrig. Die geflügelte Doppelfrucht wird vom Wind verbreitet. Alter: bis zu 500 Jahre. Das Holz wird für Möbel, als Drechselholz, zum Geigenbau und als Brennholz verwendet.

1 Blütenstand
2 Fruchtstand

Hainbuche (Weißbuche)

Vorkommen: in Laubwäldern, oft zusammen mit Eiche; an Waldrändern. Wird bis zu 25 m hoch. Stamm mit gedrehten Längswülsten; Rinde glatt und grau. Blätter eiförmig, zugespitzt. Die Hainbuche ist einhäusig; die kleinen Früchte sitzen an dreilappigem Flügel und werden vom Wind verbreitet. Alter: bis zu 150 Jahre. Holz schwer, zäh, hart; wird für Werkzeugschäfte, Pflöcke und als Brennholz verwendet.

1 männlicher Blütenstand
2 weiblicher Blütenstand
3 Fruchtstand

5 Pilze im Wald

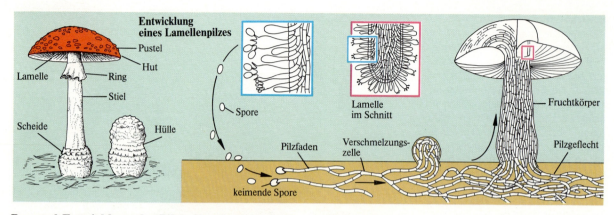

Entwicklung eines Lamellenpilzes

Pustel
Hut
Lamelle
Ring
Stiel
Scheide
Hülle
Spore
keimende Spore
Lamelle im Schnitt
Pilzfaden
Verschmelzungs-zelle
Fruchtkörper
Pilzgeflecht

Bau und Entwicklung der Pilze. Der Spätsommer ist die Zeit der *Pilze.* Dann erscheinen am Fuß der Waldbäume überall ihre Hüte. Entfernt man behutsam die Laubstreu um einen solchen Pilz, findet man feine, weiße Fäden im Boden. Meist sind sie dicht miteinander verflochten. Dieses unterirdische *Pilzgeflecht* ist der eigentliche Pilzkörper. Der oberirdische Teil des Pilzes dagegen, der *Fruchtkörper,* dient nur der Vermehrung. Häufig gliedert er sich in einen *Hut* und einen *Stiel.* Beide sind anfangs miteinander verwachsen oder von einer gemeinsamen Hülle umgeben. Reste der Hülle lassen sich noch am ausgewachsenen Fruchtkörper erkennen: der *Ring* und die *Scheide* am Stiel sowie die Tupfen oder Pusteln auf dem Hut. Auf der Unterseite des Hutes entstehen Millionen winziger *Sporen.* So nennt man Zellen, die der ungeschlechtlichen Fortpflanzung dienen. Sie sind nur wenige Tausendstel Millimeter groß. Der Wind verfrachtet die Pilzsporen oft kilometerweit.

Finden die Sporen günstige Lebensbedingungen, beginnen sie zu keimen. Aus jeder Spore geht ein *Pilzfaden* hervor. Wo zwei verschiedene Pilzfäden aufeinandertreffen, bildet sich eine *Verschmelzungszelle.* Aus ihr entwickelt sich das Pilzgeflecht.

Bei gleichartigem Boden wächst das Pilzgeflecht oft gleichmäßig nach allen Richtungen. Entstehen dann an den Wachstumsspitzen die Fruchtkörper, bilden sie einen Kreis: den „Hexenring".

> Der eigentliche Pilzkörper ist das unterirdische Pilzgeflecht. Der oberirdische Fruchtkörper dient der Vermehrung. Er bildet die Sporen.

Pilzgruppen

Die Abbildungen auf der nächsten Seite zeigen, wie vielgestaltig die Fruchtkörper der Pilze sein können. Man unterscheidet danach verschiedene *Pilzgruppen.* Die wichtigsten sind:

Blätterpilze. Sie tragen auf der Hutunterseite senkrechtstehende Blätter, *Lamellen* genannt, die vom Stiel zum Hutrand verlaufen. Die Sporen reifen an den Lamellen. Zu dieser Gruppe gehören *Champignon, Fliegenpilz, Knollenblätterpilze, Pantherpilz, Hallimasch.*

Röhrenpilze. Auf der Hutunterseite befindet sich eine schwammige Schicht mit feinen *Röhren.* Die Röhrenöffnungen sind abwärts gerichtet. Die Sporen reifen in den Röhren. Zu dieser Gruppe gehören *Steinpilz, Birkenpilz, Satanspilz.*

Bauchpilze. Sie sind knollig oder rundlich, manchmal auch mit kurzem, dickem Stiel. *Die Sporen entstehen im Innern des Pilzes.* Sind sie reif, platzt der Pilz bei trockener Witterung auf. Zu dieser Gruppe gehören *Stinkmorchel, Boviste, Erdstern.*

Schlauchpilze. Sie sind oft becher- oder scheibenförmig, manchmal auch in Hut und dicken Stiel gegliedert. *Die Sporen werden an der Oberseite des Bechers oder Hutes gebildet.* Zu dieser Gruppe gehört die *Speisemorchel.*

Einheimische Pilze. ⚠ *bedeutet Giftpilz.* ▷

1 *Speisemorchel*	9 *Champignon*
2 *Stinkmorchel*	10 *Fliegenpilz*
3 *Kartoffelbovist*	11 *Gelber Knollenblätterpilz*
4 *Flaschenbovist*	12 *Pantherpilz*
5 *Erdstern*	13 *Schwefelkopf*
6 *Satanspilz*	14 *Pfifferling*
7 *Steinpilz*	15 *Hallimasch*
8 *Birkenpilz*	

Champignon, eßbar
Kommt im Wald, auf Wiesen und Weiden vor.
Hutoberseite weiß bis schmutzigweiß.
Lamellen rosa bis braun, nie weiß.
Stiel mit Ring, am Grunde zuweilen verdickt, nie in einer Scheide.
Geruch anisartig, angenehm würzig.

Grüner Knollenblätterpilz,
Kommt im Laubwald vor, meist unter Eichen.
Hutoberseite hellgrün bis olivgrün.
Lamellen stets weiß.
Stiel mit Ring, am Grunde mit einer Knolle, die in einer Scheide steckt.
Geruch erst süßlich, später unangenehm.

Gefährliche Pilze. Alljährlich im Spätsommer und Frühherbst berichten die Zeitungen von *tödlichen Pilzvergiftungen*. Meist werden die Vergiftungen durch den *Grünen* oder den *Weißen Knollenblätterpilz* verursacht. Schon 50 g dieser Pilze sind tödlich. Wenn nach 6 bis 12 Stunden das erste Unwohlsein sich bemerkbar macht, hat das Gift vor allem in der Leber seine Zersetzungsarbeit schon getan.

Die Gifte des *Fliegenpilzes* und des *Pantherpilzes* schädigen das Nervensystem. Manche anderen Pilze rufen mehr oder weniger ernsthafte und langwierige Verdauungsstörungen hervor.

Das beste Mittel, um Pilzvergiftungen zu vermeiden, ist: *Keine Pilze verzehren, von denen man nicht absolut sicher weiß, daß sie genießbar sind.*

1   Erfahrene Pilzsammler hüten sich davor, durch zu tiefes Abschneiden oder gar Herausreißen des Fruchtkörpers das unterirdische Pilzgeflecht zu beschädigen. Warum?

2   Kannst du dir Gründe denken, weshalb man Giftpilze nicht zerstören soll? Lies dazu auch die folgende Seite.

Was Pilzsammler beachten sollten

1. Nur Pilze sammeln, die man sicher als eßbar kennt.
2. Im Zweifelsfall Pilzkenner der Pilzberatungsstelle fragen.
3. Beim Ernten niemals den Boden aufreißen und das Pilzgeflecht beschädigen.
4. Pilze in einem luftdurchlässigen Körbchen aufbewahren.
5. Giftige Pilze nicht zerstören.
6. Gesammelte Pilze möglichst bald zubereiten und verzehren.
7. Bei Verdacht auf Pilzvergiftung sofort den Arzt aufsuchen.

3   Pilze gedeihen selbst in lichtarmen Fichtenmonokulturen, ja sogar in den dunklen Kellern von Pilzzüchtern. Findest du dafür eine Erklärung?

4   Die Pflanzengruppe der Pilze ist sehr verschiedengestaltig. Schlage im Register dieses Buches unter den Stichworten „Hefe", „Schimmelpilze", „Penicillin" nach und lies die angegebenen Seiten.

Lebensweise der Pilze. Pilze sind eigenartige Pflanzen. Sie besitzen *kein Blattgrün* und können daher auch keine Photosynthese betreiben. Wie die Tiere und der Mensch sind sie auf *organische Nährstoffe angewiesen*. Wie kommen sie aber zu diesen?

Zahlreiche Pilzarten leben von totem Holz. Man findet sie auf Baumstümpfen und modernden Stämmen. Ihr Pilzgeflecht sondert verschiedene Enzyme ab, die das Holz *zersetzen*. Die darin enthaltenen Nährstoffe werden aufgenommen und verarbeitet. Der Rest verrottet schließlich. In ähnlicher Weise zersetzen andere Pilze zusammen mit Bakterien Fallaub und Tierleichen. Alle Pilze, die von toten pflanzlichen oder tierischen Stoffen leben, bezeichnet man als *Fäulnisbewohner*. Daneben gibt es Pilzarten, die als *Schmarotzer* lebende Pflanzen und Tiere befallen. Zu ihnen gehört der *Hallimasch*. Er wächst in der Rinde von Bäumen und kann sie so schädigen, daß sie absterben.

Waldpilze wie der *Birkenpilz,* der *Butterröhrling* und der *Grüne Knollenblätterpilz* versorgen sich auf wieder andere Weise mit organischen Nährstoffen: Sie leben in einer *Lebensgemeinschaft mit bestimmten Bäumen*. Pilzkenner wissen, daß man den Birkenpilz nur unter Birken findet, den Butterröhrling nur unter Kiefern. Der Grüne Knollenblätterpilz wächst meist in der Nähe von Eichen, hin und wieder auch bei Buchen. In all diesen Fällen umspinnt das Pilzgeflecht die Enden der Baumwurzeln vollständig. Es übernimmt die Aufgabe der Wurzelhaare und liefert dem Baum Wasser und Mineralstoffe. Vom Baum erhält der Pilz dafür vor allem Traubenzucker, den er ja selbst nicht herstellen kann.

Untersuchungen haben gezeigt, daß viele der Laub- und Nadelbäume des Waldes auf Pilze angewiesen sind. Sie gedeihen ohne die Pilze nicht. Andererseits bringen viele Pilze ohne die Verbindung mit Baumwurzeln keine Fruchtkörper hervor. Pilz und Baum bilden also eine Lebensgemeinschaft zu gegenseitigem Nutzen, eine *Symbiose*.

Pilze sind Pflanzen ohne Blattgrün. Sie müssen organische Stoffe aufnehmen. Viele Pilze leben als Fäulnisbewohner, andere als Schmarotzer oder in Symbiose mit Waldbäumen.

Das Stockschwämmchen lebt als Fäulnisbewohner.

Der Hallimasch ist ein Schmarotzer.

Weißliches Pilzgeflecht umspinnt die Wurzelenden.

6 Farne

Mit zu den auffälligsten Pflanzen im Wald gehören die *Farne*. An ihren großen, meist gefiederten Blättern, den *Wedeln,* sind sie leicht zu erkennen. In schattigen, feuchten Wäldern begegnen wir oft dichten Beständen vom *Wurmfarn* oder vom *Frauenfarn.* Im Fichtenwald ist der schöne *Rippenfarn* nicht selten. An Höhe übertrifft sie alle der bis zu 2 m hohe *Adlerfarn.* Er wächst auch am Waldrand.

Farne sind Sporenpflanzen. Die Farne vermehren sich ähnlich wie die Pilze durch *Sporen.* Auf der Unterseite der Wedel findet man oft zahlreiche kleine, bräunliche Höcker. Das sind Ansammlungen von *Sporenbehältern,* in denen sich die winzigen Sporen entwickeln.

Fallen die Sporen auf feuchte Erde, beginnen sie zu keimen. Es entstehen pfenniggroße, herzförmige, grüne *Vorkeime.* Sie sehen fast wie Blättchen aus. Auf ihrer Unterseite tragen sie mikroskopisch kleine *männliche und weibliche Geschlechtsorgane.*

Bei Regen schwimmen die in den männlichen Geschlechtsorganen gebildeten *Spermazellen* zu den *Eizellen* in den weiblichen Geschlechtsorganen und befruchten sie. *Die befruchtete Eizelle wächst zu einer neuen Farnpflanze heran.*

> Farne sind Sporenpflanzen. Aus den Sporen entwickeln sich Vorkeime, die in Geschlechtsorganen Eizellen und Spermazellen erzeugen. Erst aus den befruchteten Eizellen entstehen neue Farnpflanzen.

Wurmfarn

Frauenfarn

Rippenfarn

Adlerfarn

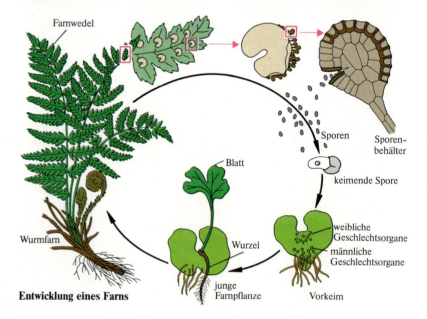

Entwicklung eines Farns

1 Wie erkennt man Farnwedel, die Sporen bilden?

2 Lege im Spätsommer einige solcher Farnwedel auf Papier. Fülle ein Gefäß von etwa 10 cm Höhe mit Blumenerde, die durch Erhitzen keimfrei gemacht wurde. Streue die erhaltenen Farnsporen darauf. Damit sie keimen, muß die Erde stets feucht sein.

220

7 Moose

Frauenhaarmoos

Weißmoos

Sternmoos

Die meisten *Moose* bilden niedrige Teppiche und Polster am Waldboden. Häufige Moose sind *Frauenhaarmoos, Weißmoos* und *Sternmoos*.

Das einzelne Moospflänzchen ist zart gebaut. Ein kurzer *Stengel* trägt viele dünne *Blättchen*. Fadenförmige *Haftwurzeln* verankern die Pflanze im Boden.

Wasserspeicherung. Die Moose *nehmen Wasser* nicht mit den Haftwurzeln, sondern *mit den Blättchen auf*. Die Wasseraufnahme geht sehr rasch. Eine dichte Moosdecke verhindert daher, daß der Regen das Erdreich fortschwemmt. Bei Trockenheit geben die Moose das *gespeicherte Wasser* wieder ab.

Moose sind Sporenpflanzen. Vielleicht hast du schon einmal ein Moospolster aus der Nähe angeschaut. Dann sind dir daran wahrscheinlich kleine, grünliche oder bräunliche *Kapseln* aufgefallen. Auf langen Stielen stehen sie an der Spitze mancher Moospflänzchen. In diesen Kapseln entwickeln sich die *Sporen*. Sind sie reif, öffnet sich die Kapsel und streut die Sporen aus. Auf feuchter Erde beginnen die Sporen zu keimen. Ein fädiges Geflecht entsteht. Es wird ebenfalls

Vorkeim genannt. Nach einiger Zeit bilden sich daran *Knospen, die zu neuen Moospflänzchen heranwachsen*.

Am Ende des Stengels entwickeln sich im Frühjahr *Geschlechtsorgane*. Die in den männlichen Geschlechtsorganen gebildeten *Spermazellen* gelangen mit Wassertropfen zur *Eizelle* in den weiblichen Geschlechtsorganen. *Aus der befruchteten Eizelle geht die Sporenkapsel hervor*.

1 Welche Bedeutung haben die Moose für den Wald?

2 Stelle ein trockenes Moospflänzchen – am besten Frauenhaarmoos – in ein halbvolles Wasserglas. Beobachte die Blätter über und unter dem Wasserspiegel.

3 Wiege ein trockenes Moospolster. Lege es anschließend in Wasser. Wiege nach einer halben Stunde nochmals. Wieviel Wasser hat es aufgenommen?

Moose sind wie die Farne Sporenpflanzen. An den Moospflänzchen werden in Geschlechtsorganen Spermazellen und Eizellen gebildet. Aus der befruchteten Eizelle geht eine langgestielte Sporenkapsel hervor, die die Sporen erzeugt.

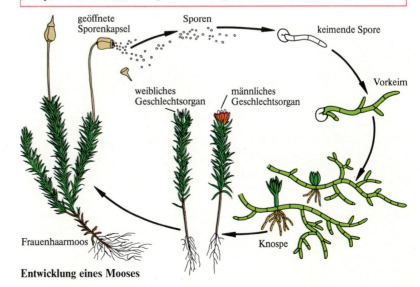

Entwicklung eines Mooses

Tiere des Waldes

Rothirsch
Lebt in großen Wäldern. Geweih hat bis zu 16 Enden. Abwurf im Februar. Brunft (Paarungszeit) im Oktober. Nahrung: Gräser, Laub, Rinde, Bucheckern, Eicheln.

Reh
Lebt familienweise im Laub- und Mischwald. Geweih hat bis zu 6 Enden. Abwurf im Spätherbst. Brunft Juli/August. Nahrung: Gräser, Eicheln, Kräuter, Laub.

Wildschwein
Lebt gesellig in ausgedehnten Wäldern. Nahrung: Eicheln, Buchekkern, Farne, Kräuter, Mäuse, Würmer, Insekten, Aas.

Fuchs
Jagt in der Dämmerung und nachts; tagsüber im Bau. Nahrung: Insekten, Mäuse, geschwächte Hasen und Rehkitze.

Dachs
Stärker an Wald gebunden als Fuchs. Geht mit Beginn der Dämmerung auf Jagd. Nahrung: Buchekkern, Eicheln, Beeren, Mäuse, Insekten, Würmer.

Baummarder
Im Misch- und Nadelwald. Verschläft den Tag in Spechthöhlen, Eichhörnchen- oder Vogelnestern. Klettert gewandt. Nahrung: vom Rehkitz bis zur Maus.

Eichhörnchen
Baumtier. Schwanz dient beim Sprung als Steuer. Hat Nagezähne. Nahrung: Früchte, Samen, auch Eier und Jungvögel. Baut Nest, Kobel genannt.

Gelbhalsmaus
Häufig in Wäldern und Gebüschen. Etwas größer als Hausmaus. Dämmerungs- und Nachttier. Ernährt sich von Samen und Insekten.

Habicht
In ausgedehnten Wäldern. So groß
wie Mäusebussard. Nahrung: Vögel,
Säugetiere bis Hasengröße. Nistet
auf hohen Bäumen.

Waldkauz
In Wäldern, Parks, Gärten. Größer
als Taube. Sitzt tagsüber auf Bäu-
men nahe dem Stamm. Jagt nachts
Vögel, kleine Nager und Insekten.
Nistet in Baumhöhlen.

Kuckuck
In Wäldern und Gebüsch. Taubengroß. Nahrung: Insekten. Weibchen
legt Eier in die Nester fremder Vögel. Zugvogel.

Pirol
In Laub- und Mischwald. Amsel-
groß. Nahrung: Insekten, auch
Früchte. Nest hängt frei in einer Ast-
gabel. Stimme: flötendes „Did-lio“.
Zugvogel.

Eichelhäher
In Wäldern und Parks. Taubengroß.
Nahrung: Eier, Jungvögel, Eicheln,
Bucheckern. Nest aus Reisig, hoch
über dem Boden. Stimme: heiseres
„Rätsch“.

Buchfink
In Wäldern, Parks und Gärten.
Sperlingsgroß. Nahrung: Samen,
Knospen, Insekten. Nest meist auf
den unteren Ästen von Laubbäu-
men. Gesang: schmetternd.

Zaunkönig
In Wäldern, Parks und Gärten.
Klein, lebhaft. Nahrung: Insekten
und Spinnen. Nest in Hecken und an
Böschungen. Gesang: laut, schmet-
ternd.

Schwanzmeise
In Laub- und Mischwald, Parks. So
groß wie Kohlmeise. Nahrung: Insekten und Spinnen. Beutelförmiges
Nest. Stimme: „Tserr“.

Haubenmeise
Vor allem im Nadelwald. Kleiner als
Kohlmeise, mit Federhaube. Nah-
rung: Spinnen, Insekten, auch Sa-
men. Nest in Baumhöhle. Stimme:
„Zizi-gürr“.

8 Der Buntspecht und seine Verwandten

Lautes Trommeln hallt durch den Wald. Ein schwarz-weiß-roter Vogel hämmert mit dem Schnabel gegen einen Ast. Dann klettert er in Spiralen am Baum empor. Es ist ein *Buntspecht*.

Sicher am Baum. Der Buntspecht hat wie alle Spechte *Kletterfüße*. Meist sind zwei Zehen nach vorn und zwei nach hinten gerichtet. Mit den spitzen, gebogenen *Krallen* kann sich der Buntspecht gut in der Rinde verankern. Außerdem dienen ihm die kräftigen *Schwanzfedern als Stütze*. Beim Klettern hüpft der Specht immer ein kleines Stückchen nach oben.

Spezialist im Insektenfang. Mit seinem *meißelartigen Schnabel* klopft der Specht die Rinde ab. Er sucht nach Insekten und ihren Larven. Am Klang des Aufschlags erkennt er, ob Beute zu erwarten ist. Mit kräftigen Schlägen entfernt er die Rinde. Dann schiebt er die *lange, klebrige Zunge* in die Fraßgänge der Insekten. Mit der harpunenartigen Zungenspitze spießt er die Beute auf und holt sie heraus.

Zur Nahrung des Spechtes gehören auch Haselnüsse und die Samen der Nadelbäume. Um an die Samen zu gelangen, klemmt er die Zapfen in einer Baumspalte fest. Dann zerhackt er sie mit dem Schnabel.

Verständigung durch Trommeln. Spechte sind *Einzelgänger*. Durch *Trommeln* locken sie das Weibchen an und verkünden anderen Männchen: Hier ist mein *Revier*. Etwa 10- bis 20mal in der Sekunde hämmern sie beim Trommeln gegen den Ast.

Höhlenbrüter. In morschen Stämmen oder Ästen legt der Buntspecht seine *Nisthöhle* an. Jedes Jahr baut er eine neue. Zwei Wochen arbeiten Männchen und Weibchen daran, bis die Höhle etwa 30 cm tief ist. Dann legt das Weibchen 5 bis 7 weiße Eier hinein. Die Jungen schlüpfen nach 12 Tagen. Es sind blinde und nackte *Nesthocker*. Erst nach drei Wochen verlassen sie die Nisthöhle. Danach bleiben sie noch zwei Wochen in der Nähe ihrer Eltern, suchen aber schon selbständig nach Nahrung. Bald darauf beginnen sie, weiter umherzuwandern.

Gleich zerhackt der Buntspecht den Zapfen.

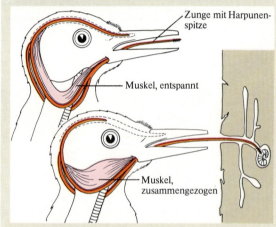

Zunge mit Harpunenspitze

Muskel, entspannt

Muskel, zusammengezogen

Mit der langen Zunge erbeutet der Specht Insektenlarven unter der Rinde.

Blick in die Nisthöhle des Buntspechts

1 Finde mit dem Bild auf der rechten Seite heraus, welche Spechte du schon beobachten konntest. Hast du noch keinen gesehen, achte im Wald auf das Trommeln!

2 Beschreibe, wie der Buntspecht seine Nahrung sucht. Benutze dazu auch das Foto und die Grafik oben.

Einheimische Spechte
1 Buntspecht 2 Grauspecht 3 Schwarzspecht 4 Grün-
specht

Der Riese unter den Spechten. Neben dem Bunt-specht gibt es noch andere Spechte in unseren Wäl-dern. Der größte ist der *Schwarzspecht.* Vom Kopf bis zum Schwanzende mißt er fast 50 cm.

Der Schwarzspecht bewohnt ausgedehnte Wälder mit vielen alten Bäumen. Sein Trommeln ist oft ki-lometerweit zu hören. Als Nahrung dienen ihm Ameisen, Käfer und deren Larven. Er sucht sie in Baumstümpfen und vor allem im unteren Teil der Waldbäume. Entdeckt er einen Baum, in dem die großen Roßameisen leben, hackt er fensterartige Löcher in den Stamm, um an die Beute zu kom-men.

Erdspechte. Auf der Waldwiese sitzt ein olivgrüner Specht und hackt mit seinem Schnabel immer wie-der in den Boden. Später stellen wir fest, daß sich hier ein Ameisennest befindet.

Sowohl der *Grünspecht* als auch der ähnliche *Grauspecht* ernähren sich vor allem von Ameisen, die ihre Nester im Boden haben. Weil beide Spech-te auf Nahrungssuche so oft an der Erde zu sehen sind, werden sie *Erdspechte* genannt. Sie leben nicht nur in Wäldern, sondern auch in Parks und Obstgärten.

Spechte brauchen alte Bäume. Nahrung finden die Spechte im Wald meist genug. Zum Teil ernähren sie sich von Insekten, die im Holz der Bäume fres-sen und diese schädigen. Deshalb sieht der Förster sie gern in seinem Revier. Ansiedeln können sie sich aber nur, wo man ihnen morsche, alte Bäume stehenläßt. Nur in solchen Stämmen zimmern sie ihre Nisthöhlen. Zugleich schaffen sie damit *Wohnraum für andere Höhlenbrüter:* für Meisen, Stare, Hohltauben, Kleiber und Eulen. Manchmal bewohnen auch Fledermäuse, Baummarder oder Siebenschläfer die verlassenen Spechthöhlen.

Spechte spielen also in der Lebensgemeinschaft Wald eine wichtige Rolle. Doch ohne morsche Bäume keine Spechte!

Spechte sind Baumvögel mit Kletterfüßen und einem Stützschwanz. Sie brüten in selbstgezim-merten Höhlen.

---

1   Welche Folgen hätte es für einen Wald, wenn dort keine Spechte mehr leben könnten?

9 Die Rote Waldameise

Entlang dem Waldweg reiht sich eine ganze Anzahl stattlicher *Ameisenhaufen*. Es sind die Bauten der *Roten Waldameise*. Wie die Bienen, Hummeln und Wespen gehören auch die Ameisen zu den *staatenbildenden Insekten*.

Der Staat. Etwa 500 000 bis 800 000 Waldameisen bewohnen einen Ameisenhaufen. Das sind ebenso viele, wie Frankfurt, Düsseldorf oder Stuttgart Einwohner haben! In jedem *Ameisenstaat* gibt es mindestens eine *Königin*. Sie ist viel größer als die übrigen Ameisen und legt als einzige Eier.

Die weitaus meisten Ameisen sind *Arbeiterinnen*. Sie bauen das Nest, füttern die Königin, pflegen die Nachkommen und schaffen die Nahrung herbei.

Die geflügelten *Männchen* leben nur kurze Zeit im Ameisenstaat. Wenn sie im Sommer aus der Puppenhülle schlüpfen, steht der Hochzeitsflug unmittelbar bevor.

Während des Hochzeitsfluges paaren sich die Männchen mit den ebenfalls frisch geschlüpften, geflügelten Königinnen. Wenig später sterben die Männchen. Die jungen Königinnen werfen ihre Flügel ab und können einen neuen Staat der Roten Waldameise gründen.

Zwei Arbeiterinnen schaffen eine Raupe zum Nest.
Eine Rote Waldameise übergibt der anderen Nahrung.

1   Berichte, wie die Ameisen in ihrem Staat zusammenleben. Betrachte dazu das Bild unten.

2   Vielleicht entdeckst du auf einem Waldweg eine Ameisenstraße. Versuche herauszufinden, wohin sie führt. Kannst du Ameisen mit Beute beobachten? Wieviele Ameisen beteiligen sich am Fortschaffen der Beute? Was haben sie erbeutet?

Arbeiterin

Männchen

Puppen

Larve

Eier

Königin

Der Förster schützt die Ameisenhaufen mit Draht.

1 Weshalb bringt der Förster Schutzgitter um den Ameisenhaufen an?

2 Die Rote Waldameise wird manchmal als „Waldpolizei" bezeichnet. Was will man damit ausdrücken?

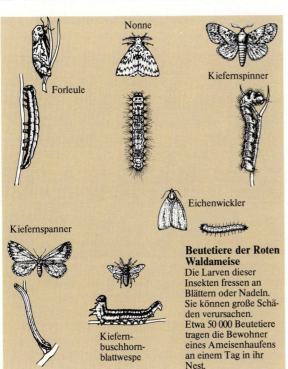

Nonne

Kiefernspinner

Forleule

Eichenwickler

Kiefernspanner

Kiefernbuschhornblattwespe

Beutetiere der Roten Waldameise
Die Larven dieser Insekten fressen an Blättern oder Nadeln. Sie können große Schäden verursachen. Etwa 50 000 Beutetiere tragen die Bewohner eines Ameisenhaufens an einem Tag in ihr Nest.

Das Nest. Die Waldameisen legen ihr Nest aus Fichtennadeln und kleinen Zweigen meist über einem Baumstumpf an. Der Ameisenhaufen kann bis zu 2 m hoch werden und das Nest noch 2 m in die Tiefe reichen. Im Innern ist es von zahlreichen Gängen und Kammern durchzogen. Ständig bauen die Ameisen das Nest um und bessern Schäden aus. Im Sommer, wenn es sehr warm ist, erweitern sie die Ausgänge. So wird das Nest besser durchlüftet.

Die Nahrung. Vom Nest gehen sternförmig die *Ameisenstraßen* aus. Viele dieser Straßen enden an Bäumen, die stark von Blattläusen befallen sind. Den süßen Kot der Blattläuse, den *Honigtau,* mögen die Ameisen sehr. Hauptsächlich ernähren sie sich aber von anderen Insekten. Hat eine Arbeiterin auf ihrem Jagdzug Beute entdeckt, spritzt sie aus einer *Giftdrüse* am Hinterleib *Ameisensäure* aus. Ameisensäure ist ein tödliches Gift für Kleintiere. Die Beute wird ins Nest geschafft und an die übrigen Ameisen verfüttert. Auch Pflanzensamen tragen die Arbeiterinnen ein. Manche Waldpflanzen wie das Waldveilchen sind auf die *Samenverbreitung durch Ameisen* angewiesen.

Ameisenschutz. Zu den Beutetieren der Roten Waldameise gehören Insekten, die der Förster als *Forstschädlinge* fürchtet. Da die vielen Bewohner eines Ameisenstaates eine Menge Nahrung brauchen, können sie die Zahl solcher Insekten stark vermindern. Das zeigt sich, wenn sich eine dieser Insektenarten einmal massenhaft vermehrt hat. Dann bilden die Bäume im Umkreis des Ameisenhaufens eine grüne Insel im kahlgefressenen Wald. Leider gibt es immer noch Spaziergänger, die nicht wissen, wie wichtig die Waldameisen für den Wald sind. Sie stochern in Ameisenhaufen herum oder entnehmen gar Ameisenpuppen. Dabei steht die Rote Waldameise wegen ihrer Bedeutung für den Wald *unter Naturschutz!* So richten unwissende Menschen oft viel größere Schäden an als Grün- und Grauspecht, die ja von Ameisen leben.

> Die Rote Waldameise spielt in der Lebensgemeinschaft Wald eine sehr wichtige Rolle. Deshalb ist sie gesetzlich geschützt. Ameisenhaufen dürfen nicht beschädigt werden.

10 Der Fichtenborkenkäfer

Am Rand einer Fichtenmonokultur hängt an einem Gestell ein schwarzer Kasten mit zahlreichen Schlitzen. Es ist eine *Lockstoff-Falle* für den *Fichtenborkenkäfer* oder *Buchdrucker*.

Entwicklung. Fichtenborkenkäfer werden kaum 5 mm lang. Dennoch gehören sie zu den am meisten gefürchteten *Forstschädlingen*. Die Männchen suchen im April kränkelnde und geschwächte Fichten auf. Solche Bäume sondern bei Verletzungen nur wenig Harz ab. Durch die Rinde bohrt sich das Männchen in den Bast ein. Hier legt es eine Kammer an. Zwei bis vier Weibchen folgen nach. Sie werden vom Männchen begattet. Danach bohren sie im Stamm nach oben und unten *Muttergänge*. In kleine Nischen legen sie je ein Ei, insgesamt 30 bis 60 Stück. Die ausschlüpfenden Larven fressen sich in Seitengängen vom Muttergang weg. Die *Larvengänge* laufen nebeneinander her wie die Zeilen einer Buchseite. Daher kommt der Name „Buchdrucker". Am Ende der Seitengänge verpuppen sich die Larven in einer geräumigen Puppenwiege. Ab Ende Juni schlüpfen die Käfer.

Oft legen die Weibchen ein zweites Mal Eier. So nimmt die Zahl der Käfer rasch zu, besonders in Fichtenmonokulturen, wo sie Nahrung und Brutbäume im Überfluß finden. Einer solchen *Massenentwicklung* sind ihre *Feinde,* wie Spechte, Meisen, Kleiber oder Buntkäfer, nicht gewachsen. Auf 1 m² Rinde können dann über 100 Brutplätze kommen. Dadurch wird die saftführende Bastschicht schwer geschädigt, die Fichte stirbt ab.

Biologische Bekämpfung. Wenn die Fichtenborkenkäfer einen geeigneten Brutbaum gefunden haben, locken sie ihre Artgenossen mit einem *Duftstoff* herbei. Lockstoff-Fallen enthalten Beutel mit künstlich hergestelltem Duftstoff. Die Borkenkäfer werden in die Falle gelockt und so von den Fichten ferngehalten. Diese *biologische Schädlingsbekämpfung* hat den Vorteil, daß sie den Borkenkäfer trifft, andere Tiere aber weitgehend verschont.

> Der Fichtenborkenkäfer kann in Fichtenmonokulturen große Schäden anrichten. Mit Lockstoff-Fallen ist eine biologische Bekämpfung möglich.

Fichtenborkenkäfer

Fraßbild. In der Mitte liegen die Muttergänge.

Lockstoff-Falle. Neuere Modelle sind schwarz.

1   Sammle Rindenstücke mit Fraßbildern vom Fichtenborkenkäfer. Zeichne ein Fraßbild und beschrifte es.

2   Wo findet der Fichtenborkenkäfer besonders günstige Lebensbedingungen? Wie könnte man ihn langfristig auch bekämpfen?

11 Nahrungsbeziehungen im Wald

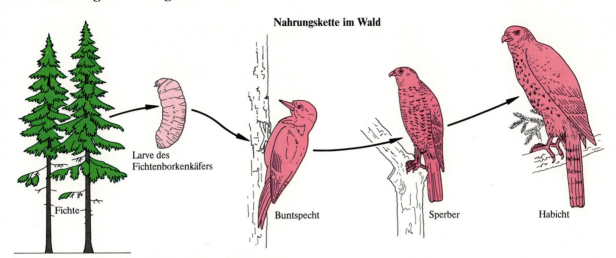

Nahrungskette im Wald

Larve des
Fichtenborkenkäfers

Fichte

Buntspecht

Sperber

Habicht

Nahrungsketten. Die Larve des Fichtenborkenkäfers wächst im Bast der Fichte heran. Hier findet sie die notwendige Nahrung für ihre Entwicklung. Sie lebt als *Pflanzenfresser*. Der Buntspecht sucht die Fichte gleichfalls auf. Er hat es jedoch nicht auf das Fichtenholz, sondern auf die Borkenkäferlarve abgesehen. Der Buntspecht wiederum ist für den Sperber eine willkommene Beute, und dieser kann vom Habicht geschlagen werden. Habicht und Sperber sind *Fleischfresser*. Ordnet man die Lebewesen nach ihren Nahrungsbeziehungen, ergibt sich also folgende Reihe:
Fichte → Fichtenborkenkäferlarve → Buntspecht → Sperber → Habicht.
Eine solche Reihe nennt man *Nahrungskette.* Der Pfeil bedeutet dabei „wird gefressen von".
Zwischen den Tieren und Pflanzen der Lebensgemeinschaft Wald gibt es eine Fülle von Nahrungsbeziehungen, die sich als Nahrungsketten darstellen lassen. Manchmal steht auch der Mensch am Ende der Nahrungskette:
Fichte → Rothirsch → Mensch.
Der Rothirsch hat bei uns keine natürlichen Feinde mehr. Der Jäger tritt an deren Stelle.

1   Ergänze die folgende Nahrungskette: Eiche → Eichenwicklerraupe → ? → Grauspecht → Baummarder.

2   Stelle weitere Nahrungsketten zusammen. Die Angaben auf den Seiten 222 und 223 helfen dir dabei.

3   Welche Lebewesen stehen immer am Anfang einer Nahrungskette? Warum?

Nahrungsnetz. Fichte, Fichtenborkenkäfer, Buntspecht, Sperber und Habicht bilden eine Nahrungskette. Aber dem Habicht dient nicht nur der Sperber als Nahrung, und der Sperber lebt nicht nur von Spechten. Beide jagen viele verschiedene Vögel sowie kleinere Säugetiere, also Mäuse, Wiesel oder Marder. Der Speisezettel des Buntspechts umfaßt neben tierischer Nahrung ebenso pflanzliche Kost, zum Beispiel Fichten- und Kiefernsamen, Eicheln und Haselnüsse. Die Fichte ernährt zahlreiche Tiere: Fichtenrinde und Fichtentriebe frißt der Rothirsch, an den Fichtennadeln saugen Blattläuse, für die Fichtenzapfen interessiert sich neben dem Buntspecht auch das Eichhörnchen. Erfaßt man all diese Nahrungsbeziehungen mit, erhält man ein reichverzweigtes *Nahrungsnetz.*

> Nahrungsbeziehungen zwischen Lebewesen lassen sich als Nahrungskette und Nahrungsnetz darstellen.

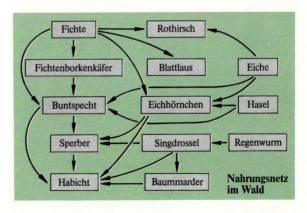

Nahrungsnetz im Wald

229

12   Stoffkreislauf und biologisches Gleichgewicht

Zersetzer. Alljährlich fallen im Wald große Mengen Fallaub an; Kräuter sterben ab und Tiere verenden. Auch sie dienen noch zahlreichen Lebewesen zur Nahrung. *Bodentiere, Pilze* und *Bakterien* leben von den toten Pflanzen und Tieren. Als *Zersetzer* bauen sie die organischen Stoffe allmählich ab. Am Ende *bleiben nur anorganische Stoffe übrig:* Kohlenstoffdioxid, Wasser und Mineralstoffe.

Erzeuger. Die *Pflanzen* nehmen die entstandenen anorganischen Stoffe auf. Mit Hilfe des Sonnenlichts erzeugen sie daraus organische Stoffe wie Zucker, Stärke, Zellulose und Eiweißstoffe. Zur *Photosynthese* sind allein die grünen Pflanzen fähig. Nur sie bezeichnet man daher als *Erzeuger.*

Verbraucher. Zu den *Verbrauchern* organischer Stoffe gehören die *Tiere* des Waldes. Die Pflanzenfresser unter ihnen leben direkt von den Erzeugern. Doch auch die Fleischfresser sind auf die grünen Pflanzen angewiesen. Sie sind ja Glieder einer Nahrungskette, die bei den grünen Pflanzen beginnt.

Stoffkreislauf. Von den organischen Stoffen, die die grünen Pflanzen erzeugt haben, geht nichts verloren. Alle organische Substanz, selbst noch der Kot der Tiere oder ein ausgefallenes Haar, wird von den Zersetzern wieder in die anorganischen Ausgangsstoffe zerlegt und steht den grünen Pflanzen erneut zur Verfügung. Es handelt sich also um einen *Stoffkreislauf.*

Bei diesem Kreislauf der Stoffe spielt das *Wasser* eine wichtige Rolle. Mineralstoffe können nur in Wasser gelöst von den Pflanzen aufgenommen und transportiert werden. Von den Wurzeln bis zu den Blättern bewegt sich ein beständiger Wasserstrom.

Über die Spaltöffnungen wird das Wasser wieder abgegeben. Mit den Niederschlägen kehrt es in den Boden zurück.

Biologisches Gleichgewicht. In einem gesunden Wald stehen Erzeuger, Verbraucher und Zersetzer in einem ausgewogenen Verhältnis zueinander. Es herrscht ein *biologisches Gleichgewicht.* Tritt eine Veränderung ein, vermehrt sich zum Beispiel eine Insektenart stärker, führt dies bald dazu, daß auch die Zahl ihrer Freßfeinde zunimmt. Sie vermehren sich ebenfalls stärker, da sie reichlich Nahrung zur Verfügung haben. So pendelt sich das biologische Gleichgewicht nach kurzer Zeit wieder ein.

Verschieden stark zersetztes Laub

> Im Wald gibt es einen Kreislauf der Stoffe, an dem Erzeuger, Verbraucher und Zersetzer beteiligt sind. Stehen Erzeuger, Verbraucher und Zersetzer in einem ausgewogenen Verhältnis, herrscht ein biologisches Gleichgewicht.

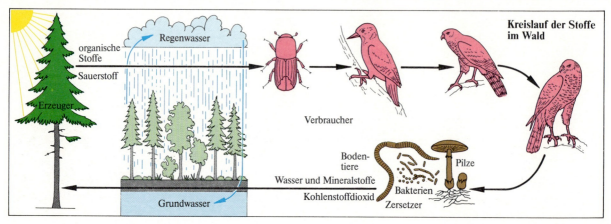

1 Entnimm der Bodenstreu des Waldes aus verschiedenen Tiefen jeweils einige Blätter. Welche Blätter zeigen Fraßlöcher oder Fraßgänge? In welcher Schicht sind die Blätter fast völlig zersetzt, wo stark und wo kaum? Klebe unterschiedlich stark zersetzte Blätter in dein Heft.

2 An den Blättern hast du sicher auch einige Bodentiere entdeckt. Weitere Bodentiere aus der Streu kannst du mit einer Lichtfalle fangen.
Dazu benötigst du: eine Lampe mit Glühbirne (25 W), Trichter, Drahteinsatz oder Küchensieb (Maschenweite etwa 4 mm), Plastikgefäß mit durchbohrtem Deckel, Filterpapier, Schuhkarton, Lupe, eventuell Pinsel und Pinzette.

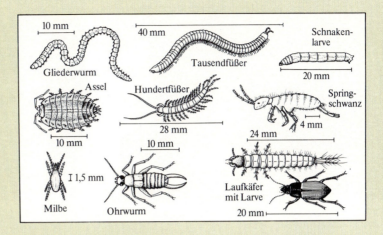

Gliederwurm · Assel · Tausendfüßer · Hundertfüßer · Schnaken-larve · Springschwanz · Milbe · Ohrwurm · Laufkäfer mit Larve

Baue einen Fangtrichter, wie ihn das Bild rechts zeigt. Laß den Versuchsaufbau einen Tag stehen. Die Bodentiere fliehen vor dem Licht und fallen in das Auffanggefäß. Betrachte sie mit der Lupe. Versuche sie nach dem Bild oben zu bestimmen. Laß sie dann draußen wieder frei.

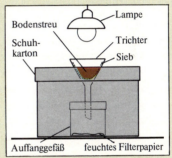

Lampe · Bodenstreu · Trichter · Schuhkarton · Sieb · Auffanggefäß · feuchtes Filterpapier

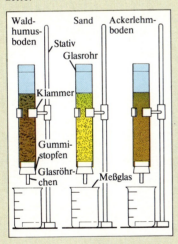

Waldhumus-boden · Sand · Ackerlehmboden · Stativ · Glasrohr · Klammer · Gummistopfen · Glasröhr-chen · Meßglas

3 Wenn die Bodenlebewesen das Laub zersetzt haben, ist daraus Humus geworden.
Untersuche, wieviel Wasser von jeweils einer Handvoll Waldhumusboden, Ackerlehmboden sowie Sand gespeichert wird.
Dazu benötigst du: 3 weite Glasversuchsrohre, 3 durchbohrte Gummistopfen mit Glasröhrchen, 3 Meßgläser, Becherglas (50 ml), Stativmaterial, Stoppuhr.
Trockne zunächst die drei Bodenproben im Trockenschrank oder auf der Fensterbank. Zer-

reibe sie fein. Schiebe durch die Gummistopfen kurze Glasröhrchen, und verschließe die Versuchsrohre von unten mit den Stopfen. Fülle in jedes Rohr eine Bodenprobe ein. Gieß jeweils mit dem Becherglas 50 ml Wasser zu. Miß mit der Stoppuhr die Zeit, bis der erste Wassertropfen unten abfließt. Warte dann, bis kein Wasser mehr durchsickert. Errechne die vom Boden festgehaltene Menge. Trage deine Ergebnisse in eine Tabelle ein wie die im Bild unten.

	Zeit bis der erste Wassertropfen durchsickert	aufgefangene Wassermenge	vom Boden festgehaltene Wassermenge
Waldhumus-boden			
Ackerlehm-boden			
Sand			

13   Vom Urwald zum Forst

Urwald

Fichtenforst

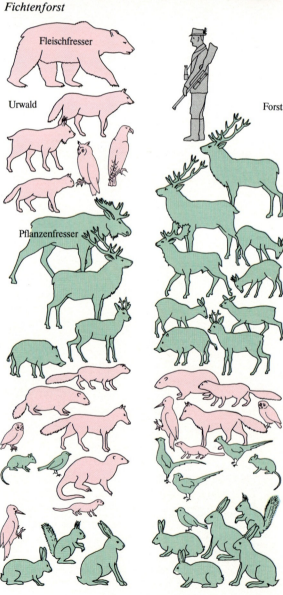

Urwald. Einen Wald, der völlig sich selbst überlassen ist, nennt man *Urwald*. Einst war fast ganz Mitteleuropa von solchen undurchdringlichen Urwäldern bedeckt. In ihnen herrschte ein *biologisches Gleichgewicht*. Raubtiere wie Bär, Wolf, Luchs und Wildkatze lebten darin und hielten den Pflanzenfressern die Waage. Heute gibt es von diesen Urwäldern nur noch winzige Reste, beispielsweise im Bayerischen Wald. Sie stehen *unter Naturschutz*.

Waldnutzung ohne Pflege. In den ersten 1 000 Jahren nach Christi Geburt nahm die Zahl der Menschen in Mitteleuropa stark zu. Viele Siedlungen entstanden. Fast die Hälfte des ursprünglichen Waldes verschwand. Der Rest wurde immer stärker *genutzt*. Zum Heizen, bei der Glasherstellung und Metallverarbeitung, für den Haus- und Schiffsbau sowie für vielerlei Geräte benötigte man Holz. Zudem diente der Wald als Viehweide.

Forst. Um 1800 begann man mit der *Pflege* des Waldes. Daraus hat sich im Laufe der Zeit die *Forstwirtschaft* entwickelt. Heute werden die meisten Bäume in Saatschulen herangezogen. Förster und Waldarbeiter pflegen den Baumbestand. Nach Plan wird das Holz gefällt. Ein ausgebautes Wegenetz macht alle Teile des Waldes leicht zugänglich. Forstwissenschaftler untersuchen, welche Ansprüche die Waldbäume an ihren Standort stellen. So ist es möglich, für jeden Standort geeignete Baumarten auszuwählen. Alle Wälder werden nach demselben Grundsatz bewirtschaftet: *Es darf jedes Jahr nur soviel Holz geschlagen werden, wie in einem Jahr nachwächst.*

Kahlschlag im Fichtenforst

Schälender Hirsch

	April	Mai	Juni	Juli	Aug.	Sept.	Okt.	Nov.	Dez.	Jan.	Febr.	März
Rotwild	S	S	S	S	J	J	J	J	J	J	S	S
Damwild	S	S	S	S	S	J	J	J	J	J	S	S
Rehwild – Ricken	S	S	S	S	S	J	J	J	J	J	S	S
Rehwild – Böcke	S	J	J	J	J	J	J	J	J	J	S	S
Schwarzwild	J	J	J	J	J	J	J	J	J	J	J	J
Feldhasen	S	S	S	S	S	S	J	J	J	J	S	S
Baummarder	S	S	S	S	S	S	J	J	J	J	J	S
Dachse	S	S	S	S	J	J	J	S	S	S	S	S
Rebhühner	S	S	S	S	S	J	J	J	S	S	S	S
Fasanen	S	S	S	S	S	S	J	J	J	J	S	S
Ringeltauben	S	J	S	J	J	J	J	J	J	J	S	S

Legende: ▨ Schonzeit (S)   ▨ Jagdzeit (J)

Jagd- und Schonzeiten sind gesetzlich festgelegt.

Naturnaher Wald oder Monokultur? Ursprünglich kam bei uns überwiegend *Laubwald* vor, in höheren Lagen *Mischwald*. Das änderte sich, als man im 19. Jahrhundert die ausgebeuteten Wälder aufzuforsten begann. Schnellwüchsige, ertragbringende *Fichten* wurden bevorzugt. Ausgedehnte *Monokulturen* entstanden. In ihnen waren die Fichten alle gleich alt und konnten gemeinsam gefällt werden.

Bald jedoch zeigten sich *Nachteile.* Insekten wie der Fichtenborkenkäfer, die im Mischwald kaum eine Rolle gespielt hatten, richteten in den Monokulturen große Schäden an. Stürme entwurzelten oder knickten die Bäume reihenweise. Der durch den Kahlschlag entblößte Boden veränderte sich nachteilig, so daß die erneute Bepflanzung Schwierigkeiten bereitete. Heute ist daher die Forstwirtschaft bestrebt, einen *naturnahen Wald* zu schaffen. Mischwälder mit Bäumen unterschiedlichen Alters verdrängen mehr und mehr die Monokulturen.

Wild und Wald. Zum Wald gehören *Rehe* und *Hirsche.* Wie groß ihr Bestand jedoch in einem Forst ohne größere Raubtiere sein darf, darüber gehen die Meinungen weit auseinander. Zu viele Rehe und Hirsche verursachen schlimme *Verbißschäden.* Sie fressen nämlich nicht nur Kräuter, sondern auch die Keimlinge und Jungpflanzen der Bäume. Schonungen werden deshalb durch Zäune geschützt. Hirsche *schälen* außerdem bei Nahrungsmangel die Rinde von den Bäumen.

In den Wäldern der Bundesrepublik leben heute über 1 700 000 Rehe und über 85 000 Hirsche. Um eine übermäßige Zunahme zu verhindern, ist die Jagd notwendig. Im Jagdjahr 1984/1985 wurden 717 927 Rehe und 31 396 Hirsche erlegt, ohne daß sich dadurch der Bestand im nächsten Jahr spürbar vermindert hätte. Jagen darf nur, wer die *Jägerprüfung* abgelegt hat und einen gültigen *Jagdschein* besitzt. Auch Jagdberechtigte dürfen in ihrem Revier nur Wild jagen, das zum *Abschuß* freigegeben ist. Dabei müssen sie die *Jagd- und Schonzeiten* einhalten.

> Unser heutiger Wald ist ein Forst. In ihm ist das biologische Gleichgewicht gestört und die Jagd daher notwendig.

233

Noch gesunde, abgestorbene und erkrankte Fichte

Kranke Eiche

Herkunft der Schadstoffe in der Luft

Schwefeldioxid insgesamt jährlich 2,6 Millionen t; davon entfallen auf		Stickstoffoxide insgesamt jährlich 3 Millionen t; davon entfallen auf	
Industrie	24%	Industrie	11%
Kraftwerke	63%	Kraftwerke	28%
Haushalte	9%	Haushalte	4%
Verkehr	4%	Verkehr	57%

Von der gesamten Waldfläche in der Bundesrepublik Deutschland waren geschädigt

1982	1983	1984	1985	1986	1987
7%	34%	50%	52%	54%	52%

Presse, Rundfunk und Fernsehen berichten immer wieder vom *Waldsterben*. Spaziergängern fallen die Waldschäden jedoch oft kaum auf. Das liegt zum Teil daran, daß der Förster die am stärksten geschädigten Bäume möglichst rasch fällen läßt. Aber man muß auch schon ein wenig Bescheid wissen, damit man erkrankte Bäume erkennt.

Krankheitszeichen. *Fichte, Kiefer* und *Tanne* bilden alljährlich an den Spitzen der Äste und Zweige neue, benadelte Triebe. Beim gesunden Baum fallen die Nadeln erst nach 6 bis 10 Jahren ab. Kranke Bäume stoßen die Nadeln vorzeitig ab. Die noch vorhandenen *Nadeln sind oft kleiner und gelb gefärbt*. Durch den *Nadelverlust* lichtet sich die Krone. Man kann durch sie hindurchschauen.

Auch Laubbäume erkranken immer häufiger. Die *Blätter kranker Buchen und Eichen werden vorzeitig gelb* und fallen manchmal schon im Sommer ab. Oft sind *einzelne Äste des Baumwipfels dürr*.

Ursachen. Hauptursache für die Erkrankung der Bäume ist die *Luftverschmutzung*. Schadstoffe aus den Schornsteinen von Industriebetrieben und Kraftwerken, aus den Auspuffrohren der Autos und den Kaminen der Wohnhäuser vergiften die Blätter. Besonders schädlich sind das *Schwefeldioxid* und die *Stickstoffoxide*. Mit dem Regen dringen diese Giftstoffe zudem in den Boden ein. Dort schädigen sie die Wurzeln und erschweren es dem Baum, lebenswichtige Mineralstoffe aufzunehmen. Ist der Baum einmal geschwächt, wird er zugleich anfälliger für Schadinsekten. So werden kranke Fichten besonders stark vom Fichtenborkenkäfer befallen. Da der Wind die Schadstoffe transportiert, treten die Waldschäden selbst in entlegenen Gebieten auf.

Um dem Waldsterben Einhalt zu gebieten, werden nun in die Schornsteine vermehrt Schadstofffilter und in die Autos Katalysatoren eingebaut. Dadurch sollen die Schadstoffmengen in der Luft soweit vermindert werden, daß der Wald gesunden kann. Ob das nicht auch unserer Gesundheit zugute käme?

> Schadstoffe in der Luft lassen die Bäume erkranken. Kranke Bäume sind besonders anfällig für holzfressende Insekten wie den Fichtenborkenkäfer.

15   Wir brauchen den Wald

Der Wald als Holzlieferant. *Holz* ist ein unersetzlicher *Rohstoff*. Täglich benutzen wir viele Gegenstände, die aus Holz hergestellt werden: Papier, Bleistifte, aber auch Türen, Tische, Stühle und Schränke. Jährlich liefert der deutsche Wald 25 Millionen m³ Holz. Damit wird etwa die Hälfte unseres Holzbedarfs gedeckt. Der Rest muß eingeführt werden. Doch der Wald liefert nicht nur Holz, er erfüllt noch viele andere, mindestens ebenso wichtige Aufgaben.

Der Wald als Wasserspeicher. Schon das Kronendach des Waldes bremst den Regen ab. Dann saugen Moosschicht und Waldboden das Regenwasser auf. Bis zu 200 l kann 1 m² Waldboden speichern. Dieses Wasser steht nicht nur den Waldbäumen zur Verfügung, sondern speist auch zahlreiche Quellen. *Weil* der lockere *Waldboden soviel Regenwasser aufnehmen kann,* ist er selbst an Berghängen *vor Abtragung geschützt.* In südeuropäischen Ländern dagegen, wo man vor Jahrhunderten den Bergwald abholzte, hat der Regen inzwischen die fruchtbare Erde fortgeschwemmt. Der Bergwald hat darüber hinaus große Bedeutung als *Schutz vor Lawinen.*

Einfluß auf das Klima. Der Wald hat einen *ausgleichenden Einfluß* auf das örtliche *Klima.* Er bremst den Wind, und durch die starke Verdunstung der Blätter kommt es eher zu Regen. Wie angenehm kühl es an heißen Sommertagen im Wald ist, hast du sicher schon selbst bemerkt. Auch im Winter unterscheidet sich das Waldklima vom Klima der Umgebung.

Der Wald als Luftfilter. Die Bäume des Waldes *reinigen die Luft* von Staub und Ruß. Die Schmutzteilchen bleiben an den Blättern und Nadeln hängen. Der nächste Regen spült sie dann fort. Enthält die Luft allerdings zusätzlich noch soviel Schadstoffe wie gegenwärtig, werden die Bäume geschädigt und sterben ab.

Jeder Baum liefert außerdem *Sauerstoff,* den wir für die Atmung benötigen. Es wurde berechnet, daß etwa 20 Fichten den Sauerstoffbedarf eines Menschen decken.

Der Wald als Lebensraum. Hirsch, Reh, Fuchs, Wildschwein, Dachs, viele Insekten und zahlreiche andere Tiere, aber auch viele Farne, Moose, Pilze und Blütenpflanzen *sind auf den Wald angewie-*

sen. Die meisten von ihnen können nur dort leben. Falls das Waldsterben anhält, sind mit den Bäumen auch die anderen Pflanzen und die Tiere der Lebensgemeinschaft *vom Aussterben bedroht.*

Der Wald als Erholungsort. Der Wald ist für die meisten Menschen ein *Ort der Erholung.* Hier kann man sich bewegen und frische Luft atmen. Hier stört kein Industrie- und Straßenlärm. Hier kann man sich an schöner Landschaft erfreuen. Und wer offene Augen und Ohren hat, findet noch immer viele Tiere und Pflanzen vor.

Der Wald dient vielen verschiedenen Aufgaben und bietet zu jeder Jahreszeit Abwechslung und Erholung.

1   Was kann jeder einzelne tun, um den Wald zu schützen? Stelle Regeln auf, wie man sich im Wald verhalten soll!

2   Die Landschaft in Mitteleuropa wurde und wird vom Wald geprägt. Noch heute erinnern die Namen vieler Orte an den Wald oder an Waldbäume. Stelle solche Namen zusammen. Benutze dazu deinen Atlas oder das amtliche Verzeichnis der Postleitzahlen.

3   Nenne Berufe, die mit dem Wald zu tun haben.

4   Versuche abzuschätzen, welche Folgen der Tod der Wälder haben würde.

235

Wirbellose Tiere in ihrem Lebensraum

1 Die Honigbiene

Die Honigbiene ist ein Insekt

Eine Wiese im Mai. Überall summen Bienen. Die Wiesenblumen haben sie angelockt. Eben läßt sich eine Biene auf der gelben Blüte des Hornklees nieder, so daß man sie genauer betrachten kann.

Körperbau. Der Körper der Biene ist in 3 Abschnitte gegliedert: in *Kopf, Brust* und *Hinterleib*.

Am Kopf erkennst du 2 Augen, 2 Fühler und die Mundwerkzeuge. Mit den Fühlern kann die Biene riechen und tasten. Mit den Mundwerkzeugen leckt und saugt sie Nahrung auf.

Am Brustabschnitt sind die 4 Flügel verankert. Auch die 6 Beine setzen hier an.

Am Hinterleib lassen sich mehrere Ringe unterscheiden. Sie werden *Segmente* genannt.

Tiere, deren Körper wie bei der Honigbiene durch tiefe Einschnitte oder Kerben in Kopf, Brust und Hinterleib gegliedert ist, heißen *Kerbtiere* oder *Insekten*. Insekten besitzen keine Knochen. Ihr Körper ist von einem zähen und zugleich harten Stoff umgeben, dem *Chitin*. Wie das Knochenskelett des Menschen und der Wirbeltiere den Körper von innen stützt, gibt dieser Chitinpanzer dem Körper der Insekten von außen Halt. Man spricht deshalb von einem *Außenskelett*. Trotz der harten Panzerung sind Insekten sehr beweglich. Das wird durch Gelenke an den Einschnitten und zwischen den Segmenten erreicht.

Honigbiene auf den Blüten des Hornklees

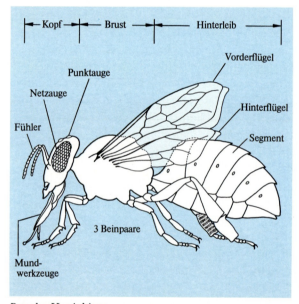

Bau der Honigbiene

> Insekten haben ein Außenskelett aus Chitin. Ihr Körper ist in Kopf, Brust und Hinterleib gegliedert. Sie besitzen 6 Beine und meist 4 Flügel.

1 Wie heißen die 3 Abschnitte, in die der Körper der Honigbiene gegliedert ist?

2 Woher haben die Kerbtiere ihren Namen?

3 Betrachte ein Zeitungsbild mit der Lupe. Was fällt dir auf? Inwiefern läßt sich ein solches Bild mit dem Bild vergleichen, das das Netzauge der Honigbiene von einem Gegenstand entwirft?

Honigbienen bei der Nahrungsaufnahme

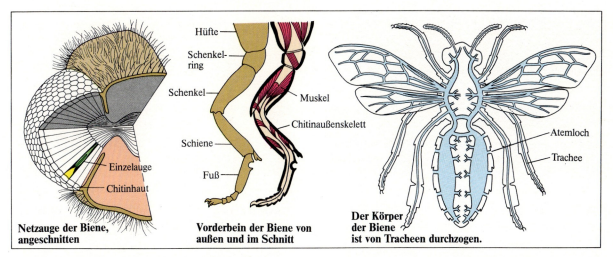

Netzauge der Biene, angeschnitten

Hüfte
Schenkel-ring
Schenkel
Muskel
Chitinaußenskelett
Schiene
Fuß
Einzelauge
Chitinhaut

Vorderbein der Biene von außen und im Schnitt

Atemloch
Trachee

Der Körper der Biene ist von Tracheen durchzogen.

Netzauge. Bienen haben große, vorgewölbte Augen. Mit der Lupe erkennst du auf der Augenoberfläche ein Netz aus winzigen Sechsecken. Jedes Sechseck ist der obere Teil eines Einzelauges. Das Auge der Biene ist aus etwa 5 000 Einzelaugen zusammengesetzt. Man nennt es *Netzauge*. Mit jedem Einzelauge sieht die Biene einen Bildpunkt. Alle Bildpunkte zusammen ergeben ein einheitliches, aber gerastertes Bild.

Beine. Die Beine der Biene sind wie der Körper in Abschnitte gegliedert. Es sind Röhren aus Chitin. In ihrem Inneren befinden sich die Beinmuskeln. Sie sind am Chitinpanzer befestigt.

Flügel. Zur Fortbewegung benutzt die Biene hauptsächlich die Flügel. Von den vielen Muskeln des Brustabschnitts führt aber keiner zum Flügelansatz: Eine Gruppe von Muskeln verläuft von vorn nach hinten, eine andere von der Rückenseite zur Bauchseite. Die beiden Muskelgruppen ziehen sich abwechselnd zusammen. Dadurch bewegen sie Teile des Chitinpanzers gegeneinander. Die starren Flügel heben und senken sich mit.

Atmen ohne Lunge. Entlang den Körperseiten liegt bei Insekten eine Reihe winziger Öffnungen. Es sind *Atemlöcher*. Von hier aus führen dünne Chitinröhren ins Körperinnere. Diese Atemröhren heißen *Tracheen*. Sie leiten den Sauerstoff der Luft zu den Organen.

> Die Honigbiene besitzt Netzaugen. Sie atmet durch Atemröhren, die Tracheen.

1 Baue dir einen „Flugmotor" der Insekten wie in der Grafik unten. In welche Richtung bewegen sich die Flügel, wenn sich die Muskeln zusammenziehen, die von oben nach unten verlaufen? Wozu dienen die Muskeln, die von vorn nach hinten verlaufen?

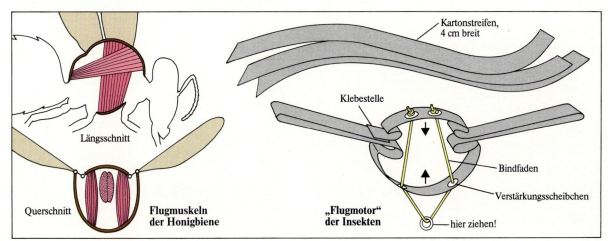

Längsschnitt
Querschnitt
Flugmuskeln der Honigbiene

Kartonstreifen, 4 cm breit
Klebestelle
Bindfaden
Verstärkungsscheibchen
hier ziehen!
„Flugmotor" der Insekten

Bienenstöcke

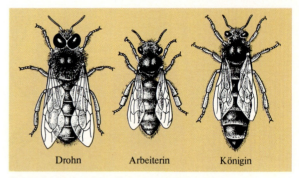

Dreierlei Bienen bevölkern den Bienenstock.

Drohn   Arbeiterin   Königin

Leben im Bienenstaat

Bienenvolk. In Gärten oder an Waldrändern hast du vielleicht schon die bunten Kästen mit den davor schwärmenden Bienen gesehen. Jeder dieser *Bienenstöcke* beherbergt ein *Bienenvolk* von etwa 50 000 Tieren. Das Innere des Stockes ist von *Waben* ausgefüllt. Eine Wabe besteht aus Tausenden von sechseckigen *Zellen*. Sie dienen entweder als *Vorratszellen* zur Aufbewahrung von Pollen und Honig oder als *Brutzellen* zur Aufzucht der Larven. Im Bienenstock leben dreierlei Bienen:

Die *Königin* ist mit 19 mm Länge die größte Biene im Stock. Sie allein legt Eier.

Die *Arbeitsbienen* werden etwa 15 mm lang. Es sind ebenfalls weibliche Bienen, doch ihre Eierstöcke sind verkümmert.

Die *Drohnen* sind männliche Bienen. Sie beteiligen sich nicht am Sammeln von Nektar und Pollen.

> Ein Bienenvolk besteht aus etwa 50 000 Arbeitsbienen, einigen hundert Drohnen und der Königin.

Fortpflanzung. Im Sommer verläßt die Königin mit einem Teil des Volkes den Stock. Die Bienen *schwärmen* und suchen eine neue Behausung. Im alten Stock schlüpft eine neue Königin. Sie begibt sich mit den Drohnen auf den *Hochzeitsflug*. Dabei wird sie begattet. Nach der Rückkehr in den Stock beginnt sie mit dem Eierlegen.

Aus den *Eiern* schlüpfen nach 3 Tagen die *Larven*. Sie werden von den Arbeitsbienen gefüttert. Sind die Larven 6 Tage alt, verschließen die Arbeitsbienen die Brutzellen mit einem Deckel. Die Larven *verpuppen* sich. Nach weiteren 12 Tagen schlüpfen die *fertigen Insekten*.

Aus befruchteten Eiern gehen Arbeitsbienen oder Königinnen hervor. Königinnen erhalten als Larven einen besonderen Futtersaft. Sie wachsen auch in größeren Zellen heran, den *Weiselzellen*. Unbefruchtete Eier entwickeln sich zu Drohnen.

> Honigbienen entwickeln sich vom Ei über Larve und Puppe zum fertigen Insekt. Eine solche Entwicklung heißt vollkommene Verwandlung.

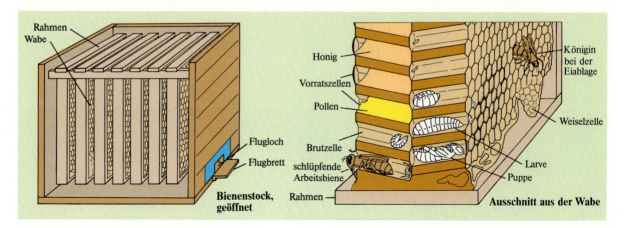

Rahmen
Wabe

Flugloch
Flugbrett

Bienenstock, geöffnet

Honig
Vorratszellen
Pollen
Brutzelle
schlüpfende Arbeitsbiene
Rahmen

Königin bei der Eiablage
Weiselzelle
Larve
Puppe

Ausschnitt aus der Wabe

Ein Bienenschwarm hat sich im Baum niedergelassen.

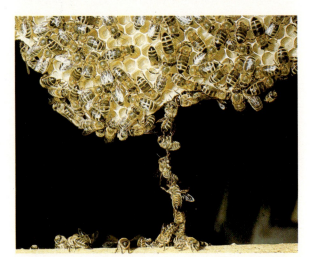

Bienen beim Wabenbau

Der Imker hat eine Wabe entnommen.

Lebenslauf einer Arbeitsbiene. Die ersten 3 Wochen nach dem Schlüpfen arbeitet die junge Biene als *Stockbiene* im Innern des Stockes. Der Reihe nach verrichtet sie folgende Arbeiten:

– Sie reinigt als Putzbiene leere Zellen.
– Sie füttert ältere Larven mit Honig und Pollen. Bald liefert eine Drüse in ihrem Kopf einen Futtersaft, mit dem sie Junglarven füttert.
– Vom 11. bis 16. Arbeitstag ist sie Baubiene. An ihrem Hinterleib erzeugen *Wachsdrüsen* das Wachs für den Wabenbau.
– Vom 17. bis 19. Tag verarbeitet die Biene in ihrem *Honigmagen* Blütennektar zu Honig. Der fertige Honig wird in Vorratswaben gespeichert.
– Um den 20. Tag bewacht sie als Wehrbiene das Flugloch. Fremde Insekten wehrt sie mit dem *Giftstachel* ab.

Mit etwa 3 Wochen verläßt sie den Stock. Als *Sammelbiene* trägt sie Nektar und Pollen ein.

Nutztier. Wenn die Biene eine Blüte aufsucht, bleibt Pollen in ihrem Haarkleid hängen. Beim Besuch der nächsten Blüte fallen einige Pollenkörner auf deren Narbe. Die Blüte wird *bestäubt*. Eine Zeitlang fliegt die Biene immer die gleiche Blütenart an. So gelangt der Pollen auf die Narbe derselben Pflanzenart.

Für den Menschen besonders wichtig sind die Bienen als Bestäuber der Obstbäume. Außerdem liefern sie uns *Honig* und *Wachs*.

> Die Honigbiene ist ein Nutztier. Sie bestäubt Blütenpflanzen, erzeugt Honig und Wachs.

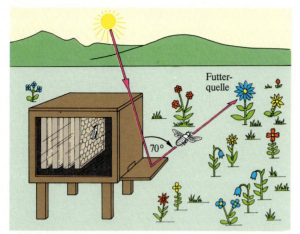

Auf ihrem Nahrungsflug orientiert sich die Sammelbiene nach dem Stand der Sonne.

Die tanzende Biene in der Mitte wird von ihren Stockgenossinnen umdrängt.

Die Bienensprache

Kehrt eine Sammelbiene in den Stock zurück, verständigt sie andere Sammlerinnen über die *Futterquelle*.

Schwänzeltanz. Die heimkehrende Biene läuft einige Schritte auf der Wabe. Dabei *schwänzelt* sie mit dem Hinterleib hin und her. Dann läuft sie halbkreisförmig nach rechts. Wieder schwänzelt sie geradeaus und läuft dann nach links. Andere Bienen laufen ihr hinterher.

Aus der Richtung der Schwänzelstrecke erfahren sie die Richtung, in der eine Futterquelle liegt. Liegt die Futterquelle zum Beispiel genau in Richtung zur Sonne, so tanzt die Biene die Schwänzelstrecke senkrecht nach oben. Ist das Futter in einem Winkel von 70° rechts von der Sonne zu finden, schwänzelt die Biene in einem Winkel, der 70° rechts gegen die Senkrechte geneigt ist. Je schneller die Sammlerin tanzt, um so näher ist die Futterquelle.

Rundtanz. Liegt das Futter ganz nahe beim Stock, tanzt die Biene einen *Rundtanz*. Er wird immer gleich schnell und in gleicher Richtung getanzt.

Immer mehr Bienen folgen der Tänzerin und werden mit Futterproben gefüttert. Daraus und aus dem Blütenduft, den die heimkehrende Biene mitbringt, erfahren sie die Art der Futterquelle.

> Bienen teilen einander durch Tanzen Futterquellen mit. Den Rundtanz benutzen sie für Futterquellen in der Nähe, den Schwänzeltanz für weiter entfernte Futterquellen.

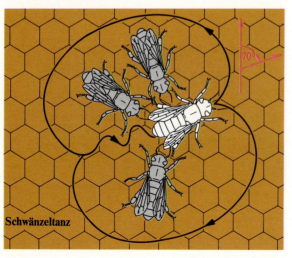

Schwänzeltanz

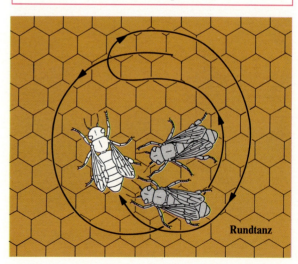

Rundtanz

Wenn du die Gelegenheit hast, dann besuche an einem sonnigen Tag einen Imker oder einen Lehrbienenstand. Nimm Schreibzeug mit, damit du ein Protokoll führen kannst.

1 Betrachte den Bienenstand von außen und notiere die Zahl der Fluglöcher sowie ihre Farben.

2 Bitte den Imker, dir einige Fragen zu beantworten.
– Wie viele Völker hält der Imker? Wie viele Tiere bilden ein Volk?
– Wie viele Arbeitsbienen, Drohnen und Königinnen gehören zu einem Volk?
– Welche Maßnahmen trifft der Imker zur Überwinterung seiner Bienen?
– Wie verhält sich der Imker, damit er nicht gestochen wird?
– Wieviel Honig gewinnt der Imker im Jahr pro Volk?

3 Vielleicht läßt der Imker dich ins Innere eines Bienenkastens schauen. Erkennst du, wo die Königin sitzt? Unterscheide Honig- und Brutwabe.

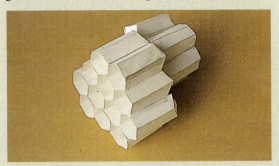

Besuch beim Imker Friedrichson

Am Bienenhaus sind 6 Fluglöcher.
Unterschiedliche Stockfarben erleichtern
dem Bienen das Heimfinden.
Zahl der Bienenvölker: 6
Anzahl der Bienen eines Volkes: 25000,
davon 15000 Sammelbienen.
Jede Biene fliegt zehnmal am Tag.
Honigleistung: Eine Biene bringt am
Tag 0,12 g Nektar, dies ergibt etwa
0,05 g Honig.
Blütenbesuche einer Biene bei einem
einzigen Ausflug (Beispiel Apfelbaum):
Eine Biene bestäubt pro Ausflug etwa
400 Apfelblüten.

4 Errechne aus den Angaben des Protokolls oben:
– Wieviel Honig liefert ein Bienenvolk pro Tag?
– Wieviel Flüge sind nötig, um 1 Glas Honig von 500 g zu erhalten?
– Wieviel Apfelblüten bestäubt ein Volk pro Tag?

5 Laß dir vom Imker eine Wabe zeigen und schaue sie genau an. Baue zuhause ein Modell einer Bienenzelle. Dazu benötigst du Zeichenpapier, Schere und Klebstoff. Zeichne das Schnittmuster unten ab und schneide es aus. Durchgezogene Linien sind Schnittlinien, gestrichelte Linien Falzlinien. Klebe das Modell zusammen. Die Klebestellen sind grau markiert. Alle Bienenzellmodelle der Klasse zusammen ergeben ein Bienenwabenmodell.

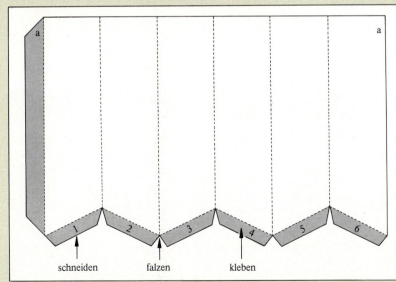

schneiden   falzen   kleben

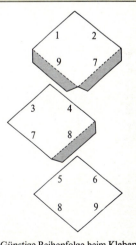

Günstige Reihenfolge beim Kleben:
1 - 2 - 7 - 3 (3 - 7) - 4 - 8 - 9 - 5 - 6 (6 - 5),
ganz am Schluß - a!

1 Herstellen eines Zuchtgefäßes

Die Larven der Schmetterlinge heißen Raupen. Vielleicht gibt es an deiner Schule einen Raupenzuchtkasten. Du kannst aber auch selbst einen basteln. Die Grafik unten hilft dir dabei. Du benötigst ein Bodenbrett, ein Brett als Rückwand, eine Glasscheibe als Vorderwand, Fliegengaze, einige Leisten, Nägel, Feile, Säge und Hammer. Für wenige Raupen genügt ein Einmachglas. Oben deckst du es mit einem Nylonstrumpf ab.

2 Einsammeln der Raupen

Untersuche die Unterseite von Kohlblättern nach Eigelegen und Raupen des Kohlweißlings (Foto links unten). Kohlweißlingsraupen fressen alle Kohlarten, aber auch Kresse, Rettich und Kapuzinerkresse.

Bringe wenige Raupen mitsamt der Futterpflanze in eine Schachtel. Fasse die Raupen nicht an. Die Raupen anderer Schmetterlingsarten läßt du unbehelligt. Schmetterlinge stehen unter Naturschutz!

3 Zucht der Raupen

Schlage in den Metalldeckel eines leeren Marmeladenglases einige Löcher. Fülle Wasser ins Glas und setze den Deckel auf. Durch die Löcher steckst du die Stiele der Futterpflanzen ins Wasser. Stelle das Glas in den Raupenzuchtkasten oder das Einmachglas. Schütte die Raupen aus der Schachtel auf die Futterpflanzen. Erneuere abgefressene und vertrocknete Pflanzen ständig. Sitzt eine Raupe reglos, läßt du die betreffende Pflanze stehen: Die Raupe häutet sich.

4 Beobachtungen

– Untersuche eine ältere Raupe mit der Lupe.

Wieviel Beinpaare hat sie? Sind alle gleich gebaut? Betrachte den Kopf. Findest du die großen Freßzangen?

– Wo befinden sich Puppen (Foto unten Mitte)?

Laß sie ungestört hängen.

– Vergleiche die Raupe mit dem Schmetterling.

Welche Körperteile wurden während der Puppenzeit verändert?

– Führe ein Zuchtprotokoll.

Halte jeden Tag die Zahl der Raupen, Puppen und Falter sowie deine Beobachtungen fest.

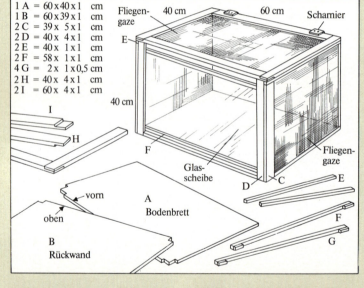

```
1 A = 60 x 40 x 1   cm
1 B = 60 x 39 x 1   cm
2 C = 39 x  5 x 1   cm
2 D = 40 x  4 x 1   cm
2 E = 40 x  1 x 1   cm
2 F = 58 x  1 x 1   cm
4 G =  2 x  1 x 0,5 cm
2 H = 40 x  4 x 1   cm
2 I = 60 x  4 x 1   cm
```

Fliegengaze · 40 cm · 60 cm · Scharnier · E · Fliegengaze · I · H · F · 40 cm · Glasscheibe · D · C · E · vorn · A Bodenbrett · F · oben · G · B Rückwand

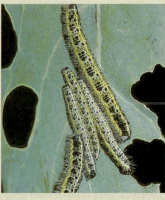

2 Libellen, Heuschrecken und Grillen

Zwei Feldgrillen vor dem Eingang zur Wohnröhre; die eine hat die Flügel zum Zirpen erhoben.

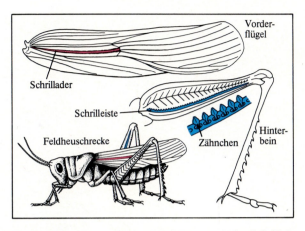

Feldheuschrecken streichen zum Zirpen mit der Schrilleiste am Hinterbein über die Schrillader des Vorderflügels.

Libellen. Die *Libellen* sind vorzügliche Flieger. Sie jagen in der Luft nach kleinen Insekten. Ihre *Eier* legen sie in das Wasser oder in das Innere von Wasserpflanzen. Aus den Eiern schlüpfen *Larven,* die 1 bis 4 Jahre lang im Wasser leben. Sie ernähren sich von Wassertieren bis zur Größe von kleinen Fischen. Die ausgewachsenen Larven klettern an Pflanzenstengeln nach oben. Dort bleiben sie regungslos hängen. Dann reißt die Larvenhaut auf dem Rücken auf, und die *fertige Libelle* zwängt sich heraus. Libellen haben *keine Puppen.* Ihre *Verwandlung* ist *unvollkommen.*

Die Libelle lebt als Larve im Wasser, als fertiges Insekt in der Luft.

Heuschrecken und Grillen. Fast den ganzen Sommer über kann man das Zirpen der *Heuschrecken* und *Grillen* auf Wiesen und in Gebüschen hören. Bei den Grillen machen nur die Männchen diese „Musik". Sie locken damit Weibchen an. Zum Zirpen reiben sie ihre Flügeldecken aneinander.

Bei der *Feldheuschrecke* können auch die Weibchen zirpen. Die Hinterbeine der Feldheuschrecken haben Chitinzähnchen. Damit reiben sie über die *Schrillader* der Vorderflügel, wenn sie Töne erzeugen. In der Entwicklung der Heuschrecken und Grillen gibt es *keine Puppen.*

Libellen, Heuschrecken und Grillen haben eine unvollkommene Verwandlung.

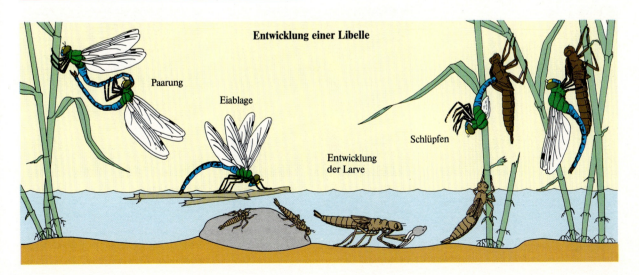

Entwicklung einer Libelle

Paarung

Eiablage

Schlüpfen

Entwicklung der Larve

Einheimische Insekten

Wo man Insekten beobachten kann

Im Garten eignet sich dazu der Sommerflieder. Auf der Wiese triffst du viele Insekten an Doldenblüten. Nähere dich vorsichtig!

Ähnliche Insektenarten faßt man in Gruppen zusammen. Am häufigsten wirst du Insekten aus diesen vier Gruppen beobachten:

Schmetterlinge: 4 große Flügel mit Schuppen;

Käfer: 2 Deckflügel und 2 häutige Hinterflügel;

Hautflügler (Wespen, Bienen und Ameisen): 4 häutige Flügel;

Zweiflügler (Mücken und Fliegen): 2 häutige Flügel; Hinterflügel nur winzige Kolben.

Silberfischchen

7 bis 10 mm lang; lebt in Wohnungen; schnell laufendes Nachttier; tagsüber in Ritzen versteckt. Allesfresser. Flügellos.

Grünes Heupferd

30 bis 45 mm lang; bevorzugt Äcker und Wiesen mit Büschen.
Nahrung: Insekten, auch Pflanzen. Männchen zirpen. Unvollkommene Verwandlung.

Baumwanze

12 bis 15 mm lang; lebt auf Bäumen und Doldenblütlern.
Nahrung: Pflanzensäfte, auch Insekten. Besitzt Stinkdrüsen. Unvollkommene Verwandlung.

Wasserläufer

10 bis 15 mm lange Wanze; lebt auf der Oberfläche von Tümpeln und Teichen.
Nahrung: Insekten. Unvollkommene Verwandlung.

Blattlaus

Viele verschiedene Blattlausarten; alle nur wenige mm groß; leben auf Pflanzen.
Nahrung: Pflanzensäfte. Unvollkommene Verwandlung.

Florfliege

10 mm lang; lebt in Wäldern, auch in Wohnungen; überwintert oft in Häusern.
Nahrung: Blattläuse. Vollkommene Verwandlung.

Marienkäfer

6 bis 8 mm lang; Larve und Käfer auf blattlausbefallenen Pflanzen.
Nahrung: Blattläuse. Larve grauschwarz mit gelben Punkten. Vollkommene Verwandlung.

Maikäfer

20 bis 30 mm lang; bevorzugt die Waldränder; dämmerungsaktiv.
Nahrung: Wurzeln (Larve), Blätter von Laubbäumen (Käfer). Vollkommene Verwandlung.

Goldlaufkäfer

20 bis 27 mm lang; lebt auf Äckern und in Gärten; tagaktiv.
Nahrung: Schnecken, Würmer, Raupen und Puppen. Läuft schnell. Vollkommene Verwandlung.

Rote Waldameise

6 bis 11 mm lang; lebt in Wäldern. Staatenbildend.
Nahrung: viele Schadinsekten. Baut Ameisenhaufen aus Nadeln. Vollkommene Verwandlung.

Erdhummel

20 bis 28 mm lang; nistet im Erdboden. Staatenbildend; nur Königin überwintert.
Nahrung: Nektar. Sticht bei Gefahr. Vollkommene Verwandlung.

Kleiner Fuchs

Flügelspannweite 5,5 cm; liebt sonnige Gärten und Wiesen.
Nahrung: Brennesseln (Raupe), Nektar und Baumsäfte (Falter). Vollkommene Verwandlung.

Tagpfauenauge

Flügelspannweite 6 bis 7 cm; Winterversteck in Baumritzen.
Nahrung: Brennesseln (Raupe), Nektar (Falter). Vollkommene Verwandlung.

Zitronenfalter

Flügelspannweite 5,5 cm; fliegt in Gärten, Wiesen und Feldern.
Nahrung: Blätter des Faulbaums (Raupe), Nektar (Falter). Vollkommene Verwandlung.

Stechmücke

4 bis 6 mm lang; lebt in der Nähe stehender Gewässer.
Nahrung: Weibchen saugen Blut, Männchen nur Pflanzensäfte. Larve und Puppe leben im Wasser.

Stubenfliege

7 bis 9 mm lang; hält sich in menschlichen Siedlungen auf.
Nahrung: Lebensmittel und faulende Stoffe. Überträgt Krankheiten. Vollkommene Verwandlung.

3 Die Kreuzspinne

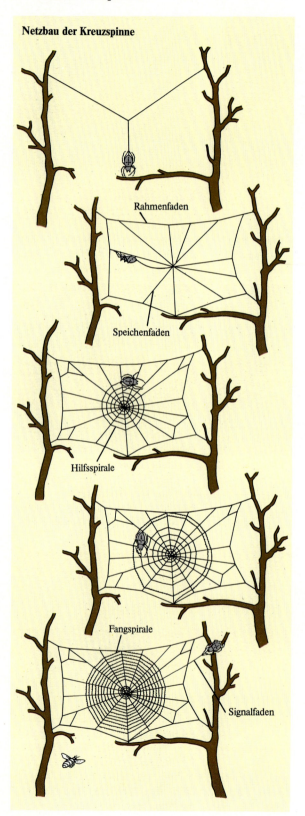

Netzbau der Kreuzspinne

Rahmenfaden

Speichenfäden

Hilfsspirale

Fangspirale

Signalfaden

Netzbau. Von einem Zweig aus streckt die *Kreuzspinne* ihren Hinterleib in die Luft. Dünne Seidenfäden treten aus den *Spinnwarzen* und verkleben zum Spinnfaden. Bleibt er irgendwo hängen, beginnt die Spinne mit dem *Netzbau*. Sie kann verschiedene Fäden herstellen: *Trockenfäden* und *Klebfäden*. Aus Trockenfäden spannt sie zuerst *Rahmenfäden,* dann *Speichenfäden.* Danach legt sie vom Mittelpunkt ausgehend eine *Hilfsspirale* an. Sie dient ihr als Klettergerüst beim Auslegen der *Fangspirale.* Während die Spinne die klebrigen Fangfäden von außen nach innen einwebt, frißt sie die Hilfsspirale wieder auf. Das Fangnetz ist jetzt fertig.

Beutefang. Die Kreuzspinne lauert in ihrem Versteck, zu dem sie einen *Signalfaden* gespannt hat. An der Bewegung des Fadens spürt sie, wenn ein Insekt in das Netz geflogen ist. Ihre Hauptnahrung sind Fliegen. An einem Sicherheitsfaden seilt sich die Spinne zur Beute ab. Mit Gift aus ihren *Kieferklauen* tötet sie das Insekt. Dann spritzt sie ihm einen *Verdauungssaft* ein und saugt den entstandenen Nahrungsbrei auf. Allein die leere Chitinhülle des Opfers bleibt zurück.

Spinnen spielen als Insektenvertilger in der Natur eine wichtige Rolle. Zerstöre daher ihre Netze nicht. Für den Menschen sind die einheimischen Spinnen völlig harmlos.

Körperbau. Die Kreuzspinne erkennst du an dem weißen Kreuz auf dem Rücken. Sie hat wie die Insekten ein *Außenskelett aus Chitin.* Ihr Körper besteht aber nur aus 2 Abschnitten, dem *Kopfbruststück* und dem *Hinterleib.* Am Kopfbruststück sitzen 8 Beine, 1 Paar Kieferklauen, 1 Paar *Kiefertaster* und 8 einzelne *Punktaugen.*

Fortpflanzung. Im Herbst legt die Kreuzspinne bis zu 100 *Eier* in ein Gespinst, den *Kokon.* Im Frühjahr schlüpfen aus den Eiern *junge Spinnen.* Bis sie ausgewachsen sind, häuten sie sich mehrmals. Eine Verwandlung gibt es bei Spinnen nicht.

> Spinnen haben ein Außenskelett aus Chitin. Ihr Körper ist in Kopfbruststück und Hinterleib gegliedert. Sie besitzen 8 Beine und haben Punktaugen. Aus den Eiern schlüpfen Jungspinnen.

Die Kreuzspinne kommt bei uns häufig vor. An der weißen Zeichnung auf dem Rücken ist sie leicht zu erkennen. Ihr Körper mißt etwa 15 mm.

Die schöne Wespenspinne baut ihr Netz auf Wiesen.

Die Krabbenspinne paßt ihre Färbung der Blütenfarbe an. So getarnt erbeutet sie Insekten.

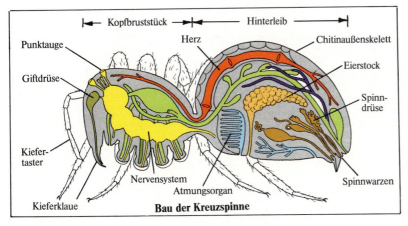

Bau der Kreuzspinne

Kopfbruststück — Hinterleib

Punktauge
Giftdrüse
Kiefertaster
Kieferklaue
Nervensystem
Atmungsorgan
Herz
Chitinaußenskelett
Eierstock
Spinndrüse
Spinnwarzen

Weberknechte haben einen rundlichen Körper und sehr lange Beine.

1 Betrachte das Netz einer Kreuzspinne. Notiere dir seine Höhe vom Erdboden, die Neigung und den Durchmesser des Netzes. Wieviel Klebfäden zählst du (Lupe!)? Welchen Abstand haben sie?

2 Beobachte eine Kreuzspinne beim Beutefang.

3 Vergleiche den Körperbau der Kreuzspinne mit dem der Honigbiene. Stelle die Gemeinsamkeiten und Unterschiede in einer Tabelle in deinem Heft zusammen.

Lebensweise einheimischer Spinnen
Spinnen leben von Insekten. Netzspinnen, wie Kreuzspinne und Wespenspinne, bauen Fangnetze. Laufspinnen, wie die Springspinne, überwältigen ihre Beute im Sprung. Krabbenspinnen lauern gut getarnt in Blüten. Weberknechte jagen kleine Insekten und Spinnen.

4 Der Regenwurm

Das Feuchtlufttier. Tagsüber lebt der *Regenwurm* versteckt im Boden. Erst nachts kommt er zur Nahrungssuche aus den selbstgegrabenen Erdröhren. Als *Feuchtlufttier* fühlt er sich nur in der feuchten Nachtluft wohl. In der Sonne würde seine zarte Haut austrocknen und von den Sonnenstrahlen geschädigt werden. Das wäre für den Regenwurm tödlich; er *atmet* nämlich *durch die Haut.* Nur wenn die Haut feucht ist, gelangt genügend Sauerstoff aus der Luft in seinen Körper.

Körperbau. Ein Regenwurm wird bis zu 30 cm lang. Schon mit bloßem Auge siehst du, daß er aus zahlreichen *Ringen* oder *Segmenten* besteht. Bis zu 180 können es sein. Außer dem ersten und dem letzten Körperring sehen alle gleich aus. Aus jedem Körperring ragen seitlich je 2 Paar *Borsten aus Chitin.* Die Haut ist mit den beiden Muskelschichten darunter zu einem *Hautmuskelschlauch* verwachsen. Die Gliederung in Körperringe setzt sich im Inneren des Regenwurms fort: Querwände unterteilen das Körperinnere. Nur der Darm, die Blutgefäße sowie ein kräftiger Nervenstrang, das *Bauchmark,* ziehen ganz durch den Körper hindurch.

> Der Regenwurm ist ein Feuchtlufttier und atmet durch die Haut. Er ist in zahlreiche Körperringe gegliedert.

Der Körper des Regenwurms ist in viele Segmente gegliedert.

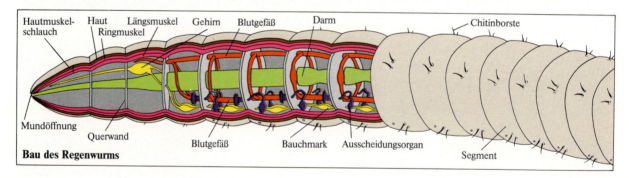

Bau des Regenwurms

Fortpflanzung. Jeder Regenwurm hat sowohl männliche als auch weibliche Geschlechtsorgane. Er ist ein *Zwitter.* Eine Paarung findet trotzdem statt: Regenwürmer begatten sich gegenseitig.
In einem schützenden *Kokon* aus erhärtetem Schleim entwickelt sich aus dem befruchteten Ei ein junger Regenwurm.

> Regenwürmer sind Zwitter.

1 Setze einen Regenwurm in ein Glasgefäß mit feuchter Erde. Betrachte ihn. Erkennst du das Rückenblutgefäß und die Chitinborsten? Benutze eine Lupe! Kannst du Vorder- und Hinterende unterscheiden?
Achtung! Denke daran, daß der Regenwurm ein Lebewesen ist! Stelle das Glasgefäß nicht in helles Licht und laß die Erde nicht austrocknen. Setze den Regenwurm auf lockerer Erde wieder aus.

2 Beobachte, wie der Regenwurm sich eingräbt.

3 Warum fehlen in der Grafik oben Lungen?

Fortbewegung. Der Hautmuskelschlauch enthält zwei Muskelschichten: *Längsmuskeln* durchziehen den Körper der Länge nach. *Ringmuskeln* verlaufen rings um den Körper.

Ziehen sich die Ringmuskeln zusammen, wird der Regenwurm lang und dünn. Weil der Wurm seine Chitinborsten nach hinten stemmt, streckt er sich nur nach vorn. Dann verankert er die Borsten am Vorderende im Boden. Nun ziehen sich die Längsmuskeln zusammen. Der Regenwurm wird kürzer und dicker. Dabei zieht er den hinteren Teil seines Körpers nach.

> Der Regenwurm kriecht, indem sich Ring- und Längsmuskeln abwechselnd zusammenziehen.

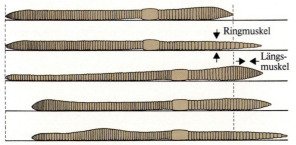

So kriecht der Regenwurm.

Der Bodenverbesserer. Nachts zieht der Regenwurm Blätter und Pflanzenreste in seine Gänge. Sobald sie verfault sind, frißt er sie zusammen mit Erde. Unverdauliches gibt er in Form kleiner Kothäufchen wieder ab. Dadurch wird der Boden aufgelockert und durchmischt. Wurmkot trägt zur Humusbildung bei und erhöht die *Bodenfruchtbarkeit*. Durch die vielen Gänge, die der Regenwurm in die Erde gräbt, kann bei Regen Wasser eindringen, bei Trockenheit Luft. Die Regenwurmgänge erleichtern also die Bewässerung und Durchlüftung des Bodens.

> Regenwürmer sorgen für fruchtbaren Boden: Sie lockern, durchmischen und düngen ihn.

1   Warum kann der Regenwurm auf einer Glasplatte schlecht kriechen?

Regenwürmer in ihrem Lebensraum

1 Wohnröhre
2 Kothäufchen
3 Eikokon
4 Regenwürmer bei der Paarung
5 schlüpfender junger Regenwurm

5 Die Weinbergschnecke

Weinbergschnecke. Sie steht unter Naturschutz.

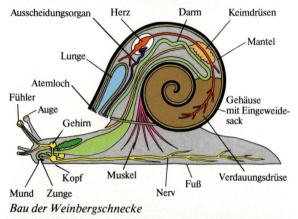

Bau der Weinbergschnecke

Ausscheidungsorgan Herz Darm Keimdrüsen
Mantel
Lunge
Atemloch
Fühler
Auge
Gehäuse mit Eingeweidesack
Gehirn
Kopf Muskel Fuß Verdauungsdrüse
Mund Zunge Nerv

Junge Weinbergschnecken

Die *Weinbergschnecke* ist die größte einheimische *Landschnecke*. Sie lebt nicht nur in Weinbergen, sondern auch in Gärten und Hecken. Nach einem Sommerregen kann man sie oft am Wegrand dahinkriechen sehen.

Körperbau. *Kalkgehäuse, Kopf* und *Fuß* sind bei der Weinbergschnecke leicht zu unterscheiden. Im Kalkgehäuse verborgen ist der *Eingeweidesack.* Er enthält Herz, Lunge, Verdauungsorgane, Ausscheidungsorgane und Geschlechtsorgane. Das Gehäuse ist von einer Haut, dem *Mantel,* ausgekleidet. Der Mantelrand scheidet Kalk ab. So wächst das Gehäuse mit der Schnecke mit. Auf der rechten Seite des Mantelrandes liegt das *Atemloch.*

Der Kopf der Schnecke trägt 2 Paar *Fühler.* An der Spitze der größeren Fühler siehst du dunkle Punkte. Das sind die Augen. Mit dem kurzen Fühlerpaar tastet und riecht die Schnecke. Unten am Kopf liegt der Mund. Mit ihrer *Raspelzunge* weidet die Schnecke Pflanzenteile ab.

Der Kopf geht nach hinten in den Fuß über. Der Fuß enthält viele Muskeln und dient zum Kriechen.

Fortbewegung. Eine Schnecke erreicht eine Geschwindigkeit von 2 bis 5 m in der Stunde. Beim Kriechen hinterläßt sie ein *Schleimband* am Boden. Auf dem Schleimband gleitet sie auch über Unebenheiten dahin. Wellenbewegungen, die über die Fußunterseite laufen, schieben das Tier vorwärts.

Fortpflanzung. Weinbergschnecken sind *Zwitter.* Sie begatten sich gegenseitig. Nach der Paarung legen sie je 30 bis 60 *Eier* in ein selbstgegrabenes Erdloch. Nach einigen Wochen schlüpfen daraus winzige, fast durchsichtige *Jungschnecken.*

Das schützende Gehäuse. Igel, Maulwürfe, Krähen und Ameisen sind Feinde der Weinbergschnecke. Schneller Rückzug ins Gehäuse und Schleimabsonderung retten die Schnecke manchmal. Auch bei Trockenheit zieht sie sich ins Gehäuse zurück. Ihre Haut bietet wenig Schutz vor Austrocknung. Die Weinbergschnecke ist ein *Feuchtlufttier.* Zur Überwinterung gräbt sie sich im Boden ein und verschließt ihr Gehäuse mit einem Kalkdeckel.

> Die Weinbergschnecke hat ein Gehäuse aus Kalk. An ihrem Körper lassen sich Kopf, Fuß, Mantel und Eingeweidesack unterscheiden. Schnecken sind Zwitter.

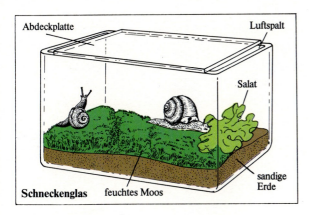

Abdeckplatte · Luftspalt · Salat · Schneckenglas · feuchtes Moos · sandige Erde

Die Rote Wegschnecke

Die *Rote Wegschnecke* gehört zu den *Nacktschnecken*. Sie kommt in Wäldern, auf feuchten Wiesen und an Wegrändern häufig vor. Der kleine Rest ihres Gehäuses ist vom Mantel überwachsen. Von außen sieht man nur den sattelförmigen *Mantelschild* im vorderen Körperdrittel. Im Foto sind auch das runde Atemloch am Rande des Mantelschilds und die Fühler zu erkennen.

Große Vielfraßschnecke

Bernsteinschnecke

natürliche Größe

Gefleckte Diskusschnecke

Schließmundschnecke

Gefleckte Schnirkelschnecke

Steinpicker

Rötlich gelippte Laubschnecke

Weitgenabelte Heideschnecke

Hain-Bänderschnecke

Garten-Bänderschnecke

1 Beobachte eine Schnecke. Gut geeignet ist zum Beispiel die Hain-Bänderschnecke oder die Garten-Bänderschnecke. Setze die Schnecke in ein Schneckenglas. Die Grafik oben zeigt, wie es eingerichtet wird. Beantworte folgende Fragen:
– Wie ist das Schneckenhaus gebaut? Skizziere es.
– Wo liegt das Atemloch? Bewegt es sich?
– Bewegen sich die Fühler, wenn die Schnecke kriecht?
– Was passiert, wenn du vorsichtig einen Fühler antippst?

2 Setze die Schnecke auf eine Glasplatte. Tauche ein Wattestäbchen in Zitronensaft, Essig oder Parfüm und ziehe damit einen nicht zu engen Kreis um die Schnecke. Beobachte und berichte!

3 Stelle die Glasplatte schräg. Betrachte den Fuß der Schnecke von unten durch das Glas. Beschreibe, wie die Schnecke kriecht. Laß sie anschließend am Fundort wieder frei!

4 Um einheimische Schnecken kennenzulernen, kannst du dir eine Schneckensammlung anlegen. Gesammelt werden nur leere Gehäuse. Gib sie zusammen mit einer Notiz über den Fundort in kleine Schachteln oder Röhrchen. Zu Hause werden sie, wenn nötig, mit Wasser und einer alten Zahnbürste gereinigt, mit Hilfe von Büchern bestimmt und in die Sammlung eingeordnet.

251

Biologie und Technik

1 Pilze im Dienst des Menschen

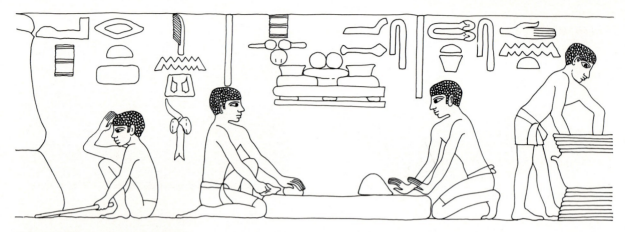

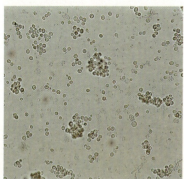

Hefepilze. Vergrößerung 100fach.

Poren im Brot

Lange bevor die Menschen die Existenz von *Mikroorganismen* mit dem Mikroskop nachweisen konnten, waren sie schon auf diese angewiesen. Schon im alten Ägypten war das Backen von Brot mit Sauerteig bekannt. Mikroorganismen verbessern beispielsweise den Geschmack von Nahrungsmitteln und machen sie haltbar. Heute kennt man viele Arten samt ihren Stoffwechselvorgängen recht gut und setzt sie gezielt ein.

Hefepilze

Hefen sind mikroskopisch kleine Pilze. Ihre Zellen sind rundlich bis oval. Sie vermehren sich sehr rasch durch *Sprossung:* Die Hefezellen bilden Auswüchse, die sich zu neuen Zellen abschnüren.

Alkoholische Gärung. Hefepilze ernähren sich von Zucker, den sie in Alkohol und Kohlenstoffdioxid zerlegen. Dabei wird Energie frei. Man nennt diesen Vorgang alkoholische Gärung:

$$\text{Zucker} + \xrightarrow{\text{Hefezellen}} \text{Alkohol} + \text{Kohlenstoffdioxid}$$

Diesen Stoffwechsel der Hefepilze nutzt der Mensch bei der Herstellung verschiedener Lebensmittel.

Brot

Zum Backen von *Brot* wird Mehl mit Wasser, Hefe und geringen Mengen Salz, Zucker und Fett vermengt. Dann muß der Teig bei etwa 25 °C „gehen": Die Hefe baut den Zucker ab. Die Kohlenstoffdioxid-Blasen, die bei dem Gärungsprozeß entstehen, treiben den Teig auf und machen das Brot locker. Der entstehende Alkohol verdampft beim Backen und hinterläßt Poren.

Bis in die Mitte des 19. Jahrhunderts wurde die Hefe, die zum Brotbakken benötigt wurde, entweder als *Sauerteig* oder aus der Bierhefe gewonnen, die beim *Bierbrauen* anfällt. Heute wird Backhefe industriell mit Hilfe von bestimmten Nährböden tonnenweise erzeugt.

> Bei der Herstellung von Brot wird Hefe eingesetzt. Beim Gärungsprozeß entsteht Kohlenstoffdioxid, das den Teig auflockert.

1 Nachweis von Kohlenstoffdioxid

Benötigt werden: Kalkwasser (gesättigte Calciumhydroxidlösung), zwei 50 ml-Bechergläser, Blasebalg, Gummischlauch, Glasröhrchen.

Fülle ein Becherglas zur Hälfte mit Kalkwasser. Atme mehrmals über einen Gummischlauch durch das Kalkwasser aus. Das Kalkwasser wird trüb. Das ausgeatmete Kohlenstoffdioxid bildet mit dem Calciumhydroxid des Kalkwassers Calciumcarbonat, also kohlensauren Kalk:

$$CO_2 + Ca(OH)_2 \rightarrow CaCO_3 + H_2O$$

Das Calciumcarbonat fällt als weißer Niederschlag aus.

Vergleichsversuch

Fülle ein Becherglas mit frischem Kalkwasser. Pumpe mit einem Blasebalg mehrmals Luft durch das Kalkwasser. Vergleiche.

2 Hefe vergärt Zucker

Benötigt werden: Bäckerhefe oder Trockenhefe, Wasser, Zucker, 4 Erlenmeyerkolben mit 50 ml, 4 Stopfen mit Gärröhrchen, Bechergläser, Kühlschrank.

Verrühre ein Päckchen Bäckerhefe in etwa 100 ml Wasser. Löse in einem zweiten Becherglas 15 g Zucker in 100 ml Wasser auf. Setze die Versuche nun so

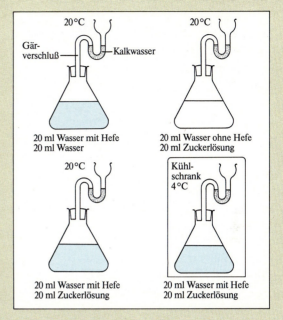

an, wie im Bild oben aufgeführt. Verwende jeweils 20 ml Wasser mit Hefe. Setze auf die Erlenmeyerkolben Stopfen mit Gärröhrchen. Das entstehende Gas Kohlenstoffdioxid kannst du mit Kalkwasser im Gärröhrchen nachweisen.

Betrachte die Versuche nach einer Stunde. Wie erklärst du die unterschiedliche Trübung des Kalkwassers?

3 Bäckerhefe unter dem Mikroskop

Benötigt werden: Mikroskop, Objektträger, Deckgläser, Pipette, Blockschälchen, Becherglas, Zucker, Bäckerhefe.

Verrühre in einem Blockschälchen ein kleines Stück Bäckerhefe mit Wasser. Löse 2 g Zucker in 10 ml Wasser auf. Bringe einen Tropfen der Zuckerlösung auf einen Objektträger. Gib mit der Pipette einen Tropfen der Hefeaufschwemmung dazu und decke es mit einem Deckgläschen ab.

Unter dem Mikroskop erkennst du in den Zellen neben kleinen Zellsafträumen mehrere Fetttröpfchen. Nach etwa einer Stunde kannst du beobachten, wie aus manchen Zellen Ausstülpungen herauswachsen und sich schließlich abtrennen: Sprossung.

Achte darauf, daß dein Präparat nicht eintrocknet. Übernimm die Zeichnung links in dein Heft und ergänze!

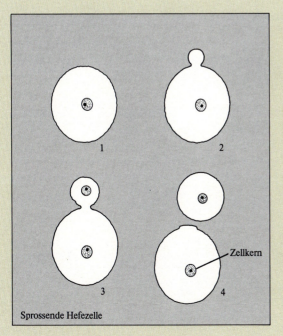

Sprossende Hefezelle

Bierherstellung

Für die Herstellung von Bier sind drei Ausgangsstoffe von wesentlicher Bedeutung:

Hopfen ist ein bitter schmeckender Stoff, der aus den Fruchtzapfen der Hopfenpflanze gewonnen wird. Er gibt dem Bier den schwach bitteren Geschmack und macht es haltbar.

Gerste. Diese Getreideart wurde schon vor 8000 Jahren zur Herstellung von Bier verwendet.

Bierhefe. Mit ihrer Hilfe wird die Bierwürze zu Bier vergoren. Bierhefen sind in Großlabors gezüchtete Kulturstämme der Hefe. Sie kommen in freier Natur nicht vor.

Das Brauen des Biers erfolgt in 3 Schritten:

Mälzen. Eine Woche lang läßt man die Gerstenkörner keimen. Es entsteht Grünmalz, das auf der Darre, einer Trockenvorrichtung, zu *Braumalz* getrocknet wird. Beim Mälzen entstehen Stoffe, die die Stärke der Gerste zu Zucker abbauen.

Herstellung der Bierwürze. Das Braumalz wird zerkleinert und mit warmem Wasser zu *Maische* verrührt. Nun wird diese Malzwürze von den ausgelaugten Körnern getrennt und unter Beigabe von Hopfen zum Sieden gebracht. Nach dem Abkühlen setzt man Bierhefe zu. Es entsteht Bierwürze.

Gärung der Bierwürze zu Bier. Die Bierhefen vergären den Zucker. Alkohol und Kohlenstoffdioxid entstehen. Im Lagerkeller gärt das Bier in Gärbottichen bei Temperaturen nahe dem Gefrierpunkt etwa 6 – 12 Wochen lang weiter. Zum Schluß werden Bier und Hefe getrennt. Man lagert das Bier in Fässern oder Tanks und läßt es reifen. Danach wird es gefiltert und abgefüllt.

Hopfen, Gerste und Bierhefe sind die Ausgangsstoffe für die Bierbrauerei.

Im Braukessel wird die Würze gekocht.

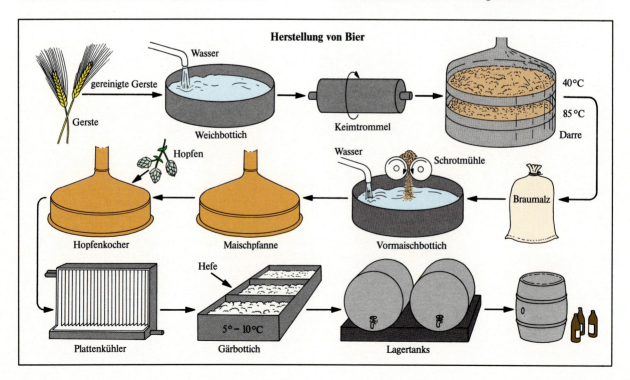

Hefepilze auf Weinbeeren

An der Kelter

Gärung in Holzfässern

Weinherstellung

Die Herstellung von Wein umfaßt weniger Arbeitsgänge.

Weinlese. Von Oktober bis in den November hinein werden die Weintrauben geerntet. Sie enthalten jetzt viel Traubenzucker. Die Oberfläche der Weinbeeren ist von *Hefepilzen* überzogen, die in der Natur vorkommen.

Keltern. Die Weintrauben werden zu *Maische* zerstampft. Anschließend wird der Traubenmost von den Stielen und Beerenhäuten abgepreßt. Dies nennt man *Keltern*.

Gärung. Die mit den Beeren eingebrachten *Weinhefen vergären* den *Traubenzucker* zu *Alkohol* und *Kohlenstoffdioxid*. Meist geschieht dies in Holzfässern oder Stahltanks. Die Temperatur beträgt 7 – 14 °C. Nach Beendigung der Gärung wird der Wein abgefiltert und in Flaschen gefüllt.

Aus den unterschiedlichen Rebsorten, den ganz verschiedenen Wuchsorten und durch verschiedene Lese-, Maisch- und Gärverfahren entstehen die unterschiedlichsten Weine.

> Natürliche Weinhefen vergären den Traubenmost zu Wein.

Schimmelpilze

Brot. Wenn ein grüner, samtiger Rasen das feuchte Brot überzieht, haben sich Schimmelpilze angesiedelt. Ihre Pilzfäden durchziehen das ganze Brot und holen sich Nahrung aus ihm. Nach außen bilden sie pinselförmig verzweigte Träger, die winzige Sporen abschnüren.

Viele Schimmelpilze erzeugen giftige, krebserregende Stoffe. Verschimmeltes Brot darf man deshalb auf keinen Fall essen.

Käse. Anders als beim Brot, sind bei einigen Käsearten bestimmte Schimmelpilze erwünscht. Diese sind jedoch ungiftig und verleihen dem Käse den typischen Geschmack. Camembert, Roquefort oder Gorgonzola sind beispielsweise Käsesorten, denen harmlose Schimmelpilze bei der Reifung zugesetzt werden.

Heilmittel. Aus dem Schimmelpilz Penicillium wird das Antibiotikum Penicillin gewonnen. Es wird als ein sehr bedeutendes Arzneimittel gegen krankheitserregende Bakterien von der pharmazeutischen Industrie in biologischen Labors in großen Mengen hergestellt.

2   Bakterien im Dienst des Menschen

Milchsäurebakterien

Milchsäuregärung. Die frische Trinkmilch ist erst 8 Tage alt. Doch nun ist sie sauer und dickflüssig geworden: *Milchsäurebakterien* haben sich in der Milch vermehrt und den *Milchzucker* in *Milchsäure* umgewandelt. Die Milchsäure läßt das Eiweiß in der Milch gerinnen. Dadurch wird die Milch dick.

Sauermilch und Joghurt. In der Molkerei fördert man die Milchsäuregärung: Man erwärmt die Milch und gibt Milchsäurebakterien dazu. Je nachdem, welche Bakterienart man zusetzt, erhält man aus der Frischmilch *Sauermilch, Joghurt* oder *Kefir*.

Käse. Zum Ausgangsstoff Milch werden zunächst Milchsäurebakterien gegeben. Je nach Käsesorte verwendet man unterschiedliche Bakterienstämme. Der angesäuerten Milch wird *Labferment*, ein Verdauungsstoff aus dem Magen eines Kalbes, zugefügt, das das Milcheiweiß noch stärker gerinnen läßt. Die dickflüssige *Käsemasse* scheidet sich von der dünnflüssigen *Molke* ab, wird ausgepreßt und zum Trocknen in Tücher geschlagen.

Je nach Sorte muß der Käse Tage bis Monate reifen.

> Ein großer Teil der Molkereiprodukte wird aus Milch mit Hilfe von Milchsäurebakterien hergestellt.

Milch und Milchprodukte

Verschiedene Käsesorten

Margarine

Zur Herstellung von Margarine verwendet man vor allem pflanzliche Öle und Fette. Hauptrohstoffe sind Sojaöl, Sonnenblumenkernöl, Palmöl, Rapsöl, Kokosfett, Erdnußöl und Baumwollsaatöl. In geringem Umfang werden auch Walöl, Fischöl und Schweineschmalz verarbeitet.

Dem Öl und Fett setzt man Frischmilch, Aromastoffe, Farbstoffe und Vitamine zu. Diese Zutaten werden in einem Schnellkühler miteinander vermischt, gekühlt und geknetet.

Butter

Butter besteht nur aus Milchfett. Läßt man Vollmilch stehen, sammelt sich das Milchfett als Rahm an der Oberfläche. In der Molkerei wird die Milch zur rascheren Gewinnung des Milchfettes geschleudert oder, wie man auch sagt, zentrifugiert. Der gewonnene Rahm wird unter Abkühlung im Butterfertiger geknetet. Die fertige Butter wird geformt und anschließend verpackt.

Haltbarmachen von pflanzlicher Nahrung

Schon lange bevor es Tiefkühlung und Konservierung in Dosen gab, war es bekannt gewesen, daß Gemüse durch Gärung lange haltbar gemacht werden kann. Auch bei dieser Gärung werden Milchsäurebakterien eingesetzt.

Sauerkraut. Feste Köpfe von Weißkohl werden fein gehobelt. Der gehobelte Kohl wird mit Salz vermengt und in Gärbottichen, die bis zu 80 Tonnen fassen können, fest eingestampft. Ein Deckel auf dem Bottich verhindert, daß Luft zutritt. Das Salz entzieht den Kohlzellen Wasser. In dieser Lake breiten sich die Milchsäurebakterien, die am frischen Kohl saßen, rasch aus. Sie vergären den Zucker der Kohlzellen zu Milchsäure. Nach 4 bis 6 Wochen ist die Milchsäuregärung abgeschlossen. Nicht nur Kohl, sondern auch andere Gemüse, wie Bohnen oder Gurken, können auf diese Weise haltbar gemacht werden.

Silage. In der Landwirtschaft nutzt man die Milchsäuregärung aus, um pflanzliches Futter haltbar zu machen. Dazu werden grüne Blätter, Kartoffel- und Rübenschnitzel, Mais oder Luzerne in große *Silos* eingestampft. Milchsäurebakterien vergären dieses Pflanzenmaterial zu einem hochwertigen *Silagefutter,* das vom Vieh gerne gefressen wird.

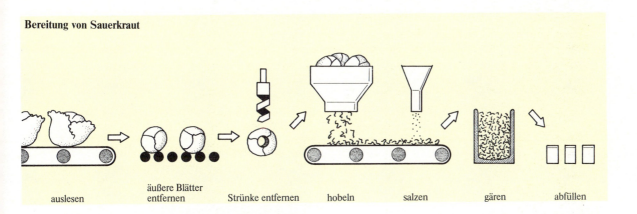

Bereitung von Sauerkraut

auslesen — äußere Blätter entfernen — Strünke entfernen — hobeln — salzen — gären — abfüllen

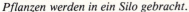

Pflanzen werden in ein Silo gebracht.

1 Bakterien bilden Sauermilch

Benötigt werden: Trinkmilch, frische Buttermilch, Glasgefäß.

Gib zu einem halben Liter Trinkmilch einen Eßlöffel frische Buttermilch. Stelle die Trinkmilch jetzt 24 Stunden an einen warmen Ort; denn Milchsäurebakterien gedeihen bei 20 – 30 °C am besten.

Sauermilch entsteht auch, wenn man gewöhnliche, nicht pasteurisierte Kuhmilch einige Tage stehen läßt.

2 Herstellen von Joghurt

Benötigt werden: Trinkmilch, Joghurt, Glasgefäß, Thermometer.

Koche 1/4 l Trinkmilch auf. Dadurch werden die Bakterien, die sich in der Milch befinden, abgetötet. Setze nach dem Abkühlen auf 40 °C unter Umrühren einen halben Eßlöffel Joghurt zu. Laß alles über Nacht an einem warmen Ort stehen.

Joghurt enthält andere Bakterien als Sauermilch.

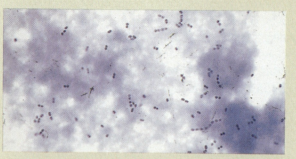

Milchsäurebakterien. Vergrößerung 1000fach.

3 Bestimmung des Säuregrades

Benötigt werden: Lackmuspapier, Frischmilch, Sauermilch.

Prüfe Frischmilch mit blauem Lackmuspapier. Mache zum Vergleich die Probe mit Sauermilch. Wie ist das Ergebnis?

4 Milchsäurebakterien unter dem Mikroskop

Benötigt werden: Mikroskop, Objektträger, Deckglas, Pipette, Waschbenzin, Sauermilch.

Reinige einen Objektträger mit Waschbenzin. Entnimm mit der Pipette etwas Sauermilch und bringe sie auf den Objektträger. Untersuche bei starker Mikroskopvergrößerung. Verfahre ebenso mit Proben von Joghurt und mit der Salzlake des Sauerkrautes aus Versuch 5. Vergleiche.

Das Mikrofoto oben zeigt Milchsäurebakterien. Sie sind angefärbt und etwa 1000fach vergrößert.

5 Aus Weißkohl wird Sauerkraut

Benötigt werden: Glaszylinder, Gummistopfen, 2 Thermometer, Gärröhrchen, Kalkwasser, Weißkohl, Kochsalz, Mikroskop.

Schichte in einem Glaszylinder 2 cm dicke Lagen aus dünnen Weißkohlschnitzeln übereinander. Streue jeweils eine 1 mm dicke Kochsalzschicht dazwischen. Stampfe die Schichten fest. Verschließe den Glaszylinder luftdicht mit einem doppelt durchbohrten Stopfen. Stecke ein Thermometer und ein Gärröhrchen ein. In das Gärröhrchen gibst du Kalkwasser. Untersuche täglich. Vergleiche die Außentemperatur mit der Temperatur im Glas.

Überprüfe nach 2–3 Wochen Geruch und Geschmack des Weißkohls.

Im entstandenen Saft, der Salzlake, kannst du nach einigen Tagen bei starker Mikroskopvergrößerung neben Hefepilzen zahlreiche kugelige Milchsäurebakterien entdecken.

Hast du eine Erklärung dafür, daß Sauerkraut sehr lange haltbar ist?

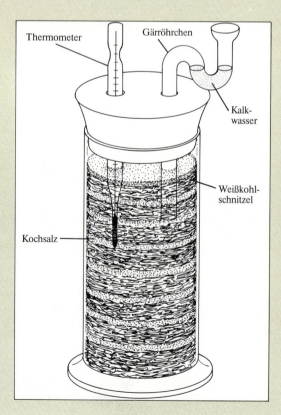

Thermometer

Gärröhrchen

Kalkwasser

Weißkohlschnitzel

Kochsalz

3 Kläranlage

Kläranlagen helfen, unsere Gewässer sauberzuhalten. In ihnen wird das Abwasser gereinigt, bevor es in die Flüsse gelangt. Auch hier sind Mikroorganismen wirksam.

Das Abwasserkanalsystem führt das *Abwasser* der Haushalte und Industriebetriebe unterirdisch zur Kläranlage. Dort wird es in mehreren *Reinigungsstufen* behandelt:

Mechanische Reinigungsstufe. *Metallrechen* entfernen grobe Schmutzstoffe. In *Sandfang* und *Vorklärbecken* sinken Sand und kleine unlösliche Bestandteile zu Boden. Das mechanisch vorgeklärte Abwasser enthält noch alle gelösten Schmutzstoffe.

Biologische Reinigungsstufe. Die organischen Stoffe werden von *Bakterien, Einzellern* und *Pilzen* zu einfachen Verbindungen abgebaut. Hier finden auf kleinem Raum die Vorgänge statt, mit denen sich unsere Gewässer selbst reinigen, nur laufen sie schneller und auch wirkungsvoller ab. Für die *Abbauvorgänge* benötigen die Kleinstlebewesen Sauerstoff. Im *Klärbecken* wird daher oft Luft ins Abwasser gepumpt. Im anschließenden *Nachklärbecken* sinken restliche Schmutzteilchen zusammen mit Kleinstlebewesen als Schlammflocken ab.

Bei den meisten Kläranlagen fließt das so geklärte Abwasser in einen nahe gelegenen Fluß. Moderne Kläranlagen haben noch eine zusätzliche Reinigungsstufe:

Kläranlage

Chemische Reinigungsstufe. Hier werden dem Abwasser gelöste Mineralstoffe entzogen, nicht zuletzt, um eine *Überdüngung* von Flüssen und Seen durch Phosphate zu verhindern.

Faulturm. Der Schlamm aus den Klärbecken und Nachklärbecken wird im Faulturm von Bakterien weiter zersetzt. Dabei entstehen schließlich als Endprodukte Mineralstoffe, das brennbare Gas *Methan* und Wärme. Wenn der *Klärschlamm* Giftstoffe enthält, die von den Mikroorganismen nicht abgebaut werden können, muß man ihn auf *Mülldeponien* ablagern.

> In der Kläranlage bauen Kleinstlebewesen, wie zum Beispiel Bakterien, Einzeller und Pilze, organische Schmutzstoffe schließlich zu Mineralstoffen ab.

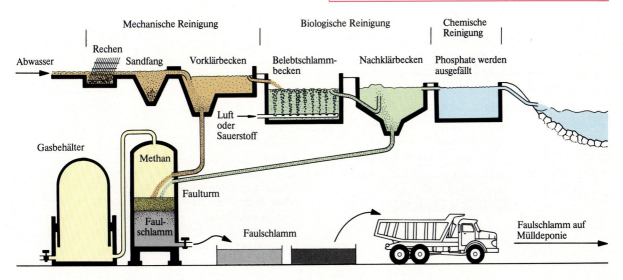

4 Von der Landwirtschaft zur Mikrobenwirtschaft?

Modell des rechts abgebildeten Bioreaktors

Bioreaktor bei Frankfurt

Innerhalb der nächsten 25 Jahre wird sich die Erdbevölkerung vermutlich um mehr als die Hälfte vermehren. Um so viele Menschen ernähren zu können, müßte die Landwirtschaft Jahr für Jahr neue Rekordernten erzielen. Da Mikroorganismen einen hohen Eiweißanteil haben und sehr schnell wachsen, versucht man, Bakterien, Algen und Pilze direkt als Nahrungsmittellieferanten zu züchten. In England gibt es bereits eine „Rindspastete" zu kaufen, die kein Rindfleisch enthält. Ihre Füllung wird durch Zucht von Pilzfäden in einem *Bioreaktor* gewonnen. Sie schmeckt nach Rindfleisch, hat eine gute Qualität und wurde von den Pilzen aus Zuckerabfällen aufgebaut.

Die Bilder oben zeigen den zur Zeit größten Bioreaktor der Welt. Jährlich werden hier 50 000 t *Eiweißprodukte* aus Mikroorganismen gewonnen. Die Bakterien vermehren sich im Bioreaktor in einem Gemisch aus verschiedenen organischen Stoffen. Zur Deckung ihres Sauerstoffbedarfs wird Luft eingeblasen. Aus der abgepumpten Bakterienmasse gewinnt man hochwertiges Eiweiß.

Mikroorganismen kann man auf landwirtschaftlichem Abfall, ja sogar auf Erdöl züchten. Das so gewonnene Eiweiß wird heute schon als Tierfutter eingesetzt. Es ist sehr wahrscheinlich, daß aus Mikroorganismen gewonnenes Eiweiß in Zukunft auch für den Menschen als Nahrungsmittel bedeutsam wird.

Biotechnologie ist die planmäßige Nutzung von Mikroorganismen wie Bakterien, Algen und Pilzen. Altbekannte Verfahren sind Bier- und Weinherstellung sowie die Lebensmittelkonservierung. Heute wird die Biotechnologie bei der Herstellung von *Antibiotika, Hormonen* und *Chemieerzeugnissen* immer wichtiger. So stellt beispielsweise der Schwarze Gießkannenschimmel aus Zuckerrüben *Zitronensäure* her. Schon heute werden jährlich 100 000 t Zitronensäure für Erfrischungsgetränke biotechnisch hergestellt.

Anwendungsgebiete der Biotechnologie:	
Anwendungsbereich	Leistungen bzw. Erzeugnisse
Lebensmittelerzeugung	Sauermilch, Joghurt, Bier, Wein, Essig, Eiweißerzeugung aus Abfällen, Lebensmittelkonservierung, Aromastoffe, Geliermittel
Medizin und Arzneimittelherstellung	Antibiotika, Hormone, Vitamine
Landwirtschaft	Bodenverbesserung, Kompostierung, Futtermittel, Tier- und Pflanzenzucht
Energiegewinnung	Biogas aus Fäkalien oder Klärschlamm
Chemische Industrie	Zitronensäure, Milchsäure, Alkohol

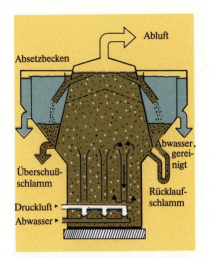

Abwasserreinigung. In solchen „Bakterienhochhäusern" wird Luft von unten eingeblasen. Große Chemiefirmen reinigen damit das mit organischen Stoffen belastete Abwasser.

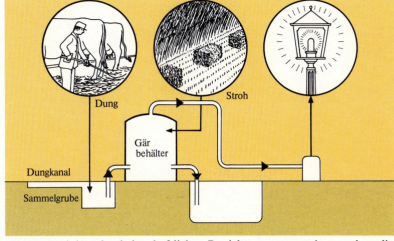

Biogas. In einigen landwirtschaftlichen Betrieben nutzt man heute schon die Bildung von Biogas aus Tierkot und Stroh durch Bakterien.

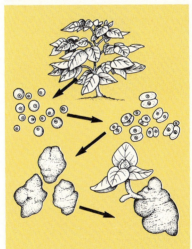

Züchtungstechnik. Durch neue Verfahren ist es gelungen, Pflanzen mit identischem Erbgut hervorzubringen. Aus einer einzigen Blattzelle kann man heute eine ganze Pflanze heranziehen.

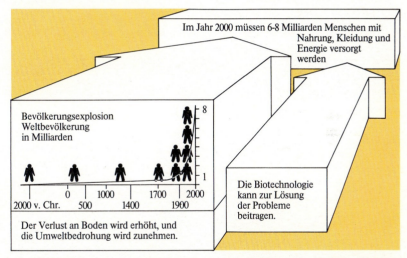

Zukunft. Die Probleme der Zukunft sind abzusehen: Die Weltbevölkerung nimmt schneller zu als vorausberechnet. Die Umweltbedrohung wird zunehmen. Durch die Ausbreitung der Wüsten und die Erosion der Böden wird immer weniger fruchtbarer Ackerboden zur Verfügung stehen. Die Fortschritte der Biotechnologie können zur Lösung dieser Probleme beitragen.

Wichtige Entwicklungen in der Biotechnologie

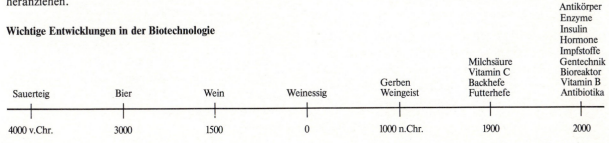

261

Das Meer

An der Nordsee

Die Erde ist der einzige Planet in unserem Sonnensystem, auf dem es Meere gibt.

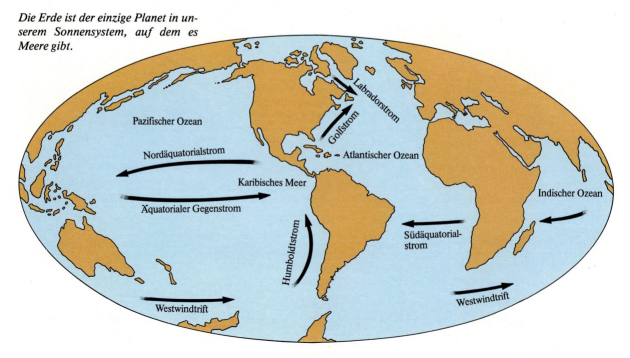

1 Eigenschaften des Wassers

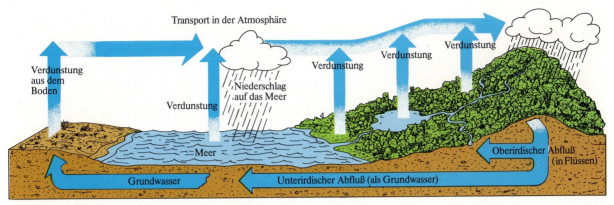

Transport in der Atmosphäre

Verdunstung aus dem Boden

Verdunstung

Niederschlag auf das Meer

Verdunstung

Verdunstung

Verdunstung

Meer

Oberirdischer Abfluß (in Flüssen)

Grundwasser

Unterirdischer Abfluß (als Grundwasser)

Kreislauf des Wassers

Wasser ist die wichtigste Voraussetzung für das Leben auf der Erde. Denn alle Formen des Lebens benötigen ständig Wasser.

Kreislauf des Wassers. Wasser kommt als Süßwasser in Flüssen und Seen auf den Kontinenten sowie als Salzwasser in den Ozeanen vor. Durch die Sonnenwärme verdunstet Wasser und gelangt in die Atmosphäre. Dort kühlt sich der Wasserdampf ab. Er verdichtet sich zu Wolken und gelangt als Regen, Hagel oder Schnee auf die Erdoberfläche zurück. Man spricht vom *Kreislauf des Wassers.*

Temperaturausgleich. Für den *Wärmehaushalt der Erde* hat das Wasser große Bedeutung. Wasser erwärmt sich langsam, speichert die Wärme und gibt sie langsam wieder ab. Das Land dagegen erwärmt sich rasch, kühlt sich aber ebenso schnell wieder ab. Gäbe es nur Land, dann wäre die Erde am Tage unerträglich heiß und in der Nacht eisig kalt. Die Temperaturschwankungen sind über dem Meer wesentlich geringer als auf dem Land. Außerdem gibt es *Strömungen* in den Ozeanen, die kaltes (Humboldtstrom) oder warmes Wasser (Golfstrom) in entfernte Gebiete transportieren. Die großen Ozeane sorgen also für einen Temperaturausgleich.

Zusammensetzung des Meerwassers. Meerwasser enthält eine Reihe *gelöster Stoffe.* Natrium und Chlorid, die Bestandteile des Kochsalzes, sind am häufigsten. Natriumchlorid verleiht dem Meerwasser den salzigen Geschmack. Aber auch Magnesium, Schwefel, Kalzium und Kalium kommen in Form von gelösten Salzen häufig vor.

Der Mittelwert des Salzgehaltes liegt für Meerwasser bei 3,5 %: In 1 l Wasser sind im Durchschnitt also 35 g Salz gelöst. Im Toten Meer liegt der Salzgehalt bei 22 bis 25 %.

Temperatur und Salzgehalt bestimmen die *Dichte* des Meerwassers. Je kälter und salzhaltiger das Wasser ist, um so dichter ist es.

Auf den Kanarischen Inseln wird aus dem Meerwasser Kochsalz gewonnen. Pro Jahr etwa 45 000 t.

Konzentration der häufigsten Elemente im Meerwasser (Durchschnittliche Konzentration g/l Wasser)

Element	Konzentration
Chlor (Cl)	19,500
Natrium (Na)	10,770
Magnesium (Mg)	1,290
Schwefel (S)	0,905
Kalzium (Ca)	0,412
Kalium (K)	0,380
Brom (Br)	0,067
Kohlenstoff (C)	0,028
Stickstoff (N)	0,011
Iod (I)	0,00006

Das uns weiß erscheinende Sonnenlicht besteht aus Lichtwellen verschiedener Wellenlänge.

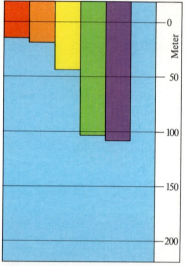

Die verschiedenen Lichtwellen des Sonnenlichts dringen unterschiedlich tief in das klare Meerwasser ein.

1 Hast du eine Erklärung für die Behauptung, daß alles Leben im Meer auf dem pflanzlichen Plankton beruht?

Die Rolle des Lichts. Sonnenlicht besteht aus verschiedenen Wellenlängen. Die längsten *Lichtwellen,* die wir wahrnehmen können, sehen wir als Rot. Darauf folgen Orange, Gelb, Grün und Blau. Violett ist das kurzwelligste Licht, das wir sehen können. Alle Farben zusammen ergeben für uns Weiß - so sehen wir das Sonnenlicht normalerweise. Im Regenbogen werden die verschiedenen Anteile des *Lichtspektrums* getrennt sichtbar. Auch ein Prisma zerlegt das weiße Licht in seine Bestandteile.

Das Sonnenlicht dringt 20 bis 100 m tief in klares Wasser ein. Allerdings gilt dies nur für einen Teil des Spektrums. Der rote, langwellige Teil wird bereits in wenigen Metern Tiefe vollständig *absorbiert.* Weiter dringen die mittleren Wellenlängen vor, also Orange, Gelb und Grün. Am weitesten in die Tiefe gelangt der blaue Anteil des Lichts. Die lichtverändernden Eigenschaften des Meerwassers sind für die Lebewesen von großer Bedeutung: Alles Leben in den Meeren beruht nämlich auf winzigen treibenden Pflanzen, dem pflanzlichen *Plankton.* Dieses findet sich in den oberen Schichten des Wassers. Nur dort können diese Pflanzen Photosynthese betreiben, weil sie dazu auf den blauen sowie den roten Anteil des Lichts angewiesen sind.

> Für die Lebewesen im Meer spielt das Licht eine entscheidende Rolle.

Das pflanzliche Plankton (Phytoplankton) und das tierische Plankton (Zooplankton) bestehen aus winzigen Lebewesen. Beim Phytoplankton sind Kieselalgen am häufigsten, beim Zooplankton sind es kleine Krebse und Larven von Meerestieren.

Phytoplankton

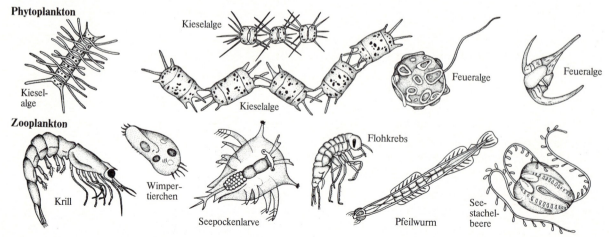

Zooplankton

2 Ebbe und Flut

Warum liegen an der Nordseeküste zweimal am Tag Teile des Küstenstreifens trocken, warum werden sie zweimal am Tag vom Meer überspült? Das regelmäßige Anheben und Abfallen des Meeresspiegels hat zwei Ursachen:
- Anziehungskräfte von Sonne und Mond.
- Fliehkraft, die durch die Erddrehung entsteht.

Das Zusammenwirken dieser Kräfte verursacht in den Ozeanen der Erde zwei „Flutberge". Einer bildet sich auf der Seite der Erde, die dem Mond zugewandt ist. Der andere entsteht auf der Seite, die dem Mond abgewandt ist. Dort, wo das Wasser abgezogen wird, entstehen „Ebbetäler". Vereinfacht dargestellt dreht sich die Erde jeden Tag einmal unter den beiden Flutbergen und Ebbetälern. Das Ansteigen des Wasserspiegels vom Niedrigwasser zum Hochwasser wird als *Flut,* das Abfallen als *Ebbe* bezeichnet. Ebbe und Flut machen zusammen die Tide oder die *Gezeiten* aus. Der Höhenunterschied zwischen Hoch- und Niedrigwasser wird als *Tidenhub* bezeichnet. Er beträgt an der nordfriesischen Küste auf der Insel Sylt beispielsweise 1,70 m und bei Husum 3,50 m.

Hoch- und Niedrigwasser wechseln sich alle 6 Stunden und 12 1/2 Minuten ab. Von Hochwasser zu Hochwasser vergehen also 12 Stunden und 25 Minuten. Die Gezeiten treffen folglich jeden Tag um 50 Minuten später als am Vortag ein.

Die Menschen, die an der Küste leben, richten sich nach den Gezeiten: Fähr- und Küstenschiffer, Fischer und Badegäste achten vor allem auf die Flutzeiten. Für Arbeiter an Küstenschutzwerken und Wattwanderer sind dagegen die Ebbezeiten wichtiger.

Das Nichtbeachten der Gezeiten kann lebensgefährlich sein: Bei kommender Flut droht Wattwanderern der Tod durch Ertrinken, die einsetzende Ebbe kann sie hinaus ins offene Meer treiben.

> Ebbe und Flut bezeichnet man als Gezeiten. Den Höhenunterschied zwischen Ebbe und Flut nennt man Tidenhub.

1 In welchem Abstand wechseln Hoch- und Niedrigwasser?

2 Kommt die Flut stets zur gleichen Tageszeit?

Fischkutter bei Ebbe an der Wattküste

Fischkutter bei Flut an der Wattküste

Gezeiten
Wittdun-Hafen, Insel Amrum, Mai 1987

Tag	HW I	HW II	NW I	NW II
1.	4.12	16.23	10.45	23.02
2.	4.46	16.55	11.14	23.35
3.	5.20	17.29	11.44	–
4.	5.56	18.06	12.17	0.10
5.	6.38	18.49	12.56	0.48
6.	7.29	19.46	13.48	1.34
7.	8.36	20.59	14.59	2.38
8.	9.54	22.18	16.23	3.57
9.	11.09	23.28	17.40	5.16
10.	12.09	–	18.39	6.20

3   Das Watt

Watt bei Ebbe

Den Küstenstreifen, der bei Niedrigwasser trocken liegt, nennt man *Gezeitenzone* oder *Watt*. Bei Hochwasser ist dieser Bereich vom Wattenmeer überflutet. Je flacher eine Küste ist, um so breiter ist das Watt. An der deutschen Nordseeküste, die besonders flach ist, liegt der Meeresboden bei Niedrigwasser in einer Breite von 5 bis 15 km trocken. An einigen Stellen sind es sogar 30 km. Das Watt der deutschen Nordseeküste besteht aus *Sand* und *Schlick*. Schlick ist ein Gemisch aus Tonteilchen, totem Plankton, Resten größerer Tiere und Pflanzen. Je nachdem, welche Anteile Sand und Schlick haben, unterscheidet man Schlickwatt, Mischwatt und Sandwatt.

Bei Niedrigwasser sieht man im Watt Wasserläufe und Wasserrinnen. In diesen *Prielen* läuft bei Ebbe das Wasser ab, bei Flut läuft in ihnen das Wasser auf. Dann können in den Prielen Strömungsgeschwindigkeiten von 50 bis 150 cm pro Sekunde erreicht werden. Das biologisch gesunde Watt ist voller Leben, da es ein besonders großes Angebot an Nahrung bereitstellt: Mit der Flut wird *Meeresplankton* herangespült und auf dem Watt abgelagert. Das sind Milliarden und Abermilliarden von Kleinstlebewesen. Sie sind die Nahrung für Muscheln, Würmer, Schnecken und Krebse, die auf und im Wattboden leben. Von ihnen ernähren sich wiederum Vögel. In der kalten Jahreszeit überwintern sie zu Hunderten im Watt.

> Das Watt ist Lebensraum für Milliarden von Lebewesen.

Vögel im Watt

1 Küstenseeschwalbe
2 Knutt
3 Austernfischer
4 Kompaßqualle

5 Gemeine Strandschnecke
6 Pierwurm
7 Sandklaffmuscheln
8 Nordseegarnele

9 Strandkrabbe
10 Herzmuschel
11 Seepocken
12 Miesmuschel

Pfeffermuschel

Schale des Herzigels

Herzmuscheln

Blumenkohlqualle

Kompaßqualle

Eiballen der Wellhornschnecke

Schlangenstern

Rochen-eikapsel

Plattmuscheln

Sepiaschulp

Bunte Kammuschel

Seepocken auf Miesmuschel

Mit jeder Flut werden Holz, Stroh, aber vor allem tote Meerestiere und Algen an Land gespült. Man findet sie dann vor allem im Spülsaum oder auch in der Treibselkante, die durch hohe Fluten verursacht wird. Ein Gang entlang dem Spülsaum oder der Treibselkante ist ein besonderes Erlebnis für jeden Besucher der Nordsee.

1 Wenn du Funde aus dem Spülsaum oder der Treibselkante hast, kannst du einige den oben abgebildeten Funden zuordnen?

Spülsaum

Funde im Spülsaum

5 Der Pierwurm

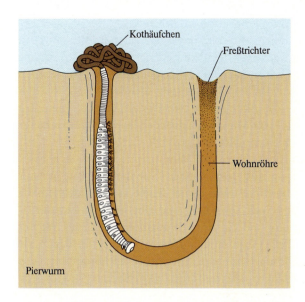

Vorkommen. Dort, wo das Mischwatt in das Schlickwatt übergeht, ist der Lebensraum des *Pierwurms*. Er wird auch *Wattwurm* genannt. Der 15 bis 25 cm lange Wurm lebt in einer U-förmigen Röhre, die er bis zu 20 cm tief in den Boden gegraben hat.

Lebensweise. Auf der einen Seite der U-Röhre frißt der Pierwurm von unten her Sand und Schlick, in dem sich viele Kleinstlebewesen befinden. An der Bodenoberfläche kann man den *Freßtrichter* erkennen. Die Kleinstlebewesen werden

von dem Wurm verdaut. Der Sand wird zusammen mit dem Kot auf der anderen Seite der U-Röhre ausgeschieden. Hier liegen auf dem Wattboden kleine Kot-Sandhäufchen. Bis zu 25 kg Wattboden „wandern" in einem Jahr durch einen Pierwurm.

Der Wurm führt ständig „Pumpbewegungen" aus. Dadurch wird frisches, sauerstoffreiches Wasser am Körper entlanggeführt. Mit Hilfe von 13 Paaren roter Kiemenbüschel, die an seinem Körper sitzen, nimmt er den Sauerstoff aus dem Wasser.

> Der Pierwurm bezieht seine Nahrung aus dem Sand und dem Schlick des Watts.

Beobachtung von Pierwürmern
Benötigt werden: 2 Glasscheiben, 3 Aktenklammern, 1 Schlauchstück, Sand, Meerwasser, Pierwurm.
Das Schlauchstück wird U-förmig zwischen die Scheiben gespannt. Diese werden von den Aktenklammern zusammengehalten. Fülle Sand ein und anschließend Meerwasser auf. Lege nun einen vorsichtig ausgegrabenen Pierwurm auf den Sand.
Wie lange braucht er zum Eingraben? Wie verhält er sich?

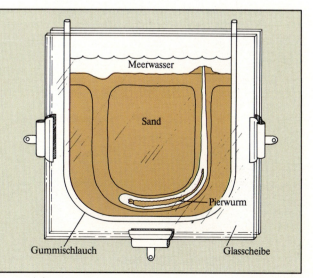

6 Die Miesmuschel

Vorkommen. Wo im Wattenmeer das Wasser besonders nahrungsreich ist, kommt die *Miesmuschel* vor. Mit zähen Fäden, die sie selbst erzeugt, heftet sie sich auf festerem Untergrund wie Steinen oder an den Schalen toter Muscheln fest. So kann es zur Bildung von *Muschelbänken* kommen. Bis zu 1000 Miesmuscheln können pro Quadratmeter zusammenleben.

Lebensweise. Die Miesmuschel *filtert* ihre Nahrung aus dem Wasser. Sobald sie vom Wasser überflutet wird, öffnet sie die beiden Schalenhälften einen Spalt breit und gibt so die Einströmöffnung und die Ausströmöffnung frei. Das Wasser fließt innen an den Kiemen vorbei, mit denen die Muschel nun den Sauerstoff aufnimmt und das Plankton herausfiltert. Die Nahrung wird zum Magen transportiert. Das gefilterte Wasser wird durch die Ausströmöffnung wieder nach außen abgegeben. Bei Ebbe bleiben die Muschelschalen geschlossen.

> Die Miesmuschel filtert die Nahrung aus dem Wasser.

Muschelbank

1 Wie überleben Miesmuscheln die Ebbe? Lies dazu auch die folgende Seite.

Miesmuschel, die sich mit Haftfäden verankert.

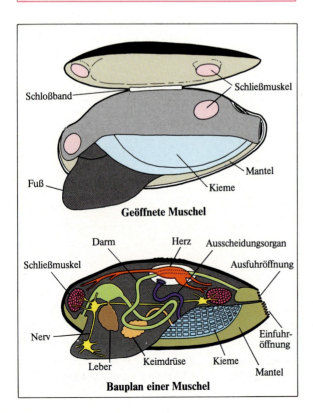

Geöffnete Muschel
- Schloßband
- Schließmuskel
- Fuß
- Mantel
- Kieme

Bauplan einer Muschel
- Schließmuskel
- Darm
- Herz
- Ausscheidungsorgan
- Ausfuhröffnung
- Nerv
- Leber
- Keimdrüse
- Kieme
- Einfuhröffnung
- Mantel

Pfahl im Watt

Seepocken mit Rankenfüßen

Strandschnecken weiden Algen ab.

Geöffnete Miesmuscheln

Als man den Pfahl ins Watt trieb, war er ein glatter Holzstamm, so wie die vielen anderen Pfähle neben ihm. Sie sollten den Wellenschlag bremsen und die *Anlandung von Schlick* fördern.

Wenige Jahre später ist der Pfahl von Kolonien von *Seepocken* besiedelt. *Strandschnecken* sitzen zwischen ihnen, und auf dem Boden liegen Klumpen blauer *Miesmuscheln.* Mit ihren Haftfäden haben sie sich fest aneinandergesponnen.

Alle zwölf Stunden und 25 Minu-ten, wenn die Flut ihren Höchststand erreicht hat, überspült sie den Pfahl und die darauf lebenden Tiere. Sie alle atmen mit Kiemen und können deshalb nur im Wasser Sauerstoff aufnehmen. Auch ihre Nahrung finden sie nur im Meer.

Während der Flut öffnen die Seepocken die Deckelklappen ihrer spitzkegeligen Gehäuse. Dann breiten sie 6 Paar zarte Rankenfüße aus. Mit ruckartigen Bewegungen werden sie zum Munde gebogen. Dabei nehmen die Seepocken kleinste Planktonlebewe-sen als Nahrung auf. Seepocken gehören zu den Krebstieren.

Die Strandschnecken kommen bei Flut aus ihren Gehäusen und weiden kleine Algen auf Steinen und Tangen ab. Auch die Miesmuscheln öffnen ihre Schalen. Wenn die Flut zurückgeht und das Wasser abläuft, schließen die Seepocken und Muscheln ihre Schalen, aber alle behalten einen kleinen Vorrat an Wasser zurück. Bei Ebbe müssen die Tiere im Watt ohne frisches Meerwasser auskommen.

271

8 Die Scholle

Die Scholle ist einer der wichtigsten Speisefische der Küstenfischerei. Sie zählt wie Seezunge und Flunder zu den *Plattfischen*.

Lebensweise. Ausgewachsene Schollen leben meist am Meeresboden. Mit dem auflaufenden Wasser wandern sie bis zu den Schlickflächen der Gezeitenzone. Man kann sie dann zur Ebbezeit in den Prielen entdecken. Dort haben sie sich im Sand so weit eingegraben, daß nur noch die knopfartigen Augen herausschauen.

Entwicklung. Aus den befruchteten Eiern schlüpfen kleine, durchsichtige Fischlarven. Erst einige Wochen später wandeln sie sich langsam zu Plattfischen um: Das linke Auge wandert auf die rechte Körperseite, der Mund verzieht sich schief. Gleichzeitig wird langsam aus der linken Seite eine weiße Körperunterseite, aus der rechten Körperseite die Oberseite. Diese ist gepunktet und kann sich farblich dem wechselnden Untergrund anpassen.

Entwicklung einer Scholle

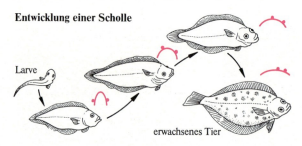

Larve

erwachsenes Tier

> Erst im Verlauf ihrer Entwicklung wird die Scholle zum Plattfisch.

Gut getarnte Scholle

9 Die Strandkrabbe

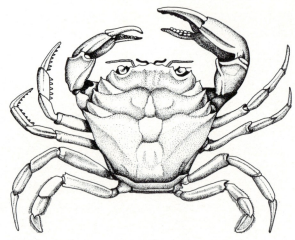

In der Dämmerung und nachts kommen die Strandkrabben aus ihren Verstecken hervor und gehen auf Nahrungssuche. Die meisten von ihnen haben sich bei Niedrigwasser in den Prielen, Wasserrinnen oder Tümpeln mit Meerwasserresten aufgehalten.

Strandkrabben sind *Krebse*. Sie haben kräftige Greifscheren, mit denen sie ihre Beute festhalten. Gegen ihre Freßfeinde schützt sie ein fester *Panzer*. Diesen muß der Krebs mehrmals neu bilden, da er nicht mitwächst. Der alte Panzer platzt, die Krabbe schlüpft heraus. Darunter hat sich ein neuer Panzer gebildet, der zunächst noch 48 Stunden lang weich und dehnbar ist.

> Bei Ebbe zieht sich die Strandkrabbe in die Priele zurück.

Strandkrabbe mit Seepocken auf dem Panzer

10 Die Nordseegarnele

Lebensweise. Die 5 bis 7 cm langen „Krabben", wie die Nordseegarnelen fälschlicherweise genannt werden, bevölkern während der Sommermonate das Wattenmeer. Es sind kleine zehnfüßige *Krebschen* mit einem durchscheinenden, seitlich abgeflachten Körper. Mit Ebbe und Flut werden die Garnelen hin- und hergeflutet. Viele bleiben allerdings während der Ebbe in den Prielen. Tagsüber graben sich die Garnelen in den Sand ein, nachts suchen sie Nahrung. Im Winter ziehen sich die Garnelen ins tiefere Wasser zurück. Ab April treten sie wieder im Wattenmeer auf.

Fortpflanzung. Garnelenweibchen sind mit 1 bis 2 Jahren *geschlechtsreif*. Ein Weibchen erzeugt in seinem etwa dreijährigen Leben bis zu 35 000 Eier. Die befruchteten Eier werden vom Weibchen etwa drei Monate lang unter dem Hinterleib getragen. Dann schlüpfen aus ihnen 2 mm große Larven, die sich im Wasser treiben lassen. Wenn die Larven 5 Wochen alt sind und sich fünfmal gehäutet haben, gehen sie zum Leben am Boden über.

> Nordseegarnelen sind kleine Krebse, die nachts auf Nahrungssuche gehen.

Nordseegarnelen sind gekocht, als „Krabben", eine geschätzte Delikatesse.

Krabbenfischer. Der Beifang wird zurück ins Meer gegeben.

Mit dem Ebbestrom fahren die Kutter der Krabbenfischer hinaus zu den Fanggebieten. Seitlich werden am Kutter zwei große, feinmaschige Netze am Fanggeschirr herabgelassen. Die Fischer fahren die Priele auf und ab. Dabei werden die Netze über den Wattboden gezogen. Nach einer halben Stunde werden die Netze hochgezogen. Beim Öffnen des Netzes fallen die erbeuteten Tiere, Garnelen, Schollen, Seezungen, Aale, Krebse und Muscheln, auf das Deck. Mit einem Schüttelsieb werden die Garnelen, die groß genug sind, ausgesiebt. Der *Beifang* wird zurück ins Meer gegeben.

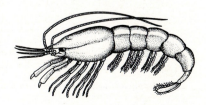

273

11 Die Ohrenqualle

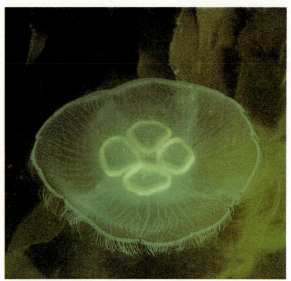

Ohrenqualle

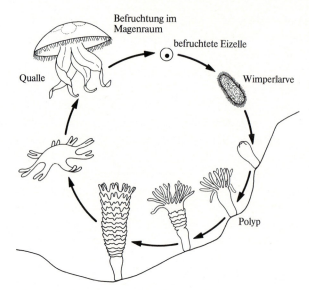

Generationswechsel bei der Ohrenqualle

Eine Ohrenqualle ist von den Wellen an den Strand gespült worden. In der Sonne bleibt bald nur noch ein dünnes Häutchen übrig. Quallen bestehen zu 98 % aus Wasser.

Körperbau. Die Ohrenqualle hat eine schirmförmige Gestalt. Beim Schwimmen ziehen sich im Schirmrand Muskeln so zusammen, daß Wasser aus dem Schirm gepreßt wird. Der entstehende Rückstoß treibt das Tier voran.

Vom Schirmrand hängen 8 Lappenpaare nach unten. Auch die Mundöffnung ist von fransenartigen Lappen umgeben. An den Lappen sitzen Fangfäden, die mit unzähligen *Nesselzellen* besetzt sind. Diese enthalten *Nesselgift* und dienen zum Fang von tierischem Plankton. Die Nesseln der Ohrenqualle sind für den Menschen harmlos. Es gibt jedoch Quallen, deren Nesseln zu starken Verbrennungen der Haut führen.

Fortpflanzung. Aus einer befruchteten Eizelle der Qualle entwickelt sich eine *Wimperlarve,* die sich irgendwo festsetzt. Sie wächst zu einem *Polypen* heran. Der Polyp schnürt sich mehrfach ein und bildet auf diese Weise *Quallen.* Man nennt sie auch *Medusen.* Die Quallen lösen sich einzeln ab und schwimmen davon. Die beiden Generationen, Polyp und Meduse, folgen regelmäßig aufeinander. Man spricht von einem *Generationswechsel.*

> Die Ohrenqualle hat einen Generationswechsel.

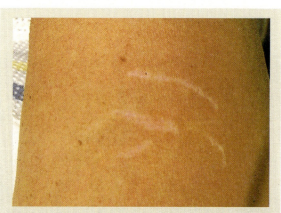

Narben, die von einer Verbrennung durch eine Qualle herrühren.

Verletzung durch Quallen

Das gehäufte Auftreten von Quallen an Badeständen ist von Jahreszeit, Meeresströmung und Windrichtung abhängig. Während bei manchen Arten, wie den Lungen- und Ohrenquallen, die Nesselkapseln kaum in Erscheinung treten, besitzen andere einen sehr wirksamen Nesselapparat.

Bei badenden Menschen können die an Fangfäden und Schirm befindlichen Nesselzellen schwere Verbrennungen hervorrufen. Durch Berührung mit Nesselfäden entstandene Verletzungen sind häufig tief und führen zu ausgeprägter Narbenbildung.

In einigen Mittelmeerländern, zum Beispiel Jugoslawien, sind in Apotheken spezielle Hautsalben erhältlich, die schmerzlindernd und entzündungshemmend wirken. Sie bringen Quallenverletzungen schnell zum Abheilen.

12 Der Rote Seestern

Roter Seestern

Seeigel mit Füßchen

Körperbau. In der Nordsee ist der Rote Seestern häufig. Sein Durchmesser kann bis zu 30 cm betragen. Er läuft auf etwa 200 kleinen *Füßchen,* von denen jedes in einer winzigen Saugscheibe endet. Im Inneren des Seesterns befindet sich ein weitverzweigtes Wassergefäßsystem. Über einen Kanal wird es mit Meerwasser gefüllt. Dieses System arbeitet wie ein Pumpwerk: Durch Muskeln kann Wasser in die Füßchen hineingepreßt oder aus ihnen abgesaugt werden. Die Füßchen strecken oder verkürzen sich dann.

Lebensweise. Der Rote Seestern lebt *räuberisch.* Mit seinen Saugfüßchen heftet er sich an den Schalen einer Muschel fest und versucht, sie auseinanderzuziehen. Gut eine Stunde lang kann die Muschel widerstehen, dann gibt ihr Schließmuskel nach. Nun stülpt der Seestern seinen Magen über die Muschel und entleert Verdauungssäfte. Bei dieser *Außenverdauung* wird der Weichkörper der Muschel in ihrer eigenen Schale verdaut und dann vom Seestern aufgesaugt.

Stachelhäuter. Seesterne zählen mit den Seeigeln und Seegurken zum Stamm der *Stachelhäuter.* Dieser Tierstamm wird so genannt, weil die Tiere auf ihrer Körperoberfläche Stacheln tragen. Bei Seestern und Seeigel werden die Eier und Spermazellen ins Wasser abgegeben. Dort erfolgt auch die Befruchtung. Die Larven leben zunächst wie Planktonlebewesen.

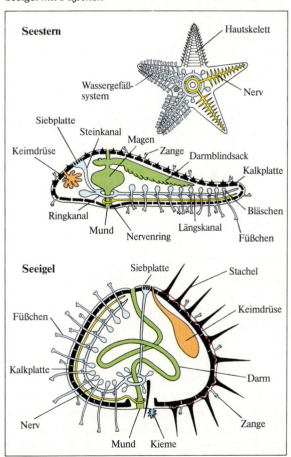

Seesterne, Seeigel und Seegurken sind Stachelhäuter.

275

Tiergruppe	Charakteristische Merkmale	Einige Vertreter der Tiergruppe
Einzeller	Körper aus einer Zelle; Geißelträger, Wurzelfüßer (1), Porentiere (2), Sonnentiere, Strahlentiere (3), Wimpertiere (4).	
Schwämme	Körper mit Hohlraumsystem; Skelett aus Kalknadeln, Kieselnadeln oder Hornfasern. Kieselschwamm (1), Hornschwamm (2), Hornkieselschwamm (3).	
Hohltiere	Körper mit Hohlraum; meist Generationswechsel; Süßwasserpolyp (1), Kompaßqualle (2), Seedahlie (3).	
Würmer	Langgestreckt, beinlos, ohne Skelett, mit Hautmuskelschlauch; Strudelwurm (1), Leberegel (2), Rinderbandwurm (3), Schnurwurm (4).	
Weichtiere	Ungegliederter Körper; Kopf, Fuß, Eingeweidesack, Mantel; Kiemen oder Lungen; Schnirkelschnecke (1), Zahnschnecke (2), Moschuskrake (3), Nautilus (4).	
Gliedertiere	Gliederwürmer: Körper gegliedert, rund; Regenwurm (1). Gliederfüßer: gegliedertes Außenskelett mit gegliederten Beinen; Hausspinne (2), Skorpion (3), Flußkrebs (4).	
Stachelhäuter	Fünfstrahliger Grundbauplan; Hautskelett durch Kalkplatten; Ambulacralfüßchen; Seestern (1), Seeigel (2), Seegurke (3).	
Wirbeltiere	Körper gegliedert in Kopf, Rumpf, Schwanz; Wirbelsäule; meist 2 Paar Gliedmaßen; Hai (1), Schildkröte (2), Papagei (3), Bison (4).	

13 Tange

Große Meeresalgen, die auf dem Untergrund festsitzen, nennt man *Tange*. Mit Hilfe von Haftkrallen oder Haftscheiben verankern sie sich am Meeresboden. Wie die Landpflanzen haben auch sie Chlorophyll für die Photosynthese.

Algen können nur dort siedeln, wo sie Photosynthese betreiben können. Dazu ist *Licht* notwendig. Die verschiedenen Anteile des Lichtspektrums dringen aber im Meer unterschiedlich tief vor. Einige Algengruppen besitzen außer Chlorophyll zusätzliche Farbstoffe. Dies ermöglicht es ihnen, auch in größerer Tiefe die dort noch vorhandenen Anteile des Lichtspektrums auszunützen.

Grünalgen. Die Arten dieser Gruppe dringen am wenigsten tief vor, weil sie auf den roten und blauen Anteil des Lichtspektrums angewiesen sind. Der *Meersalat* ist eine bekannte Grünalge.

Braunalgen. Außer Chlorophyll enthalten sie einen weiteren Farbstoff. Dieser ermöglicht es ihnen, den grün- bis orangefarbenen Teil des Lichtspektrums zu nutzen. Dieser gelangt weiter in die Tiefe als der Rotanteil. Der *Blasentang* ist eine Braunalge. Der Blasentang hat seinen Namen von den luftgefüllten Blasen, die ihm Auftrieb verleihen.

Rotalgen dringen am weitesten in die Tiefe vor. Mit Hilfe eines zusätzlichen Farbstoffes können sie das in größerer Tiefe noch vorhandene Grünlicht nutzen. *Knorpeltang* und *Blutroter Seeampfer* sind Rotalgen.

Dort, wo kein Licht mehr den Meeresboden erreicht, wachsen auch keine Algen mehr.

> Zusätzliche Farbstoffe ermöglichen es den Braunalgen und Rotalgen, auch in größerer Tiefe noch Photosynthese zu betreiben.

Algen siedeln dort, wo sie Photosynthese betreiben können.

Knorpeltang

Blasentang

Meersalat

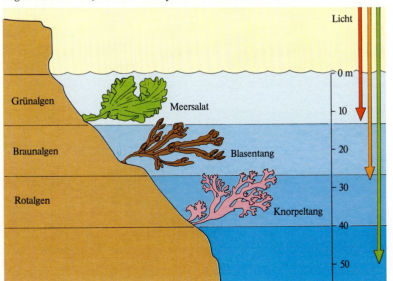

Seegras

Schlickgras

Meersenf

Queller

Strandaster

Stranddistel

höchstes Hochwasser

mittleres Hochwasser

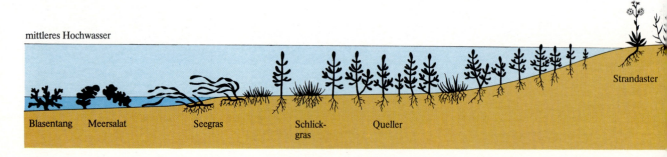

Strandaster

Blasentang   Meersalat   Seegras   Schlick-   Queller
                                                  gras

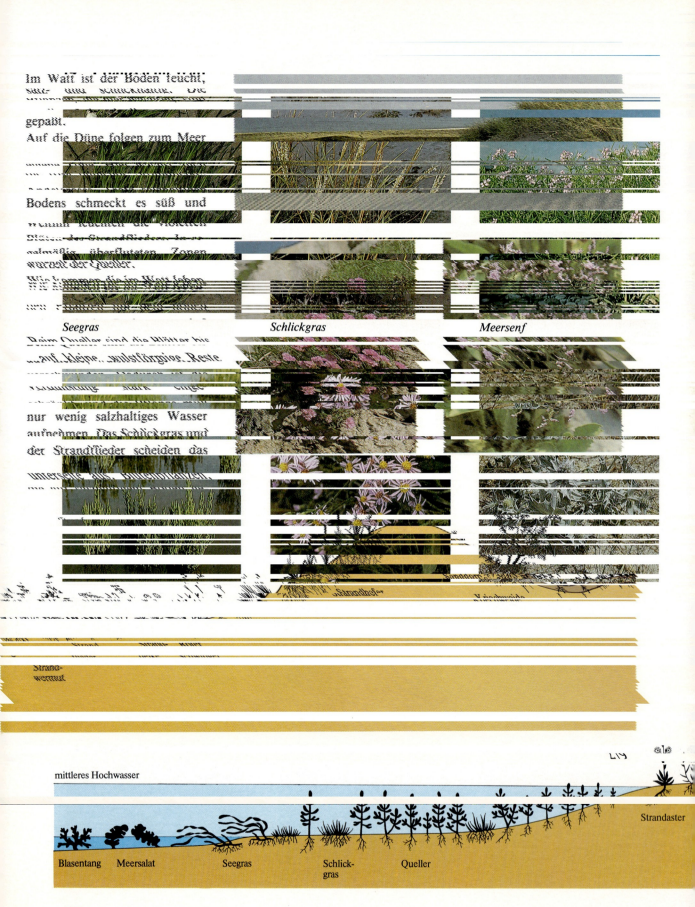

Seegras   Schlickgras   Meersenf

mittleres Hochwasser

Strandaster

Blasentang   Meersalat   Seegras   Schlick-gras   Queller

Nahrungsketten und Stoffkreislauf

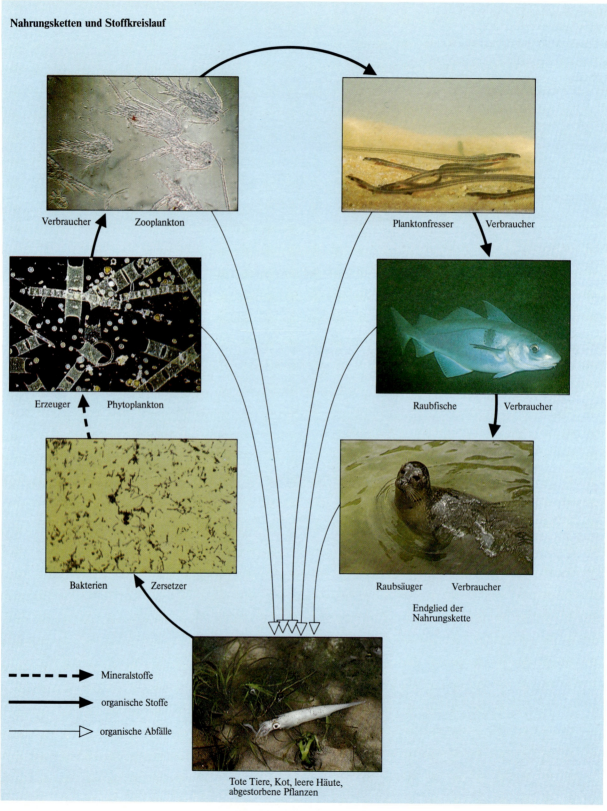

Verbraucher   Zooplankton

Planktonfresser   Verbraucher

Erzeuger   Phytoplankton

Raubfische   Verbraucher

Bakterien   Zersetzer

Raubsäuger   Verbraucher

Endglied der
Nahrungskette

- - - - → Mineralstoffe

────→ organische Stoffe

───▷ organische Abfälle

Tote Tiere, Kot, leere Häute,
abgestorbene Pflanzen

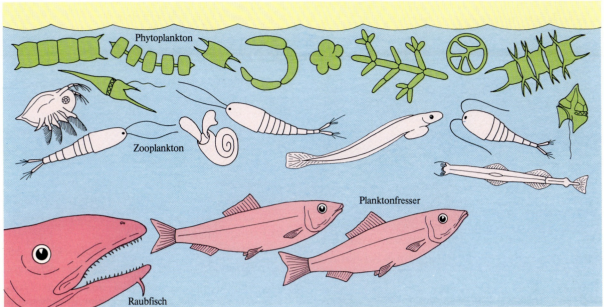

Das pflanzliche Plankton treibt an der Wasseroberfläche. Dort hat es genügend Licht für die Photosynthese. Wie aber ernährt sich das tierische Plankton? Wovon ernähren sich alle anderen Tiere des Meeres?

Die kleinen, grünen Algen erzeugen durch Photosynthese im Sonnenlicht organische Stoffe. Sie sind die wichtigsten *Erzeuger* oder *Produzenten* im Meer. Von dieser „grünen Weide" leben letzten Endes die Tiere. Sie sind die *Verbraucher,* die *Konsumenten.*

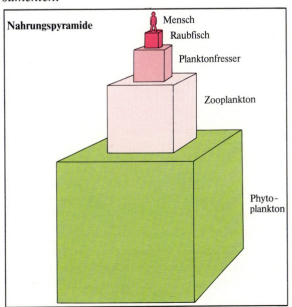

Nahrungsketten. Unter dem pflanzlichen Plankton schwebt das tierische Plankton. Hier hat es genügend Nahrung. Kleine Krebse, wie zum Beispiel Hüpferlinge, aber auch die Larven von Schwämmen und Hohltieren sowie Pfeilwürmer zählen zum tierischen Plankton. Hüpferlinge filtern die winzigen Algen aus dem Wasser. Räuberische Pfeilwürmer fressen die Hüpferlinge. Die Pfeilwürmer sind Nahrung für Heringe, die wiederum von Kabeljaus gefressen werden. Wenn der Kabeljau schließlich vom Menschen gefangen und gegessen wird, ist der Mensch das Endglied dieser Nahrungskette.

Nahrungspyramide. Man kann die Nahrungsbeziehungen von Pflanzen und Tieren auch als *Nahrungspyramide* darstellen. Beim Übergang von einer Stufe zur anderen werden 90 % der Nahrungsstoffe verbraucht.

Kreislauf der Stoffe. Tiere, die sterben, dienen den anderen zum Fraß. Selbst Kot, leere Häute und letzte Reste von Aas werden von Bakterien noch verwertet und ausgenutzt. Übrig bleiben Mineralstoffe. Sie werden vom Wind und der Strömung aus dem ozeanischen Tiefenwasser an die Oberfläche gewirbelt. Dort können die wichtigen Mineralstoffe erneut vom pflanzlichen Plankton aufgenommen und zum Aufbau organischer Stoffe verwendet werden. Es findet ein *Kreislauf der Stoffe* statt.

Versuchsmäßige Anzucht von Jungfischen in Behältern.

Der Fang wird sortiert und an Land gebracht.

Das Meer hat seit Tausenden von Jahren einen unerschöpflichen Nahrungsvorrat für den Menschen bereitgehalten. Überall an den Küsten der Meere hatten sich die Menschen auf vielfältige Art und Weise Nahrung aus dem Meer geholt. Diese „ökologisch schonende" Küstenfischerei mit kleinen Booten wurde in den letzten hundert Jahren fast weltweit durch den im großen Stil betriebenen *Hochseefischfang* mit modernen Schiffen und Fanggeräten abgelöst.

Die moderne Technik des Fischfangs hat zu einem Raubbau an den Beständen der begehrtesten Fischarten geführt. Sie hat zu einer raschen Abnahme der Erträge selbst beigetragen.

Es wird zur Zeit versucht, die Entwicklung der Fischbestände wieder positiv zu beeinflussen. Schonzeiten und Fangquoten werden geregelt. Aber auch die Netzgrößen und Netzmaschenweiten sowie Fischereischutzzonen in den Küstenregionen werden festgelegt. Die Einhaltung dieser Regeln wird von den einzelnen Küstenstaaten streng überwacht. Manchmal kommt es dabei zu ernsthaften Konflikten zwischen Fischern und der Küstenwacht. Hohe Strafen und die Beschlagnahme des Fangs und des Fanggeräts drohen bei Verstößen.

Da die Fischereierträge zurückgehen, versucht man heute, das Meer auf andere Weise als Nahrungsquelle zu nutzen.

Die planmäßige *Zucht* von Austern und Miesmuscheln ist ein außerordentlich ertragreicher Erwerbszweig geworden. Die Aufzucht von Jungfischen in schwimmenden Behältern, die entweder in der Küstenströmung oder in Meeresbuchten verankert werden, scheint eine erfolgversprechende Technik der Meeresbewirtschaftung zu sein. In Japan werden auf diese Weise schon mehrere Fischarten aufgezogen.

Krill, ein Sammelname für eine Reihe von Krebsarten, die die Hauptnahrung für die Bartenwale sind, kommt in riesigen Mengen in den Gewässern des Südpolarmeeres vor. Da der Bestand der Wale jedoch durch rücksichtslosen Abschuß stark zurückgegangen ist, gibt es in den letzten Jahrzehnten immer mehr Krill. Um dieses Nahrungsangebot für den Menschen nutzbar zu machen, wurden bereits Forschungsfahrten in die Antarktis unternommen.

An „Ölpest" verendete Seevögel

Plastikabfälle als Funde im Spülsaum

Müllverbrennungsschiff

Aal mit Krebs am Kopf

Leider werden den Meeren noch immer eine Unmenge von Schadstoffen zugeführt.

Über Flüsse und auch Rohrleitungen werden Abfall- und Schadstoffe direkt eingeleitet. Schiffe pumpen ihre überflüssigen Betriebsstoffe und Abfälle in das Meer.

Noch immer werden industrielle Abfälle, wie beispielsweise Dünnsäure, auf hoher See *verklappt*. Zur Zeit werden so jährlich etwa 1 360 t Dünnsäure in die Nordsee eingebracht.

Bei der Verbrennung von Müll auf Müllverbrennungsschiffen gelangen Schadstoffe in die Atmosphäre und von hier mit den Niederschlägen in das Meer. Viele dieser Schadstoffe werden vom Plankton aufgenommen und gespeichert. Mit der Nahrungskette werden sie weitergegeben. Es kommt dabei zu einer immer stärkeren Anreicherung der Schadstoffe. Viele Fische und Seehunde der Nordsee leiden deshalb schon heute an Krebs.

Durch Unfälle oder bei Beschädigungen von Tankschiffen laufen jährlich etwa 5 Mio. t Erdöl in die Meere aus. Die Wasserverschmutzung durch großflächige Ölteppiche („Ölpest") führt zum qualvollen Tod von Millionen von Seevögeln.

Übersicht Tierreich

Tierische Einzeller
20 000 Arten. Wasserlebende Tiere oder Parasiten. Körper aus nur einer Zelle. Wichtige Gruppen: Geißelträger (Erreger der Schlafkrankheit), Wurzelfüßer (Amöbe), Wimpertiere (Pantoffeltier, Glockentier).

Schwämme
5000 Arten. Wasserlebende Tiere, vor allem im Meer. Körper mit Hohlraumsystem, das mit Poren an der Oberfläche beginnt und in Ausfuhröffnungen endet. Zellen mit Geißeln erzeugen darin einen Wasserstrom. Skelett aus Kalknadeln (Süßwasserschwamm), Kieselnadeln (Kieselschwamm) oder Hornfasern (Hornschwamm).

Hohltiere
10 000 Arten. Vor allem Meerestiere. Meist Generationswechsel (Meduse und Polyp). Körper mit Hohlraum, aus 2 Schichten aufgebaut. Wichtige Gruppen: Hydratiere (Süßwasserpolyp, Staatsqualle), Bechertiere (Blumenkohlqualle), Blumentiere (Seedahlie, Korallen).

Würmer
Plattwürmer: 5500 Arten. Leben im Wasser, im Boden und als Parasiten. Dazu gehören Strudelwürmer, Leberegel, Bandwürmer.
Schnurwürmer: 750 Arten. Meist im Wasser.
Rundwürmer: 7000 Arten. Leben im Wasser, im Boden und als Parasiten. Zu dieser Gruppe gehören die Rädertiere und der Spulwurm.

Gliederwürmer
9000 Arten. Sie bewohnen Meer, Süßwasser und Land. Körper gegliedert, meist langgestreckt, rund. Manchmal mit Stummelfüßen und Borsten. Die einzelnen Glieder zeigen denselben Grundbauplan. Wichtigste Gruppen: Vielborster (Urringelwurm, Palolowurm, Borstenwurm) und Gürtelwürmer (Regenwurm, Blutegel).

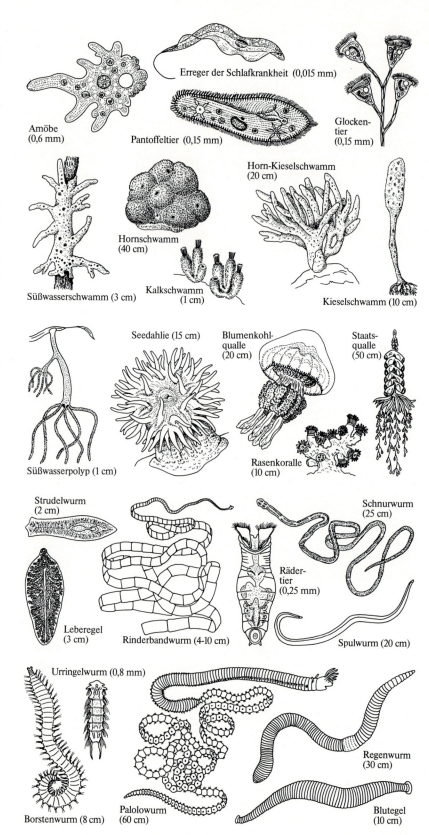

Erreger der Schlafkrankheit (0,015 mm)

Amöbe (0,6 mm)

Pantoffeltier (0,15 mm)

Glockentier (0,15 mm)

Horn-Kieselschwamm (20 cm)

Hornschwamm (40 cm)

Kalkschwamm (1 cm)

Süßwasserschwamm (3 cm)

Kieselschwamm (10 cm)

Seedahlie (15 cm)

Blumenkohlqualle (20 cm)

Staatsqualle (50 cm)

Süßwasserpolyp (1 cm)

Rasenkoralle (10 cm)

Strudelwurm (2 cm)

Schnurwurm (25 cm)

Leberegel (3 cm)

Rinderbandwurm (4-10 cm)

Rädertier (0,25 mm)

Spulwurm (20 cm)

Urringelwurm (0,8 mm)

Regenwurm (30 cm)

Borstenwurm (8 cm)

Palolowurm (60 cm)

Blutegel (10 cm)

Gliederfüßer

850 000 Arten. Besiedeln alle Lebensräume. Grundbauplan: gegliedertes, chitinhaltiges Außenskelett mit gegliederten Beinen. Tracheen- oder Kiemenatmung. Wichtigste Gruppen: Insekten, Tausendfüßer (Steinläufer), Spinnen, Krebse (Flußkrebs, Seepocke).

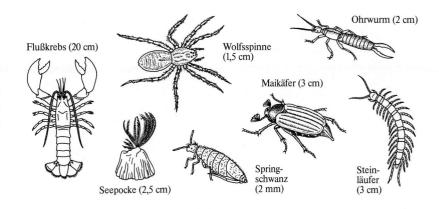

Flußkrebs (20 cm)
Wolfsspinne (1,5 cm)
Ohrwurm (2 cm)
Maikäfer (3 cm)
Seepocke (2,5 cm)
Springschwanz (2 mm)
Steinläufer (3 cm)

Weichtiere

130 000 Arten. Land- und Wassertiere. Ungegliederter Körper mit Kopf, Fuß, Eingeweidesack und Mantel. Atmung mit Kiemen oder Lungen. Wichtigste Gruppen: Schnecken, Muscheln, Kopffüßer (Moschuskrake, Nautilus).

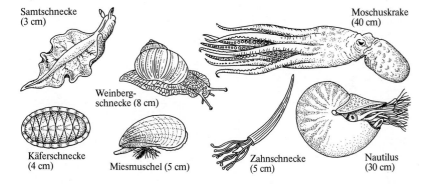

Samtschnecke (3 cm)
Moschuskrake (40 cm)
Weinbergschnecke (8 cm)
Käferschnecke (4 cm)
Miesmuschel (5 cm)
Zahnschnecke (5 cm)
Nautilus (30 cm)

Stachelhäuter

6000 Arten. Ausschließlich Meerestiere. Meist fünfstrahliger Grundbauplan, Hautskelett durch Einlagerung von Kalkplatten. Wassergefäßsystem zur Fortbewegung, Atmung und Nahrungsaufnahme. Wichtigste Gruppen: Seesterne, Seeigel, Seegurken.

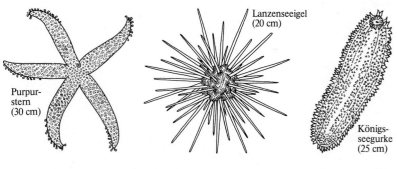

Lanzenseeigel (20 cm)
Purpurstern (30 cm)
Königsseegurke (25 cm)

Wirbeltiere

58 000 Arten. Besiedeln alle Lebensräume. Grundbauplan: in Kopf, Rumpf und Schwanz gegliederter Körper. Innenskelett mit Wirbelsäule. Meist zwei Paar Gliedmaßen. Kiemen- oder Lungenatmung, geschlossener Blutkreislauf. Wichtigste Gruppen: Fische, Lurche (Bergmolch), Kriechtiere (Krokodil, Griechische Landschildkröte, Ringelnatter), Vögel, Säugetiere.

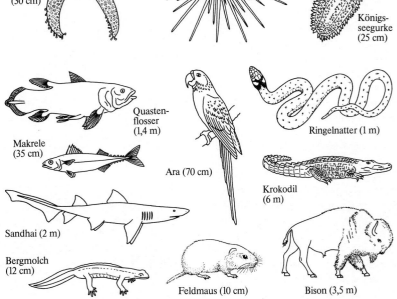

Quastenflosser (1,4 m)
Makrele (35 cm)
Ara (70 cm)
Ringelnatter (1 m)
Krokodil (6 m)
Sandhai (2 m)
Bergmolch (12 cm)
Feldmaus (10 cm)
Bison (3,5 m)

Übersicht Pflanzenreich

Bakterien

2000 Arten. Weltweit verbreitet. Einfach gebaute Zellen ohne Zellkern. Meist einzellig, sehr klein, kugel-, stäbchen-, komma- und korkenzieherförmig. Häufig mit einfachen Geißeln.

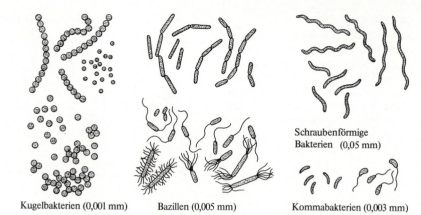

Kugelbakterien (0,001 mm)   Bazillen (0,005 mm)   Kommabakterien (0,003 mm)

Schraubenförmige Bakterien (0,05 mm)

Blaualgen

2500 Arten. Vor allem im Süßwasser. Urtümliche Pflanzengruppe. Einzellig oder mehrzellig fadenförmig. Ohne Zellkern, immer mit Blattgrün. Ohne Geißeln. Einige ertragen Hitze bis zu 80°C.

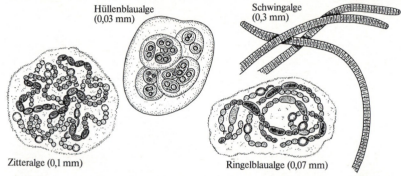

Hüllenblaualge (0,03 mm)

Schwingalge (0,3 mm)

Zitteralge (0,1 mm)

Ringelblaualge (0,07 mm)

Algen

30 000 Arten. Fast durchweg Wasserpflanzen. Einzellige und vielzellige Formen mit Zellkern, mit Blattgrün. Vermehrung durch Sporen und Schwärmsporen.
Wichtigste Gruppen: Grüne Geißelträger (Euglena), Kieselalgen (Weberschiffchenkieselalge), Grünalgen (Sternalge), Rotalgen (Froschlaichalge), Braunalgen (Blasentang).

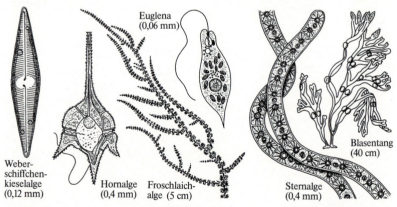

Euglena (0,06 mm)

Weberschiffchenkieselalge (0,12 mm)

Hornalge (0,4 mm)

Froschlaichalge (5 cm)

Sternalge (0,4 mm)

Blasentang (40 cm)

Pilze

90 000 Arten. Pflanzen ohne Blattgrün. Einzellige und vielzellige Formen. Vermehrung durch Sporen. Einzelne Pilzfäden werden Hyphen genannt. Hyphen bilden das Mycel.
Wichtige Gruppen: Röhrenpilze (Baumschwamm), Lamellenpilze (Riesenschirmpilz), Schlauchpilze (Hefe, Pinselschimmel, Morchel).

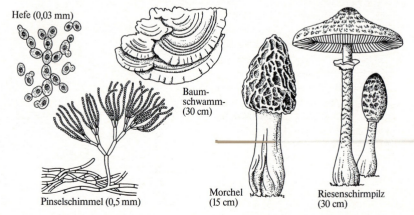

Hefe (0,03 mm)

Baumschwamm (30 cm)

Pinselschimmel (0,5 mm)

Morchel (15 cm)

Riesenschirmpilz (30 cm)

Moose

26 000 Arten. Vorwiegend Landpflanzen. Ohne echte Wurzeln. Laubmoose in Stengel und Blätter gegliedert. Lebermoose mit einfacherem Bau. Sporenpflanzen. Moospflänzchen bilden in Geschlechtsorganen Spermazellen und Eizellen. Aus befruchteter Eizelle geht Sporenkapsel hervor, die Sporen erzeugt.

Farngewächse

13 000 Arten. Größtenteils Landpflanzen. Mit echten Wurzeln, Stengeln und Blättern. Sporenpflanzen. Aus Sporen entstehen Vorkeime, die in Geschlechtsorganen Spermazellen und Eizellen erzeugen. Aus befruchteter Eizelle geht Farnpflanze hervor.
Bekannteste Gruppen: Bärlappe, Schachtelhalme, Farne.

Blütenpflanzen

Nacktsamer: 600 Arten. Landpflanzen. Fast nur Bäume. Samenanlagen liegen unbedeckt auf den Fruchtschuppen. Häufig zapfenartige Samenstände. Blätter bei den meisten Formen nadelförmig. Vielfach hohes Lebensalter. Bekannteste Vertreter sind die Nadelhölzer.

Bedecktsamer: 250 000 Arten. Land- und Wasserpflanzen. Samenanlagen sind vom Fruchtknoten, der von den Fruchtblättern gebildet wird, eingeschlossen. Kräuter, Bäume und Sträucher. Oft mit auffälligen Blüten. Samen bilden mit den Fruchtblättern häufig eine Frucht.

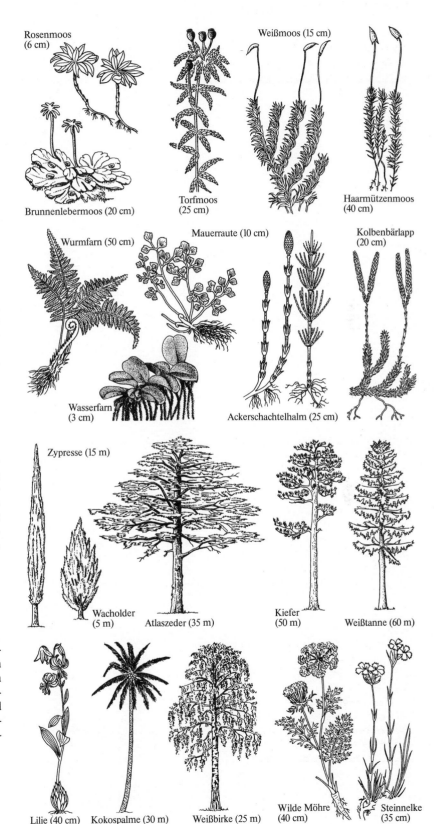

Rosenmoos (6 cm)

Weißmoos (15 cm)

Brunnenlebermoos (20 cm)

Torfmoos (25 cm)

Haarmützenmoos (40 cm)

Wurmfarn (50 cm)

Mauerraute (10 cm)

Kolbenbärlapp (20 cm)

Wasserfarn (3 cm)

Ackerschachtelhalm (25 cm)

Zypresse (15 m)

Wacholder (5 m)

Atlaszeder (35 m)

Kiefer (50 m)

Weißtanne (60 m)

Lilie (40 cm)

Kokospalme (30 m)

Weißbirke (25 m)

Wilde Möhre (40 cm)

Steinnelke (35 cm)

Register

Oft werden Begriffe an mehreren Stellen erwähnt. Dann sind die Seiten, auf denen sie ausführlich abgehandelt werden, fett hervorgehoben.

A
Abstammung 106
Abwasser **183,** 259, 261
Abwasserreinigung **183,** 261
Abwehrstoffe 27, 65, 72, 74-76
Abwehrsystem 75
Acker 184, **193,** 194, 202-204
Ackerbau 194
Ackerrittersporn 198
Ackerwinde 199, 200
Adlerfarn 220
Affe **146,** 148
Aggression 143, 149
Ähre 196
AIDS 69, **75,** 82
AIDS-Virus (HIV) 75
Akne 48
Albinismus 99
Alge 19, 176, 181, 182, 237, 260, 268,
    277
Alkohol 64, 70, **78, 79,** 83, 252, 254, 255
alkoholische Gärung **252,** 255
Allesfresser 170
Altersbestimmung 110
Alterssichtigkeit 43
Ameise 225, **226, 227,** 250
Ameisenhaufen 226, 227
Ameisensäure 227
Ameisenstaat 227
Aminosäure 34, 36
Ammonit 110
Amöbe **16,** 17
Anbaumethoden 205
Androgene 58
Antibiotika 255, 260
Antikörper 76
Aquarium 174, 181
Arbeiterin 226, 227, 238
Arbeitsbiene 239
Archaeopteryx **114,** 115
Aronstab 208
Arterie 30, 33
Arterienverkalkung 33
Atembewegungen 23
Atemloch 237, 250, 251
Atemröhre 172, 237
Atemstillstand 85
Atmung **22,** 159, 172
Attrappenversuche 131
Augapfel **41,** 43
Auge 35, 40, **41-43,** 44, 50, 63, 129, 130,
    236, 250
Augenbrauen 41
Augenfehler 43
Augenfleck 17
Augenhöhlen 41
Augentier **17,** 19

Auslesezüchtung 101
Außenohr 45, 46
Außenskelett 236, 246
Außenverdauung 275
Australopithecus **127,** 128
autonomes Nervensystem 52

B
Bach **176, 177,** 179, 182
Bachbewohner 177
Bachforelle 176, 177, 179
Bakterien 14, 16, 28, 48, 65, 71, **72,** 76,
    181, 191, 202,   230, 255, **256,** 258-
260
Ballaststoffe 35, 160
Balz 130, 137
Bärlauch 208
Bast 213
Bauchatmung **23,** 24
Bauchpilze 216, 217
Bauchspeicheldrüse 36, 53, 79
Bäume 206, 207, 210, 212, 213, 219, 224,
    225, 228, 233, 234, 235
Baumschicht 206
Baumvögel 225
Baustoffe 34, 35, 158
Becken 115, 124
Beckengürtel 119
Beerenkeim 62
Befruchtung **62,** 90, 97
Behring, Emil von 71
Bergahorn 215
Bernstein 109
Bestäubung 87, 151, 197, 211, 213
Betriebsstoff 34, 35
Bevölkerungswachstum 129
Bewässerung 182
Bewegung **6,** 130
Bewußtlosigkeit 85
Bezugsperson 65, 147
Biene 188-190, **236-241**
Bienensprache 240
Bienenstaat 238
Bienenstock 238
Bienenvolk 238
Bier 254
Bierhefe 254
Bierherstellung 254
Bindehaut 41
Biogas 261
Biologische Schädlingsbekämpfung 203,
    228
biologisches Gleichgewicht **180,** 182,
    230, 232, 233
Bioreaktor 260
Biotechnologie 260, 261
Birkenpilz 216, 217, 219

Birkenspanner 120
Bitterling 170
Bläschenkeim 62
Blase 39
Blasentang 277
Blatt 21, 150, 151, 154, 159, 164-167,
    168, 188, 189,   196, 210, 211, 212,
215
Blattader 150, 152, 153
Blätterpilze 216, 217
Blattfläche 150, 154
Blattgrün 10, 157, 219
Blattgrund 150
Blattgrünkorn 7, **10,** 17, 157
Blattlaus 188, 189, 191, 201, **244**
Blattquerschnitt 153
Blattstiel 150
Bleßhuhn 169
Blut 25, **27-29,** 30-33, 36, 39, 53, 54, 60,
    63, 79, 81, 119
Blutader 30
Blutdruck 32, 33, 80
Blüte 21, **150,** 151, 164-167, 188, 190,
    208, 209, 211, 213, 215
Blütenknospe 150
Blütenkronblatt 150
Blütenpflanze 21, **150,** 151, 206, 235, 239
Blütenschicht 189
Blütenstand 196, 215
Blütenstaub 150, 190, 197
Blütenzapfen 213, 214
Bluterkrankheit 98
Blutgefäß 30, 36, 79-81, 83, 119
Blutgerinnung 27, 28, **29**
Blutgruppe **29,** 93
Bluthochdruck 70, 83
Blutkörperchen 27
Blutkreislauf 27, **32,** 33
Blutplasma **27,** 32, 33
Blutplättchen **28,** 29
Blutroter Seeampfer 277
Blutserum 27, 29
Blutübertragung 29
Blutung 70, **85**
Blutvergiftung 72
Blutzuckerspiegel 53
Bodenfruchtbarkeit 249
Bodentiere 204, 230, 231
Bodenverbesserer 249
Bodenzone 170
Botenstoff 27, 35, **53**
Braumalz 254
Braunalge 277
Bronchien 25
Brot **252,** 255
Brustatmung **23,** 24
Brustkorb 23, 30

Brutpflege 137
Buche **210, 211,** 219, 234
Buchecker 211
Buntbarsch **136, 137,** 143
Buntspecht **224,** 225, 229
Buschwindröschen 208
Bussard 190
Butter 34, 256

C
Champignon 216, 217, **218**
chemische Schädlingsbekämpfung 203
Chihuahua 104
Chinesischer Nackthund 104
Chitin 236, 237, 246, 248
Chlorophyll (Blattgrün) 10,   157, 277
Chromosom **18, 96, 97,** 99, 100
Chromosomensatz 55, 96, 100
chronische Bronchitis 26
Coffeinvergiftung 78
Coli-Bakterien 77
Cro-Magnon-Mensch **126,** 127-129

D
Dachshund 104
Dahlie 151, 158
Darm 27
Darmentzündung 75
Darmgeschwür 83
Darmwand 36
Darwin, Charles 116-117, **122**
Darwinfink 122
Deerhound 104
Dendrit 49
Diagnose 70
Dickdarm 36
Dinosaurier 106
Diphtherie 72
dominant 88-91, 93, 94, 99
Doppelzucker 34, 36
Dreifelderwirtschaft 194
Dressur 133
Droge 70, **82**
Drohen 136, **142,** 143, 238
Drüse 36, 55
Dünger 183, 193, 195, 204
Dünndarm 21, 36
Durchblutungsstörungen 81

E
Ebbe **265,** 266
Echse 119
Ehrenpreis 198
Eiche 219, 234
Eidechse 119, 132, 202
Eierstock 57, 59, 60
Eileiter 59, 61, 62, 69
Einbeere 208
Einfachzucker 34, 36
Einförmigkeitsregel 88
Eingeweidesack 250
einhäusig 211, 214, 215
Einkorn 197

Einnistung 62
Einsicht **135,** 144
Eintagsfliege 176
Eintagsfliegenlarve 176, 177, 179
Einzelgänger 140, 224
Einzeller 14, **15,** 16-20, 259, **276**
Eisprung **61,** 69
Eiszeit 120
Eiweiß 34, 38, 65, 160, 197
Eiweißstoffe 27, 33, **34,** 35, 36, 73, 84,
    158, 230
Eizelle 18, 59-63, 67, 69, 92, 96, 97, 150,
    151, 220, 221
Elektronenmikroskop 8
Embryo 62, **63,** 69, 197
Emmer 197
Empfängnisregelung 69
Endknöpfchen 49
Energie 6, 22, 34, 159
Entwicklung 54
Enzym 36
Epidemie 74
Erbanlage **90,** 96
Erbgut **95, 100,** 120, 147
Erbkrankheit 77, 98, **99,** 100
Erbse **87,** 88, 90, 96, 160
Erdspechte 225
Erdsproß 166, 167
Erdstern 216, 217
Ernährung **34, 35,** 65, 70, **84**
Erscheinungsbild 90
Erste Hilfe 85
Erzeuger 179, 181, **202,** 203, **230,** 281
Europide 129

F
Fadenalge 12, 179
Familienberatung 98
Familienforschung 92
Familienstammbaum 99
Farne 206, **220,** 221, 235
Faserzelle 10, 11
Fäulnisbewohner 219
Faulturm 259
Fehlgeburt 64
Feld 200, **201**
Feldgrille 188, 200
Feldheuschrecke 188, 200, 202, 243
Feldmaus 189, 190, 200, **201**
Fernsinne 40
Fett 27, 33, **34,** 35, 36, 38, 47, 55, 65, 84,
    158, 160
Fettsäure 34, 36
Fettwiese 192
Fetus 63
Feuchtlufttier **248,** 250
Feuchtwiese 192
Fibrin 29
Fibrinogen 29
Fichte **212, 213,** 228, 229, 234
Fichtenborkenkäfer **228, 229,** 233, 234
Fichtenmonokultur 228
Fieber 73, 74

Fingerbehaarung 94
Finken 122
Fische 108, 111, 143, 170, 172, 173, 283
Fischfang 282
Fischsaurier 107
Flachwurzler 212
Flaschenbovist 216, 217
Fledermaus 46
Fleischfresser 170, 179, 180, 229, 230
Fliegenpilz 216-218
Florfliege 244
Flosse 118, 173
Flügel 114, 118, 236, 237, 244
Flurbereinigung 194
Flut **265,** 266, 268, 271
Follikel 59, 60, 61
Follikelreifung 60
Follikelsprung 61
Forst 232
Forstschädling 227, 228
Forstwirtschaft 232
Fortbewegung 15-17
Fortpflanzung 6, 15-17, 54
Fossil 107, **108,** 110, 113
Frau **54-56,** 59, 60, 61, 64, 97, 98
Frauenfarn 220
Frauenhaarmoos 221
Freiwasserzone 170
Freundschaft 68
Frösche 117
Fruchtblase 63, 64
Fruchtknoten 150
Fruchtkörper 216
Fruchtwasser 63-65
Fruchtwechselwirtschaft 194
Fruchtzapfen 213, 214
Frühblüher 185, 207
Fuchs 202, 222, 235
Fühler 236, 250
Furchung **62,** 67
Fürsorge 77
Futterwiese 192

G
Galapagos-Finken 122
Galle 36
Gallenblase 36
Gänseblümchen 185, 192
Garnele 273
Gärung **252-255,** 257
Gasaustausch 25
Gebärmutter 59-65, 69
Gebärmutterschleimhaut 60-62, 69
Gebärmutterwand 64
Geburt **64,** 65, 97
Gedächtnis 51
Gedanke 50
Gehirn 40, 43, **44,** 45, 47, 49, **50, 51,** 63,
    66, 73, 78, 80, **124**
Gehirnerschütterung 52
Gehörknöchelchen 45
Geißelsack 17
Geißelträger **14,** 276

Gelber Knollenblätterpilz 216, 217
Gelbkörper 61, 62
Gelbrandkäfer **172,** 180
Gelbsucht 82
Gemüse 160, 257
Gen 90, 91, 96, **98,** 99, 100
Generation 86, 87, 92, 96
Generationswechsel 274
genetische Beratung 77
Gerste 194, 196, **197,** 254
Geruchssinn 40
Geschlecht 54, 55, 56, 57
Geschlechtsbestimmung 97
Geschlechtschromosom **97,** 98
Geschlechtshormone 53, 58, 59, 68
Geschlechtskrankheiten 69
Geschlechtsmerkmale 58, 59
Geschlechtsorgane 57, 220, 221, 248
Geschlechtsverkehr 62
Geschmacksinn 40
Gesundheitswesen 77
Getreide 199, 201
Gewässer **162,** 178, **179,** 180, 181, **182,**
    183, 259
Gewebe **21,** 27, 159
Gewerbehygiene 77
Gewöhnung 132
Gezeitenzone 266
Gift 72, 78, 158, 218
Giftstoffe 27, 39, 76, 203, 234
Glaskörper 41
Glatthafer 186
Gleichgewichtssinn 46
Gliedertiere 276
Glucagon 53
Goldlaufkäfer 188, 245
Goldnessel 208
Gonadotropine 58, 59
Gorilla 128, 132
Gräser 185, 191, 197, 206
graue Substanz 51
Grauspecht 120, 121, 225
Greifhand 124
Grille 136, 189, 191, **243**
Grippe 74
Großes Springkraut 209
Große Sternmiere 209
Großhirn 44, 50
Großhirnrinde 50
Grünalge 19, 277
Grundwasser 203, 205
Grüner Knollenblätterpilz **218,** 219
Grünspecht 120, 121, 225
Gruppe 146

H
Haar 93, 99, 129
Haargefäß 32
Haarzelle 10, 11
Habicht 6, 201, 223, 229
Hafer 194, 196, **197**
Haftwurzel 221
Hahnenfuß 151, 199

Hainbuche 215
Hallimasch 216, 217, 219
Haltungsschäden 83
Hämoglobin 28
Hand 81, 99, 118
Harn 39
Harnbildung 39
Harnstoff 36, 39
Hasel 151
Haustier 76, 102, 105
Haut **47, 48,** 54, 70, 72, 80, 99, 248, 250
Hautflügler 244
Hautmuskelschlauch 248, 249
Hautmuskelzelle 20
Hautpflege 48
Hefe 252-254
Hefepilze **252,** 255
Heidelbeere 209
Heilmittel 76, **255**
Heilstoffe 158
Herbar 187
Herde 140
Heroin 82
Herz **30,** 31, **32, 33,** 63, 64, 78, 84
Herzerkrankung 33, 83
Herzfehler 99
Herzinfarkt 33, 83
Heterosiszüchtung 103
Heu 185, 192
Heuaufguß 14
Heuschrecke 189, **243**
Hirnanhangdrüse (Hypophyse) 53, 57-59
Hirnhautentzündung 82
Hirsch 222, 233, 235
Hoden 53, 57, 58
Hodensack 58
Hohlmuskel 30
Hohltiere 276
Holz 210, 213-215, 232, 235, 268
Homo erectus 127, 128
Homo habilis 128
Homo sapiens 126, 129
Honig 238, 239, 241
Honigbiene 236-239
Honigtau 227
Hooke, Robert 7
Hopfen 254
Hormon 27, **53,** 57, 60, 260
Hormondrüse 27, 53, 57
Hornhaut 41, 42
Hörrinde 44, 45
Hörsinn 40
Huf 112, 113, 143
Huftier 143
Huhn 103, 105, 143
Hühnervogel 201
Hülsenfrucht 186
Hummel 188-190
Humus 191, 207, 231
Hund 96, 103, 105, 136
Hustenreflex 51
Hypophyse 57-59
Hypophysenhormone 60, 61

I
Imker 239, 241
Immunisierung 76
Immunschwächekrankheit 69
Impfstoff 71, 75
Impfung 72, 73, 74, 76
imponieren 142, 143
Infektion 71, **72,** 74
Infektionskrankheit 71
Inkubation 72, 74
Innenohr 45, 46
Insekten 118, 170, 172, 189, 201, 206,
    224, 226, 227, 233, 235, **236,** 238, **243-
    245**
Instinkthandlung 131
Insulin 53
Iris 41, 42
Isolation 120, 121

J
Jagd 141, 233
Jagdhund 104
Joghurt **256,** 258

K
Käfer 244
Kaffee 78, 83, 105
Kahlschlag 233
Kampf 136, 143
Kapillare 32
Karies 83
Kartoffel 105, 158, 160, 195, 198, 205
Kartoffelbovist 216, 217
Karyogramm 97
Karzinome 83
Käse 255, **256**
Kaspar-Hauser-Versuch 131
Katze 86, 96, 103, 118
Kaulquappe 117, 180
Kehlkopf 25 Keim 62, 67
Keimschicht 48
Keimzelle 19, 90, 96, 100
Keimzellenbildung 96
Kelchblatt 150
Kiefer **214,** 234
Kieme 119, 173
Kieselalgen 264
Kind 56, 57, 62, 63-65, 66, 68, 93, **147**
Kindchenschema **147,** 148
Kinderlähmung 52, 73
Kitzler 59
Kläranlage 183, **259**
Klatschmohn 199, 200
Kleinhirn 50
Kletterfuß 224, 225
Klima 235
Knochen 55, 70, 125
Knochenmark 28
Knorpeltang 277
Knospe 211, 221
Koch, Robert 71
Kochsalz 39, 263
Kohl 105, 198, 257

Kohlenhydrate **34,** 35, 36, 84, 160
Kohlenstoffdioxid 10, 22, 25, 27, 32, 155, 157, 181, 202, 203, 230, 252-255
Kokain 80, 82
Kokon 246, 248
Kombination 91
Kombinationszüchtung **102,** 105
Komondor 104
Königin 226, **238**
Konsumenten 202, 281
Kopfbruststück 246, 247
Kopffüßer 110
Kopfschmerz 70, 74
Kornblume 199, 200
Körperhaltung 130, 141
Körperkontakt 146
Körperkreislauf 32
Körperschlagader 32
Körpersprache 141
Körperzelle 18, 19, 27, 53, 55, 96
Krankheit **70-77,** 83, 92, 98, 99
Krankheitsbild 70, 75
Krankheitserreger 25, 27-29, 33, 47, 65, 70, 71, **72, 73,** 75
Kräuter 206, 207
Krautschicht 189, 206
Krebs (Krankheit) 83
Krebs (Tier) 170, 171, 264, 272, 273, 281
Kreislauf 33
Kreislauf der Stoffe **181,** 202, **203,** 280, **281**
Kreislauf des Wassers 263
Kreislauferkrankungen 33, 83
Kreuzspinne **246,** 247
Kreuzung 88
Kriechtier 114, 115
Krill 282
Kulturpflanze 101, 198
Kurzfingrigkeit 99
Kurzsichtigkeit **43,** 99
Kurztagpflanze 154

L
Lamarck, Jean 116
Landwirtschaft 260
Längsmuskel 248
Langtagpflanze 154
Langzeitgedächtnis 51
Lärche 214
Larve 171-173, 201, 225, 229, 238, 243, 264
Laubblatt **150,** 151-153
Laubfall 211
Laubmischwald 215
Laubstreu 207, 216
Laubwald **207,** 210, 218, 233
Lautäußerung 130
Lebensgemeinschaft 189, 191, 219, 225, 227, 229, 235
Lebensmittelkonservierung 260
Leber 27, **36,** 79
Lebererkrankung 70
Leberstärke 36

Lebewesen **6, 7,** 14, 15, 106, 117, 176, 179, 180, 183, 266
Lehmboden **195,** 205
Leitbündel 150-152
Leitfossil 110
Leitungsbahn 152
Lernen **132,** 144
Lernversuche 133
Libelle 171, **243**
Licht 40, 42, **154,** 155-157, **264,** 277
Lichtspektrum 264
Liebe 68
Linde 156
Linse 41-43
Lorenz, Konrad 134
Löwenzahn 184, 185, **186,** 192, 199
Luft 22-25, 45, 235
Luftröhre 23, 25
Luftverschmutzung 234
Lunge **23, 25, 26,** 27, 30, 32, 54, 55
Lungenbläschen 25, 26
Lungenentzündung 75
Lungenfell 23
Lungenkrebs 26, 81
Lungenkreislauf 32
Lungentuberkulose 72
Lurche 119, 206
Lymphe **33,** 36
Lymphgefäß 33, 36
Lymphknoten 33, 75
Lymphsystem 32, 33

M
Magen **36,** 79, 275
Magendarmraum 20
Magengeschwür 83
Magenschleimhaut 79
Magerwiese 192
Magnesium 263
Maiglöckchen 209
Maikäfer 201, 245
Mais 103, 105, 160
Maische 254, 255
Malzbereitung 254
Mandeln 25, 33
Mangelkrankheit 35
Mann **54-56, 58,** 97, 98
Mannschema 149
Margarine 256
Marienkäfer 191, 203, 205, 244
Masern 73
Maulwurf 118, 188, 189, 201, 202
Maus 143, 158, 191
Mäusebussard 190, 201
Medikament 64, 70, 73, **82**
Meduse 274
Meer 262-283
Meeresplankton 266
Meerwasser 263, 264
Mendel, Johann Gregor 87
Mendelsche Regeln **88,** 89, 91
Mensch 11, 18, 21, 40, 41, 70, 71, 73, 86, 92-97, 99, 101, 111, 118, **124-129,** 130,

146-149, 182, 192, 252, 256
Menschenaffen **124,** 127, **128,** 135, 146
Menschenrassen 129
Menstruation 60, 61
Menstruationsblutung 59
Menstruationszyklus 60
Metastase 83
Methan 259
Mienenspiel 146, 148
Miesmuschel **270,** 271, 282
Migräne 70
Mikrobenwirtschaft 260
mikrobielle Schädlingsbekämpfung 203
Mikroorganismen 71, 252,   259, 260
Mikroskop 7, **8,** 9
mikroskopisches Präparat 8, 9
Milch 34, 35, 256, 258
Milchsäure 256
Milchsäurebakterien **256,** 257, 258
Milchsäuregärung **256,** 257
Milchzucker 65, 256
Milz 33
Mineraldünger 194
Mineralstoffe **35,** 65, 83, 84, 150, 158, 160, 181, 183, 195, 202, 203, 205, 230, 259, 281
Mischerbigkeit 90, 93, 98
Mischwald **207,** 210, 214, 215, 233
Mittelhirn 50
Mittelmeergrille 139
Mittelohr 45, 46
Modifikation 100
Molke 256
Monatsblutung 60
Mongolide 129
Mongolismus 99
Monokultur 195, 199, 212, 233
Moose 7, 176, 206, 207, **221,** 235
Moosschicht 206
Morphium 80
motorische Felder 50
Mülldeponie 259
multiple Sklerose 52
Mumienbildung 109
Mumps 73
Mund 26, **36,** 85
Mundschleimhaut 13
Mundschleimhautgewebe 21
Mundspeichel 38
Mundwerkzeuge 236
Muschel 170, **270,** 273, 275
Muskel 22, 23, 42, 49, 70, 72
Muskulatur 55
Mutagene 100
Mutation 100, 103, **120**
Mutationszüchtung 103
Mutterkuchen 62
Muttermilch 65
Mütter- und Säuglingsberatung 77

N
Nabelschnur 63, 64
Nachahmung **132,** 144

Nachgeburt 64
Nachhirn 50
Nachrichtensystem 53
Nacktsamer 213
Nadelbaum 212
Nadelwald 207
Nährstoff 22, 27, **34**, 35, 36, 38, 63, 65, 160, 213, 219
Nährstoffbaustein 34
Nahrung **34**, **36**, 54, 282
Nahrungsbeziehung 179, **229**
Nahrungsbläschen 15, 16
Nahrungskette **179**, 181, 191, **202**, **229**, **280**, **281**, 283
Nahrungsnetz 180, 191, 202, 229
Nahrungspyramide 281
Nahsinne 40
Nase **25**, 26, 40, 63, 85, 129
Nasenhöhlen 25
Naßwiese 192
Natrium 263
Naturschutz 227, 232
Nautilus **110**, 276
Neandertaler-Mensch **125**, 127, 128
Negride 129
Nektar 190
Nerv 35, 40
Nervenfaser 49-51
Nervenknoten 52
Nervensystem **49**, 50, 53, 75, 83
Nervenzelle 11, 20, **49**, 50, 73, 78
Nesselgift 274
Nesselzelle 20, 274
Nesthocker 224
Netzauge 237
Netzbau 246
Netzhaut 41-43, 49
Netzhauterkrankung 75
Nieren 27, 36, **39**, 64, 79
Nierenbecken 39
Nierenkörperchen 39
Nierenrinde 39
Nikotin 70, 80, 81
Nisthöhle 224
Nitrat 178, 183
Nordseegarnele 273
Nucleinsäure 73
Nutzfläche 195
Nützling 203
Nutzpflanze **160**, 195, 199
Nutztier 102, **239**

O
Objektiv 8
Ohr 40, **45**, **46**, 63, 141, 142
Ohrenqualle 274
Ohrläppchen 94
Okular 8
Öl 160
Ölpest 283
Opium 82
optische Täuschung 44
Organ **21**, 70, **118**, **119**, 159

Organismus 21
Östrogene 60
Ovulation 61

P
Pantherpilz 216-218
Pantoffeltier 14, **15**, 16, 17
Parasit 71
Parasympathicus 52
Pasteur, Louis 71
Penicillin 255
Penis 58
Pepsin 36
Periode 60
Pfahlwurzel 150, 199, 214
Pferd 105, **112**, **113**, 118
Pfifferling 216, 217
Pflanzenfresser 106, 158, 159, 170, 173, 179, 180, 190, 191, 202, 229, 230
Pflanzengürtel 164
Pflanzenschutz 203
Pflanzenschutzmittel 77
Pflanzenzelle **10**, 13
Pflanzenzucht 101-103
Phosphat 178, 183
Photosynthese 10, **150**, **157-159**, 179, 202, 203, 219, 230, 264, 277, 281
Phytoplankton 264, 281
Pierwurm 269
Pilze 70, 181, 202, 206, **216-219**, 230, 235, **252**, 259, 260
Pilzvergiftung 218
Plankton 170, 171, 173, 264, 281, 283
Plateosaurier 106
Plattfisch 272
Plazenta 62-64
Pollen 150, 151, 239
Polyp 20, 274
Präparat 8, 9
Präparation 107
Produzenten 202, 281
Progesteron 61, 62
Proteine 34
Pubertät **57**, 68
Puls 32
pulsierendes Bläschen 15-17
Punktauge 246, 247
Pupille 41, 42
Pupillenreflex 51
Puppe 238, 243

Q
Qualle 274
Queller 278, 279
Querschnittslähmung 52

R
Rachen **25**, 85
Rädertiere 14
Rang 141, 142, 148
Rangordnung **141**, 142, 146
Rasen 192
Raspelzunge 173, 250

Rauchen 26, **80**, 81, 83
Raucherbein 81
Raucherhusten 26, 81
Raucherlunge 81
Raupe 188, **242**
Rebhuhn 200, **201**, 202
Reflex 51
Regel (Menstruation) 60
Regenbogenhaut 41
Regenwurm 191, **201**, 202, **248**, **249**, 276
Reh 222, 233, 235
Reinerbigkeit 90
Reizbarkeit 6, 15, 17
Reptilien 111
Retortenbaby 69
Revier **136**, 137, 141, 143, 146, 224
Revierverhalten **136**, 149
rezessiv 88-90, 99
Rhesusfaktor 93
Rind 102, 105
Ringmuskel 41
Roggen 194, **196**, **197**, 202
Röhrenpilz 216
Röhricht **164**, 169
Röhrichtgürtel 182
Rohrkolben 164
Rotalge 277
Rotbuche **210**, 211
rote Blutkörperchen **28**, 29, 35
Röteln 73
Roter Fingerhut 209
Roter Seestern 275
Rote Waldameise **226**, **227**, 245
Rote Wegschnecke 188, **251**
Rot-Grün-Verwechslung 98
Rothirsch 222, 229, 233
Rückenmark **51**, 52, 73
Rückkreuzung 90
Rückziehreflex 51
Rudel 140-142
Rundtanz 240

S
Salmonellen 77
Salmonellose 72
Salz 263
Salzpflanze 279
Salzsäure 36
Samen 87, 88, 90, 91, 158, 167, 213, 214
Samenanlage 150, 213
Samenkeimung 81
Samenverbreitung 227
Samenzelle 220, 221
Sammelbiene 239
Satanspilz 216, 217
Sauerklee 208
Sauerkraut **257**, 258
Sauermilch 256, 258
Sauerstoff 10, 17, 22, 25, 27, 28, 32, 63, 155, 176, 202, 235
Sauerstoffbedarf 235
Sauerstoffmangel 183
Säugetiere 111, 119

Säugling **65**, 66, 147
Saurier 106
Schädel 124, 127
Schädling 203
Schädlingsbekämpfung 194, **203**, 228
Schadstoff **234**, 283
Schaf 102, 105, 192
Schall 40, 46
Schallwelle 45
Schamlippe 59
Scheinfüßchen 16
Schiefer 107
Schilddrüse 53, 57
Schilfrohr 164, **166**
Schimmelpilze 255
Schimpanse 116, 118, 124, 128, 135, 146
Schlagader 30
Schlaganfall 33
Schlammschnecke **173**, 179
Schlauchpilze 216
Schlick 266, 269, 271
Schlickgras 278, 279
Schlüsselreiz **131**, 147, 149
Schmalblättriges Weidenröschen 209
Schmarotzer 173, 191, 219
Schmerz 47
Schmerzsinn 40
Schmetterling 188, 189, 190, 244
Schnabel 114, 122, 143
Schnecke (Ohr) 45
Schnecke (Tier) 169, 170, 172, 188, 201, 205
Schock 85
Scholle **272**, 273
Schulgesundheitsfürsorge 77
Schulkind 66
Schultergürtel 119
Schutzimpfung 71, 73, 74, **76**, 77
Schwämme 276
Schwammgewebe 153
Schwangerschaft 61, **64**, 69
Schwänzeltanz 240
Schwarm 140, 238
Schwarzer Holunder 209
Schwarzspecht 225
Schwebfliege 188, 189
Schwefel 263
Schwefeldioxid 234
Schweißdrüse 48
Schwerhörigkeit 46
Schwertträger 138
Schwimmblattpflanze 165, 167
Schwimmblattpflanzengürtel 165
See **170**, 171-174, 179, 180, 182
Seebinse 164
Seegurke 275, 276
Seerose 165, 166, **167**, 168, 180
Seestern 275, 276
Seeufer **164, 165**, 169
Seevogel 283
Sehnerv 41, 43, 49
Sehsinn 40
Seidelbast 209

Seitensproß 199
Selektion 120
Serum 76
Seuchendienst 77
Sexualität 68
Silage 257
Sinne 40
Sinneskörperchen 47
Sinnesorgan 40, 41, 45, 47, 49
Sinneszelle 20, 41, 43
Sommergetreide 193, 194
Sommerroggen 196
Sonnenbrand 48
Spaltungsregel 88
Spechte 224, 225
Speichel 36
Speicheldrüse 36
Speicherstoffe 160
Speicherzelle 10, 11, 13
Speisemorchel 216, 217
Speiseröhre 36
Sperling 202
Sperma 58, 69
Spermazelle 58, 62, 96, 97, 137, 151
spielen 66
Spinne 246, 247
Spore 216, 220, 221
Sporenpflanze 220, 221
sprechen 66
Springspinne 130, 143
Sproß 21, 185
Sprossung 252
Spülsaum 268
Staat 140, 226
Stachelhäuter 275, 276
Stammbaum 92, 94, 95, 128
Stammbaumforschung 92
Stammesgeschichte 118
Star **140**, 191
Stärke 13, 34, 36, 38, 157, 160, 197, 230
Stärkekörner 13
Staubbeutel 196
Staubblatt 164
Stechmücke 171, 174, 245
Steinkern 108
Steinpilz 216, 217
Stengel **150**, 166, 186
Stickstoff 263
Stickstoffoxide 234
Stieleiche 215
Stimmbänder 25
Stinkmorchel 216, 217
Stockbiene 239
Stoffkreislauf 181, 203, **230**, 281
Stoffwechsel **6**, 159
Stoffwechselkrankheit 99
Stoffwechselorgan 36
Strahlung 100
Stranddistel 278
Strandkrabbe 272
Strandnelke 279
Strandschnecke 271
Strauch 206, 207

Strauchschicht 206
Streß 83
Streu 207
Streuschicht 189
Streuwiese 192
Strömung 176, 177
Sucht 82
Suchtmittel 78
Sumpfpflanze 165
Sumpfpflanzengürtel **164**, 169
Süßwasserpolyp **20, 171**, 174, 276
Symbiose 219
Sympathicus 52
Symptom 70

T
Tabak 80
Talgdrüse 48
Tang 277
Tanne **214**, 234
Tastkörperchen 47
Tastsinn 40, 47
Taubheit 46
Taubstummheit 92
Tauchblattpflanze 165, 169
Tauchblattpflanzengürtel 165
Teer 81
Teichmolch 169, 180
Teichmuschel 173
Teichrohrsänger 169
Temperaturausgleich 263
Temperatursinn 40
Tetanusbazillus 72
Therapie 70
Thymusdrüse 53, 57
Tidenhub 265
Tiefwurzler 210
Tiergesellschaften 140
Tierzelle 13
Tierzucht 101, 103
Tochtergeneration 88, 90, 91
Tollwut 73
Tonboden **195**, 205
Toxine 72
Tragling 146, 147
Traubenzucker 27, 34, 36, 39, 53, 255
Trinkwasser 182
Trinkwasserkontrolle 77
Trisomie 21 99
Trockenrasen 192
Trommelfell 45
Tuberkulose 77
Tulpe 86, 158
Tumor 70
Turmfalke 190, 201

U
Überdüngung 259
Umwelt **95**, 100, 120, 129, 130
Umwelteinfluß 100
Unabhängigkeitsregel 91
Uniformitätsregel **88**, 91
Unterhaut 47

Unterwerfung 142
unvollkommene Verwandlung 243, 244
Ur 102
Urin 136
Urmensch 127
Urpferd **112,** 113
Urvogel 114, 115
Urwald 232

V
vegetatives Nervensystem 52
Vene 30, 32, 33
Venenklappe 32
Verband 140
Verbraucher 179, 181, 183, **202, 230,** 281
Verdauung 34, 36
Verdauungsdrüse 36
Verdauungssaft 246, 275
Verdauungsstoff 36
Verdunstung **152,** 235
Vererbung 86, 92
Vergiftung 70
Verhalten 73, 120, 121, 130-132, 135-
    137, 142, 144-149
Verhaltensweisen 136-139
Verklumpungsstoff 29
Versteinerung 108
Verwandlung 238, 243-245
Verwandtschaftsähnlichkeit 146
Vielblütige Weißwurz 208
Vielfachzucker 34
Vielzeller **19,** 20
Virus 52, 69, **73,** 74, 75, 83
Virusgrippe 74
Vitamine **35,** 39, 65, 84, 158, 160
Vögel 111, 114, 115, 118, 119, 136, 182,
    201, 224
vollkommene Verwandlung 238, 244,
    245
Vordergliedmaßen 118
Vorschulalter 66
Vorsorgeuntersuchung 64

W
Wabe 238, 239, 241
Wachs 239
Wachsschicht 152,
Wachstum 6
Wachstumsschicht 213
Wadenbein 114
Wahrnehmungsfelder 50
Wald **206, 216,** 218, 224, **229,** 230, **232-
    235**
Waldameise 226, 227
Waldbäume 214, 215
Waldmeister 208
Waldnutzung 232
Waldprimel 208
Waldrebe 209
Waldsterben 234
Wärmekörperchen 47
Wasser 10, 11, 22, 27, 35, 36, 65, 150,
    152, 157, 164, 170, 177, 182, 183, 202,

203, 221, 230, 235
Wasseraufnahme 152
Wasserfloh **171,** 175
Wasserfrosch **169,** 180
Wasserhahnenfuß 165
Wasserkäfer 174
Wasserläufer **170,** 244
Wasserlebermoos 176
Wasserleitung 152
Wasserpest 10, **12,** 165, 168, 180
Wasserpflanzen 168
Wasserschnecken 174
Wasserschwertlilie 164
Wasserskorpion **170,** 180
Wasserspeicherung 221, **235**
Wasserspinne 171
Wasserspitzmaus **170,** 180
Wasserverbrauch 182
Wasserverschmutzung 183, 283
Watt **266, 267,** 269, **271, 278, 279**
Wattwurm 269
Wechseltier 16
Wehe 64
Weibschema 149
Weichtiere 110, 170, 276
Weide **192,** 218
Weidenlaubsänger 120
Weinbergschnecke **250,** 251
Weinherstellung 255
Weinlese 255
weiße Blutkörperchen **28,** 33, 72
Weißer Knollenblätterpilz 218
weiße Substanz 51
Weißklee **186,** 192
Weitsichtigkeit 43
Weizen 194, **196, 197**
Wespen 140
Wiese **184-186,** 189-191, **192,** 200, 218
Wiesel 190
Wiesenbewohner 190
Wiesenkerbel 184, 185, **186**
Wiesenpflanzen 185, 189
Wiesenschaumkraut 185
Wild 233
Wilde Feld-Graswirtschaft 194
Wildkohl 105
Wildkräuter 193, **198, 199,** 204, 205
Wildpflanzen 101
Willensleistung 50
willkürliche Handlung 50
Wimpern 15, 16, 41
Wimpertier 14
Windpocken 73
Wintergetreide 193, 194
Winterroggen 196
Wirbellose 111, 236-251
Wirbelsäule 51, 83, 124
Wirbeltier 118, 119, 170, 276
Wolf 104, 141-143
Wunde 71, 72, 85
Wunderblume 89
Wundstarrkrampf 72

Würmer 169, 170, 188, 248, 249, 276
Wurmfarn 220
Wurzel 21, **150, 151,** 158, 165-167, 186,
    210, 212, 234
Wurzeldruck 152
Wurzelfüßer 276
Wurzelhaar 150-152
Wurzelschicht 189

X
X-Chromosom 55, **97,** 98

Y
Y-Chromosom 55, **97,** 98

Z
Zähne 36, 83, 114, 115, 143
Zapfen (Blütenstand) 213, 214, 224
Zapfen (Sinneszellen) 43
Zauneidechse 119, 201
Zebraspringspinne **130,** 131
Zehe 114, 119
Zellafter 15, 16
Zellatmung 159
Zelle **7, 10-21,** 22, 62, 67, 73, 78, 83, 96,
    97, 153, 158, 159, 216, 238, 239, 252
Zellhaut **10, 11,** 16, 18
Zellkern **10,** 11, 15, 16, **18,** 49, 62
Zellkolonie 19
Zellkörper 49
Zellmund 15, 16
Zellplasma 7, **10,** 11, 15, 16, 18, 49
Zellplasmaströmung 10, 12
Zellsaftraum 10
Zellteilung 17, **18, 96,** 100
Zellulose 10, 158, 230
Zellwand 7, **10,** 11, 13
Zentralnervensystem 51, 52
Zersetzer 170, 181, 183, 191, **202, 230**
Zerstreuungslinse 43
Zeugung 62
Ziege 102, 105
Zigarette 64, 80, 81
Zitronenfalter 245
Zitronensäure 260
Zivilisationskrankheiten 83, 84
Zooplankton 264, 281
Zottenhaut 62, 63
Züchtung **101,** 160
Zucker 10, 17, 34, 83, 157, 158, 160, 230,
    252-254
Zuckerkrankheit 53
Zuckerrübe 198
Zunge 40, 94
Zweiflügler 244
Zwerchfell 23
Zwergmaus 200, 201
Zwergrohrdommel 182
Zwiebel 9, 158
Zwillinge **67,** 92, 93
Zwillingsforschung **92,** 95
Zwischenhirn 50
Zwitter 248, 250

Bildnachweis

Fotos

Alberti/Silvestris 198.7; Albinger/Mauritius 210.2, 212.2; Albinger/Silvestris 193.4, 234.1; T. Angermayer 86.2, 104.2,5,7, 112.1; Anstalt Stetten 99.3; Archiv f. Kunst u. Geschichte 71.2 4, 122.3; Arndt/Silvestris 159.1; H. Bellmann 130.1; Benser/ZEFA 146.1; W. Berberich 109.1,3; Bernhaut/dpa 255.1; Birke/Mauritius 280.3; J.G. Bishop 120.1-3; Bob/Mauritius 104.4;Bormann/Silvestris 66.1; R. Breithaupt 125.2; Brinkmann/Bavaria 279.2; Buchholz/Bavaria 259.1; Buchholz/Silvestris 182.3; Bühler/Silvestris 278.6; W. Buff 10.1,152.1, 153.3-5, 208.8, 209.9, 211.2, 212.3, 252.2, 280.5; A. Buhtz 6.1, 78.1, 87.1, 94.2, 108.5-6, 109.6, 119.1,3, 132.2, 151.1,6,7, 154.5, 158.1, 173.1, 179.2, 186.3,5, 187.4, 188.2,5, 192.2, 198.2,6, 199.3, 201.3, 208.6,9, 211.4, 220.2, 221.3, 230.1, 234.2, 252.3, 255.4, 256.1-3, 262.1, 265.1-2, 266.1, 268.2-3, 269.1, 270.3, 271.1-4, 272.4, 273.1, 274.3, 275.1-2, 277.1,4, 279.1,3, 280.2,6,7; Chrile/Mauritius 188.4; DC COMICS INC. 149.3; R. Cramm 119.2, 274.1, 277.2, 280.4, 282.2; Curth/Mauritius 46.2; M. Danegger 179.4; dpa, Frankfurt 109.4; Deutsches Taubblindenwerk, Hannover 147.2; B. Dittrich 273.2; J. Döhl 135.2; Ecke/Bio-Info 283.4; Eckhardt/Silvestris 193.2; I. Eibl/Eibesfeldt 148.4-6; Eilmes/dpa 82.1; P. Eitenmüller 69.1; Elfner/Angermayer 176.1; O. Engelhardt 227.1, 232.1-2, 235.1; Enzinger/Mauritius 145.1; D. Frauenheim 95.1; Frei/Mauritius 272.3; Geiges/Bavaria 29.2; P. Glaser 144.4; W. Goll 7.3; Gorter/Silvestris 145.5; Greenpeace, Hamburg 283.3; G. Gronefeld 134.1; H.-E. Haehl, Staatl. Museum f. Naturkunde, Stuttgart 106.1, 110.1; O. Hahn 192.1; Hamel/Silvestris 254.1; R.G. Hampe 92.1; Hanneforth/Silvestris 193.1; Harstrick/Bavaria 218.1; Haslberger/Angermayer 186.7, 209.4; H. Hass 148.1-3; B. Hauff 107.1-3; K. Hausmann 15.1,3; W. Heinrich 136.1-2, 137.1-2; Hock/dpa 144.3; Hoechst AG 260.1-2; Hoffmann/dpa 99.2; Hubatka/Mauritius 40.2, 147.1; IFA 63.3; Inst. f. Humangen. u. Anthropol., Erlangen 97.1; IPCE/Bavaria 83.1; S. Jander 94.1; R. W. Kessel u. R. H. Kardon 28.4; Keystone 144.5; W. Kleesattel 17.3, 27.1, 38.2, 241.2; Kerscher/Silvestris 67.1; Kirschner/Silvestris 56.2; Lange/Angermayer 169.1; Lauer/IFA 70.3, 145.2, 255.2; Layer/Photo-Center 209.7; Layer/Silvestris 102.3; Lederer/IFA 57.1, 198.1; I. Lehmann 30.1; Lehmann/Silvestris 169.3; Leser/Mauritius 22.1; J. Lieder 12.3, 13.1, 17.2, 18.1-6, 21.1, 26.2-4, 38.3, 55.2-3, 72.2, 75.2, 151.5, 258.1; A. Limbrunner 121.2-3, 224.1,3, 233.1; Lindenburger/Silvestris 56.4, 65.3, 102.2, 257.2; Ludwig/dpa 104.8; Maier/Silvestris 167.1, 188.8, 244.7-8; Meyers/Silvestris 143.1, 169.4; Mohn/ZEFA 140.3; Moosrainer/IFA 6.3; Müller/Silvestris 140.2, 245.6, 247.5; Nagel/Acaluso International 145.3; Naturhistorisches Museum, Wien 149.4; Natur Museum Senckenberg 112.2, 114.2; Nowotny/Silvestris 132.4; W. Oberle 93.1; Oertel/IFA 67.2; Otto/Silvestris 65.1; Pedone/Bavaria 57.2; P. Petry 154.2-4; Pfletschinger/Angermayer 130.3, 172.1-3, 173.3, 174.4, 182.2, 188.1,7, 203.2, 226.1-2, 228.2, 236.1,3, 239.1-3, 240.2, 242.2-4, 243.1, 244.2,4-6, 245.1,3-5,7-9, 247.1-3, 248.1, 250.1,3, 251.2; M. Pforr 6.4, 141.1, 169.2, 198.8, 199.1-2, 221.1, 228.1, 244.1; Porsche/dpa 101.1; Postl/Silvestris 238.1; Prenzel/IFA 104.1; Prenzel/Silvestris 65.4, 198.4; Pressens Bild 81.1-4; G. Quedens 132.3, 140.1, 266.2, 270.1, 278.1-2,4-5, 283.1-2; P. Quick 16.1; H. Rausch/Silvestris 151.9; H. Reinhard 6.2, 7.1, 86.1, 102.4,5, 104.3,6, 146.2, 169.5, 184.1-3, 186.1, 187.1, 195.2, 198.3,5,9, 201.2, 208.1-5,7, 209.1-3,5,6,8, 211.1, 212.1, 219.1-2, 220.1,3, 221.2, 233.2, 244.3; Reinhard/Angermayer 179.3; Reinhard/Bavaria 220.4; Reinhard/Mauritius 201.1; Rölle/Mauritius 263.2; J. Romero 6.5, 188.3; Rutz/Silvestris 56.3; Sammer/dpa 144.1; F. Sauer 280.1; Sauer/Silvestris 151.3; I. Schirmer 93.2; Schlodien/ZEFA 228.3; Schmidt/Photo-Center 129.3; Schmidt-Luchs/Mauritius 282.1; Schramm/Silvestris 68.1, 145.4; H. Schrempp 188.6, 245.2; R. Schröder 42.1-2; Schwarz/Mauritius 195.1; W. Schwebler 219.3; F. Siedel 20.1; Silvestris 54.1, 56.1, 69.2, 80.1, 84.1, 110.3, 143.2, 144.2, 146.3, 149.1, 255.3; Staatl. Museum f. Naturkunde, Stuttgart 109.5; Stadler/Mauritius 218.2; H. Streble 28.2; v. Stroheim/IFA 83.2; Studio-tv-Film 41.1, 125.1, 127.1-3, 156.3-5, 181.1; Thiele/ZEFA 129.2; Thönig-/Mauritius 207.1-2; Universitätsbibliothek, Heidelberg 7.4-5; Varin/Silvestris 146.4; U. Weber 168.4, 174.2-3, 178.2; K.-H. Willer 7.2, 9.3, 19.1; Wöhler-/Silvestris 278.3; Wothe/Silvestris 183.1; Zachel/Silvestris 65.2, 129.1; Zeiss, Wetzlar 8.1.

Grafiken

Martina Berge, Frankenthal: 150.1, 257.1
Atelier Eickhoff, Speyer: 24.1-3, 27.2, 28.1, 29.1, 31.3, 32.1, 35.1, 38.1, 44.1, 44.3, 48.1, 48.2, 49.2, 53.1, 57.3, 66.2, 66.3, 70.2, 75.1, 75.3, 80.1, 81.2, 87.2, 92.2, 94.3, 95.3, 98.2, 99.1, 100.1, 101.2, 102.1, 103.1, 105.1, 109.2, 110.2, 112.3, 122.2, 125.3, 126.2, 133.1-3, 138.2, 139.2, 149.2, 149.5, 151.2, 151.4, 151.8, 152.2, 153.1, 153.2, 155.1, 155.2, 156.1, 156.2, 174.1, 175.1-3, 177.1, 182.1, 194.1, 194.2, 204.1, 204.2, 204.3, 210.1, 210.3, 227.2, 233.3, 251.3, 252.1, 253.1, 253.2, 258.2, 261.1-5, 262.2, 264.2, 264.3, 268.1, 269.2, 272.1, 273.3, 276.1, 280.1
Albert R. Gattung, Edingen-Neckarhausen: 31.1
Karlheinz Groß, Bietigheim-Bissingen: 20.3, 26.1, 27.3, 30.2, 46.1, 58.3, 59.4, 70.4, 72.3, 84.2, 89.2, 95.2, 98.1, 105.2, 108.1, 125.2, 132.1, 136.3, 154.1, 168.1, 168.2, 179.1, 193.3, 218.3, 231.4, 239.4, 252.4, 257.3, 282.3
Angelika Konopatzki, Heidelberg: 5.1, 160.1, 162.1, 176.2, 211.3, 213.1, 214.1-3, 215.1-3, 222.1-8, 223.1-9, 225.1, 226.3, 249.2, 267.1
Harald Konopatzki, Heidelberg: 55.1
Kurt Krischke, Esslingen: 8.2, 9.1, 9.2, 9.4, 10.2-4, 11.1 3, 12.1, 12.2, 13.2, 14.1, 14.2, 15.2, 15.4, 16.2, 16.3, 17.1, 18.2, 19.2, 19.3, 20.2, 21.2, 23.1, 25.1, 28.3, 31.2, 32.2, 33.1, 34.1, 37.1, 38.4, 39.1, 40.1, 41.2, 41.3, 42.3, 43.1, 43.2, 45.1, 47.1, 49.1, 50.1, 50.2, 51.1, 52.1, 58.1, 58.2, 58.4, 59.1, 59.2, 59.3, 60.1, 62.1, 63.1-3, 64.1-3, 67.3, 70.1, 71.1, 72.1, 73.1, 74.1, 74.2, 76.1, 76.2, 79.1, 85.1-9, 88.1, 89.1, 89.3, 90.1, 90.2, 91.1, 91.2, 93.3, 96.1, 96.2, 97.2, 108.2, 113.1, 114.1, 116.1, 116.2, 118.1, 118.2, 119.4, 122.1, 123.1, 124.1, 128.1, 128.2, 130.2, 131.1, 134.2, 135.1, 138.1, 139.1, 141.1, 142.1, 143.3, 147.3, 157.1, 158.2, 164.1-4, 165.1-3, 166.1, 167.2, 168.3, 168.5, 170.1, 173.2, 180.1, 181.2, 183.2, 185.1, 186.2, 186.4, 186.6, 186.8, 187.2, 189.1, 190.1, 191.1, 195.3, 196.1, 196.2, 197.1, 197.2, 202.1, 203.1, 206.1, 213.2, 216.1, 220.5, 221.4, 224.2, 229.1, 229.2, 230.2, 231.1-3, 232.3, 236.2, 237.1, 237.2, 238.2, 238.3, 240.1, 240.3, 240.4, 241.2, 242.1, 243.2, 243.3, 246.1, 247.4, 248.2, 249.1, 250.2, 251.1, 254.2, 259.2, 269.1, 270.2, 272.2, 274.2, 275.3, 277.3, 278.7, 281.1, 281.2
Jörg Kühn, Heidelberg: 115.1, 200.1, 217.1
Aus: Escher, M.C.: Grafik und Zeichnungen. Moos Verlag, München: 44.2
Aus: Müller-Beck, H. (Hsg.): Urgeschichte in Baden Württemberg. Theiss Verlag, Stuttgart 1983: 126.1

Mit freundlicher Genehmigung:
Wilfried Detering, Bielefeld: 103.2
John Gurche, Alexandria, USA: 111.1